LA CONSTITUTION

Association Nigérienne de Droit Constitutionnel (ANDC)

LA CONSTITUTION

Actes du Séminaire Scientifique
Tenu à Niamey du 24 au 26 octobre 2018

Sous la direction
d'Oumarou NAREY

L'Harmattan Sénégal

10 VDN, Sicap Amitié 3, Lotissement Cité Police, DAKAR

http://www.harmattansenegal.com
senharmattan@gmail.com
senlibrairie@gmail.com

ISBN: 978-2-343-18462-3

EAN: 9782343184623

COMITÉ SCIENTIFIQUE

SOMMAIRE

MERCREDI 24 OCTOBRE 2018

CÉRÉMONIE D'OUVERTURE DU SÉMINAIRE SCIENTIFIQUE

PANEL 1

PROCESSUS D'ÉCRITURE ET DE RÉVISION DES CONSTITUTIONS

PANEL 2

PROCESSUS D'ÉCRITURE ET DE RÉVISION DES CONSTITUTIONS (SUITE)

JEUDI 25 OCTOBRE 2018

PANEL 1

LA DÉMOCRATIE ET LES INSTITUTIONS DANS LES CONSTITUTIONS

PANEL 2

LA DÉMOCRATIE ET LES INSTITUTIONS DANS LES CONSTITUTIONS (SUITE)

VENDREDI 26 OCTOBRE 2018

PANEL 1

CONSTITUTION, PRINCIPE D'UNE HIÉRARCHIE DES NORMES ET DROIT CONSTITUTIONNEL ÉLECTORAL

PANEL 2

LE RÔLE DE LA CONSTITUTION EN MATIÈRE FINANCIÈRE

PANEL 3

PRÉSENTATION DE LA SYNTHÈSE ET CLÔTURE DES TRAVAUX

CÉRÉMONIE DE CLÔTURE

MERCREDI 24 OCTOBRE 2018

CÉRÉMONIE D'OUVERTURE DU SÉMINAIRE SCIENTIFIQUE

MOT DE BIENVENUE DU PRÉSIDENT DE L'ASSOCIATION NIGÉRIENNE DE DROIT CONSTITUTIONNEL (ANDC)

Mesdames et Messieurs les Présidents des institutions de la République ;

Mesdames et Messieurs les Membres du Gouvernement ;

Mesdames et Messieurs les Honorables Députés ;

Excellences Mesdames et Messieurs les Ambassadeurs et Membres du corps diplomatique ;

Messieurs les Recteurs des Universités de Niamey et Tahoua ;

Monsieur le Représentant de la Fondation Hanns Seidel pour l'Afrique de l'Ouest ;

Mesdames et Messieurs les Professeurs, Directeurs et chefs d'institutions de recherche ;

Mesdames et Messieurs les membres de la grande famille judiciaire ;

Distingués invités ;

Chers collègues ;

Chers étudiants ;

Chers amis des médias ;

Mesdames et messieurs les participants ;

Je voudrais de prime abord, au nom de l'ANDC et en mon nom personnel, adresser la chaleureuse bienvenue en terre nigérienne, à nos illustres hôtes, Professeurs et collègues venus d'Europe et des autres pays d'Afrique pour prendre part à ce séminaire scientifique dont le thème porte sur « la constitution ».

Messieurs les Professeurs, membres du comité, je me fais le porte-voix du bureau de l'ANDC, pour vous dire qu'il est très sensible à votre accompagnement scientifique consistant à évaluer les projets de communications, à accepter de venir présider et/ou modérer les différents panels et à assurer le suivi de la publication des actes du séminaire, en collaboration avec l'ANDC. Il s'agit là manifestement d'un grand témoignage de partage du savoir et de solidarité entre nous pour lesquels je voudrais ici vous rendre hommage.

Messieurs les Professeurs et collègues, en acceptant de présider et/ou modérer les panels, de présenter des communications, vous entendez partager les objectifs et la noble ambition de l'AND qui est celle de :

> « 1. Assurer une meilleure compréhension du droit constitutionnel à travers des colloques, conférences et débats d'idées ;
> 2. Contribuer à la consolidation et au renforcement de l'Etat de droit et de la démocratie au Niger ;
> 3. Favoriser la coopération, l'entraide et les échanges d'idées et d'expériences avec les autres associations nationales et internationales poursuivant les mêmes objectifs.».

Je tiens à exprimer à tous les participants ici présents, mes remerciements et à leur souhaiter la chaleureuse bienvenue dans cette salle de l'Hôtel Gawèye de Niamey, choisie pour abriter nos travaux.

Je tiens à exprimer à l'ensemble des participants les regrets de certains collègues, membres du comité scientifique et communicateurs qui, n'eût été une contrainte d'agenda indépendante de leur volonté, auraient été heureux de participer à ce séminaire scientifique. Sachez cependant qu'ils s'associent pleinement à cet important rendez-vous.

Je salue ensuite la présence remarquée parmi nous de nos partenaires qui nous accompagnent financièrement et matériellement dans l'organisation de cet évènement. Qu'ils trouvent tous ici, l'expression de la reconnaissance de l'ANDC qui voit dans ces soutiens multiformes, l'expression d'une vision partagée autour de la nécessité d'approfondir et d'affermir l'Etat de droit.

Dans cette perspective qui nous est manifestement commune, ce séminaire scientifique nous permettra entre autres, d'avoir une analyse systémique de la constitution vue dans le cadre de l'Etat de droit démocratique en général et sur le continent africain en particulier ; identifier et intérioriser les écarts entre la norme constitutionnelle et sa pratique au demeurant variable ; identifier les causes et les conséquences des violations des constitutions dans l'optique de mieux faire respecter dans la durée, la volonté des peuples et les principes démocratiques par les gouvernés et les gouvernants.

Au regard de la qualité des communicateurs, des présidents des différents panels et des débateurs qui leur sont associés, croyez-moi, Mesdames et Messieurs, vous ne serez pas déçus. Mieux, vous sortirez de ce séminaire avec la fierté d'avoir contribué, participé, à faire battre le cœur de la science juridique pendant les trois jours que durera notre séminaire, sur les bords du majestueux fleuve Niger.

Enfin, permettez-moi d'adresser mes remerciements anticipés et surtout mes encouragements au comité d'organisation qui s'est jusque-là investi pour que nos assises se déroulent dans des conditions les meilleures.

Merci de votre aimable attention et bon appétit scientifique !

Pr Oumarou NAREY

Agrégé des facultés de droit,
Professeur titulaire de droit public,
Université Abdou Moumouni de Niamey (Niger)

ALLOCUTION DE MONSIEUR LE REPRÉSENTANT RÉGIONAL DE LA FONDATION HANNS SEIDEL POUR L'AFRIQUE DE L'OUEST

Madame et Messieurs les Présidents des Institutions de la République ;

Messieurs les Membres du Gouvernement ;

Madame et Messieurs les membres du corps diplomatique et représentants des organisations internationales, africaines et sous-régionales ;

Monsieur le Recteur de l'Université Abdou Moumouni de Niamey ;

Monsieur le Recteur de l'Université de Tahoua ;

Monsieur le Président de l'Association Nigérienne de Droit Constitutionnel (ANDC), cher Professeur Narey ;

Mesdames et Messieurs les membres de la communauté universitaire et scientifique, tout protocole respecté ;

Mesdames et Messieurs, chers étudiants, distingués invités en vos titres, rangs et grades respectifs ;

C'est un grand honneur pour moi d'être parmi vous aujourd'hui pour assister avec vous au séminaire scientifique au sujet de « La Constitution » organisé par l'Association Nigérienne de Droit Constitutionnel (ANDC). Veuillez tout d'abord me permettre de remercier et de féliciter, au nom de la Fondation Hanns Seidel, le Président de l'ANDC, le Professeur Oumarou NAREY et son équipe pour avoir conçu un programme avec des contributions dont les titres promettent une variété très intéressante et riche pour lesquelles vous avez une fois de plus mobilisé des experts d'un renommé international.

La tenue de ce séminaire intervient presque une demi-année après que la Bavière, l'un des seize Etats constituant la République fédérale d'Allemagne, a commémoré le 200e anniversaire de la promulgation de la Constitution bavaroise qui coïncide presque avec les 100 ans du passage de la monarchie à la République. La constitution adoptée par le roi et promulguée en Royaume de Bavière précisément le 26 mai 1818 marque une étape importante dans l'histoire de notre pays. C'est sous le régime et le nouvel ordre politique que Napoléon avait octroyé à la majeure partie de l'Europe que la Bavière, alors alliée de la France, avait été érigée en royaume en 1806. La nouvelle ère politique et historique déclenchée par la Révolution française en 1789 avait conduit les autorités bavaroises à élaborer et adopter des réformes profondes, pendant leur première phase sous l'impulsion du ministre Maximilian von Montgelas.

Pendant un siècle, la constitution de 1818 a fourni le cadre juridique et politique pour un développement économique et social prospère et durable qui a même survécu le passage de la monarchie à la république 100 ans plus tard. L'abdication du sixième roi des Bavarois, Ludwig (Louis) III, le 13 novembre 1918, a ouvert le chemin pour la proclamation du « Freistaat Bayern » ou « Etat libre de Bavière ». Le terme « Freistaat », souvent traduit littéralement en français comme « Etat libre », désigne la forme républicaine de l'Etat.

Selon la compréhension moderne, la constitution d'un Etat est l'expression d'un consensus social fondamental par rapport à son organisation et la forme de son régime. Ainsi, dans le texte de la constitution se reflète la vision des citoyens concernant le développement politique et social de leur nation. Par conséquent, les droits fondamentaux et les principes d'ordre organisationnel généralement reconnus tels que la démocratie et l'Etat de droit prennent respectivement dans chaque région du monde et en fonction des différentes cultures administratives et valeurs culturelles des formes spécifiques. Cet aspect joue un rôle particulier dans les cas des différentes réformes constitutionnelles achevées ou en cours en Afrique de l'Ouest.

Ainsi, il paraît évident que les constitutions sont – tout comme les sociétés dont elles régissent le fonctionnement – soumis à des évolutions qui ne cessent de s'accélérer dans un contexte global.

La Fondation Hanns Seidel salue les efforts constants de l'Association Nigérienne de Droit Constitutionnel (ANDC) de retracer régulièrement et avec la rigueur scientifique indiquée ces évolutions et dynamiques et de leur donner par des réflexions menées par des scientifiques et praticiens de haut niveau de nouvelles impulsions, pour le bien-être de la nation nigérienne et de l'Afrique en général.

Voici les raisons pour lesquelles je suis déjà curieux de suivre les exposés et les débats autour de ce sujet aussi important que passionnant que « La Constitution ».

C'est dans ce sens que la Fondation Hanns Seidel souhaite plein succès aux présentations et discussions de ces trois jours. Que ces travaux produisent des résultats de haute qualité qui puissent valablement alimenter la discussion autour du processus constitutionnel au profit de la nation nigérienne toute entière !

Merci de votre aimable attention.

Dr. Klaus GRÜTJEN
Représentant Afrique de l'Ouest
Fondation Hanns Seidel

ALLOCUTION D'OUVERTURE DU SÉMINAIRE SCIENTIFIQUE PRONONCÉE PAR MONSIEUR LE VICE-RECTEUR DE L'UNIVERSITÉ ABDOU MOUMOUNI DE NIAMEY

Mesdames et Messieurs les Présidents des institutions de la République ;

Mesdames et Messieurs les Membres du Gouvernement ;

Mesdames et Messieurs les Honorables Députés ;

Excellences Mesdames et Messieurs les Ambassadeurs et Membres du corps diplomatique ;

Messieurs les Recteurs des Universités de Niamey et Tahoua ;

Monsieur le Représentant de la Fondation Hanns Seidel pour l'Afrique de l'Ouest ;

Mesdames et Messieurs les Professeurs, les Doyens, Directeurs et chefs d'institutions de recherche ;

Mesdames et Messieurs les membres de la grande famille judiciaire ;

Distingués invités ;

Chers collègues ;

Chers étudiants ;

Chers amis des médiats ;

Mesdames et messieurs les participants ;

C'est avec un réel plaisir que je prends la parole pour exprimer à vous tous ici présents, mes souhaits de chaleureuse bienvenue à Niamey, plus précisément dans cette salle « Margou » où, dans quelques instants, s'ouvriront les travaux du séminaire scientifique de l'ANDC.

Il y a de cela un peu plus de deux (2) ans, jour pour jour, que l'Association Nigérienne de Droit Constitutionnel (ANDC) tenait son premier séminaire scientifique consacré au « ***régime semi-présidentiel*** ». En 2017, l'ANDC nous a conviés à réfléchir sur « ***la séparation des***

pouvoirs et les contre-pouvoirs ». C'est dire que l'ANDC est en train d'instaurer une heureuse tradition qui consiste à réunir d'éminents spécialistes à chaque rentrée universitaire autour d'un thème clé du droit constitutionnel.

Cette fois-ci, le thème soumis à la réflexion des éminents scientifiques du droit constitutionnel et de la science politique qui ont bien voulu répondre à ce rendez-vous est « ***la constitution*** ».

Selon une citation qu'on attribue à Napoléon Bonaparte, « *il faut qu'une constitution soit courte et obscure. Elle doit être faite de manière à ne pas gêner l'action du gouvernement* ».

Peu avant ce grand homme, les révolutionnaires français ont écrit dans la fameuse Déclaration des droits de l'Homme et du citoyen que « *Toute société dans laquelle la garantie des droits n'est pas assurée, ni la séparation des pouvoirs déterminée n'a point de constitution.* ».

Ces deux citations font ressortir, malgré leur brièveté, l'idée que l'enjeu de la constitution est de limiter le pouvoir et de garantir les droits des citoyens. Cette dynamique enclenchée par le constitutionnalisme de l'époque des lumières continue sur sa lancée et touche à l'universalité, parce que, à peu de chose près, la démocratie constitutionnelle est devenue le régime politique le plus courant de nos jours.

Au-delà de ce triomphe spatial, la constitution s'est étoffée avec l'exigence démocratique de la participation populaire pour la désignation des gouvernants et surtout la garantie des droits humains. En effet, la plupart des constitutions contemporaines contiennent des dispositions consacrées aux droits humains, si ce n'est la Déclaration universelle des droits de l'Homme ou des instruments juridiques régionaux et internationaux relatifs aux droits humains qui sont intégrés à la constitution.

Toutefois, ce fétichisme constitutionnel, dont le principe doit être salué, ne garantit pas, à lui seul, le strict respect de la constitution.

En Afrique spécifiquement, le respect scrupuleux du texte constitutionnel semble rencontrer des difficultés. Ainsi, la pratique institutionnelle et la dynamique politique semblent prendre le pas sur la lettre de la constitution.

Cette difficulté est particulièrement marquée en matière de révision de la constitution où la tentation est souvent grande d'assouplir outrageusement les règles constitutionnelles pour leur faire prendre en compte des ambitions personnelles.

Toujours en rapport avec l'un des objets essentiels de la constitution que sont les règles de dévolution du pouvoir, l'organisation de la compétition électorale constitue un domaine de prédilection des arrangements avec la légalité constitutionnelle.

Cette phénoménologie du constitutionnalisme africain nous amène à nous interroger, avec les initiateurs de cette rencontre scientifique, sur les points suivants :

- le texte de la constitution, traduit-il, en Afrique, un décalage ente constitution politique et constitution sociale ?
- la constitution a-t-elle le même rapport que partout ailleurs à la démocratie, au droit et à la vie politique ?
- la constitution s'est-elle finalement banalisée ou a-t-elle des spécificités importantes à tous égards ?

Mesdames et Messieurs,

Sans être tout à fait exhaustif, telles sont les interrogations que nous pose la problématique de la constitution et du respect de ses règles en Afrique. Autant dire qu'il y a matière à réflexion et à débat !

Mais je ne doute pas que les éminents constitutionnalistes et politistes réunis dans cette salle pendant les trois (3) jours que va durer ce séminaire, nous enrichirons d'approches juridiques, de solutions et de questionnements pertinents.

C'est sur ces mots que je déclare ouverts les travaux du séminaire scientifique de Niamey sur la constitution.

Je vous remercie.

Pr Rabani ADAMOU

Vice-recteur chargé de la recherche

Université Abdou Moumouni de Niamey

Théodore HOLO

LEÇON INAUGURALE
LA CONSTITUTION

INTRODUCTTION

Notion fondamentale du droit constitutionnel, la Constitution est, selon Raymond CARRE de MALBERG, le statut de l'Etat. En effet, personne morale, l'Etat n'a ni voix, ni cerveau, il n'a pas de bras non plus et le doyen Léon DUGUIT aimait dire qu'il "n'a jamais déjeuné avec l'Etat" qui n'est pas un être physique. L'Etat, en tant que personne morale, ne peut donc agir que par des organes et la Constitution est le canal par lequel le pouvoir passe de son détenteur qu'est le peuple souverain à ses agents d'exécution que sont les gouvernants, personnes physiques habilitées à agir au nom et pour le compte de l'Etat.

La Constitution est complexe, car elle est à la fois une notion juridique et politique.

Juridiquement et au plan matériel, la Constitution est l'ensemble des règles relatives à la dévolution et à l'exercice du pouvoir dans l'Etat. Autrement dit, elle est l'ensemble des normes relatives à, d'une part, la répartition des compétences entre les organes de l'Etat, d'autre part, l'organisation de la hiérarchie des normes, la Constitution étant la norme suprême, la loi fondamentale, et à ce titre la source des autres normes dans l'Etat. Dès lors, au plan matériel, il n'y a pas d'Etat sans Constitution, la répartition des compétences, la dévolution et l'exercice du pouvoir s'effectuant toujours selon des normes écrites ou non écrites. La Constitution peut donc être écrite comme dans l'ensemble des Etats africains ou coutumière comme en Grande Bretagne.

Toutefois, la Constitution ne se réduit pas à l'agencement des institutions et à la répartition des compétences entre elles, elle est aussi une notion politique. En effet, toute Constitution se fonde, comme le rappelle Georges BURDEAU, sur une certaine idée de droit, une philosophie politique qui innerve tout l'ordre juridique. Ainsi, la Constitution d'un Etat marxiste ou à orientation socialiste va privilégier dans l'ordonnancement juridique, l'appropriation collective des moyens de production, la promotion des libertés collectives, essentiellement les droits économiques et sociaux, le renforcement du rôle de l'Etat, tandis que l'ordre juridique d'un Etat libéral ou capitaliste sera le garant de la propriété privée, des libertés individuelles, essentiellement les droits civils et politiques ; promoteur de l'initiative privée, son rôle sera plus d'émettre des normes que de produire des richesses, selon la formule du moins d'Etat. C'est cet idéal sociétal qui servira de socle au pacte fondateur de l'Etat qu'est la Constitution. En effet, l'idée de droit dominante est le consensus qui fonde le vivre collectif des citoyens dans l'Etat. Ainsi, au-delà des règles relatives à la dévolution et à l'exercice du pouvoir, la Constitution met en œuvre un certain type d'organisation sociale.

Si les règles constituent la lettre ou le corps de la Constitution, son esprit ou son âme découle de l'idée de droit dominante de la société et qui inspire l'interprétation que fera le juge de la Constitution et donnera sa légitimité aux actes des gouvernants et à la résistance des gouvernés aux violations de la Constitution.

Les peuples voulant vivre en liberté, le constitutionnalisme vise à, d'une part, encadrer, voire limiter, le pouvoir des gouvernants, d'autre part, garantir la liberté des gouvernés. C'est cela que traduit l'article 16 de la Déclaration française des droits de l'homme et du citoyen du 26 août 1789, Déclaration faisant désormais partie du patrimoine de l'Humanité, en énonçant : « Toute société dans laquelle la garantie des droits de l'Homme n'est pas assurée, ni la séparation des pouvoirs déterminée n'a point de Constitution ».

Pour apprécier cette exigence, il convient d'examiner :

- D'une part, la Constitution et la réalité politique ;
- D'autre part, la Constitution et la liberté du citoyen.

I. CONSTITUTION ET RÉALITÉ POLITIQUE

La Constitution est généralement perçue comme l'instrument de limitation de l'action étatique. Mais en réalité, elle ne se réduit pas aux normes écrites, elle prend en compte le fonctionnement réel des organes et les rapports de force politiques comme l'illustrent, entre autres, la séparation des pouvoirs et les sanctions des violations de la Constitution par les gouvernants.

A. LA SÉPARATION DES POUVOIRS

Depuis LOCKE et MONTESQUIEU, il est admis que l'Etat a trois fonctions essentielles, à savoir : élaborer les lois, en assurer l'exécution et trancher les litiges sur la base des lois. Ces fonctions sont séparées, indépendantes et réparties entre des organes différents. Pour renforcer la démocratie, la séparation des pouvoirs, qui ne signifie pas la confrontation des pouvoirs au risque de provoquer la paralysie de l'Etat, mais leur collaboration, induit aussi leur équilibre par un contrôle mutuel selon le principe qu'il faut que par la disposition des choses le pouvoir arrête le pouvoir. Cependant, dans l'esprit de ces auteurs, cette séparation implique une prééminence du pouvoir législatif sur les deux autres pouvoirs.

Cette conception subit des évolutions qui aboutissent presque partout à la prééminence, voire à l'hégémonie du pouvoir exécutif, quand il n'a pas le monopole du pouvoir dans l'Etat, comme ce sera le cas dans les régimes autoritaires ou mono partisans. L'initiative des lois étant de plus en plus partagée entre les députés et le gouvernement, on observe aujourd'hui que la plupart des lois adoptées sont d'initiative gouvernementale de même que le budget de l'Etat, pour donner au pouvoir exécutif les moyens légaux et financiers pour la réalisation de son programme d'action légitimé par le suffrage populaire. En outre, par le contrôle de la majorité parlementaire, le chef de l'exécutif, qui est en régime parlementaire le Premier ministre et en régime présidentiel le Président de la République, s'assure du contrôle du pouvoir législatif qui devient un instrument de domination du pouvoir exécutif, provoquant la concentration ou le contrôle des deux autres organes par le pouvoir exécutif. Le régime semi-présidentiel n'échappe pas à cette évolution dont le point culminant est le régime présidentialiste.

En effet, la concordance en régime semi-présidentiel de la majorité parlementaire et de la majorité présidentielle fait du Chef de l'Etat qui n'est pas le chef du gouvernement censé déterminer et mettre en œuvre la politique gouvernementale, le véritable maître du jeu politique ; quand survient une discordance ou une rupture de la majorité parlementaire et de la majorité présidentielle, le Chef du gouvernement devient l'acteur principal de l'action gouvernementale avec le soutien de la majorité parlementaire dont il est le chef, marginalisant toujours le Parlement qui se mue en chambre d'enregistrement de la volonté de l'exécutif, d'autant plus que la majorité parlementaire et le gouvernement appartiennent à la même famille politique. Cette vassalisation du Parlement par l'exécutif s'observe également en régime présidentialiste, dans la mesure où le Chef de l'Etat qui est aussi le Chef du gouvernement est habilité à dissoudre le Parlement qui est privé du pouvoir de renverser le gouvernement par une motion de censure, ce qui rompt l'équilibre des forces entre le pouvoir exécutif et le pouvoir législatif.

Par ailleurs, en raison du devoir de loyauté, voire d'allégeance qu'impose aux députés leur investiture à la députation par le Chef de l'Etat, Chef du parti dominant ou unique, ce dernier dispose d'une arme de destruction massive de l'indépendance de l'organe attributaire de la fonction législative, transformant alors le Parlement en appendice du pouvoir exécutif dont il ne peut plus contrôler l'action ou amender les projets de loi, expression de la volonté souveraine du Président de la République omnipotent et omniscient.

Cette perversion ou plutôt cette violation d'un principe essentiel de la Constitution, violation qui constitue une rupture du pacte fondateur de l'Etat peut-elle être sanctionnée ?

B. LA SANCTION DES VIOLATIONS DE LA CONSTITUTION

La plupart des Présidents de la République avant d'entrer en fonction, prêtent solennellement un serment aux termes duquel ils jurent, entre autres, de respecter et de défendre la Constitution, de subir les rigueurs de la loi en cas de parjure. Mais, il faut reconnaitre que non seulement la plupart des Chefs d'Etat ignorent bien souvent le contenu de la Constitution, mais surtout ont tendance à dépasser les limites dans lesquelles le constituant enferme l'exercice de leurs prérogatives. Ils les franchissent d'autant plus aisément que les verrous que constituent l'opinion publique et les organes de contrepoids ont abdiqué, soit par déficit de culture démocratique, soit par quête d'avantages, leur rôle constitutionnel de contrôle en vue de l'équilibre des pouvoirs.

Les sanctions prévues pour prévenir ces violations sont d'ordre politique et juridique.

Au plan politique, la sanction prévue est l'impeachment ou la destitution. Celle-ci est censée être mise en œuvre par le Parlement, organe de représentation du peuple souverain, mais l'osmose entre la majorité parlementaire et la majorité présidentielle transforme l'impeachment de même que la destitution en un pétard mouillé et rend presque impossible la mise en œuvre de cette sanction de prévention du viol de la Constitution. Cette justice politique qui accorde au Président de la République un privilège de juridiction hors du système judiciaire se fonde, selon Georges BURDEAU, sur un triple intérêt, à savoir : l'intérêt du régime dans la mesure où les magistrats ordinaires n'auraient pas l'indépendance nécessaire pour juger des hommes qui ont été au pouvoir et qui risquent d'y retourner ; intérêt de la magistrature qui exige qu'elle ne soit pas mêlée aux controverses politiques et l'intérêt des accusés dont l'activité doit pouvoir être appréciée par un organe compétent pour connaître de toutes les circonstances.

En réalité, cette justice politique, animée généralement par des parlementaires avec parfois des investigations menées par un procureur spécial indépendant, n'a pu destituer aucun Président de la République aux Etats Unis. Ainsi, le Président Andrew JOHNSON a été acquitté à une voix en 1868, le Président Richard NIXON y a échappé en démissionnant de ses fonctions le 09 août 1974 et le Président Bill CLINTON y a également échappé en février 1994. Toutefois, la haute Cour de justice de Madagascar a réussi à destituer le Président Albert ZAFY le 04 septembre 1996. La moralité de la sanction politique est qu'il est rare que les loups se mangent entre eux, il existe donc une véritable solidarité de ce point de vue au sein de la classe politique qui, malgré les divergences et controverses donnant l'illusion d'une opposition irréductible sur les valeurs et la vision du bien commun, a une conscience de sa communauté de destin et l'instinct de survie politique.

Quant à la sanction juridique qui s'exprime par le contrôle de constitutionnalité, elle vise à faire constater par la juridiction compétente que l'acte accompli par une autorité publique viole la

Constitution et est donc dépourvu de toute force juridique. Cependant, ce contrôle n'est efficace que si le droit de saisine du juge constitutionnel appartient au citoyen à travers l'exception d'inconstitutionnalité et l'action directe, comme c'est le cas au Bénin. En effet, aux termes des articles 3 et 122 de la Constitution du Bénin du 11 décembre 1990, toute loi, tout texte réglementaire et tout acte administratif contraires aux dispositions de la Constitution sont nuls et non avenus. « En conséquence tout citoyen a le droit de se pourvoir devant la Cour constitutionnelle contre les lois, textes et actes présumés inconstitutionnels » ; « tout citoyen peut saisir la Cour constitutionnelle sur la constitutionnalité des lois soit directement, soit par la procédure de l'exception d'inconstitutionnalité invoquée dans une affaire qui le concerne devant une juridiction. Celle-ci doit surseoir jusqu'à la décision de la Cour constitutionnelle qui doit intervenir dans un délai de trente jours ». L'article 24 de la loi organique sur la Cour constitutionnelle précise que la juridiction devant laquelle est soulevée l'exception d'inconstitutionnalité « doit saisir immédiatement et au plus tard dans les huit jours la Cour constitutionnelle et surseoir à statuer jusqu'à la décision de la Cour ».

De même, l'article 25 de la Constitution gabonaise du 26 mars 1991 dispose que les lois ordinaires et les actes règlementaires « peuvent être déférés à la Cour constitutionnelle... par tout citoyen ou toute personne morale lésée par la loi ou l'acte querellé » ; quant à l'article 86 de la même Constitution, il énonce : « tout justiciable peut, à l'occasion d'un procès devant un tribunal ordinaire, soulever une exception d'inconstitutionnalité à l'encontre d'une loi ou d'un acte qui méconnaitrait ses droits fondamentaux.

Le juge du siège apprécie le bien fondé de ladite exception et, dans l'affirmative, saisit la Cour constitutionnelle par voie d'exception préjudicielle ».

Il apparaît ainsi que pour la saisine directe, le requérant n'est pas obligé de justifier d'un droit lésé ou d'un intérêt à agir, son seul intérêt étant la sauvegarde de la suprématie de la Constitution, à condition qu'il se l'approprie dans le cadre d'une éducation citoyenne. Cela suppose la diffusion et la vulgarisation de la Constitution. Aussi, l'article 40 de la Constitution du Bénin prescrit-il : « l'Etat a le devoir d'assurer la diffusion et l'enseignement de la Constitution, de la Déclaration Universelle des Droits de l'Homme, de la Charte Africaine des Droits de l'Homme et des Peuples de 1981 ainsi que tous les instruments internationaux dûment ratifiés et relatifs aux Droits de l'Homme.

L'Etat doit intégrer les Droits de la personne humaine dans tous les programmes d'alphabétisation et d'enseignement aux différents cycles scolaires et universitaires et dans tous les programmes de formation des Forces Armées, des Forces de Sécurité Publique et Assimilés.

L'Etat doit également assurer dans les langues nationales par tous les moyens de communication de masse, en particulier par la radiodiffusion et la télévision, la diffusion et l'enseignement de ces mêmes droits. »

Pour renforcer ce contrôle juridique, l'article 124 de ladite Constitution précise qu'une disposition déclarée inconstitutionnelle ne peut être promulguée ni mise en application, que les décisions de la Cour constitutionnelle ne sont susceptibles d'aucun recours et s'imposent aux pouvoirs publics et à toutes les autorités civiles, militaires et juridictionnelles. Il en est de même de la Constitution gabonaise dont l'article 92 précise que les décisions de la Cour constitutionnelle ne sont susceptibles d'aucun recours et s'imposent aux pouvoirs publics et à toutes les autorités administratives et juridictionnelles et à toutes les personnes physiques et morales.

L'efficacité du contrôle juridique dépend du devoir d'ingratitude du juge à l'égard des gouvernants qui l'ont nommé et qui sont appelés à lui renouveler éventuellement son mandat, de son indépendance vis-à-vis des pouvoirs d'argent et de sa résistance aux pressions politiques et sociales. Elle est également fonction du respect des décisions de la Cour par les autorités publiques, ce respect est souvent subordonné à la pression de l'opinion publique, à l'émergence d'une culture démocratique et à l'instauration de l'Etat de droit, comme l'illustre l'évolution des Etats Unis. En effet, en 1832, dans le procès Worcester V. Georgia, 31 U.S le Président Andrew JACKSON pouvait se permettre de défier le Président de la Cour suprême en affirmant : le juge John MARSHALL a rendu sa décision, qu'il l'exécute maintenant s'il peut. (John MARSHALL has made his decision; now let him enforce it).

Moins de deux siècles plus tard, le Président Donald TRUMP, auréolé de la légitimité des urnes, prit un décret avec effet pour compter du 27 janvier 2017 pour limiter l'immigration aux Etats-Unis des ressortissants de neuf Etats musulmans, conformément à son engagement pendant la campagne électorale.

Le 03 février le juge du District de Washington James ROBART annula ledit décret pour violation de la Constitution. Respectant la décision du juge, le Président TRUMP signe un nouveau décret le 06 mars 2017, décret qui sera à son tour invalidé pour violation de la Constitution le 15 mars par un juge de la Cour de Hawaï et le 16 mars un juge fédéral du Maryland à son tour invalida ledit décret. Le Président dut saisir, après amendement, la Cour suprême qui va déclarer le 26 juin 2018 ledit décret conforme à la Constitution avant qu'il ne puisse s'appliquer. Autre temps, autres mœurs. Si le rejet de l'autorité de la chose jugée était encore tolérable pour l'opinion publique au XIXe siècle, il n'est plus acceptable au XXIe siècle, car l'autorité du Chef de l'Etat en démocratie ne procède pas seulement de son élection, mais est constamment fonction de son respect de la Constitution qu'il s'est engagé par serment à respecter et à défendre. En d'autres termes, au-delà de l'onction populaire par le corps électoral, la légitimité du Président de la République dans un régime démocratique s'apprécie à l'aune de son respect du pacte fondateur qu'est la Constitution que le peuple souverain s'est donnée pour garantir sa liberté, sa sécurité, sa prospérité en vue de sa dignité. Aussi, est-il généralement reconnu au peuple souverain le droit légitime à la résistance contre toute violation de la Constitution par les gouvernants ou sa révision opportuniste pour renforcer leurs pouvoirs au détriment de la liberté des gouvernés. Telle est la leçon des évènements du 31 octobre 2014 ayant contraint à la démission au Burkina Faso le Président Blaise COMPAORE qui voulait faire sauter de la Constitution le verrou de la limitation à deux du nombre de mandat présidentiel pour s'éterniser au pouvoir après vingt-sept ans à la tête de l'Etat.

II. LA CONSTITUTION ET LA LIBERTÉ DES GOUVERNÉS

Les droits des gouvernés recouvrent plusieurs notions. Selon la doctrine, il s'agit tantôt de droits fondamentaux, c'est-à-dire, comme le précise Patrick WASCHMANN, de l'ensemble des droits reconnus « par un principe ou une règle du niveau juridique le plus élevé soit constitutionnel ou international ». Ce sont donc comme le souligne le doyen Louis FAVOREU, les droits et libertés consacrés par la Constitution et les instruments juridiques internationaux ; tantôt les droits des citoyens renvoient à la notion de droits de l'Homme qui relève de la conception du droit naturel, antérieur et extérieur à l'Etat, qui postule que ces droits sont inhérents à la nature humaine et ne sont pas nécessairement consacrés par le droit positif. Enfin, les droits des citoyens s'entendent aussi des libertés publiques qui sont généralement reconnues par les lois ordinaires à la différence des droits fondamentaux consacrés par la Constitution et les instruments juridiques internationaux.

Les droits de l'Homme se caractérisent par leur diversité, universalité et indivisibilité, même s'il existe aujourd'hui trois générations de droits humains, à savoir : les droits civils et politiques dont le fondement est la liberté imposant à l'Etat une obligation d'abstention, ensuite, les droits économiques, sociaux et culturels considérés comme des droits créances mettant à la charge de l'Etat une obligation de moyens et dont le fondement est l'égalité et enfin, la troisième génération que constitue le droit à un environnement sain qui a pour fondement le principe de solidarité, dans la mesure où sa satisfaction nécessite la coopération de l'ensemble de la communauté nationale et internationale.

Les droits des gouvernés sont inscrits dans la Constitution, d'abord sous forme de Déclaration dans le préambule et sous forme de garanties dans le premier ou le deuxième titre du texte constitutionnel. Si la Déclaration s'analyse comme, d'une part, l'affirmation de la primauté de l'individu dans l'Etat, d'autre part, l'énonciation de principes d'organisation politique et même administrative, la garantie apparaît comme l'énonciation de règles positives et obligatoires ayant une valeur contraignante et s'imposant aux gouvernants.

Il importe, après ces précisions, d'analyser successivement les différentes sources des droits protégés et la protection constitutionnelle des droits fondamentaux.

A. SOURCES DES DROITS PROTÉGÉS

Depuis le néo-constitutionnalisme issu des transitions démocratiques en Afrique au début de 1990, la plupart des Constitutions proclament leur attachement à des valeurs démocratiques et consacrent les différentes catégories de droits humains que l'Etat s'engage à respecter pour garantir la dignité humaine. Ainsi, dès le préambule, la Constitution du Bénin réaffirme l'attachement du peuple béninois « aux principes de la Démocratie et des Droits de l'Homme tels qu'ils ont été définis par la Charte des Nations Unies de 1945 et la Déclaration Universelle des Droits de l'Homme de 1948, à la Charte Africaine des

Droits de l'Homme et des Peuples adoptée en 1981 par l'Organisation de l'Unité Africaine, ratifiée par le Bénin le 20 janvier 1986 et dont les dispositions font partie intégrante de la présente Constitution et du Droit béninois et ont une valeur supérieure à la loi interne. » Quant à la Constitution togolaise du 04 octobre 1992, son préambule précise « Convaincu qu'un Etat ne peut être fondé que sur le pluralisme politique, les principes de la démocratie et de la protection des droits de l'Homme tels que définis par la Charte des Nations Unies de 1945, la Déclaration universelle des droits de l'Homme de 1948 et les pactes internationaux de 1966, la charte africaine des droits de l'Homme et des peuples adoptée en 1981 par l'Organisation de l'Unité Africaine ». Ainsi, les droits protégés proviennent pour l'essentiel des Nations-Unies et de l'Union africaine.

Au titre de l'Organisation des Nations-Unies les textes de référence, outre la Charte de 1945, sont la Déclaration universelle des droits de l'Homme de 1948 et les pactes internationaux de 1966.

La Déclaration universelle des droits de l'homme de 1945 participe de la mise en œuvre de la Charte des Nations unies de 1945 dont le préambule proclame, en réaction aux violations graves et massives de la dignité humaine par, essentiellement, le régime hitlérien et les puissances de l'Axe, « la foi des Etats signataires de la Charte dans les droits fondamentaux de la personne humaine, dans l'égalité des droits des femmes et des hommes et ainsi que des nations grandes et petites… ».

Pour René CASSIN, l'un des pères de la Déclaration, elle « est et demeure l'instrument le plus important que l'homme ait conçu. Elle fait époque dans l'histoire de l'humanité. Elle est la charte de la liberté pour les opprimés et les victimes de la tyrannie. Elle définit les limites que la toute puissante machine de l'Etat doit se garder de franchir dans ses relations avec ceux qui lui sont soumis. Et, ce qui est le plus important de tout, elle proclame que les êtres humains doivent être protégés par un régime de droit ». Bien que juridiquement non contraignante, elle s'est imposée par sa vocation universelle comme une référence incontournable en matière de promotion de la dignité humaine et est devenue la source d'inspiration de nombreux traités dont les pactes internationaux de 1966 relatifs, d'une part, aux droits civils et politiques, d'autre part, aux droits économiques, sociaux et culturels qui reprennent sous une forme conventionnelle, donc contraignante pour les Etats qui les ont ratifiés, l'ensemble des principes de la Déclaration universelle. Ainsi, dans leur préambule respectif les deux pactes mettent l'accent, entre autres, sur la reconnaissance de la dignité de toute personne humaine, l'obligation pour les Etats de promouvoir le respect universel et effectif des droits de l'Homme et des libertés pour tous.

Quant à l'Union africaine, ces principaux instruments juridiques de promotion et de protection des droits de l'Homme sont la Charte africaine des droits de l'Homme et des peuples de 1981, l'Acte constitutif de l'Union africaine adopté le 12 juillet 2000 et entré en vigueur le 26 mai 2001, le Protocole à la Charte africaine des droits de l'Homme et des peuples relatif aux droits des femmes, adopté par la Conférence des Chefs d'Etat et de gouvernement de l'Union africaine le 11 juillet 2003 à Maputo.

La Charte de 1981, intégrée à l'Acte constitutif de l'Union africaine qui a succédé à l'Organisation de l'Unité africaine a, au plan juridique, selon le professeur Augustin LOADA, un caractère ambivalent, à la fois déclaratoire et exécutoire. Le caractère déclaratoire apparaît à travers l'affirmation des droits et principes fondamentaux et en tant que telle, reconnaît-il, la Charte ne s'impose pas aux Etats. Mais, souligne cet auteur, la Charte revêt également un caractère exécutoire pour les Etats parties, dans la mesure où l'article premier dispose que « les Etats membres de l'OUA, parties à la présente Charte, reconnaissent les droits, devoirs et libertés énoncés dans cette Charte et s'engagent à adopter des mesures législatives ou autres pour les appliquer ». Par ailleurs, l'article 17 de la Charte précise « que la promotion et la protection de la morale et des valeurs traditionnelles reconnues par la communauté constitue un devoir de l'Etat dans la sauvegarde des droits de l'Homme ».

Si en 1981, la Charte adopte une attitude minimale en matière d'énonciation des droits garantis, en raison de l'environnement politique d'alors marqué par l'épidémie de régimes autoritaires sacrifiant, conformément à la théorie développementaliste, la protection des libertés individuelles à la croissance économique, les transitions démocratiques de 1990 vont impulser une nouvelle dynamique et contraindre les Etats à s'engager plus résolument dans la protection des droits humains. Ainsi, l'Acte constitutif de l'Union africaine de 2000 consacre de nombreuses dispositions aux droits de la personne humaine. Dès le préambule, les Etats parties se déclarent résolus à promouvoir et à protéger les droits de l'Homme et des peuples, à consolider les Institutions et la culture démocratique, à promouvoir la bonne gouvernance et l'Etat de droit. Par conséquent, l'Union se fixe comme objectifs, entre autres, de « promouvoir et protéger les droits de l'Homme et des peuples conformément à la Charte africaine des droits de l'Homme et des peuples et aux autres instruments pertinents relatifs aux droits de l'Homme ». Pour marquer sa détermination à garantir les droits de l'Homme et des peuples, l'Acte constitutif consacre, en rupture avec le sacro-saint principe de non-ingérence dans les affaires intérieures de l'Etat, « (h) Le droit de l'Union Africaine d'intervenir dans un Etat membre sur la décision de la Conférence, dans certaines circonstances graves, à savoir : les crimes de guerre, le génocide et les crimes contre l'humanité », « (m) Respect des principes démocratiques, des droits de l'Homme, de l'Etat de droit et de la bonne gouvernance », « (n) Promotion de la justice sociale pour assurer le développement économique équilibré », « (o) Respect du caractère sacro-saint de la vie humaine et condamnation et rejet de l'impunité, des assassinats politiques, des actes de terrorisme et des activités subversives », « (p) Condamnation et rejet des changements anticonstitutionnels de gouvernement ».

Pour s'assurer de l'effectivité de ces principes, l'Acte prévoit des mécanismes politique et juridique. Au plan politique, le non-respect de ses engagements par un Etat membre peut entraîner sa suspension de l'Union et, au plan juridique il est créé une Cour de justice susceptible d'être saisie de toutes questions liées à l'interprétation et à l'application de l'Acte constitutif en plus de la Cour africaine des droits de l'Homme et des peuples créée par une résolution de la Conférence des Chefs d'Etat et de gouvernement en juin 1994 à Tunis et dont le siège est à Arusha.

La promotion des droits des femmes en Afrique a fait l'objet d'un protocole additionnel à la Charte africaine des droits de l'Homme et des peuples qui prescrit aux Etats parties dès son article 2 d'adopter des mesures appropriées au plan législatif, institutionnel ou autres pour combattre la discrimination sous toutes ces formes à l'égard des femmes en inscrivant, entre autres, dans leur Constitution et autres instruments législatifs si cela n'est pas encore fait, le principe de l'égalité entre les hommes et les femmes et à en assurer l'application effective. L'article 9 dudit protocole consacre le droit de participation des femmes au processus politique et à la prise de décisions. A cet effet, les Etats doivent entreprendre des actions positives spécifiques pour promouvoir la gouvernance participative et la participation paritaire des femmes dans la vie politique de leur pays. Aux termes de l'article 27 de ce protocole, la Cour africaine des droits de l'Homme et des peuples est compétente pour connaître des litiges liés à l'interprétation et à la mise en œuvre du protocole.

L'effectivité de la liberté du citoyen, finalité de toute organisation étatique, ne se réduit pas à la proclamation des droits humains dans la Constitution, encore faut-il en garantir la protection.

B. LA PROTECTION CONSTITUTIONNELLE DES DROITS FONDAMENTAUX

Dans son ouvrage consacré aux droits de l'Homme en Afrique Keba MBAYE, l'un des pères de la Charte africaine des droits de l'Homme et des peuples, définit le système de protection des droits humains comme « tout système comportant à l'occasion d'une allégation, d'une ou de plusieurs violations d'un principe ou d'une règle relatifs aux droits de l'Homme et édictés en faveur d'une personne ou d'un groupe de personnes, la possibilité pour tout individu de soumettre une réclamation, de déclencher l'examen de cette réclamation et éventuellement de provoquer une mesure tendant à faire cesser la ou les violations ou à assurer aux victimes une réparation jugée équitable ».

La protection juridictionnelle des droits fondamentaux est assurée selon l'histoire politique de chaque Etat soit par le juge constitutionnel, soit par le juge judiciaire et parfois par le juge administratif.

Au Bénin, en raison de la faillite du juge judiciaire, alors gardien légitime des libertés publiques, face aux violations graves, massives et répétées des droits humains par le régime militaro-marxiste, le constituant de 1990 a confié la protection des droits des citoyens au juge constitutionnel. Ainsi, après avoir affirmé dans le préambule, la détermination du peuple béninois à créer un Etat de droit et de démocratie pluraliste dans lequel les droits fondamentaux de l'homme, les libertés publiques, la dignité de la personne humaine et la justice sont garantis, protégés et promus comme la condition nécessaire au développement véritable et harmonieux de chaque Béninois tant dans sa dimension temporelle, culturelle et spirituelle, la Constitution dispose en son article 114 que la Cour constitutionnelle, gardienne de la Constitution, est juge de la constitutionnalité de la loi et garantit les droits fondamentaux de la personne humaine et les libertés publiques. L'article 121, en rappelant que la Cour, à la demande du Président de la République et de tout membre de l'Assemblée nationale se prononce sur la constitutionnalité des lois avant leur promulgation, précise qu'elle se prononce d'office sur la constitutionnalité des lois et de tout texte réglementaire censés porter atteinte aux droits fondamentaux de la personne humaine et aux libertés publiques et statue plus généralement sur les violations des droits de la personne humaine et sa décision doit intervenir dans un délai de huit jours. La saisine directe étant consacrée par la Constitution, tout citoyen est donc habilité à saisir la Cour contre tout texte, tout acte supposés attentatoires aux droits fondamentaux et aux libertés publiques.

Il apparaît ainsi que le juge constitutionnel béninois absorbe en matière de droits humains les compétences traditionnelles du juge judiciaire et du juge administratif. L'efficacité de son office résulte de ce que, comme le rappelle l'article 117 de la Constitution « la Cour statue obligatoirement sur la constitutionnalité des lois organiques et des lois en général avant leur promulgation ». Dès lors, elle peut empêcher la promulgation des lois liberticides, ce que ne peuvent faire ni le juge judiciaire garant de la légalité encore moins le juge administratif. Ces deux juges sont liés par les lois promulguées et ne peuvent donc les censurer même si elles violent les libertés fondamentales du citoyen. En outre, le juge constitutionnel béninois, pour rendre effective la protection des droits a, par une jurisprudence constante, ouvert le droit à réparation au profit des victimes de violation grave des droits fondamentaux et des libertés publiques, sans toutefois, fixer le quantum de la réparation qui relève de la compétence du juge judiciaire qui est cependant lié par la décision de la Cour.

D'autres Constitutions comme celles du Gabon, du Mali et du Togo font de la Cour constitutionnelle la garante des droits fondamentaux et des libertés publiques, tandis que celles du Sénégal et du Tchad, entre autres, font plutôt du juge judiciaire le protecteur de ces mêmes droits. Ainsi, la Constitution du Tchad du 14 avril 1996, bien qu'elle ait créé un Conseil constitutionnel, dispose en son article 146 que le pouvoir judiciaire exercé par la Cour suprême, les cours d'Appel et les justices de paix est le gardien des libertés et de la propriété individuelle et veille au respect des droits fondamentaux.

Il faut préciser que l'étendue des prérogatives du juge constitutionnel en matière de protection des droits des citoyens, voire sa légitimité, sont aussi le produit de l'histoire de chaque peuple. Ainsi, en France, malgré sa consécration par la Constitution de 1958, le Conseil constitutionnel ne s'est révélé gardien des droits fondamentaux qu'à partir de 1971, d'abord quand le Conseil, de sa seule volonté, a décidé le 16 juillet 1971 de reconnaître la valeur constitutionnelle de la Déclaration des droits de l'homme et du citoyen de 1789, du préambule de la Constitution de 1946 – grandes normes protectrices des libertés – et les principes fondamentaux reconnus par les lois de la République, ensuite quand fut votée à l'initiative du Président Valéry GISCARD d'ESTAING, la révision constitutionnelle du 29 octobre 1974, ouvrant la voie à la saisine du Conseil constitutionnel aux groupes parlementaires de l'opposition. Après l'échec des tentatives du Président François MITTERAND et de Robert BADINTER en 1992, la saisine par le citoyen grâce au mécanisme de la question prioritaire de constitutionnalité avec le filtre de la Cour de cassation ou du Conseil d'Etat n'interviendra qu'avec la révision constitutionnelle de 2008 initiée par le Président Nicolas SARKOZY. Par contre, en Allemagne, à l'instar de la plupart des Etats européens, la Cour constitutionnelle fédérale le Karlsruhe créée par la Loi fondamentale de 1949 est devenue très tôt active en matière de protection des droits humains et depuis 1969 elle peut être saisie d'un recours direct par tout citoyen, à la double condition que soit alléguée la violation d'un droit fondamental et que le requérant ait épuisé toutes les voies de recours devant les tribunaux.

CONCLUSION

La Constitution est le pacte fondateur de l'Etat, ce qui suppose que le pouvoir constituant originaire chargé de l'élaborer n'intervient qu'à la naissance d'un nouvel Etat ou quand triomphe dans un Etat existant une nouvelle idée de droit donnant naissance à une nouvelle légitimité, une nouvelle conception de l'organisation du vivre collectif. Cette nouvelle légitimité censée traduire les nouvelles aspirations du peuple souverain apparaît le plus souvent avec une révolution et parfois un coup d'Etat qui constitue une rupture, voire une destruction de l'ordre constitutionnel existant.

Toutefois, la Constitution n'est pas « une tente dressée pour le sommeil » elle est un organisme vivant dont les mues sont encadrées et canalisées par le pouvoir constituant dérivé qui s'exerce conformément aux prescriptions de la Constitution qu'il est chargé de réviser. Ce pouvoir ne peut donc modifier les clauses intangibles, appelées aussi clauses d'éternité, gravées dans le marbre de la Constitution. Il en va généralement ainsi de la forme républicaine de l'Etat et parfois, de la limitation du nombre de mandat présidentiel pour garantir l'alternance démocratique, le renouvellement des gouvernants. Ces prescriptions visent à préserver la forme républicaine de l'Etat adoptée par la plupart des Etats africains et qui proscrit la présidence à vie et des fonctions politiques héréditaires, autant de dérives qui aboutissent à la monarchisation de la République.

Théodore HOLO
Professeur titulaire de droit public et de science politique.

PANEL 1

PROCESSUS D'ÉCRITURE ET DE RÉVISION DES CONSTITUTIONS

Sous la présidence de Monsieur Babacar KANTE, Professeur titulaire de droit public et de science politique, Doyen honoraire de l'UFR de des Sciences juridiques et politiques de l'Université Gaston Berger de Saint Louis, ancien Vice-président du Conseil constitutionnel (Sénégal)

Avec comme discutant Monsieur Mahamane TIDJANI ALOU, Professeur titulaire de science politique, ancien Doyen de la Faculté des Sciences Economiques et Juridiques (FSEJ) de l'Université ABDOU MOUMOUNI de Niamey (Niger)

Adama KPODAR

CONSTITUER EN DROIT CONSTITUTIONNEL

INTRODUCTION

« Tabernacle du corps mystique qu'elle institue, en même temps que dépositaire du caractère sacré qu'elle délègue aux organes qui incarnent celui-ci, transparente et énigmatique simultanément dans son objectivité offerte d'inscriptions vénérées, bientôt confiée à la dévotion hiérocratique de professionnels de l'exégèse, la constitution devient, au terme de sa routinisation, l'instrument de conservation des principes et des règles réputés acquis par accord passé et fondateurs de la légitimité du régime... ».
Bernard Lacroix, « Les fonctions symboliques des constitutions, bilans et perspectives », in Seurin (J.-L.) (dir.), *Le constitutionnalisme aujourd'hui*, Paris, Economica, 1984, p. 199.

Sans doute convient -il de s'inscrire dans les arcanes de la perspective aristotélicienne de la constitution, conçue comme une œuvre d'art, une œuvre inspirée, et non -simplement- un produit de la technique juridique.

Ainsi, s'il faut écrire le récit de la création de la constitution nous osons dire qu'au commencement était l'idée politique et les concepts. Ils ont pris corps et bien que n'ayant pas été reconnus pour ce qu'ils étaient, ils prirent forme et leur formalisme s'imposa aux hommes de science comme étant la seule modalité d'institutionnalisation du pouvoir politique dans l'Etat.

« Constituer », à la différence de *« constitué ou institué »* est un concept *a priori* non identifié en droit constitutionnel. Cependant, puisque *« le droit constitutionnel est le droit de la constitution*, on le lie au droit constitutionnel par l'intermédiaire de la constitution. Ainsi, constituer en droit constitutionnel revient à s'interroger sur

l'établissement, la création et la composition de la constitution. C'est dans ce sens que l'indiquait le publiciste suisse Jean-Jacques Burlamaqui dans une des têtes de chapitre de son ouvrage des *Principes du droit politique* qui s'intitulait : *« De la constitution essentielle des Etats ou de la manière dont ils se forment »*. A la même époque, son compatriote Emerich de Vattel dans son ouvrage *Droit des gens ou principes de la loi naturelle, appliqués à la conduite et aux affaires des Nations et des Souverains*, écrit que le concours des lois fondamentales forme la constitution de l'Etat.

D'ailleurs, le concept constitution lui-même épouse cette signification. Etymologiquement elle vient du latin *« contitutio »*, dérivé de *« constituere »*, c'est-à-dire *« cum statuo »*, établir, placer ou constituer. Dans la brève histoire sémantique de la constitution au XVIIIè siècle que dresse Olivier Beaud dans son étude, on remarquera que le mot *« contitutio »* renvoie aussi bien à la médecine, où il désigne l'idée de l'état, de l'ordre ou de l'organisation d'un tout, qu'au droit, notamment au regard les textes pontificaux monastiques, voire un acte de procédure ou d'établissement d'un acte authentique. Mais, en dehors de cette polysémie, il désigne *« la manière dont une chose est faite, la composition d'une chose »*.

Il importe ici de saisir le droit constitutionnel, comme l'ensemble des normes dont la suprématie s'impose à tous, y compris au législateur, ou le droit de la constitution sanctionné par le juge, ou encore *« l'ensemble des institutions grâce auxquelles le pouvoir s'établit, s'exerce ou se transmet dans l'Etat »*. Cette définition est intéressante car elle nous permet de cibler l'objet du droit constitutionnel, qui sera au cœur de cette étude.

Ainsi est-il utile de comprendre que, pour constituer en droit constitutionnel, il est indispensable de saisir les différents éléments qui composent la constitution, le processus de sa naissance, ses faits générateurs, en un mot, la constitution de la constitution.

Une partie de la doctrine constitutionnaliste, même celle de l'école de la sociologie juridique de Léon Duguit, pour situer la création de la constitution, a pris l'option du positivisme juridique, notamment celle du normativisme juridique. Elle identifie deux éléments essentiels : l'œuvre constituante et la production normative. En effet, presque tous les manuels de droit constitutionnel traitent exclusivement des mécanismes juridiques d'apparition et de la production de la norme constitutionnelle, ou de son interprétation.

Pour constituer en droit constitutionnel, il faut un organe, le pouvoir constituant et une norme, la constitution, adoptée ou révisée selon une procédure solennelle, ou même un droit jurisprudentiel constitutionnel. Louis Favoreu et autres par exemple, ont nettement établi la distinction entre le concept politique et le concept juridique de la constitution, en admettant que :

> « La notion de constitution se trouve ainsi chargée de connotation hétérogènes : politiques, historiques, juridiques ». Et pourtant, ils considèrent que « ces aspects doivent être soigneusement distingués. Pour les besoins de cette présentation, nous n'allons-disent-ils- étudier, sauf exception, que les seules constitutions démocratiques modernes au sens juridique ».

Ceci correspond au modèle axiologique de la constitution comme norme, à la différence du modèle descriptif de la constitution comme ordre. Or, nous pensons contrairement au positivisme juridique, que l'ordre ne naît pas toujours formellement de la norme, et que la sécurité juridique de la norme est bien souvent en dehors de la forme.

Cette attitude de la doctrine qui n'est plus ni moins que l'application de la spécificité et de la spécialité du droit, véhiculée par la théorie pure du droit, est elle-réellement concevable pour constituer en droit constitutionnel ? Constituer en droit constitutionnel, ne serait-il qu'une donnée purement juridique ou exclusivement formelle ? L'existence de la constitution coutumière peut être en cela un premier élément qui pourra aiguiller la réponse.

La théorie du droit et surtout celle de Hart nous enseigne l'importance de la forme et de la procédure dans l'apparition et la hiérarchie des normes, ainsi que sa correspondance avec le fond. Toutefois, ces considérations dont la fécondité n'a d'importance que de rappeler la vanité des prétentions de la supériorité de la forme sur le fond, n'empêchent pas de se souvenir de ce que disait Monsieur de Saint-Simon : *« La forme du gouvernement n'est qu'une forme, la constitution de la propriété est le fond... »*.

Aussi, constate-t-on que si la constitution est formellement première car matériellement primordiale, les rapports entre la définition matérielle et celle formelle de la constitution ne sont pas toujours automatiques. C'est dire qu'il faut se méfier du pur formalisme, et s'appesantir sur la substance, ou tout au moins ne pas la négliger.

Précisons que nous sommes à la lisière de la recherche des sources de la constitution, puisqu'une source du droit présuppose que :

> « Le droit existait avant d'apparaître aux hommes, et que ceux qui paraissent produire la règle ne font que les découvrir et les exprimer, mais ne les créent pas ». De même, pour Dominique Rousseau, « toute norme, relève du domaine de l'ordre social...est, au départ, une aspiration, un souhait, une demande, une revendication sociale ».

C'est notamment sur cette voie que se sont engagés certains auteurs qui remarquent que constituer en droit constitutionnel est un processus bivalent. Parmi une ancienne doctrine publiciste, on peut évoquer la distinction préconisée par le Doyen Maurice Hauriou qui oppose la constitution au sens formel décrivant la constitution politique et les déclarations des droits qui exprimeraient la constitution sociale. Il ne peut en être autrement car dans son Précis de droit constitutionnel, le Maître de l'Ecole de Toulouse construit toute une théorie politique de l'Etat à travers le concept d'institution.

Très influencé par ce Maître, Joseph Barthélémy et Paul Duez, dans leur Traité de droit constitutionnel prirent soin d'analyser *« l'histoire externe de la constitution de 1875 »*, avant de s'appesantir sur la question formelle de la *« suprématie de la constitution »*. Cette doctrine n'est pas nécrologique car aujourd'hui encore, elle se recrute sous la plume d'autres théoriciens. Il en est ainsi par exemple de Olivier Beaud, qui a montré clairement, comment l'histoire permet de clarifier le processus de constituer en droit constitutionnel, en saisissant la constitution politique et la constitution juridique comme statut de l'Etat. On pourra y ajouter Michel Troper qui se situe dans le modèle descriptif de la constitution comme ordre dans une perspective la déconstruction. Il écrit :

> « Si l'on reprend la distinction classique de la constitution au sens formel et au sens matériel, on est conduit à lui donner une signification différente de la signification traditionnelle : au sens formel, elle est l'ensemble des dispositions ayant le caractère subjectif de normes, émises et modifiables selon une procédure particulière différente de la procédure législative ordinaire et plus difficile à mettre en œuvre ; au sens matériel, elle est le système de relations qui conditionne effectivement l'action des pouvoirs publics. Mais ni au sens formel, ni au sens matériel, la constitution n'apparaît comme un ensemble de normes. Elle n'appartient pas au domaine du Sollen, mais bien à celui du Sein ».

Il semble donc évident que pour les publicistes constitutionnalistes, constituer en droit constitutionnel n'est pas simplement ou uniquement une opération normative, juridique ou formelle. On évoque ainsi l'idée d'un « droit constitutionnel avant le droit constitutionnel », ou d'un « droit constitutionnel en dehors de la constitution ».

Cette option trouve plus son ancrage dans la science politique qui distingue aussi la constitution sociale de la constitution politique. A la différence du Doyen Hauriou qui les oppose et qui réduit la constitution sociale à la déclaration des droits, il existe une relation intime entre les deux types de constitution. En effet, si la constitution politique est le statut juridique du pouvoir, on ne saurait oublier que ce dernier vaut pour une société, qui s'est dotée de principes et des objectifs sociaux à atteindre. Les institutions politiques n'étant pas une fin en soi, elles n'ont de raison d'être que par rapport à certaines fins sociales. On écrit à juste titre que :

> « La constitution politique d'un pays ne se limite pas à la matière de l'organisation de l'Etat, au sens de gouvernement ; elle embrasse également la matière des rapports de la société-Etat avec la société, tout court. Ainsi, la constitution est et ne peut être que politique, alors même qu'elle a trait aux rapports des individus et des groupes entre eux dans l'Etat et aux rapports des individus et des groupes avec l'Etat ».

L'intérêt de cette étude c'est de faire sortir le processus de l'apparition de la constitution du pur formalisme dans lequel une partie de la doctrine semble l'avoir enfermée et de montrer que le normativisme constitutionnel tire sa source et sa vitalité de l'idée politique qui en est la substance, et qui lui survit. Il convient de rétablir ou du moins de réajuster les paradigmes systémiques dans leur équilibre au risque de se prendre au piège du tout formalisme constitutionnel, afin de réintroduire dans l'Etat de droit constitutionnel, l'Etat politique, comme le suggérait Slobodan Milacic, à propos du phénomène constitutionnel dans le paradigme de la post-modernité libérale. Ce faisant, on comprendrait mieux ce pourquoi une constitution est faite.

Il est donc clair pour les Etats d'ici ou d'ailleurs, moulus dans la tradition du constitutionnalisme comme principal parangon de la modernité constitutionnelle, que constituer en droit constitutionnel est d'abord un œuvre d'inspiration, qui aboutit à la conception de **l'âme**

politique (I), avant d'être ensuite le produit d'une technique juridique qui l'enserre dans **le corps juridique (II)**.

I. « L'ÂME » POLITIQUE

Il n'y a pas de constitution sans organisation de la société politique. Ainsi, l'opération de l'établissement de la constitution relève de la sphère du pré-normatif, qui, au demeurant constitue les fondations principielles de cet instrument. Constituer l'âme de la constitution, ou le pacte politique (A) est ainsi une véritable œuvre constituante portée par la doctrine (B).

A. LES ÉLÉMENTS DU PACTE POLITIQUE

Il ne s'agit pas ici d'aborder la question de la nature du pacte politique ou du contrat social qui lie la société politique, mais plutôt les éléments qui le constituent, de les situer dans l'histoire et d'analyser, de déterminer les idées politiques et les doctrines qu'elles engendrent.

Georges Dmitri Lavroff montre bien qu'en parcourant les écrits de Platon, d'Aristote, de Montesquieu et de Karl Marx, il est possible d'affirmer que le rapport entre la nature du pouvoir et les conditions économiques, culturelles et les relations qui existent dans la société considérée, relève du bon sens. Si depuis longtemps leurs études sont rejetées dans la sociologie, considérée comme la fille incestueuse de l'histoire et du droit, la philosophie ou la science politique, il est aujourd'hui admis que c'est à l'histoire constitutionnelle et à la science du droit constitutionnel de contribuer à identifier les vrais ingrédients qui permettent de constituer l'acte fondamental de l'Etat.

A travers une contribution saisissante, Denis Baranger pense qu'à notre époque *« on trouve d'un côté, un droit constitutionnel appréhendé hors l'histoire, et l'autre une histoire dite constitutionnelle, déplacée dans le périmètre de l'histoire politique, et considéré, pour l'essentiel, comme sans pertinence pour comprendre le droit constitutionnel »*. Ce rejet regrettable de Dieu, pour embrasser le diable, permet d'observer que l'histoire constitutionnelle *« est une discipline historique très spécialisée si on la conçoit sub specie juris, dont l'objet est la genèse et le développement de la constitution propre à l'État libéral et libéral-démocratique, indépendamment de la forme prise par cette constitution et de sa place dans l'ordonnancement juridique-même si,...cette forme et cette place sont riches de sens pour l'histoire constitutionnelle »*.

Joaquín Varela Suanzes-Carpegna distingue du point de vue de la méthode entre la perspective normative-institutionnelle et celle doctrinale. La première (histoire constitutionnelle) est relative aux normes qui, dans le passé, ont réglé les bases ou les fondements de l'organisation et du fonctionnement de l'État libéral et libéral-démocratique, mais aussi aux institutions que ces normes organisent, la seconde (histoire du constitutionnalisme) s'attachant quant à elle à la réflexion théorique qui est née autour de l'État libéral et libéral-démocratique, et dont sont issus non seulement une doctrine constitutionnelle mais aussi un répertoire de concepts. C'est bien ce dernier ancrage qui est intéressant, car le droit constitutionnel a été bâti dans une ambiance de faits historiques autour du pouvoir qui en est l'objet principal, et qui par la suite est traduite dans des concepts.

On a de ce point de vue décrit le *« constitutionnalisme ancien »*, c'est-à-dire les droits publics des monarchies européennes d'ancien régime comme constitué d'un ensemble d'idées relatives au pouvoir politique, dont les fondements sont à rechercher dans la philosophie du droit et dans les pensées politiques. *« Ce constitutionnalisme ancien »* est donc qualifié de constitutionnalisme sans constitution au sens formel du terme. La mise en pratique de ces idées nous ramène bien à la constitution coutumière.

Si de nos jours, les constitutions sont écrites, il n'en demeure pas moins que cette affirmation se vérifie. En effet, dans toute constitution rigide, il y a des idées politiques et ce sont les éléments de ces dernières qui appellent des précisions.

A la question de savoir quelles sont les pierres qui permettent de constituer, de construire une constitution, on répondra qu'on en dénombre deux essentiellement. **Les premières** comprennent les représentations issues des faits. L'histoire constitutionnelle nous enseigne effectivement que l'exigence d'un texte suprême dans l'Etat et née de considérations, des faits liés à la condition humaine, à la situation des individus face au détenteur du pouvoir politique dans la dialectique de gouvernants gouvernés, proposée par Georges Burdeau. Sans remonter très loin, nous partirons du 16ème siècle pour montrer que l'idée de la limitation du pouvoir du Roi en Grande Bretagne et qui a conduit au gouvernement modéré ou mixte est fondée sur les problèmes fiscaux, le consentement à l'impôt. La révolution américaine s'est faite sur le même fondement, la révolution française pour réclamer le pain et la liberté. De la même manière les revendications démocratiques des années 90 ou les printemps arabes en Afrique avaient pour cause le marasme économique et la perversion des droits et libertés.

On ne peut donc pas comprendre la constitution dans l'ignorance de ces faits sociaux qui lui donnent naissance et dont la thérapeutique sera recherchée dans des constructions d'idées politiques, ou des préceptes d'art politique. C'est d'ailleurs le sens qu'on donnait à la constitution en Angleterre où l'on commence à l'utiliser dans le sens politique :

> « Par constitution, nous attendons, si nous parlons précisément et correctement, cet assemblage de lois, d'institutions et de coutumes, qui découlent de certains principes immuables de la raison, et tendent à certains éléments immuables du bien public, et composent le système général, selon lequel la communauté est convenue d'être gouvernée ».

C'est tout le sens et l'importance **des secondes pierres**, qui se composent d'une *« galaxie de concepts qui constituent l'arrière-plan indispensable de l'idée de constitution »*. La constitutionnalisation du pouvoir n'est donc pas une condition suffisante ; encore faudra-t-il que le texte exprime une sorte de pacte social qui unisse les gouvernants et les gouvernés sur les grandes idées, les grands principes, la nature de la société politique, ses objectifs et ses moyens.

Comme on le souligne à juste titre, l'histoire constitutionnelle a débuté avec *« l'apparition de dénominations qui se sont implantées avant les constitutions écrites et qui ont constitué le lexique avec lequel on a pu les rédiger, tout autant que le vecteur linguistique des concepts permettant de les penser »*. En nous situant par exemple dans l'option politique de la société de confier la gestion de l'Etat au peuple (démocratie) et la préservation de la liberté et des droits de l'homme, on élaborera plusieurs théories. S'agissant d'abord de la préservation des libertés, on élaborera le concept de la séparation des pouvoirs. C'est justement cette idée de Montesquieu qui est avancée par la disposition de l'article 16 de la Déclaration des droits de l'homme et du citoyen de 1789 : *« Toute société, dans laquelle la garantie des droits n'est pas assurée, ni la séparation des pouvoirs déterminée n'a, point de constitution »*. Elle sera poursuivie par l'idée du constitutionnalisme libéral, de l'Etat de droit, de l'Etat de droit démocratique, constitutionnel, en tout cas de toutes ces notions développées dans la doctrine pour fixer la nature de l'institution étatique, qui sera traduite dans la norme constitutionnelle. Ensuite, on va déterminer la puissance étatique en faisant référence à l'idée de souveraineté (Jean Bodin), sa nature (souveraineté nationale, souveraineté populaire), à ses modalités d'exercice (démocratie représentative, démocratie directe), aux modalités de délégation de la souveraineté (les modes de scrutin), aux sanctions liées à son exécution (la responsabilité). Aujourd'hui par exemple, le constitutionnalisme ne se résume pas seulement à ces idées, mais à bien d'autres : l'opposition, l'alternance, la bonne gouvernance, la moralisation de la vie publique, la démocratie participative, la démocratie en réseaux etc... On comprend ainsi toute l'importance de la Théorie générale de l'Etat, qui bassine l'étudiant en premier semestre de droit constitutionnel, car pour comprendre la constitution, il faut maîtriser cette pensée qui au-delà de tout vise un objectif constituant.

B. LA PORTÉE CONSTITUANTE DES ÉLÉMENTS DU PACTE POLITIQUE

Après avoir déterminé les éléments qui permettent de constituer il convient ici de répondre à la question comment participent-ils d'une œuvre constituante. Nous prendrons seulement la doctrine, qui conceptualise les faits politiques. Gardons-nous aussi de considérer cette doctrine comme disposant d'un pouvoir constituant ou d'exercer la puissance constituante formelle. L'idée est de montrer tout simplement *« la part de la doctrine dans la création du droit constitutionnel »* pour reprendre le bel intitulé de la contribution de Pierre Brunet. En d'autres termes, en conceptualisant des idées politiques, des mécanismes politiques de fonctionnement de l'Etat, qui seront par la suite formaliser dans la constitution, la doctrine participe indirectement à une œuvre constituante de fond. C'est la doctrine, qui est stigmatisée, dans une certaine mesure, comme une source du droit, on pourra ajouter de nature substantielle. La doctrine étant entendue dans son sens large, nous envisageons aussi bien les théories politiques qui mettent l'accent plus sur le contexte ou le milieu politique ambiant que juridiques, c'est-à-dire des constructions scientifiques et intellectuelles.

Dans ce domaine, on a remarqué qu'en Grande-Bretagne les doctrines constitutionnelles, étaient dans la majorité des cas descriptives, puisqu'elles visaient plus à théoriser les normes et les institutions déjà existantes, contrairement au prototype français du XVIIIè siècle qui fit le contraire, en modelant les normes et les institutions constitutionnelles à l'aune des doctrines conçues *ex novo* et en faisant *tabula rasa* du droit et des institutions en vigueur.

Ainsi, la théorie de la séparation des pouvoirs de Montesquieu, par exemple a permis de constituer dans la norme constitutionnelle la distinction des organes de l'Etat (Exécutif, Législatif, Juridictionnel), ainsi que l'aménagement des relations qu'ils entretiennent entre eux. De la même manière, il est difficile de comprendre la règle constitutionnelle du pouvoir constituant (le référendum constituant originaire ou dérivé), du double corps du peuple, de la suprématie de la constitution et de la nation comme entité exprimant la souveraineté, sans la théorie politique de Emmanuel-Joseph Sieyès ; au point où, Mignet écrit dans une notice nécrologique en décembre 1836, que *« beaucoup de ses pensées sont devenues des institutions »*. Sur le principe constitutionnel de la nation comme source de tous les pouvoirs, Elisabeth Zoller écrira que *« le principe de la souveraineté nationale tel qu'il a été conçu par Sieyès a permis à la France de sortir de l'Ancien Régime et de la société par ordres héritée de la société féodale. En affirmant que la nation existe avant tout, elle est à l'origine de tous les pouvoirs, Sieyès ouvre la voie de la France moderne par la création du pouvoir constituant, le plus haut des pouvoirs, le pouvoir suprême, celui qui donne au pays sa constitution, sociale et politique »*. Faut-il le rappeler, c'est en s'appuyant sur le pouvoir constituant que l'Assemblée nationale a pu changer la société en affirmant dans la Déclaration des droits de l'homme et du citoyen de 1789, le principe de l'égalité entre tous les hommes, inhérente à la nature.

On voit donc déjà naître des théories politiques dont l'objectif n'est pas de constater, de commenter l'ordre constitutionnel ou politique existant mais bien de constituer le nouvel ordre ou l'ordre en construction ou encore l'ordre en devenir. Il y a là une volonté d'être à l'origine de la création, comme le pouvoir constituant originaire est à l'origine de la nouvelle norme constitutionnelle. On admet souvent qu'une nouvelle constitution peut naître de la révolution, c'est-à-dire d'une nouvelle idée politique, en rupture totale ou en perfectionnement de l'ancienne et qui sera juridicisée. La valeur constituante de ces idées apparait à la lumière et on comprend facilement que les révolutions américaines et françaises ont été menées sur la base de ces nouvelles donnes qui ont par la suite été traduites, parfois imparfaitement dans les constitutions.

Ces idées politiques vont largement influencer les publicistes français de la IIIème République, comme Ademar Esmein, Léon Duguit, Maurice Hauriou et Raymond Carré de Malberg. Ces auteurs français, auxquels on pourra ajouter d'autres, venus de la tradition germanique comme Gerber, Laband, Goerg Jellinek, Carl Scmitt, Hans Kelsen, ou de tradition anglo-saxonne comme Dicey, ou encore de tradition hispanophone comme Orlando, que l'on qualifie de pères fondateurs du droit constitutionnel, ont conçu des œuvres juridiques dans l'objectif d'influencer ou de déterminer le travail constituant lui-même.

Que ce soit dans sa fonction nominale ou normative, la constitution contient des principes qui sont posés par la doctrine. Dans le domaine de la protection des libertés par exemple il est important d'avancer que c'est chez Coke, en France, dans les anciens parlements, dans l'argumentaire du Juge Marshall sur l'affaire Marbury v. Madison, dans la doctrine de Hans Kelsen, dans le raisonnement du juge Barak de la Cour suprême d'Israël et même dans la pensée de certains auteurs contemporains de la IIIe République, pourtant réservés à l'égard de l'introduction du contrôle en France, qui ont construit, constitué et consolidé le principe constitutionnel du contrôle de constitutionnalité de la loi, et donc de la naissance et du développement du contentieux constitutionnel. Aujourd'hui encore, ce contentieux est fortement nourri par les commentaires de la doctrine, dans la droite ligne de ce que le Doyen Vedel observait naguère : *« le dialogue entre la doctrine et la jurisprudence est nécessaire et bienfaisant »*, même si parfois il est incomplet voire antagonique.

Aujourd'hui, de nouvelles théories comme le(s) réalisme(s) scandinave(s), le réalisme de Nanterre, le normativisme, les réalismes américains, le courant *sociological jurisprudence*, le néo-institutionnalisme et des écoles comme celle aixoise, montpelliéraine, de *Jus politicum* et d'autres encore, tracent la route du droit constitutionnel. La doctrine en tant que moyen de détermination de la constitution n'est donc plus de nos jours une curiosité comme l'attestent les travaux du colloque de Toulouse sur le thème : *« Quelles doctrines constitutionnelles aujourd'hui pour quel(s) droit(s) constitutionnel(s) demain ? »*.

Mais, il faut admettre que si cette œuvre d'art est nécessaire, il faut que la constitution prenne corps à travers une procédure de technique juridique réussie.

II. LE « CORPS » JURIDIQUE

Une constitution pensée et conçue dans l'esprit, et parfois même dans la lettre à travers l'invention des concepts et des discours ou des mécanismes institutionnels, ne saurait exister en tant que norme juridique qu'en passant l'épreuve de la technique juridique, sans laquelle elle serait comparable à l'allégorie Platonicienne du mythe de la caverne. Cette procédure qui sécuriserait juridiquement l'âme de la constitution **(B)** nous fait en même temps découvrir ses deux « corps » **(A)**.

A. L'« ÂME » DE LA CONSTITUTION

La constitution comme produit d'une technique juridique peut ramener à la problématique générale de la source du droit. En nous fondant sur la méthodologie positiviste des sources du droit, qui ne se préoccupent pas de leur légitimité ou de leur fonction, on citera l'Allemand Rudolf von Ihering (1818-1892) qui considérait que la loi était la source principale du droit, le Français Henri Lévy-Bruhl (1884-1964) qui donnait la primeur à la coutume, l'Autrichien devenu Britannique Friedrich von Hayek (1899-1992) qui lui, accordait plus d'importance à la jurisprudence.

Mais, ici, on doit aller plus en profondeur, en s'interrogeant sur la principale question de savoir comment et pourquoi, par quelles procédures la constitution apparaît comme une norme juridique, une source du droit constitutionnel. En d'autres termes, comment se constitue juridiquement la constitution ? Nous nous situons ici dans la conception kelsénienne de la source du droit, c'est-à-dire la *« création du droit »*.

Juridiquement, la constitution naît de l'exercice du pouvoir constituant, qui se définit comme la puissance créatrice de l'ordre juridique constitutionnel, qui en fixe les principes et en établit les instruments. On distingue le pouvoir constituant originaire, qui est initial et inconditionné, qui vise la création d'une nouvelle constitution, le pouvoir constituant dérivé ou institué, qui est limité et qui vise la révision ou la modification de la constitution. L'exercice du pouvoir constituant et l'œuvre créatrice issue de l'interprétation du texte constitutionnel par le juge permet d'identifier les deux corps de la constitution considérée comme le produit d'une technique juridique.

B. LES DEUX « CORPS » DE LA CONSTITUTION

Le premier corps, le plus ancien est invisible. On a enseigné qu'en Grande Bretagne et dans la monarchie française du 17ème siècle, on rencontre la constitution coutumière ou les lois fondamentales du royaume d'inspiration coutumière. Elles se fondent sur des pratiques, des comportements, des usages, que le temps et la volonté des hommes ont transformé en règles juridiques.

Dire par exemple que le pouvoir constituant n'existe pas dans cette catégorie de constitution est une véritable erreur, car le pouvoir constituant se résume dans ce cas dans la volonté créatrice du droit de l'opinion, de l'esprit public, des mœurs, des traditions. Qu'elle ne soit pas spontanée, qu'elle soit le produit de l'histoire, comme *« un dépôt lent et indéfini au fond d'une liqueur terne »*, elle comporte une signification juridique et est douée d'une autorité de règles de droit. D'ailleurs, c'est la raison pour laquelle la constitution coutumière est matériellement constitutionnelle. Boutmy écrivait à propos des anglais qu'ils *« ont demandé leurs garanties à un système qui est exactement le contre-pied du nôtre. Au lieu de faire masse de leur constitution, ils ont cherché à lui donner le moins de corps possible, attendu que tout corps est, par essence vulnérable. Voilà pourquoi ils ne l'écrivent qu'en partie et pourquoi, lorsqu'ils l'écrivent, bien loin de rehausser et de différencier leurs textes constitutionnels, ils les sèment et les perdent pour ainsi dire parmi les textes de législation ordinaire »*. Cette constitution est incorporée à la nation, qui vit avec elle et elle coule en quelque sorte dans ses veines avec son sang.

L'âme politique de la constitution, à travers le processus technique des traditions, des usages, c'est-à-dire du processus coutumier, va donc s'incarner dans un corps invisible, mais qui n'en existe pas moins, par lequel il assure à la matière son existence en tant que norme constitutionnelle. Ainsi, la distinction constitution coutumière/constitution écrite, n'affecte nullement leur identité de nature, de même que la constitution coutumière n'est pas exclusive des règles écrites.

Le deuxième corps, plus moderne et plus répandu est quant à lui visible. Il s'agit de la constitution écrite, entendue dans un sens large, c'est-à-dire émanant de l'exercice du pouvoir constituant que de la jurisprudence du juge dans la création du bloc de constitutionnalité. Le processus de métamorphose de l'incarnation de l'âme politique est plus formalisé et nécessite selon les cas l'intervention d'une assemblée constituante ou du peuple sur un projet ou sur une proposition de texte écrit. En adoptant le texte selon une procédure solennelle, l'organe titulaire du pouvoir constituant, marque ainsi sa volonté de se doter d'un texte dont la suprématie doit être assurée sur les autres normes. La manifestation de cette volonté s'effectue sur les principes ou les idées qui se sont formés dans la constitution politique de l'Etat.

CONCLUSION

La question est de savoir, quelle serait la portée de la sécurisation formelle d'une âme qui n'en est pas une ? En d'autres termes, la sécurité juridique du formalisme d'une constitution substantiellement de revanches, de clairs-obscurs, de malentendus, donc d'une constitution d'âme polluée, assure-t-elle réellement une stabilité constitutionnelle ? Pour la réponse, je vous laisse appréhender l'ordre constitutionnel actuel, en Afrique ou ailleurs.

Je reste donc convaincu que contrairement à ce que nous enseignons sur la clarté, la sécurité du formalise juridique, donc l'adoubement de la constitution écrite, la constitution substantielle fondée sur une âme constitutionnelle, sur l'*« affectio constitutionnem »* est la vraie et la meilleure constitution. C'est l'âme qui constitue la Constitution, la forme la pervertit.

> « Faire parader la constitution en grand costume devant le bataillon des statuts, ce costume fut-il une armure, ce serait la désigner à l'attention et aux attaques. Le plus sûr est de la tenir à l'écart et au loin », comme le pensait Boutmy...

Adama KPODAR

Professeur Titulaire de Droit Public

Agrégé de Droit Public et de Science Politique

Université de Kara (TOGO).

Alain ONDOUA

NOTULE SUR L'ECRITURE DE LA CONSTITUTION EN AFRIQUE. LE CAS DES ETATS D'AFRIQUE SUBSAHARIENNE FRANCOPHONE

INTRODUCTION

La notion de Constitution est l'une des plus mobilisées dans la doctrine de droit public[1]. Dès lors, il convient de l'appréhender, dès l'entame de cette communication, par son versant peu juridique. En effet, on peut penser qu'il s'agit du « ...principe de réflexion des sociétés humaines »[2] qui a la particularité d'aborder la problématique du sens de l'existence humaine[3] et par extension, la vie des hommes en société[4]. De cette dimension symbolique de la loi fondamentale, peut se déduire l'importance de la question de son écriture[5]. En d'autres termes, le rôle assigné à la Constitution et son impact dans la régulation du pouvoir et des rapports sociaux sont tributaires de son contenu. De ce point de vue, autant on distingue de bonnes Constitutions, autant

---

[1] On comprend mieux pourquoi, dès les origines, on a considéré que « le droit des institutions politiques » constitue l'une des matrices du droit public, BIOY (Xavier), « L'identité disciplinaire du droit public. L'*ipse* et l'*idem* du droit public... », in BIOY (Xavier) (dir.), *L'identité du droit public*, Presses de l'Université Toulouse 1 Capitole, 2011, p. 18.

[2] ROUSSEAU (Dominique), « Questions de Constitution », *Politique et Sociétés*, vol. 19, n° 2-3, 2000, p. 9.

[3] *Ibid.*, p. 13.

[4] *Idem.*

[5] MAUS (Didier), FAVOREU (Louis) et PARODI (Jean-Luc) (dir.), *L'écriture de la Constitution de 1958 : Actes du colloque du XXXème anniversaire,* 8, 9 et 10 septembre 1988, Aix-en-Provence – Paris, PUAM-Economica, coll. Droit public positif, 1992, 852p.

certaines autres contiennent des bizarreries[6] ou apparaissent rédhibitoires[7].

La problématique de l'écriture constitutionnelle mérite donc une attention particulière surtout dans un contexte où on célèbre les avancées du constitutionnalisme en Afrique. Comme on le sait, au début des années 1990, les Etats d'Afrique noire francophone se sont lancés dans une intense activité constituante qui s'est soldée par l'adoption de nouvelles Constitutions. La doctrine n'a pas hésité à mettre en avant les nouvelles tendances[8] et l'évolution du constitutionnalisme[9] dans les Etats en question. Tous ces qualificatifs sont révélateurs de la maturation et de l'amélioration de l'écriture des textes constitutionnels et justifient qu'un regard soit porté sur les acteurs, le moment et les enjeux de l'écriture constitutionnelle.

A titre de rappel, durant les trois premières décennies post indépendance, la Constitution était soit un pur fait des gouvernants[10], soit se voyait reléguée à une place secondaire, ou encore était anéantie[11]. Dans le premier cas, les opérations constituantes visaient essentiellement à renforcer la position des détenteurs du pouvoir[12] de sorte que sur le plan substantiel, la qualité des textes constitutionnels laissait à désirer. Les ratés de la mécanique étaient si récurrents[13] et témoignaient de la perfectibilité de l'écriture constitutionnelle en

---

[6] LUCHAIRE (François), « Douze bizarreries constitutionnelles bien françaises », in *Le nouveau constitutionnalisme, Mélanges en l'honneur de Gérard CONAC*, Paris, Economica, 2001, pp. 151-165.

[7] OWONA (Joseph), « L'essor du constitutionnalisme rédhibitoire en Afrique : Etude de quelques Constitutions Janus », in *L'Etat moderne horizon 2000, Aspects internes et externes, Mélanges offerts à Pierre François GONIDEC*, Paris, LGDJ, 1985, pp. 235-243.

[8] AHADZI NONOU (Koffi), « Les nouvelles tendances du constitutionnalisme africain : le cas des Etats d'Afrique noire francophone », *Afrique Juridique et Politique Revue du CERDIP*, n° 2, juillet-décembre, 2002, pp. 35-86 ; Lire également, AÏVO (Frédéric-Joël), « Les tendances émergentes du nouvel ordre constitutionnel en Afrique », *Revue du Conseil constitutionnel d'Algérie*, n° 4, 2014, pp. 289-309.

[9] BOURGI (Albert), « L'évolution du constitutionnalisme en Afrique : du formalisme à l'effectivité », *RFDC*, n° 52, 2002, pp. 721-748.

[10] FAURE (Yves A.), « Les Constitutions et l'exercice du pouvoir en Afrique noire », *Politique africaine*, n° 1, 1981, p. 41.

[11] LAVROFF (Dmitri-Georges), *Les systèmes constitutionnels en Afrique noire. Les Etats francophones*, Paris, A. Pedone, 1976, p. 13.

[12] FAURE (Yves A.), « Les Constitutions et l'exercice du pouvoir en Afrique noire », *op. cit.*, p. 41.

[13] KOKOROKO (Dodzi), « L'idée de Constitution en Afrique », *Afrique Contemporaine*, n° 242, 2012, p. 117.

Afrique noire francophone. Cette époque peut d'ailleurs être assimilable à celle de l'essor des Constitutions *Janus*[14].

Dans le second cas, le déclin du constitutionnalisme[15] rendait parfois inutile toute étude portant sur l'écriture des Constitutions. En effet, constamment, les lois fondamentales étaient abrogées ou suspendues au point où pendant plusieurs années, de nombreux gouvernants ont exercé le pouvoir sans appuyer leur autorité sur la Constitution[16]. Cette période correspond à celle de l'essor du présidentialisme[17] et de la prolifération des régimes militaires. Elle se caractérise surtout par l'abandon du constitutionnalisme en faveur d'une modalité d'exercice du pouvoir basée sur la crainte du chef[18], au point où Pierre-François GONIDEC s'est interrogé sur l'utilité des Constitutions africaines[19] et Gérard CONAC sur leur effectivité[20].

Le renouveau constitutionnel africain marque à la fois une rupture avec le passé et tend à instaurer une nouvelle ère politique et constitutionnelle dans les Etats d'Afrique noire francophone. Et dès les premières lignes des principaux textes constitutionnels de l'époque, l'on voit se dessiner l'installation de nouveaux régimes[21], les dispositions qui rassurent[22] et qui contiennent des réponses à une pluralité de questions[23]. Ce contenu des Constitutions africaines n'est que le résultat

---

[14] Au sens du professeur Joseph OWONA, « L'essor du constitutionnalisme rédhibitoire en Afrique : Etude de quelques Constitutions Janus », *op. cit.*, les Constitutions *Janus* sont celles qui formulent des principes et les vident de leur sens. Il s'agit donc des textes qui ont à la fois, un côté diabolique et un côté angélique.

[15] LAVROFF (Dmitri Georges), *Les systèmes constitutionnels en Afrique noire. Les Etats francophones*, *op. cit.*, p. 13.

[16] LAVROFF (Dmitri Georges), *Les systèmes constitutionnels en Afrique noire. Les Etats francophones*, *op. cit.*, p. 26.

[17] GICQUEL (Jean), « Le présidentialisme négro-africain : le cas du Cameroun », in *Le pouvoir. Mélanges offerts à Georges BURDEAU*, Paris, LGDJ, 1977, pp. 701-725.

[18] LAVROFF (Dmitri Georges), *Les systèmes constitutionnels en Afrique noire. Les Etats francophones*, *op. cit.*, p. 26.

[19] GONIDEC (Pierre-François), « A quoi servent les Constitutions africaines ? Réflexion sur le constitutionnalisme africain », *RJPIC*, n° 4, 1988, pp. 849-866.

[20] CONAC (Gérard), « Les Constitutions des Etats d'Afrique et leur effectivité », in Gérard CONAC (dir.), *Dynamiques et finalités des droits africains*. Paris, Economica, 1979, pp. 385-413.

[21] MONCLAIRE (Stéphane) et FILHO (Clovis de Barros), « Brésil : l'écriture d'une Constitution », *Politix*, vol. 1, n° 2, 1988, p. 71.

[22] DELPEREE (Francis), « Les rayons et les ombres de la Constitution », *RFDC*, n° 103, 2015, p. 583.

[23] ROUSSEAU (Dominique), « Questions de Constitution », *op. cit.*, p. 14.

d'un travail intensif d'écriture ou de réécriture[24] entamé au début des années 1990 et qui se poursuit jusqu'à l'époque contemporaine avec les enrichissements dont les Constitutions font l'objet à travers les révisions constitutionnelles.

De ce qui précède, il appert qu'il n'est ni incongru ni surabondant de mener une étude sur l'écriture des Constitutions ; ce d'autant plus que celle-ci pose en filigrane la question de l'installation d'un nouveau régime dans les Etats africains. Par définition, on fait référence à ce vocable pour désigner les opérations d'élaboration et de révision de la Constitution. Ce qui revient à dire que l'écriture dont il est question ici est essentiellement formelle et vise la Constitution au sens formel du terme[25]. Les changements constitutionnels – entendus notamment comme des évolutions constitutionnelles du fait de la pratique[26] - ne seront donc pas, à titre principal, pris en compte[27]. L'écriture peut aussi être entendue comme l'action d'écrire[28]. Cette conception permet de prendre en compte, les auteurs, les modes et le moment de l'écriture constitutionnelle.

Il convient par conséquent d'interroger l'ingénierie constitutionnelle et la sémantique de la Constitution. Dès lors, deux constats méritent d'être mis en avant, en l'occurrence la fragmentation des modes d'écriture de la Constitution d'abord (I), et la disparité de l'écrit constitutionnel ensuite (II).

---

[24] CABANIS (André) et GUEYE (Babacar), « Dire le droit constitutionnel en Afrique francophone », *Droit Sénégalais*, n° 11, 2013, p. 103.

[25] On peut définir la Constitution au sens formel comme un acte spécial, élaboré et révisé suivant une procédure spéciale et complexe par un organe tout aussi spécial et qui se présente comme une norme de catégorie suprême. Ce qui revient à dire que la rigidité constitutionnelle et la prééminence hiérarchique permettent de définir la Constitution au plan formel. Voir en tout état de cause, ROUSSEAU (Dominique), « Constitution », in Olivier DUHAMEL et Yves MENY (dir.), *Dictionnaire constitutionnel*, Paris, PUF, 1992, pp. 208-212.

[26] Voir notamment pour ce qui est de la France, BEAUD (Olivier), « Les mutations de la Vème République, ou comment se modifie une Constitution écrite », *Pouvoirs* 2001/4, n° 99, pp. 19-31.

[27] Par changement constitutionnel, il faut entendre, « changement dans la signification normative de la matière constitutionnelle intervenu sans que la procédure de révision constitutionnelle ait été utilisée ». Lire utilement, ALTWEGG-BOUSSAC (Manon), *Les changements constitutionnels informels*, Bayonne, Institut universitaire Varenne, LGDJ-Lextenso éd., collection des thèses (Fondation Varenne), n° 76, 2013, p. 16.

[28] *Dictionnaire Le Robert*, 2005, p. 140.

I. LA FRAGMENTATION DES MODES D'ÉCRITURE DE LA CONSTITUTION

Dans le nouveau constitutionnalisme des Etats d'Afrique noire francophone, les modes d'écriture sont tributaires des organes qui prennent part à l'opération constituante ou de révision. En tentant une classification, on en dénombre deux, en l'occurrence l'écriture unilatérale qui est constante (A) et l'écriture multilatérale et prétorienne qui a la particularité d'être émergente (B).

A. LA CONSTANCE DE L'ÉCRITURE UNILATÉRALE

On parle d'écriture unilatérale pour désigner la prépondérance voire le monopole des pouvoirs publics dans l'activité d'écriture constitutionnelle. En effet, qu'il s'agisse d'élaboration ou de révision de la Constitution, deux principaux organes semblent en détenir le monopole à savoir, le Président de la République et le Parlement. Dans cette perspective, peuvent être relevées d'une part une prévalence de l'écriture présidentielle (1) et, d'autre part, une survivance de l'écriture parlementaire ou camérale (2).

1. La prévalence de l'écriture présidentielle

Le Président de la République est la figure centrale du constitutionnalisme africain[29]. L'hypertrophie de ses pouvoirs a conduit certains auteurs à repenser l'institution et à en redéfinir le statut[30]. La transcendance du pouvoir présidentiel[31] a fait de ce dernier la clé de voûte des institutions au point de le placer au centre de tout[32]. De sorte

---

[29] DOUNKENG ZELE (Champlain), *Le chef de l'Etat dans le système politique camerounais. Le rôle de l'idéologie de l'unité nationale dans l'affirmation d'un leadership*, Thèse de doctorat de troisième cycle en Science Politique, Université de Yaoundé 2, 1998, p. 245.

[30] BAKOUNDA-MPELE (Félix), « Repenser le Président africain », *VIIe congrès de droit constitutionnel. 50e anniversaire de la Constitution du 4 octobre 1958*, Paris 25, 26, 27 septembre 2008, 15p, www.droitconstitutionnel.org/congresParis/comC6/BankoundaTXT.pdf, consulté le 19 octobre 2018 ; également, HOURQUEBIE (Fabrice), « Quel statut constitutionnel pour le chef de l'Etat africain ? », *Afrique Contemporaine* 2012/2, n° 242, pp. 73-86.

[31] MONEMBOU (Cyrille), « Vers la fin de la transcendance du pouvoir présidentiel au Cameroun : réflexion sur l'approfondissement de l'Etat de droit », *RASJ*, n° 10, 2013, p. 257.

[32] CONAC (Gérard), « Portrait du Chef d'Etat », *Pouvoirs*, n° 25, 1983, p. 121.

qu'il est difficile, voire impossible, d'analyser l'écriture constitutionnelle sans mettre en exergue l'écriture présidentielle.

Dans le nouveau constitutionnalisme des Etats d'Afrique noire francophone, le Président de la République est l'organe qui maîtrise le calendrier[33] et la cadence[34] de l'écriture constitutionnelle. Il n'est point exagéré d'affirmer que l'écriture des Constitutions africaines comporte toujours une forte empreinte présidentielle. En matière d'élaboration, en dehors des opérations constituantes intervenues au lendemain des indépendances, l'institution présidentielle a toujours été à l'origine des changements de Constitution. Dire qu'il maitrise le calendrier, c'est affirmer en d'autres termes que c'est lui qui choisit le moment approprié pour l'écriture d'une nouvelle Constitution. Dans un passé récent, les chefs d'Etat africains se sont illustrés dans le déclenchement et la réalisation du changement de Constitution au Congo[35] et en Côte-d'Ivoire[36]. L'exposé des motifs[37] et le projet de Constitution sont révélateurs du fait que l'écriture des lois fondamentales africaines est fortement orientée par la figure tutélaire présidentielle.

Cette prégnance présidentielle n'exclut nullement que soit fait recours à un préalable technocratique, autrement dit à l'expertise[38]. Mais, les experts rédigent le texte en fonction des aspirations et des visées de celui qui les a sollicités. Ce qui revient à dire que la mobilisation de l'expertise n'altère en rien la prépondérance du Président de la République dans l'écriture des Constitutions.

---

[33] BIKORO (Jean Mermoz), *Le temps en Droit constitutionnel africain : le cas des Etats africains d'expression française*, Thèse de doctorat en Droit public, Université de Yaoundé 2, 2018, p. 272.

[34] ATANGANA (Etienne Joël), *La révision des Constitutions en droit camerounais*, Thèse de doctorat en Droit Public, Université de Douala, 2012, p. 107.

[35] Le référendum qui a abouti à l'adoption de la Constitution du 06 novembre 2015 a été initié par le Président de la République Denis SASSOU NGUESSO puis soumis à la Cour constitutionnelle, pour avis, avant son adoption par le peuple. Il s'agit de ce point de vue d'un projet de Constitution ayant une forte empreinte présidentielle.

[36] A l'instar de la Constitution congolaise, le nouveau texte constitutionnel ivoirien a été initié par le Président de la République Alassane Dramane OUATTARA. C'est ce dernier qui a déclenché la procédure constituante qui a abouti à l'adoption de la Constitution du 08 novembre 2016.

[37] A titre d'illustration, l'exposé des motifs du texte congolais reposait sur l'idée de la modernisation des institutions. Lire dans ce sens, la lettre en date du 14 septembre 2015 portant saisine de la Cour Constitutionnelle.

[38] Sur l'expertise en matière constituante, lire utilement JAVARY (Baptiste), « Le rôle préconstituant des comités d'experts », *Jurisdoctoria*, n° 10, 2013, p. 177.

En tant que principal auteur et acteur des changements de Constitution, le Président de la République est juge d'opportunité de l'écriture constitutionnelle. Pour rappel, dans la théorie constitutionnelle classique, l'écriture de la Constitution intervient soit à la naissance d'un Etat[39], soit à la suite d'une rupture de l'ordre constitutionnel ou d'une révolution[40]. Mais, dans les Etats Africains d'expression française, il est souvent arrivé qu'en dehors de ces deux hypothèses, le chef de l'Etat déclenche une opération constitutionnelle au motif de moderniser l'Etat et ses institutions. En tout état de cause, la prévalence de l'écriture présidentielle se matérialise dans la soumission, des projets de Constitution, à l'organe d'adoption.

La prégnance présidentielle se manifeste également dans l'écriture des lois constitutionnelles. Cela est consécutif au fait qu'il contrôle[41] le processus de révision constitutionnelle dans les Etats d'Afrique noire francophone. Il dispose en partage avec le Parlement de l'initiative de la révision[42], mais la plupart des modifications orchestrées dans les Etats objet d'étude sont initiées par ce dernier. Non seulement, c'est lui qui contrôle le calendrier, mais il maitrise aussi le rythme de sorte qu'on peut le considérer à la fois comme l'auteur et l'acteur principal du réformisme constitutionnel[43]. En sus de l'initiative, il contrôle la procédure d'adoption puisqu'il a le choix entre le recours à l'assentiment parlementaire ou l'approbation populaire. Il est ainsi au cœur du processus de révision constitutionnelle et dispose d'un rôle prépondérant dans l'écriture des lois constitutionnelles.

En dernier lieu, l'écriture constitutionnelle est largement tributaire de la volonté constituante du Président de la République. La plupart des opérations constituantes sont initiées par lui. Le reste de la procédure se déroule sur la base du projet de Constitution ou de loi constitutionnelle

---

[39] KLEIN (Claude), « Pourquoi écrit-on une Constitution », in Michel TROPER et Lucien JAUME (dir.), *1789 et l'invention de la Constitution,* Paris-Bruxelles, LGDJ-Bruylant, 1994, p. 89.

[40] *Idem.*

[41] BA (Boubacar), *L'institution présidentielle dans le nouveau constitutionnalisme des Etats d'Afrique et d'Amérique latine. (Afrique du Sud, Bénin, Ghana, Sénégal/ Brésil, Chili, Colombie)*, Thèse de doctorat en Droit public, Université Cheikh Anta Diop de Dakar, 2013, p. 343.

[42] Lire notamment dans ce sens, l'article 240 de la Constitution congolaise du 06 novembre 2015 ; l'article 161 de la Constitution burkinabé du 11 juin 1991 modifiée.

[43] LAVROFF (Dmitri Georges), « De l'abus des réformes : réflexions sur le révisionnisme constitutionnel », *RFDC*, n° 2, HS, 2008, p. 55.

dont il est l'auteur. Si bien que les textes constitutionnels africains ne sont que le reflet du contenu que ce dernier a bien voulu leur donner, puisqu'il influence l'écriture parlementaire ou camérale.

2. La survivance de l'écriture « camérale »[44] ou parlementaire

Avant le renouveau constitutionnel, le Parlement a toujours occupé une position secondaire, voire marginale dans les Etats d'Afrique noire francophone[45]. La personnalisation du pouvoir[46] en essor à cette période ayant eu pour conséquence, l'affaiblissement des pouvoirs publics autres que l'exécutif. Le travail parlementaire était donc de moindre importance et l'implication du Parlement dans l'exercice du pouvoir était mineure[47]. Toutefois, ce pouvoir public constitutionnel a souvent été mobilisé pendant l'écriture constitutionnelle[48]. Tantôt, les lois fondamentales lui confèrent le pouvoir d'initiative[49], autant il est sollicité pour examiner et adopter le projet ou la proposition de loi constitutionnelle[50].

Il est vrai qu'une analyse de l'activité constituante en Afrique depuis le début des années 1990 permet de se rendre compte que c'est davantage par voie de référendum qu'est souvent adopté le projet de Constitution[51]. La procédure référendaire est donc plus prisée que le recours à une Assemblée constituante[52] certainement pour donner à l'opération constituante, une plus grande légitimité.

---

[44] Sur l'idée d'écriture camérale, en lien avec le rôle des assemblées constituantes, cf. EMERI (Claude) et BIDEGARAY (Christian), *La Constitution en France de 1789 à nos jours. Etudes de droit politique et constitutionnel*, Paris, A. Colin, 1997, pp. 92-108.

[45] LAVROFF (Dmitri Georges), *Les systèmes constitutionnels en Afrique noire, op. cit.*, p. 63.

[46] MBOME (François-Xavier), *Régimes politiques africains*, 1ère éd., Yaoundé, Les BALA, 1990, p. 12.

[47] LAVROFF (Dmitri Georges), *Les systèmes constitutionnels en Afrique noire, op. cit.*, p. 63.

[48] EDOUA BILONGO (Bertrand), *Les changements constitutionnels au Cameroun et au Sénégal. Etude comparative*. Thèse de doctorat en Droit public, Université de Yaoundé 2, 2017, p. 44.

[49] *Idem.*

[50] *Idem.*

[51] *Ibid.*, p. 147.

[52] *Idem.*

Les textes constitutionnels qui régissent les parlements en Afrique leur reconnaissent le pouvoir d'initier une révision constitutionnelle[53]. L'acte à travers lequel cette opération est initiée étant la proposition de loi constitutionnelle. Loin d'être anodine, cette précision tend à démontrer que lorsque c'est le parlement qui déclenche la procédure de réunion, le texte en préparation est alors son émanation. Il s'agit certes, d'une hypothèse rare en pratique, mais qui est envisageable si l'on prend en compte sa constitutionnalisation.

Depuis le début des années 1990, on assiste à l'extension de l'initiative parlementaire[54]. Cette extension est due à sa bicaméralisation car, chaque chambre a le pouvoir de déclencher une révision constitutionnelle. Dans le texte constitutionnel camerounais du 18 janvier 1996, on peut en effet lire que « l'initiative de la révision de la Constitution appartient concurremment au Président de la République après consultation du Gouvernement, à l'Assemblée nationale et au Sénat »[55]. D'un point de vue téléologique, la bicamérisation de l'écriture des lois constitutionnelles constitue un gage de solennité de la procédure. Mais, le bicamérisme ne faisant pas l'objet de généralisation, dans certains Etats, l'activité constituante est confiée à la seule Assemblée parlementaire existante. C'est notamment le cas dans les Etats où le monocamérisme a été consacré et pérennisé.

L'extension de l'initiative parlementaire se traduit également par la prise en compte des quotas dans le déclenchement des réformes constitutionnelles[56]. A l'analyse, ce quota permet à une minorité de parlementaires de pouvoir déclencher une opération dont l'objet est de rédiger un texte constitutionnel. Ainsi que cela a été souligné, jusqu'ici, le parlement mobilise peu ou pas cette prérogative dans les Etats d'Afrique noire francophone ; ce qui renforce la maitrise présidentielle de l'écriture constitutionnelle.

L'écriture parlementaire de la loi fondamentale peut aussi être envisagée dans le cadre de l'adoption des textes constitutionnels. A titre de rappel, que ce soit en matière d'élaboration ou en matière de révision, deux procédés alternatifs sont susceptibles d'être mobilisés.

---

[53] Cf. article 154 de la Constitution béninoise du 11 décembre 1990.

[54] NGANDO SANDJE (Rodrigue), « Le droit de la révision constitutionnelle dans le nouveau constitutionnalisme africain », *RDP*, n° 4, 2016, p. 1212.

[55] Article 63 alinéa 1 de la Constitution du 18 janvier 1996.

[56] NGANDO SANDJE (Rodrigue), « Le droit de la révision constitutionnelle dans le nouveau constitutionnalisme africain », *op. cit.* p.1212.

Aussi, l'auteur ou l'organe qui exprime la volonté d'écrire ou de réécrire peut soit consulter directement le peuple, soit alors soumettre le texte dont il souhaite l'adoption à l'appréciation du Parlement. Cependant, en matière d'élaboration, il est possible que soit constituée une Assemblée constituante qui n'est pas essentiellement composée de parlementaires. En revanche, en matière de révision, les lois fondamentales prévoient le recours au Congrès du Parlement lorsque l'institution parlementaire est bicamérale.

On peut définir le Congrès du Parlement comme étant une « réunion des députés et sénateurs, en vue d'approuver un projet de loi constitutionnelle ou d'entendre une déclaration du Président de la République »[57]. Il s'agit donc d'un organe interparlementaire qui a reçu du constituant, la mission d'examiner les projets et propositions de loi constitutionnelle aux fins d'adoption[58]. En procédant à l'examen des textes en préparation, on peut supposer que le Congrès a le pouvoir de l'amender c'est-à-dire, de le modifier, le corriger ou le compléter. C'est dire que dans le cadre de l'adoption de la loi constitutionnelle, le Parlement via l'un de ses organes participe à l'écriture constitutionnelle.

En raison du fait majoritaire, il convient néanmoins d'émettre des réserves sur l'aptitude parlementaire à amender un texte initié par le Président de la République. Sa marge de manœuvre en matière d'écriture étant de faible importance d'où l'idée de survivance, on peut penser qu'est prometteuse l'émergence de l'écriture multilatérale voire prétorienne.

B. L'ÉMERGENCE DE L'ÉCRITURE MULTILATÉRALE ET PRÉTORIENNE

On parle d'écriture multilatérale pour désigner l'inclusion d'une pluralité d'acteurs dans la procédure constituante[59]. C'est généralement le cas, lorsque les pouvoirs publics susmentionnés n'ont pas le

---

[57] GICQUEL (Jean), « Le Congrès du parlement », in *La République, Mélanges en l'honneur de Pierre AVRIL*, Paris, Montchrestien, 2001, p. 457.

[58] *Ibid.* p. 456. Sur le particularisme de ces fonctions du Congrès, cf. TETANG (Franc de Paul), « Le Congrès du Parlement : son histoire, sa nature juridique », *RFDC* 2018/1, n° 113, pp. 151-172.

[59] BESSE (Magalie), « L'écriture multilatérale des Constitutions, facteur de réussite des transitions démocratiques », *Nouveaux Cahiers du Conseil constitutionnel*, n° 45, 2014, p. 113. Du même auteur et en dernier lieu, *Les transitions constitutionnelles démocratisantes : analyse comparative*, Clermont-Ferrand, Centre Michel de l'Hospital, 2018, 840p.

monopole de l'exercice de la fonction constituante ou de révision. Dans les Etats africains, l'écriture multilatérale se traduit par une approche inclusive (1) qui s'étend à l'intervention du juge constitutionnel (2).

1. Le caractère inclusif de l'écriture constitutionnelle

Les Constitutions africaines du début des années 1990 ont la particularité d'être le fruit de la réflexion d'une pluralité d'acteurs. Pour la première fois, l'écriture des textes constitutionnels n'a pas été monopolisée par les pouvoirs publics puisque tous les acteurs sociopolitiques y étaient impliqués. Plusieurs Etats ont fait recours soit à la formule de la Conférence Nationale (Souveraine ou non), soit à ses succédanés à l'instar de la Tripartite du Cameroun[60]. Quelque soit la formule retenue par les Etats, le but était d'impliquer les partis politiques et la société civile dans l'écriture des lois fondamentales. C'est à juste titre qu'on peut considérer les Constitutions en question comme étant le fruit du consensus.

Présentée par la doctrine comme l'une des plus grandes trouvailles du constitutionnalisme africain[61], la Conférence nationale a été l'actrice majeure des mouvements de démocratisation du début des années 1990. Ainsi que l'a souligné le doyen Maurice KAMTO, il s'agit d'une instance qui procède à la fois, à la « déconstitutionnalisation et reconstitutionnalisation »[62]. Dans le premier cas, la Conférence Nationale a procédé à l'abrogation des Constitutions autoritaires, question de repenser la société afin d'y instaurer une nouvelle ère[63]. Dans la seconde hypothèse, cet organe s'est auto-attribué la compétence constituante. A titre d'illustration, la déclaration de souveraineté de la Conférence Nationale du Bénin indique clairement que celle-ci « adoptera une charte d'union nationale qui servira de base pour l'élaboration d'une nouvelle Constitution ».

---

[60] La tripartite désigne une instance regroupant trois catégories d'acteurs dont la mission était de repenser la société camerounaise à travers l'écriture d'une nouvelle Constitution. Au rang de ces acteurs, on peut citer : les autorités gouvernementales, les partis politiques et les représentants de la société civile.

[61] KAMTO (Maurice), « La conférence nationale souveraine ou la création révolutionnaire des Constitutions », in Dominique DARBON et Jean Du BOIS de GAUDUSSON (dir.), *La création du droit en Afrique*, Paris, Karthala, 1997, p. 177.

[62] *Ibid.*, p. 185.

[63] BIKORO (Jean Mermoz), *Le temps en Droit constitutionnel africain, op. cit.*, p. 126.

La Conférence Nationale Souveraine s'apparente à ce que Carl FRIEDRICH qualifie de « pouvoir constituant des révolutions »[64]. Il s'agit en fait d'un organe composé d'un groupe d'acteurs comprenant les différents corps de la Nation y compris la société civile[65]. C'est en son sein que s'est opérée la rédaction des Constitutions. Concrètement, la tâche technique d'écriture a été confiée à une Commission créée au sein de la Conférence[66]. C'est bien évidemment sur la base des travaux de cette Commission que les nouvelles lois fondamentales furent adoptées. L'implication des différents membres de la société est à l'origine de l'émergence de l'écriture multilatérale des textes constitutionnels.

En dehors de la Conférence Nationale Souveraine, l'écriture multilatérale des textes constitutionnels est aussi perceptible lors de la tenue des fora de négociation qui sont organisés dans les Etats en crise[67]. Il s'agit d'une modalité qui devient de plus en plus récurrente. Ces foras constituent des lieux pour les différents protagonistes de signer l'accord de paix et de poser les bases de l'écriture constitutionnelle[68]. Tantôt, la nouvelle loi fondamentale est directement écrite par les acteurs en question, quelques fois il est mis sur pied une Assemblée constituante qui regroupe l'ensemble des acteurs impliqués au processus de paix[69]. A titre d'illustration, la Charte constitutionnelle de transition de la RCA dispose au sujet de l'activité constituante que « le Conseil National de Transition est composé de cent trente-cinq (135) membres représentant les différentes catégories politiques socioprofessionnelles du pays »[70]. Plus loin, le même texte attribue au Conseil National de Transition, une fonction constituante au-delà de l'extension de sa composition[71]. Cet exemple centrafricain n'est pas singulier car, au Burundi[72] ou en RDC[73], les foras de négociation ont

---

[64] FRIEDRICH (Carl Joachim), *La démocratie constitutionnelle*, Paris, PUF, coll. Bibliothèque de la Science politique, 1958, p. 97.

[65] BESSE (Magalie), « La Conférence Nationale Souveraine, un pouvoir constituant original », p. 5, www.droitconstitutionnel.org/congresParis/comC3/BesseTXT.pdf, consulté le 19 octobre 2018.

[66] BIKORO (Jean Mermoz), *Le temps en Droit constitutionnel africain, op. cit.*, p. 123.

[67] *Ibid.*, p. 124.

[68] *Idem.*

[69] *Idem.*

[70] Article 50 de la Charte constitutionnelle de Transition du 18 juillet 2013.

[71] Lire le préambule de la Charte constitutionnelle de transition.

[72] Article 131 de la Constitution de transition du 28 octobre 2001.

abouti à la mise en place des Assemblées constituantes inclusives[74]. L'affirmation de l'émergence d'une écriture constitutionnelle multilatérale n'est donc pas une pure vue de l'esprit, elle est révélatrice de l'affirmation d'une modalité nouvelle d'écriture, laquelle voit parfois intervenir le juge constitutionnel.

2. L'intervention du juge constitutionnel dans l'écriture constitutionnelle

Dans le nouveau constitutionnalisme des Etats d'Afrique noire francophone, le juge constitutionnel s'affirme de plus en plus comme un coauteur de la Constitution[75]. Sa participation à la fonction constituante ou de révision[76] peut être analysée à un double point de vue. Dans un premier temps, ce dernier revêt la casquette du co-constituant lorsqu'il procède au contrôle de constitutionalité des lois constitutionnelles[77]. A titre de rappel, dans les Etats africains, les textes constitutionnels consacrent expressément le contrôle par le juge constitutionnel des projets ou propositions de révision de la Constitution[78].

Le contrôle opéré par le juge constitutionnel en la matière est davantage procédural mais, il peut, à l'occasion, déployer son pouvoir créateur et ainsi dégager des normes constitutionnelles[79]. Le juge prend dans cette mesure le contre pied de son homologue français[80] qui

---

[73] Article 104 de la Constitution de transition du 4 avril 2003. Sur cette expérience, MBODJ (El Hadj), « La Constitution de transition et la résolution des conflits en Afrique. L'exemple de la RDC », *RDP* 2012, n° 2, pp. 441-471.

[74] Sur ces questions, cf. notamment ANDZOKA ATSIMOU (Séverin), *L'ingénierie constitutionnelle, solution de sortie de crise en Afrique ? Les exemples de l'Afrique du Sud, de la RDC, du Burundi et du Congo-Brazzaville*, Paris, L'Harmattan, coll. Etudes africaines, 2015, 593p.

[75] ONDOUA (Alain), « Rapport de synthèse des travaux », in Frédéric Joël AÏVO (dir.), *La Constitution béninoise du 11 décembre 1990 : un modèle pour l'Afrique ? Mélanges en l'honneur de Maurice AHANHANZO* GLELE, Paris, L'Harmattan, 2014, p. 797.

[76] ANDZOKA ATSIMOU (Séverin), « La participation des juridictions constitutionnelles au processus constituant en Afrique », *RFDC*, n° 110, 2017, pp. 279-316.

[77] ONDO (Télesphore), « Le contrôle de constitutionnalité des lois constitutionnelles en Afrique noire francophone », *RIDC*, n° 1, 2009, pp. 104-138.

[78] *Ibid.*, p. 105.

[79] ROUVILLOIS (Frédéric), *Droit constitutionnel*, 4e éd., Paris, Flammarion, 2015, p. 136.

[80] Voir notamment, MAGNON (Xavier), « Quelques maux encore à propos des lois de révision constitutionnelle : limites, contrôle, efficacité, caractère opératoire et existence », *RFDC* 2004/3, n° 59, pp. 595-617.

jusqu'ici s'abstient de procéder à un tel contrôle[81]. Il en est ainsi notamment du juge constitutionnel béninois qui, à l'occasion du contrôle de constitutionnalité des lois constitutionnelles, a forgé des principes tels que celui du consensus national en 2006[82] ou encore, s'est fondé sur les options fondamentales de la Conférence Nationale Souveraine en 2011[83]. On peut également renvoyer à la prise de position du Conseil constitutionnel du Sénégal, n° 1/C/2016 du 12 février 2016, dans laquelle il considère que la sécurité juridique et la stabilité des institutions constituent « *des objectifs à valeur constitutionnelle que toute révision doit prendre en considération, pour être conforme à l'esprit de la Constitution* ». Ceci a eu pour conséquence de mettre hors de portée de la révision le mandat présidentiel en cours.

Il arrive que le juge constitutionnel procède à la correction du projet ou de la proposition de révision. Ainsi, la Cour constitutionnelle du Gabon a-t-elle, dans un avis sur un projet de loi constitutionnelle, indiqué que « s'agissant du gouvernement pour la démocratie, dans un souci de clarté et de précision il apparait judicieux de reprendre la même formulation que celle des clauses correspondantes des accords de Paris »[84].

La participation du juge constitutionnel à l'exercice du pouvoir de révision et par extension, à l'écriture constitutionnelle peut aussi être informelle. C'est généralement en matière d'interprétation constitutionnelle plus précisément, dans le cadre de l'interprétation-création. Ainsi que le souligne Franck MODERNE, la jurisprudence qui découle de l'activité interprétatrice, « lorsqu'elle porte notamment sur la constitutionnalité des lois peut avoir des incidences réelles et importantes sur les mécanismes constitutionnels, encourager ou freiner

---

[81] BARANGER (Denis), « Un chantier qui ne prend jamais fin. Le juge, les révisions, et les autres formes de changement constitutionnel dans la France contemporaine », *Jus Politicum*, n° 18, 2017, p. 46.

[82] COULIBALEY (Babakane D.), « La neutralisation du parlement constituant (à propos de la décision n° DCC 06-074 du 8 juillet 2006 de la Cour constitutionnelle du Bénin), *RD publ.* 2009, n° 5, pp. 1493-1515.

[83] KOKOROKO (Dodzi) et KPODAR (Adama), « Controverse doctrinale – La Cour constitutionnelle du Bénin peut-elle soumettre aux « options fondamentales de la conférence nationale » le peuple dans l'exercice de son pouvoir de révision ? », *Annuaire béninois de justice constitutionnelle*, I-2013, pp. 699-728.

[84] Considérant n° 5 de l'avis n°002/95/CC du 19 mai 1995, portant notamment sur la constitutionnalité d'un projet de révision de la Constitution.

certaines évolutions institutionnelles ou conceptuelles »[85]. Cette considération renvoie au phénomène d'enrichissement jurisprudentiel de la Constitution[86]. En effet, dans les Etats d'Afrique noire francophone, l'activité interprétatrice a conduit le juge constitutionnel à dégager les principes de valeur constitutionnelle[87], à étendre le bloc de constitutionnalité[88] ou encore, à forger des limites au pouvoir de révision constitutionnelle[89].

Une version plus radicale de cette interprétation-création a connu une illustration récente à travers la prise de position de la Cour constitutionnelle du Gabon. En effet, dans une décision du 30 avril 2018, cette dernière va affirmer qu'elle « *dispose du pouvoir d'interpréter la Constitution et les autres textes à valeur constitutionnelle, en cas de doute ou de lacune* » (cons. n° 5). Elle a par conséquent complété les articles 4, 34 alinéa 1er et 36 de la Constitution gabonaise, et modifié la distribution des compétences au sein du pouvoir législatif. Procédant par ce biais à ce que l'on qualifiera d'écriture jurisprudentielle de la Constitution, la Cour tire les conséquences de son interprétation audacieuse en ayant recours au pouvoir d'injonction à l'encontre du Président de la République[90]. Sous le couvert de son pouvoir d'interprétation, cette haute juridiction procède à une sorte d'« excès de pouvoir constitutionnel ». Cette forme d'*ultra vires* pour cause de nécessité constitutionnelle a été réédité dans une décision n° 219/CC du 14 novembre 2018, dans laquelle la Cour constitutionnelle du Gabon complète l'article 13 de la loi fondamentale

---

[85] MODERNE (Franck), *« Réviser » la Constitution. Analyse comparative d'un concept indéterminé*, Paris, Dalloz, 2006, p. 282.

[86] ANDZOKA ATSIMOU (Séverin), « La participation des juridictions constitutionnelles au processus constituant en Afrique », *op. cit.*, p. 282.

[87] Cf. Décision de la Cour constitutionnelle du Gabon, n° 002/GCC du 28 janvier 1993.

[88] En Côte-d'Ivoire, le Conseil Constitutionnel a, dans le cadre de l'avis n° 2005-013/CC/SG du 15 décembre 2005 relatif à la prorogation du mandat des députés, conféré au Préambule, une valeur constitutionnelle. On peut également citer la décision de la Cour de Constitutionnelle du Gabon n° 001-92 du 28 février 1992 loi organique portant organisation et fonctionnement du Conseil national de communication.

[89] Il en est ainsi de l'avis émis par le Conseil Constitutionnel ivoirien n° 003 du 17 décembre 2003 et qui fait de l'atteinte à l'intégrité du territoire, une limite conjoncturelle au pouvoir de révision.

[90] Pour un premier commentaire de cette décision, ONDO (Télesphore), « La Cour constitutionnelle gabonaise est-elle au-dessus de la Constitution ? Essai d'analyse de la décision n° 22/C du 30 avril 2018 », www.editions-harmattan.fr/auteurs/article_pop.asp?no=331438no_artiste=15361, consulté le 18 octobre 2018.

en régissant « les cas d'indisponibilité temporaire du Président de la République pour quelque cause que ce soit… ».

Le juge participe ainsi à l'écriture des Constitutions de deux manières. Au plan formel, il complète et corrige les projets et propositions de lois constitutionnelles dans le cadre du contrôle qu'il exerce. Par contre, du point de vue informel, il participe à la création des normes ; ce qui fait de lui un coauteur de la Constitution. Au total, deux modes d'écriture des textes constitutionnels se démarquent dans les Etats africains. Si l'écriture unilatérale est constante, elle n'est pas exclusive car, on note de plus en plus l'option pour une démarche inclusive voire prétorienne. Toutefois, la principale incidence de cette fragmentation des modes d'écriture est la disparité de l'écrit constitutionnel.

II. LA DISPARITÉ DE L'ÉCRIT CONSTITUTIONNEL

La pluralité des acteurs impliqués dans la procédure constituante a forcément une incidence sur la qualité des textes constitutionnels. En analysant les textes en question, il se dégage un double constat de l'amélioration de leur qualité (A) et celui de la perfectibilité de l'écrit constitutionnel (B).

A. L'AMÉLIORATION DE LA QUALITÉ DES TEXTES CONSTITUTIONNELS

Les textes constitutionnels qui symbolisent le renouveau constitutionnel africain reflètent une certaine maturation de l'écriture. En effet, on note une amélioration de leur qualité tant au plan formel (1) que matériel (2).

1. L'amélioration de la qualité formelle de l'écrit constitutionnel

Il convient de préciser au préalable qu'il existe un lien fondamental entre la sécurité juridique et la qualité du droit, étant entendu que la première désigne la « valeur qualitative d'un système de droit »[91]. Concrètement, pour qu'il y ait sécurité juridique, il est important que le

---

[91] DEFFAINS (Bruno), et KESSEDJIAN (Catherine), *Index de la sécurité juridique*, Rapport de la Fondation pour le Droit continental, 2015, p. 8.

droit, pris dans sa globalité soit accessible[92]. Or, au plan formel, l'accessibilité du droit fait référence à son intelligibilité[93] et par extension, à sa qualité formelle. L'auteur de la Constitution ou de la loi constitutionnelle est donc tenu de prendre en compte l'exigence d'intelligibilité ou de clarté du texte qu'il rédige.

La problématique de la qualité formelle des textes juridique revêt une importance particulière en matière constitutionnelle compte tenu de la complexité de l'écriture constitutionnelle[94]. En effet, « la difficulté du discours constitutionnel est, qu'outre qu'il est construit, il doit inclure tous les discours spécifiques qui dépendront de lui »[95]. Aussi, les acteurs qui procèdent à sa rédaction doivent avoir à cœur de rendre cohérent[96] et intelligible l'acte qu'ils rédigent. Rien d'étonnant à cela, en tant que la Constitution peut être assimilée à l'âme de l'Etat[97], elle est comme une machine qui a besoin d'un agencement savant de ses rouages[98]. D'ailleurs, il est aujourd'hui admis qu'une Constitution inintelligible est source de conflit.

Les textes constitutionnels du début des années 1990 se démarquent par une intelligibilité notable. On peut même affirmer à propos que les constituants des Etats d'Afrique noire francophone ont bien voulu « mettre la cohérence de l'écriture au cœur de l'entreprise de régénération de la société »[99]. Leur attitude dans la rédaction satisfait à l'inquiétude du Conseil d'Etat français qui a affirmé récemment que « s'agissant de la Constitution plus encore que des autres textes, il convient d'accorder la plus grande importance à la rédaction du projet. La plume du constituant, outre qu'elle se doit d'être la plus élégante

---

[92] PIAZZON (Thomas), *La sécurité Juridique*, Paris, Defrenois-Lextenso éd., 2009, p. 18.

[93] FATIN-ROUGE STEFANINI (Marthe), « Variabilité et contingence des exigences de qualité. Quelques considérations sur la notion de qualité des normes en droit constitutionnel », in Marthe FATIN-ROUGE STEFANINI et al. (dir.), *Autour de la qualité des normes*, Bruxelles, Bruylant, 2010, p. 46.

[94] SALES (Eric), « La transformation de l'écriture de la Constitution, l'exemple islandais », *Nouveaux Cahiers du Conseil constitutionnel*, n° 57, 2017, p. 45.

[95] THIBAUT (F.), « La sémantique de la Constitution », in Didier MAUS, Louis FAVOREU et Jean Luc PARODI (dir.), *L'écriture de la Constitution de 1958*, *op. cit.*, 1992, p. 93.

[96] PLUEN (Olivier), « La cohérence de l'écriture constitutionnelle », *Petites Affiches*, n° 136, 2018, p. 66.

[97] AHANHANZO GLELE (Maurice), « La Constitution ou loi fondamentale », in *Encyclopédie Juridique d'Afrique. Tome premier, L'Etat et le Droit*, 1982, p. 37.

[98] MAUS (Didier) et al., « Écrire une Constitution ». *RFDC*, n° 79, 2009, p. 561.

[99] PLUEN (Olivier), « La cohérence de l'écriture constitutionnelle », *op. cit.*, p. 66.

possible, doit être limpide, concise et précise »[100]. Dans les textes constitutionnels africains, on recense un nombre important de dispositions claires, concises et précises.

L'intelligibilité des lois fondamentales africaines peut être analysée à la lecture de leurs volets politique et social[101]. Dans le premier cas, l'identification du détenteur du pouvoir est faite suivant une formule générique et limpide qui détermine aussi les organes qui exercent le pouvoir au nom du peuple souverain[102]. La définition des compétences des pouvoirs publics constitutionnels est entreprise sur la base d'une sémantique simple, concise et cohérente[103]. On peut en dire autant de l'aménagement des rapports entre les différents pouvoirs. La prévision des normes dérivées traduit à suffisance, le caractère concis des dispositions constitutionnelles[104].

En rapport avec le volet social, il faut souligner que les textes constitutionnels africains brillent par leur cohérence aussi bien dans l'énonciation des droits[105], dans l'identification des bénéficiaires ou des normes de référence en matière de protection des droits fondamentaux[106]. Certes, dans de nombreuses hypothèses, la continuité avec les textes précédents est palpable mais, la rupture est tout aussi évidente. L'incertitude entretenue au sujet de la normativité du

---

[100] Conseil d'Etat français, Avis du 3 mai 2018, sur un projet de loi constitutionnelle pour une démocratie plus représentative, responsable et efficace, www.assemblee-nationale.fr/15/pdf/projets/pl0911-ace.pdf, consulté le 20 octobre 2018.

[101] HAURIOU (Maurice), *Précis de droit constitutionnel*, Paris, Sirey, 1929, p. 610.

[102] Lire par exemple, l'article 2 alinéa 1 du texte constitutionnel camerounais du 18 janvier 1996 modifié ; l'article 3 de la Constitution béninoise du 11 décembre 1990 ; l'article 5 de la Constitution congolaise du 06 novembre 2015 ou encore, l'article 50 de la Constitution ivoirienne du 08 novembre 2016.

[103] A titre d'illustration, toutes lois fondamentales donnent un contenu à la fonction présidentielle. Sans être exhaustif, on peut citer, les articles 64, 65, 66, 67, 68, 69, 70, 71 et 72 de la Constitution ivoirienne du 08 novembre 2016 ; l'article 5 du texte constitutionnel camerounais du 18 janvier 1996 modifié et l'article 33 de la Constitution centrafricaine du 30 mars 2016. Les Constitutions africaines en font autant au sujet de la fonction parlementaire qui repose sur l'édiction des lois et le contrôle de l'action gouvernementale. Sans être exhaustif, on peut citer l'article 63 alinéa 2 de la Constitution centrafricaine du 30 mars 2016 et l'article 36 de la Constitution gabonaise.

[104] GUESSELE ISSEME (Lionel Pierre), « Les normes dérivées de la Constitution dans les Etats d'Afrique noire francophone », *RADSP*, n° 09, vol. 5, 2017, pp. 89-122.

[105] KAMTO (Maurice), « L'énoncé des droits dans les Constitutions des Etats africains francophones », *RJA*, n° 2/3, 1991, pp. 7-24

[106] OWONA (Joseph), *Droit constitutionnel et régimes politiques africains*, Paris, Berger-Levrault, 1985, p. 225.

préambule a été aplanie par des dispositions constitutionnelles[107]. Si les illustrations sus évoquées s'apparentent plus à des éléments de fond, c'est parce que le style qui est d'ordre formel engage concomitamment des questions de fond.

L'amélioration de la qualité formelle peut également être illustrée à travers l'effort de pédagogie[108] dont font montre les acteurs de l'écriture constitutionnelle. S'agissant des constituants *stricto sensu*, ces derniers ont opté pour des Constitutions techniques[109] avec une structuration plus subtile. La subdivision la plus courante est la suivante : les Titres[110], les Chapitres[111], selon les cas, les Sections[112] et bien évidemment, les articles et alinéas. Cette structuration n'est pas anodine, elle témoigne plutôt de la volonté des acteurs en question de rendre le texte accessible et donc, de faciliter sa diffusion.

In fine, la maturation de l'écriture constitutionnelle dans les Etats d'Afrique noire francophone se traduit au plan formel par une plus grande intelligibilité des textes et une structuration qui est de nature à faciliter la diffusion de l'idée de Constitution. Il convient au demeurant d'admettre que cette amélioration de la qualité formelle n'est que le reflet de l'évolution de la qualité matérielle des textes constitutionnels.

2. L'amélioration de la qualité matérielle de l'écrit constitutionnel

La qualité matérielle d'un texte est tributaire de son contenu[113]. En d'autres termes, c'est à partir de ce qui est prescrit par le constituant ou l'ensemble des acteurs qui participent à l'écriture constitutionnelle

---

107 TETANG (Franc de Paul), « La normativité des préambules des Constitutions des Etats africains d'expression française », *RFDC* 2015/4, n° 104, pp. 953-978.

108 Le DIVELLEC (Armel), « Le style des Constitutions écrites dans l'histoire moderne. Une esquisse sur les trois types de l'écriture constitutionnelle (XVIIe-XXe siècles) », *Jus Politicum*, n° 10, 2013, p. 10.

109 *Idem.*

110 *Idem.*

111 Le DIVELLEC (Armel), « Le style des Constitutions écrites dans l'histoire moderne. Une esquisse sur les trois types de l'écriture constitutionnelle (XVIIe-XXe siècles) », *Ibid.*

112 C'est le cas de la Constitution congolaise du 06 novembre 2015 qui parle non pas des sections mais des sous-titres.

113 De MONTALIVET (Pierre), « La dégradation de la qualité de la norme constitutionnelle sous la Ve République », *RDP*, n° 4, 2012, p. 926 ; antérieurement, ARDANT (Philippe), « Le contenu des Constitutions : variables et constantes », *Pouvoirs*, n° 50, 1989, pp. 24-42.

qu'on peut formuler ou pas, le constat de l'amélioration de la qualité des normes constitutionnelles[114]. Vu sous cet angle, il convient de souligner qu'en prenant en compte les nouvelles tendances du constitutionnalisme africain, l'affirmation de l'évolution ou de l'amélioration devient quasi incontestable. En effet, les mouvements de démocratisation du début des années 1990 ont permis aux Etats africains de se doter des Constitutions qui visent l'enracinement de l'Etat de droit et l'approfondissement de la démocratie[115]. Pour reprendre la formule du professeur Demba SY, « le choix des pays africains (...) va vers la mise en œuvre des postulats de la démocratie libérale »[116].

A titre de rappel, avant le renouveau constitutionnel de 1990, l'Afrique a longtemps fonctionné en marge du constitutionnalisme classique[117], construit autour de l'idée de limitation du pouvoir et de la garantie des droits fondamentaux. La floraison des régimes militaires et l'essor du présidentialisme ont entrainé une banalisation des idéaux du constitutionalisme. Aussi, l'écriture constitutionnelle qui est le reflet de la prise de conscience citoyenne[118] a tenu à instaurer une ère politique et constitutionnelle nouvelle, tant il est vrai qu'à cette époque, la volonté de changement a ébranlé les régimes qui paraissaient solides[119]. Ainsi que le soulignait Gérard CONAC, l'Afrique s'est engagée « dans le pluralisme et chante les louanges de l'Etat de droit aussi unanimement qu'elle avait opté aux lendemains des indépendances pour le parti unique »[120].

Primo, les rédacteurs ont unaniment fait le choix de l'Etat démocratique. Or, un Etat démocratique est celui qui « prétend faire

---

[114] De MONTALIVET (Pierre), « La dégradation de la qualité de la norme constitutionnelle sous la Ve République », *Ibid.*

[115] AHADZI NONOU (Koffi), « Les nouvelles tendances du constitutionnalisme africain : le cas des Etats d'Afrique noire francophone », *op. cit*, p. 39.

[116] SY (Demba), « Sur la renaissance constitutionnelle en Afrique. Questions de méthode », *Politeia*, n° 6, 2004, p. 460.

[117] KANTE (Babacar), « Le constitutionnalisme à l'épreuve de la transition démocratique en Afrique », in Carla M. ZOETHOUT et al. (dir.), *Constitutionalism in Africa A quest for autochthonous principles*, Ed. Sander Institut, 1996, p. 19.

[118] DOSSOU (Robert), « Flux et reflux dans le nouveau constitutionnalisme africain », *Revue du Conseil constitutionnel d'Algérie*, n° 4, 2014, p. 332.

[119] CONAC (Gérard), « Les processus de démocratisation en Afrique », in Gérard CONAC (dir.), *L'Afrique en transition vers le pluralisme politique*, Paris, Economica, 1993, p. 11.

[120] *Idem.*

prévaloir la souveraineté populaire »[121]. Aussi, dans les Etats d'Afrique noire francophone, la souveraineté du peuple a été affirmée. Durant les trois premières décennies post indépendance, le peuple était plutôt relégué ou simplement mis à l'écart dans l'exercice du pouvoir, dès lors que l'élection était réduite à un rituel. Un pas décisif a donc été franchi, marqué par la volonté de faciliter la participation du peuple dans l'exercice du pouvoir. Les textes constitutionnels vont d'ailleurs interdire toutes les réformes constitutionnelles susceptibles de porter atteinte à la forme républicaine du gouvernement, et donc, au principe démocratique.

Secundo, toujours en rapport avec la démocratie, tous les textes constitutionnels ont posé les bases de l'alternance démocratique au pouvoir. La limitation du nombre de mandats présidentiels a ainsi fait l'objet de généralisation[122], bien qu'elle ait été progressivement remise en cause dans certains Etats. Au-delà de la banalisation dont elle a fait l'objet, cette limitation traduit la volonté des rédacteurs des textes de favoriser la circulation des élites au sommet de l'Etat[123]. La facilitation de l'alternance est aussi renforcée par la consécration du pluralisme politique. De sorte que, nonobstant les réserves qu'on peut émettre sur la transparence voire la sincérité des différents scrutins, les élections sont de plus en plus disputées[124].

Enfin, la séparation des pouvoirs a fait l'objet de généralisation. A la lecture des lois fondamentales africaines, on perçoit une volonté de mettre fin à l'essor du présidentialisme à travers l'émancipation des autres pouvoirs publics constitutionnels. Ainsi, au-delà de la revitalisation affichée du Parlement, le pouvoir judiciaire a, à certains égards, été reconsidéré. D'un point de vue finaliste, l'objectif est de limiter l'usage abusif du pouvoir et d'ériger des barrières ou des bornes à l'exercice des compétences dévolues par la Constitution. Tout au plus,

---

[121] COTE (Louis), *L'Etat démocratique. Fondements et défis*, Québec, Pressess de l'Université de Québec, 2008, p. 91.

[122] KPEDU (Yaovi), « La problématique de l'alternance au pouvoir dans le débat constitutionnel africain », *RTSJ*, n°0000, 2011, p. 66.

[123] LOADA (Augustin), « La limitation du nombre de mandats présidentiels en Afrique francophone », *Revue électronique Afrilex*, n° 03, 2003, p. 145 ; VANDEGINSTE (Stef), « La limitation constitutionnelle du nombre de mandats présidentiels : une coquille vide ? Analyse du cas du Burundi », *Working paper*, 2014, n° 4, Institut de politique de gestion du développement, Université d'Anvers, pp. 1-20.

[124] KOKOROKO (Dodzi), « Les élections disputées : réussites et échecs », *Pouvoirs*, n° 129, 2009, p. 115.

la séparation verticale des pouvoirs a été consacrée avec la constitutionnalisation de la décentralisation. En effet, l'exaltation des politiques décentralisatrices[125] est allée de pair avec l'aménagement des rapports entre l'Etat et les collectivités territoriales décentralisées.

L'enracinement de l'Etat de droit est aussi l'une des préoccupations des rédacteurs des textes constitutionnels africains. Au plan formel, presque tous affirment la prééminence hiérarchique de la Constitution. De sorte que la hiérarchie des normes est, en principe, clairement établie à la lecture des lois fondamentales. Par ailleurs, on assiste à une protection constitutionnelle crédible des droits fondamentaux du fait de leur enrichissement et de l'institution des autorités de protection[126]. Enfin, toutes les lois fondamentales ont tenu à créer une juridiction constitutionnelle en tant que pièce clé ou organe essentiel pour la construction et la consolidation de l'Etat de droit[127]. Loin d'être exhaustifs, ces différents éléments qui viennent d'être mis en avant sont révélateurs de l'amélioration de la qualité des textes constitutionnels. Une amélioration qui n'est cependant pas absolue puisque le caractère perfectible de l'écrit constitutionnel est indéniable.

B. LA PERFECTIBILITÉ DE L'ÉCRIT CONSTITUTIONNEL

S'il est admis que l'écriture constitutionnelle s'affine avec le temps[128], c'est parce que l'œuvre du constituant contient toujours un certain nombre d'imperfections. Dans les Etats d'Afrique noire francophone, la perfectibilité de l'écrit se traduit par la récurrence des silences (1) et la permanence des paradoxes (2).

---

[125] CABANIS (André) et MARTIN (Michel Louis), « Décentralisation et pouvoirs locaux dans les Constitutions d'Afrique francophone », *Politeia*, n° 6, 2004, p. 77.

[126] OLINGA (Alain Didier), « Vers une garantie constitutionnelle crédible des droits fondamentaux », in MELONE (Stanislas) et al. (dir), *La réforme constitutionnelle du 18 janvier 1996 au Cameroun, Aspects juridiques et politiques*, Friedrich EBERT – GRAP, 1996, pp. 320-346.

[127] BOURGI (Albert), « L'évolution du constitutionnalisme africain : du formalisme à l'effectivité », *RFDC*, n° 52, 2002, p. 735.

[128] Le DIVELLEC (Armel), « Le style des Constitutions écrites dans l'histoire moderne. Une esquisse sur les trois types de l'écriture constitutionnelle (XVIIe-XXe siècles) », *op. cit.*, p. 18.

1. La récurrence des silences constitutionnels

La Constitution ne pouvant tout prévoir, il est heureux que des normes dérivées puissent avoir pour objectif de la compléter[129]. Cependant, il arrive qu'au moment de l'écriture, les rédacteurs omettent plusieurs points soit volontairement soit de façon involontaire[130]. Le droit public en général n'ignore pas la question du silence[131]. Tantôt, il est considéré comme approbateur tantôt, il est complice, coupable, éloquent ou élogieux[132]. Il peut aussi être partiel ou total, définitif ou temporaire[133]... Bref, les situations dans lesquelles le silence est pris en compte sont plurielles. D'ailleurs, les juges sont très souvent interpellés pour combler les lacunes du droit[134] afin que là où le texte n'a rien prévu, la décision juridictionnelle puisse venir en complément normatif.

En procédant à l'analyse de l'écrit constitutionnel, le constat qui se dégage est celui de la pluralité des silences. En guise de classification, on peut distinguer les simples cas d'omission[135] et ceux qui témoignent de l'hypocrisie constitutionnelle. Dans le premier cas, il convient de souligner que de nombreuses dispositions constitutionnelles sont incomplètes et parfois inexistantes dans les lois fondamentales des Etats d'Afrique noire francophone. A titre d'illustration, il est des Constitutions qui prévoient la protection des minorités et des populations autochtones sans donner un contenu à ces deux notions[136]. On peut en dire autant des dispositions qui régissent des situations de

---

[129] GUESSELE ISSEME (Lionel Pierre), « Les normes dérivées de la Constitution dans les Etats d'Afrique noire francophone », *op. cit.*, p. 95.

[130] Sur le cas du Bénin, cf. AKEREKORO (Hilaire) (dir.), *Les silences de la Constitution béninoise du 11 décembre 1990*, Les Editions CeDEP, 2018, 131p.

[131] DELVOLVE (Pierre), « Le silence en droit public », *RDP*, n° 4, 2012, p. 1172.

[132] *Idem.*

[133] VIDAL-NAQUET (Ariane), « Le droit du silence », *RDP*, n° 4, 2012, p. 1089.

[134] DUTHEILLET de LAMOTHE (Olivier), « Les juges face au silence du droit », *RDP*, n° 4, 2012, p. 1056.

[135] DELVOLVE (Pierre), « Le silence en droit public », *op. cit.*, p. 1172.

[136] C'est le cas du préambule du texte constitutionnel camerounais du 18 janvier 1996 qui prévoit que « L'Etat assure la protection des minorités et préserve les droits des populations autochtones conformément à la loi ». On peut aussi citer l'article 6 de la Constitution centrafricaine du 30 mars 2016 qui dispose que « L'Etat assure la protection renforcée des droits des minorités, des peuples autochtones et des personnes handicapées ». Le constat qui se dégage est que ces textes ne donnent aucun contenu aux concepts de minorités et d'autochtones. Ce qui pose le problème de l'identification des bénéficiaires desdits droits ; DONFACK SOKENG (Léopold), *Le droit des minorités et des peuples autochtones au Cameroun*, Thèse de doctorat en Droit public, Université de Nantes, 2001, 527p.

crise, sans préciser les conditions de mise en œuvre des pouvoirs y relatifs[137]. Sans être exhaustif, on peut aussi citer le cas de ces textes constitutionnels qui, tout en assurant la protection de la famille, sont muets au sujet de ses couches vulnérables et ses supports que sont la filiation et le mariage[138]. Enfin, si les textes prévoient le palliatif à la défaillance présidentielle en matière de promulgation des lois, aucune loi fondamentale ne prévoit la sanction qu'encourt le chef de l'Etat pour avoir refusé de promulguer une loi votée par le Parlement[139].

Pour ce qui est des omissions totales, les Constitutions africaines ne prennent pas en compte un certain nombre de questions. Ainsi, malgré la recrudescence des coups d'état en Afrique, on note un mutisme de certains rédacteurs au sujet de l'exercice du pouvoir par l'armée[140]. Dans la même logique, très peu de textes constitutionnels évoquent le cas du décès d'un des candidats à l'élection présidentielle à l'issue du premier tour[141]. Pourtant, c'est une question qui est de nature à susciter de nombreuses difficultés à l'avenir. Autres omissions notables,

---

[137] Tous les textes constitutionnels consacrent le recours aux pouvoirs de crise dans les Etats d'Afrique noire francophone. Seulement, la définition des conditions de mise en œuvre desdits pouvoirs laisse planer des incertitudes du fait du silence des lois fondamentales sur leur fait générateur. Au Gabon, l'article 25 de la Constitution subordonne le déclenchement des mesures d'exception à la survenance d'une crise « grave et immédiate ». Au Congo, l'article 26 de la Constitution parle plutôt d'une crise « grave et imminente ». Si on s'appuie sur ces deux cas, le constat qui en découle est que le constituant a omis d'indiquer les faits susceptibles de déclencher la mise en œuvre des pouvoirs de crise, les formules employées sont incomplètes et vagues.

[138] Toutes les Constitutions africaines assurent la protection de la famille. Cependant, toutes ne mentionnent pas le sort réservé aux couches vulnérables que sont la femme et les enfants.

[139] Le constat qui se dégage à la lecture des Constitutions africaines est que celles-ci pallient plutôt la défaillance présidentielle. Ainsi, en cas de non respect des délais requis pour la promulgation soit le Président de l'Assemblée Nationale se substitue à l'institution présidentielle, soit alors, le Président de la juridiction constitutionnelle le fait. Il y a ainsi un mutisme des lois fondamentales au sujet de la responsabilité présidentielle pour défaut ou refus de promulgation d'une loi votée par le Parlement.

[140] Au-delà du fait que toutes les Constitutions posent le principe selon lequel aucune fraction du peuple ne peut s'attribuer l'exercice de la souveraineté, on se rend compte que toutes n'affirment pas clairement la condamnation des coups d'Etat et du pouvoir militaire. Les Lois fondamentales du Cameroun, du Congo, du Gabon, de la Côte-d'Ivoire ou encore du Sénégal sont muettes à ce sujet. ESSONO OVONO (Alexis), « Armée et démocratie en Afrique, une relation ambivalente à normaliser », *Afrique contemporaine* 2012/2, n° 242, pp. 120-121.

[141] Excepté l'article 10 de la Constitution gabonaise qui prévoit et résout une telle situation en envisageant la prorogation des délais de l'élection par le Président de la Cour Constitutionnelle.

la question tribale[142], ainsi que celle tenant au genre. Toutes ces omissions traduisent la relativité de l'offre constitutionnelle et surtout la perfectibilité de l'écrit constitutionnel.

Les silences sont aussi révélateurs de l'hypocrisie constitutionnelle et traduisent la démarche contradictoire du constituant qui consiste à formuler des principes de manière inintelligible. L'exemple le plus illustratif est celui qui consiste à consacrer la responsabilité présidentielle sans donner un contenu à la notion de haute trahison[143]. Par ailleurs, l'hypocrisie se matérialise par l'évitement de certaines questions par les rédacteurs des textes constitutionnels. Au rang des questions qui sont évitées, on peut citer la formalisation du statut de l'opposition, la fixation de l'âge limite d'accession à la fonction présidentielle[144]. En tout état de cause, et comme déjà souligné, la multiplicité des silences est révélatrice de la perfectibilité de l'écriture constitutionnelle. Cette dernière renvoie par ailleurs à certains paradoxes, susceptibles d'être identifiés au sein de textes constitutionnels africains.

2. La permanence des paradoxes constitutionnels

La permanence des paradoxes dans les textes constitutionnels des Etats d'Afrique noire francophone est réelle. Ceux-ci traduisent surtout la survivance du constitutionnalisme rédhibitoire dont le professeur Joseph OWONA se faisait déjà l'écho dans les années 1980[145]. Concrètement, c'est le fait pour le constituant de se contredire dans l'écriture constitutionnelle ou encore de formuler des principes tout en les vidant de leur sens concomitamment[146]. On a parfois le sentiment

---

142 AHADZI NONOU (Koffi), « Réflexions sur un tabou du constitutionnalisme africain : Le tribalisme », in *Les voyages du droit, Mélanges en l'honneur de Dominique BREILLAT*, Paris, LGDJ, 2011, pp. 18-25.

143 C'est le cas de l'article 138 de la Constitution burkinabé ; l'article 127 de la Constitution togolaise ou encore l'article 53 alinéa 1 du texte camerounais.

144 Néanmoins, l'article 44 de la Constitution béninoise prévoit que le candidat doit être âgé de quarante (40) ans au moins et de soixante dix (70) ans en plus au moment du dépôt de la candidature à la présidentielle.

145 OWONA (Joseph), « L'essor du constitutionnalisme rédhibitoire en Afrique : Etude de quelques Constitutions Janus », in *L'Etat moderne horizon 2000, Aspects internes et externes, Mélanges offerts à Pierre François GONIDEC*, Paris, LGDJ, 1985, pp. 235-243.

146 *Idem.*

que les organes qui procèdent à l'écriture des textes constitutionnels mobilisent une démarche qui oscille entre avancées et reculades.

En matière d'énonciation des droits fondamentaux, l'écriture des textes constitutionnels laisse transparaitre un certain nombre de paradoxes. Le plus patent est la consécration de l'égalité des citoyens qui contraste avec l'affirmation par les lois fondamentales de droits soit en faveur des citoyens d'origine[147] soit des populations autochtones. Dans le premier cas, les Constitutions accordent un traitement de faveur aux citoyens d'origine dans l'accès à la fonction présidentielle, portant ainsi atteinte au droit à l'éligibilité des citoyens naturalisés ou d'adoption. Dans la seconde hypothèse, on peut se référer à l'exemple singulier du Cameroun qui réserve la présidence du Conseil régional aux seules personnalités autochtones[148].

Toujours en matière d'énonciation des droits fondamentaux des citoyens, on peut se rendre compte que les rédacteurs des Constitutions utilisent des vocables qui vident la protection desdits droits de leur contenu. La subordination de la protection des droits et libertés à la garantie de l'intérêt supérieur de l'Etat en est une illustration[149]. Dans les cas où cette formule est employée, on peut se rendre compte qu'aucune définition n'est donnée de l'intérêt supérieur de l'Etat. Toute la liberté est laissée aux autorités compétentes en la matière d'apprécier le degré d'atteinte à l'intérieur supérieur de l'Etat pour restreindre l'exercice et la jouissance des droits et libertés des citoyens.

De nombreux paradoxes sont aussi perceptibles dans la structuration des pouvoirs. Ainsi, au sein du pouvoir exécutif, de nombreuses Constitutions ont rendu le gouvernement responsable de la politique définie par le Président de la République[150]. Concrètement, c'est le

---

[147] Dans la Constitution béninoise du 11 décembre 1990, l'article 44 tout en admettant les citoyens naturalisés précisent que la nationalité doit être acquise depuis au moins dix ans ; l'article 38 de la Constitution du Burkina-Faso indique que la magistrature suprême est réservée aux citoyens de naissance.

[148] C'est le Cameroun qui se démarque en la matière. En effet, l'article 57 alinéa 3 de la Constitution réserve la présidence du Conseil régional à une personnalité autochtone. Loin de marquer notre aversion à la protection des minorités et des populations autochtones qui est largement justifiée par la nécessité de garantir leur existence, on peut néanmoins se rendre compte que l'option camerounaise porte atteinte à un droit fondamental des allogènes, à savoir, le droit à l'éligibilité.

[149] Dans ce sens, le préambule de la Constitution camerounaise du 18 janvier 1996.

[150] Pour s'en convaincre, lire utilement les articles 36 et 62 de la Constitution burkinabé. On peut également se référer aux articles 5 alinéa 2 et 11 alinéa 2 de la Constitution camerounaise du 18 janvier 1996.

Président de la République qui a reçu des rédacteurs des textes, la mission de concevoir la politique nationale[151] tout en confiant à l'institution gouvernementale le soin de la mettre en œuvre[152]. Mais, paradoxalement, le Gouvernement est amené à répondre de la politique définie par un autre acteur. On peut s'interroger sur la logique de ce régime de responsabilité dès lors que dans certains Etats, les membres du Gouvernement ne disposent pas de la prérogative de contresigner les actes du Président de la République.

L'affirmation de l'indépendance du pouvoir judiciaire est tout aussi paradoxale dans les lois fondamentales des Etats d'Afrique noire francophone. Certes, elle est justifiée par la prise en compte du principe de la séparation des pouvoirs[153] qui voudrait qu'aucun pouvoir ne soit subordonné à un autre mais, à bien y regarder, les rédacteurs des Constitutions n'ont pas favorisé les conditions d'une réelle indépendance. *Primo*, on note un mutisme total autour de l'autonomie de ce pouvoir de sorte que dans les faits, il fonctionne sur la base des ressources affectées au ministère de la justice qui est une branche du pouvoir exécutif. *Secundo*, après avoir affirmé l'indépendance du pouvoir judiciaire à l'égard de l'exécutif et du pouvoir législatif, les textes font du Président de la République le garant de l'indépendance judiciaire[154]. Il y a comme un parrainage présidentiel de la justice.

CONCLUSION

Au final, les Constitutions africaines actuellement en vigueur ne sont que le reflet des modes et du style d'écriture qui ont conduit à leur élaboration. La démocratisation de l'écriture est palpable du fait de sa dimension inclusive même si on peut se rendre compte que la prévalence des pouvoirs publics constitutionnels y est toujours constante. Si la volonté de construire une nouvelle ère est perceptible via les options constitutionnelles, il convient de faire remarquer que le

---

[151] On peut citer entre autres, l'article 36 de la Constitution burkinabé ; l'article 5 alinéa 2 de la Constitution camerounaise du 18 janvier 1996 ; l'article 33 de la Constitution centrafricaine du 30 mars 2016.

[152] Lire utilement, l'article 36 de la Constitution burkinabé ; l'article 11 alinéa 1 de la Constitution camerounaise du 18 janvier 1996 et l'article 81 de la Constitution ivoirienne du 08 novembre 2016.

[153] HOURQUEBIE (Fabrice), « L'indépendance de la justice dans les pays francophones », *Les Cahiers de la Justice*, n° 2, 2012, p. 44.

[154] C'est le cas de l'article 109 de la Constitution centrafricaine du 30 mars 2016.

constituant, par hypocrisie ou évitement, minore des questions qui ont pourtant une importance capitale dans les sociétés plurales africaines. Quand bien même il les aborde, il a recours à des formules contradictoires ou ambiguës. De ce dernier point de vue, convenons que l'ingénierie constitutionnelle dans les pays africains d'expression française demeure toujours à la recherche de son point d'équilibre voire d'une contextualisation bénéfique aux usagers du constitutionnalisme que sont les citoyens.

Alain ONDOUA
Agrégé des Facultés de Droit
Professeur Titulaire de Droit Public
à l'Université de Yaoundé 2 (Cameroun)

PANEL 2

PROCESSUS D'ÉCRITURE ET DE RÉVISION DES CONSTITUTIONS (SUITE)

Sous la présidence de Monsieur Koffi AHADZI-NONOU, Professeur titulaire de droit et de science politique, ancien Président de l'Université de Lomé, Membre de la Cour constitutionnelle (Togo)

Avec comme discutant Monsieur Alioune SALL, Professeur titulaire de droit et de science politique, ancien juge à la Cour de justice de la CEDEAO, Université Cheikh Anta Diop de Dakar (Sénégal)

Michel Louis MARTIN

POUR UN CONSTITUTIONNALISME DE QUATRIÈME GÉNÉRATION ? PRÉSIDENCES RECONDUCTIBLES, RÉVISABILITÉ MAÎTRISÉE À ÉCHELLE

INTRODUCTION

1.- Le constitutionnalisme qui a accompagné les transitions politiques du début des années 1990 en Afrique devait y solder toutes les formes d'autoritarisme endémiques depuis les indépendances et permettre l'instauration et la consolidation de régimes démocratiques effectifs. Tant par le nombre des États concernés que par le profil des autocraties « dégagées » : personnaliste, monopartiste ou prétorianiste, le continent africain a participé de manière significative à cette révolution politique d'échelle globale, commencée au cours des années 1970 en Europe du Sud, continuée la décennie suivante en Amérique latine, pour affecter ensuite les communismes soviétique et européens[1] ; les lois fondamentales qui y contribuèrent comptaient en effet près de la moitié de toutes celles promulguées dans le monde après 1990.

Ce constitutionnalisme de troisième génération -- la première fut celle des régimes de succession coloniale, la seconde celle des militocraties qui les ont renversés -- empruntait très directement aux normes les plus matures, celles, incontournables désormais, formant le thésaurus constitutionnel universel de référence. Il prévoyait la mise en place, au plan des libertés, d'un régime exhaustif de droits

[1]. Sur l'évolution dans sa globalité : D. A. RUSTOW, « Democracy : A global Revolution ? », *Foreign Affairs*, vol. 69, n° 4, automne 1990, p. 75-91S ; S. P. HUNTINGTON, *The Third Wave : Democratization in the Late Twentieth Century*, Norman, University of Oklahoma Press, 1991.

fondamentaux avec un pluralisme partisan sans restriction, au plan institutionnel, de pouvoirs séparés voulus équilibrés entre eux, d'une décentralisation territoriale, fonctionnelle et même coutumière approfondie, d'une justice accessible d'indépendance affirmée, notamment sur le registre de la conformité constitutionnelle, enfin au plan de l'exercice de l'autorité, d'une gouvernance par des acteurs dûment et régulièrement renouvelés concourant par voie de suffrage universel ; sans omettre, sur un tout autre registre, des forces de sécurité et de défense « recasernées », politiquement neutralisées et subordonnées aux autorités civiles.

L'établissement de gouvernements bâtis sous ces auspices, issus d'élections généralement libres et compétitives tenues dans un climat participatif et plutôt inclusif, augurait un peu partout d'une consolidation démocratique rapide. Et le nombre de cas cités comme des réussites transitionnelles exemplaires n'était pas des moindres. Les effets de contiguïté interafricaine et d'influence internationale par le biais des agences économiques régionales et transnationales contribuèrent à cette dynamique, avec l'espoir qu'elle finisse par être rapidement auto-suffisante et stabilisée.

2.- Reste que ce processus de démocratisation prometteur ne s'est pas vraiment inscrit dans la durée. Lorsqu'il ne s'est pas essoufflé pour s'enliser ou s'émietter à un stade d'intensité démocratique inaboutie ou récessive[2], il a évolué en empruntant parfois une allure autoritaire, le plus souvent en revêtant une configuration hybride mais viabilisée, mêlant à un électoralisme de façade une gestion monocentrée à renouvellement différé, dans un champ politique idéologiquement désactivé ou accidenté, sous l'égide de leaders moins préoccupés de présentabilité libérale qu'ils (ou leurs prédécesseurs des débuts de la transition) l'avaient donné à croire un temps[3]. À cet égard, l'on n'a pas

2. R. SNYDER, « Beyond Electoral Authoritarianism : The Spectrum of Non-Democratic Regimes », in A. SCHEDLER (dir.), *Electoral Authoritarianism : The Dynamics of Unfree Competition*, Boulder, Lynne Rienner, 2006 ; M. M. SVOLIK, « Authoritarian Reversals and Democratic Consolidation », *American Political Science Review*, vol. 102, n° 2, 2008, p. 153-168 ; L. TOMINI, *When Democracies Collapse : Assessing Transitions to Non-Democratic Regimes in the Contemporary World*, New York, Routledge, 2018.

3. Sur cette notion de régimes hybrides, voir entre autres : S. LEVITSKY et L. A. WAY, *Competitive Authoritarianism : Hybrid Regimes after the Cold War*, Cambridge, Cambridge University Press, 2010 (chap. 6 est consacré à quelques cas africains) ; Y. L. MORSE, « The Era of Electoral Authoritarianism », *World Politics*, vol. 64, n° 1, janvier 2012, p. 181-198. Plus spécifiquement sur l'Afrique : B. O. NWOSU, « Tracks of the Third Wave : Democracy

manqué d'évoquer, au titre des causes à l'origine de ces faillites, les contre-effets des mutations intervenues au sein du système international, tant d'un point de vue global que régional. D'abord, et suite aux transitions de puissance et à l'interversion des référentiels idéologiques dominants, ce sont les conséquences de la perte d'influence de la ligue démocratique euro-atlantique, autrefois hégémonique, avec la démonétisation du modèle biséculaire démo-constitutionnel au profit de nouvelles doxas portées par les mentors révisionnistes émergents, assurant la légitimité des reconversions de gouvernance en mode réautoritarisé[4]. S'ajoute, au plan régional, l'impact du nouveau complexe de menaces sécuritaires d'ordre écologique, épidémique et sanitaire, criminel multiforme et transnationalisé, et surtout celles issues du déplacement et de la diffusion sur le continent africain du terrorisme radical global, dont le combat pour son éradication favorise mécaniquement l'extension de régimes d'exception ou d'état d'urgence, propice à l'affirmation des exécutifs sur les autres branches et un resserrement des libertés démocratiques[5].

Toutefois, et sur un plan interne, c'est bien également ce constitutionnalisme de troisième génération et la pratique à laquelle il a donné lieu, qui est directement en cause. Parmi les divers problèmes qui sont apparus, deux se sont avérés de véritables « perturbateurs » : une présidence devenue « protrusive » d'une part, une révisabilité (si l'on veut bien passer sur cette licence de langage) constitutionnelle peu

---

Theory, Democratisation and the Dilemma of Political Succession », *Review of African Political Economy*, vol. 39, n° 131, 2012, p. 11-25 ; E. GYIMAH-BOADI, « Africa's Waning Democratic Commitment », *Journal of Democracy*, vol. 26, n° 1, janvier 2015, p. 101-113.

4. Voir : « Out of Order ? The Future of the International System », *Foreign Affairs*, vol. 96, n° 1, janvier-février 2017 ; « Authoritarianism Goes Global », *Journal of Democracy*, vol. 26, n° 4, 2015.

5. Une lutte qui a pris, avec des effets semblables (et parfois cumulés), la suite des politiques de reconstruction étatique post-conflits (M. OTTAWAY, *Africa's New Leaders : Democracy or State Reconstruction ?*, Washington, Carnegie Endowment for International Peace, 1999). Sur les effets politico-constitutionnels de la lutte antiterroriste, la littérature est copieuse, notamment aux États-Unis, voir entre autres : M. TUSHNET, « Controlling Executive Power on the War on Terrorism », *Harvard Law Review*, vol. 118, 2005, p. 2673-2682 ; F. A. O. SCHWARZ et A. Z. HUQ, *Unchecked and Unbalanced : Presidential Power in Time of Terror*, New York, New Press, 2008 ; D. BARAK-EREZ, « Terrorism Law Between Executive and Legislative Models », *American Journal of Comparative Law*, vol. 57, n° 4, automne 2009, p. 877-896. Pour l'Afrique : R. JOSEPH, « Growth, Security, and Democracy in Africa », *Journal of Democracy*, vol. 25, n° 4, octobre 2014, p. 61-75.

corsetée d'autre part, tous deux se renforçant mutuellement avec des effets collatéraux tant sur la constitutionnalité générale du système que sur sa vocation à structurer le fonctionnement démocratique de la scène politique. Résument le problème : l'inclination des plus hauts placés des responsables politiques à continuer, même en contexte pluraliste-compétitif enté sur l'arbitrage populaire, de concevoir leur charge de manière appropriative en quelque sorte, pour s'y installer ; après avoir *customisé* à leur mesure le temps de leur leadership et l'étendue de leurs prérogatives, en recourant à un réformisme constitutionnel désinvolte (sans rapport, en tout cas, avec l'exigence mélioriste attendue de l'acte d'amendement), tantôt « furtif [6] », quelquefois même « effractif ».

3.- L'objet des quelques réflexions qui suivent, consiste, à partir de l'examen de cette double déficience, principalement au sein de l'espace francophone, à envisager des moyens d'en atténuer, sinon d'en enrayer les manifestations, via une reconfiguration du *design* initialement prévu sur les deux registres concernés. Ces remarques relèvent donc de ce qu'il est convenu d'appeler l'ingénierie constitutionnelle, dont l'idée de base veut que les constitutions forment un système de structures configuratives d'une dynamique politique choisie (certes avec une prévisibilité parfois contingente)[7]. Leur formulation ici est sommaire et simplement suggestive, excluant toute référence à la théorie constitutionnelle qui n'y trouverait pas son compte[8]. Et plutôt articulée sur l'évocation d'options, elle émoussera sans doute la portée stratégique que l'exercice est censé avoir, visant à rendre aux lois fondamentales leur résilience et à relancer leur fonctionnalité démocratique, en en comblant les lignes de failles.

---

[6]. Pour reprendre une bonne formule employée dans un autre cadre : R. A. STRICKLAND, « The Twenty-Seventh Amendment and Constitutional Change by Stealth », *PS Political science and Politics*, vol. 26, n° 4, décembre 1993, p. 716-722.

[7]. Dans l'esprit d'études telles : M. S. SHUGART et J. M. CAREY, *Presidents and Assemblies : Constitutional Design and Electoral Dynamics*, Cambridge, Cambridge University Press, 1992 ; G. SARTORI, *Comparative Constitutional Engineering : An Inquiry into Structures, Incentives and Outcomes*, Londres, Macmillan, 1994 ; R. D. COOTER, *The Strategic Constitution*, Princeton, Princeton University Press, 2000 ; et de quelques autres encore, citées ci-après.

[8]. Elles se rattachent à un chantier plus vaste, ouvert de manière très empirique voilà quelque temps ; aussi nombre d'observations et surtout de références ont-elles été tirées, modifiées de travaux antérieurs ou en cours : *e.g.* « Présidences contre démocraties en Afrique », in *Mélanges en l'honneur du professeur Jean-Yves Coppolani*, Paris, La Mémoire du droit, 2018, p. 463-494.

I. UN CONSTITUTIONNALISME OBÉRÉ PAR SON HYPER-PRÉSIDENTIALITÉ ET UNE RÉVISABILITÉ ABUSÉE

1.- Cette « seconde libération » africaine des années 1980-1990 se voulait avant tout politique et conduite en mode démocratique [9] ; il fallait exorciser cette longue période durant laquelle les chefs d'État, d'abord civils puis issus des armées suite à l'emprise *manu militari* du pouvoir, s'étaient posés presque partout comme le pivot de l'appareil politico-institutionnel. La normalisation de l'exercice de la magistrature suprême fut donc la préoccupation cardinale du constituant (mandataire de ces conférences nationales et autres forums réunis à la chute des régimes autoritaires). Cela d'autant que la fonction se voulait configurée, à l'imitation d'ailleurs des canons constitutionnels du moment, selon un schéma présidentialisé, autrement dit avec un détenteur adoubé par le suffrage universel, politiquement « insularisé » pour une période donnée, et dominant l'exécutif. Il importait donc d'en gommer les potentialités autocratiques, au plan des prérogatives conférées comme à celui du renouvellement de leurs titulaires.

Pour autant, les réformes intervenues et leur mise en pratique depuis n'ont pas toujours permis de parvenir à ce résultat en dépit de quelques notables exceptions. Tout d'abord, les restructurations institutionnelles ne se sont pas partout accompagnées du rééquilibrage prévu entre le rôle du chef de l'État d'une part et de l'autre les fonctions primo-ministérielle et parlementaire. Le premier, plutôt enclin à une interprétation égocentrée des textes et une approche « capitoline » de sa charge, a continument disposé des moyens de dominer les secondes, dénuées d'assez de gravité politique pour faire office de contre-pouvoirs autonomes (creusant encore par un effet de rebond le différentiel initial d'autorité). Le Premier ministre (lorsque le poste est constitué) n'est qu'un rouage déconcentré de la présidence dont il est l'obligé. Quant aux organes élus de représentation et de délibération (oscillant entre mono- et bicaméralité et dominés par des majorités en lisière, au plan national ; pauvrement autonomisés et budgétisés, au plan territorial), sans être totalement évanescents, ils demeurent encore

---

[9]. J. Ihonvbere et T. Turner, « Africa's Second Revolution in the 1990s », *Security Dialogue*, vol. 24, n° 3, décembre 1993, p. 350-352. Au plan constitutionnel : A. Cabanis et M. L. Martin, *Le constitutionnalisme de la troisième vague en Afrique francophone*, Bruxelles, Academia-Bruylant, 2010.

confinés à un rôle qui ne saurait se mesurer à celui de leurs analogues aujourd'hui dans les systèmes politiques les plus achevés, soient-ils rationalisés ou présidentialisés[10]. S'agissant des autres pouvoirs, seul le juge constitutionnel a consolidé son assise, via l'exercice d'une justice d'accès maintenant pleinement ouvert (avec les voies d'exception sur renvoi et d'action populaire directe) et rendue non sans diligence[11] ; et si les agences administratives indépendantes se sont multipliées, leur autonomie, notamment au plan des moyens, reste à parfaire pour que leur fonction de régulation soit pleinement assurée[12]. Il vaut de noter en outre que ce déséquilibre en faveur du premier personnage de l'État induit par cette asymétrie institutionnelle, est amplifié encore par cette propension, liée à un faisceau de facteurs complexes[13], qui le poussent à

---

[10]. Ce n'est pas dire que leur rôle est négligeable ; à propos du législatif, voir J. D. BARKAN (dir.), *Legislative Power in Emerging African Democracies*, Boulder, Lynne Rienner, 2009. Mais l'on sait aussi qu'il s'agit pour des régimes de basse intensité démocratique d'en masquer sinon d'en tempérer le caractère autocratique, tout en assurant son information sur l'ensemble du système : J. GANDHI et A. PRZEWORSKI, « Authoritarian Institutions and the Survival of Autocrats », *Comparative Political Studies*, vol. 40, n° 11, novembre 2007, p. 1279-1301 ; E. FRANTZ et A. KENDALL-TAYLOR, « A Dictator's Toolkit : Understanding how Co-optation Affects Repression in Autocracies », *Journal of Peace Research*, vol. 51, n° 3, mai 2014, p. 332-346.

[11]. Pour l'Afrique francophone : A. S. OULD BOUBOUTT, « Les juridictions constitutionnelles en Afrique. Évolution et enjeux », *Annuaire international de justice constitutionnelle*, vol. 13, 1997, p. 31-45 ; D. KOKOROKO, « L'apport de la jurisprudence constitutionnelle à la consolidation des acquis démocratiques. Les cas du Bénin, du Mali, du Sénégal et du Togo », *Revue béninoise des sciences juridiques et administratives*, n° 18, juin 2007, p. 87-128 ; B. KANTÉ, « Les juridictions constitutionnelles et la régulation des systèmes politiques en Afrique », in *Constitutions et pouvoirs. Mélanges en l'honneur de Jean Gicquel*, Paris, Montchrestien, 2008, p. 265-276 ; T. HOLO, « Émergence de la justice constitutionnelle », *Pouvoirs*, n° 129, avril 2009, p. 101-114 ; L. SINDJOUN, *Les grandes décisions de la justice constitutionnelle en Afrique. Droit constitutionnel jurisprudentiel et politiques constitutionnelles au prisme des systèmes politiques africains*, Bruxelles, Bruylant, 2009 ; A. SOMA, « Le contrôle de constitutionnalité des lois constitutionnelles en Afrique noire francophone », *Pratique juridique actuelle*, n° 5, 2011, p. 619-640 ; S. M. ATSIMOU « La participation des juridictions constitutionnelles au pouvoir constituant en Afrique », *Revue française de droit constitutionnel* [*RFDC*], n° 110, juin 2017, p. 279-316. Pour une analyse plus générale : C. M. FOMBAD (dir), *Constitutional Adjudication in Africa*, Oxford, Oxford University Press, 2017.

[12]. Voir CABANIS et MARTIN, *op. cit.*, p. 181-185, et l'article sur la question dans le présent collectif.

[13]. D'abord d'ordre anthropologique, culturel et historique : R. H. JACKSON et C. G. ROSBERG, *Personal Rule in Black Africa. Prince, Autocrat, Prophet, Tyrant*, Berkeley, University of California Press, 1982 ; J.-F. MÉDARD, « Le '*big man*' en Afrique. Essai d'analyse du politicien entrepreneur », *L'Année sociologique*, vol. 42, 1992, p. 167-192 ; A. MBEMBE, *De la postcolonie. Essai sur l'imagination politique dans l'Afrique contemporaine*, Paris Karthala, 2000. S'y ajoutent des raisons liées aux incertitudes d'une post-mandature aléatoire,

s'identifier à sa charge au point de vouloir se l'approprier pour s'y perpétuer.

2.- Cependant, comme désormais le principe de conformité démo-constitutionnelle (avec ses contraintes en matière d'élection, de pluralisme et, au-delà, de la possibilité d'alternances) constitue le socle de toute légitimité à gouverner, ceux qui à la tête de l'État projettent de s'y maintenir, doivent procéder en affectant de se plier aux impératifs, au moins processuels, qui en dérivent[14]. Aussi, afin d'abord de réduire les risques « normaux » inhérents à ces arbitrages populaires épisodiquement programmés, sinon de s'y soustraire, les stratégies déployées recourent-elles en amont à l'arsenal du *retrofitting* et du *workaround*[15] constitutionnels ou para- et infra-constitutionnels, formels ou non, pour faire jouer au profit des leaders ces passages désormais obligés devant les électeurs.

Opportunistes, ces stratégies font capital des failles, des ambivalences, des silences, des intertemporalités et des aubaines de règles, formant maintenant de véritables « complexes » constitutionnels (conjuguant la loi fondamentale proprement dite avec des conventions, des arrangements politiques post-critiques ou post-conflits, des apports-imports jurisprudentiels, et autres compacts de valeur juridique trouble, faisant intervenir diverses entités para-constituantes à côté de celles disposant normalement de cette fonction, de surcroît enfin dans un système transnationalisé de contraintes légalistes et

---

entre difficultés matérielles et risques de représailles ; c'est aussi le besoin, usuel en situation encore perçue comme précaire de rentabiliser au mieux l'occupation du pouvoir, toujours souhaitée aussi longue que possible. Cette tendance tient encore à la nature de la compétition politique rendue plus ouverte et plus âpre en raison d'un pluripartisme souvent débridé, également du fait de sa désidéologisation et de l'indistinction des programmes de gouvernement, s'ils existent, et qui ne repose alors plus que sur la seule perception de la personnalité des candidats, de leur statut économique et de leurs capacités clientélaires.

[14]. Ce qui n'exclut nullement le recours éventuels à des manipulations aux marges de la légalité, sinon frauduleuses, en dépit d'ailleurs de l'amélioration technique de l'environnement de votation et de sa supervision : C. BOUQUET, « Les élections présidentielles africaines sont-elles crédibles ? », *Le Point Afrique*, 5 juillet 2016.

[15]. Selon la formule de M. TUSHNET, « Constitutional Workarounds », *Texas Law Review*, vol. 87, n° 7, juin 2009 ; ce qui rejoint la question de l'infra-constitutionnel : T. GINSBURG et E. A. POSNER, « Subconstitutionalism », *Stanford Law Review*, vol. 62, n° 6, juin 2010, p. 1583-1628. Pour un exemple africain : E. A. ALBAUGH, « An Autocrat's Toolkit : Adaptation and Manipulation in Democratic Cameroon », *Democratization*, vol. 18, n° 2, 2011, p. 388-414.

« homologiques »[16]). Abstentionnistes-délictueuses, elles ignorent purement et simplement des dispositions ou des institutions pourtant actées ou même établies. Sous-traitantes, elles passent la main au législateur ou au juge. Bref, des altérations de la constitution sur lesquelles la nation, pourtant préjugée titulaire de la souveraineté initiale, n'a nulle prise.

Mais surtout et au-delà, résolument activistes, souvent au point de l'abus, ces manœuvres recourent à un continuel reprofilage de pure commodité des lois fondamentales que permet leur flexibilité *de facto*, comme en attestent le nombre comparativement élevé, sinon anormal de rectifications, voire d'abrogations-remplacements du texte original[17], avec leurs conséquences indésirables sur son essence et ses fins[18]. Ce qui est notamment le cas avec toutes celles qui concernent le mandat du chef de l'État.

---

16. Avec sans doute des effets de composition parfois iatrogènes. À propos de ces transferts, corrélatifs d'une transnationalité plus prégnante : S. CHOUDHRY (dir.), *The Migration of Constitutional Ideas*, Cambridge, Cambridge University Press, 2006 ; E. A. POSNER, *The Perils of Global Legalism*, Chicago, The University of Chicago Press, 2009. Pour ce qui concerne les accords post-conflits en Afrique, voir la synthèse des travaux existants dans B. D. COULIBALY, « Des tendances contemporaines de la normalisation constitutionnelle. Le cas de l'Afrique francophone », *Revue juridique et politique*, n° 4, 2009, p. 710-783 ; F. J. AÏVO, « La crise de normativité de la constitution en Afrique », *RDP*, n° 1, 2012, p. 141-180 ; I. MOUMOUNI, « Les accords de paix en Afrique : de l'illégalité juridique à la para-légalité plurielle », *RDP*, n° 1, janvier-février 2018, p. 233-264.

17. Pour éviter ici des répétitions fastidieuses, l'on a utilisé de manière indifférenciée les termes d'amendement, de révision, de réforme, etc. que la doctrine invite évidemment à distinguer : D. S. LUTZ, « Toward a Theory of Constitutional Amendment », in S. LEVINSON (dir), *Responding to Imperfection. The Theory and Practice of Constitutional Amendment*, Princeton, Princeton University Press, 1995, p. 237-274 ; quant aux remplacements de constitution, généralement effectués « hors la loi », il ne s'agit souvent que de substituts destinés à contourner des indérogeabilités ou à donner la possibilité à un chef d'État en exercice ou en fin de mandat de se représenter, ce que permettentrait d'ailleurs les révisions, sauf mention contraire explicitement spécifiée.

18. Si la fréquence des révisions n'est pas en soi le signe d'une dégradation de constitutionnalité (voir *infra*), leur systématisation et leurs objectifs le sont souvent, ce que stigmatise majoritairement la doctrine africaine, et avec véhémence : F. M. DJEDJRO, « La révision des constitutions dans les États africains francophones. Esquisse d'un bilan », *Revue du droit public et de la science politique* [*RDP*], n° 6, 1999, p. 111-134 ; K. AHADZI-NONOU, « Les nouvelles tendances du constitutionnalisme africain : le cas des États d'Afrique noire francophone », *Afrique juridique et politique*, n° 2, juillet-décembre 2002, p. 35-86 ; J.-L. ATANGANA AMOUGOU, « Les révisions constitutionnelles dans le nouveau constitutionnalisme africain », *Politeia*, n° 7, printemps 2005, p. 583-622 ; S. BOLLE, « Les révisions dangereuses. Sur l'insécurité constitutionnelle en Afrique », in P. M. MABAKA (dir.), *Constitution et risque(s)*, Paris, L'Harmattan, 2010, p. 251-269 ; I. M. FALL, *Les révisions constitutionnelles au Sénégal. Révisions consolidantes, révisions déconsolidantes de la démocratie sénégalaise*, Dakar, CREDILA, 2011.

3.- De ce dernier point de vue, même si le constituant de la transition n'a pas épuisé toutes les ressources légales disponibles pour faire en sorte que l'altérité de la constitution, au titre de *lex superior*, soit préservée et que ses modifications soient maîtrisées, les règles établies (du moins en ce qu'elles sont proches du modèle français) passent pour relativement rigides, tant au plan des conditions de leur engagement qu'à celui de la spécificité et de la complexité des procédures à respecter. Mais compte tenu des perceptions que les actionnaires de l'entreprise politique se font de l'idée de pérennité constitutionnelle, compte tenu de « cultures d'amendement », aujourd'hui plus dubitativement positivistes que dogmatiquement normatives, les contraintes restent théoriques et facilement surmontables. La cadence des altérations montre que la verticalité des lois fondamentales est très relative, à quelque étape que ce soit de la procédure : l'initiative, la prise en considération et l'élaboration des contenus, des échéanciers, les majorités à réunir, les modalités d'approbation, ou encore leur contrôle juridictionnel.

Quasi partout, en dépit d'un *design* paraissant équilibré au plan institutionnel, la mise en œuvre et le déroulement des opérations sont inéquitablement partagés entre un exécutif (aux mains du chef de l'État, même si parfois le Premier ministre ou le gouvernement y prennent part) qui mène le bal et un législatif rarement initiateur, du moins de manière autonome et inconditionnée, censé en peu de temps discuter un projet, adopté ensuite à une majorité, certes qualifiée (entre absolue et des trois quarts) mais en fait très accessible, que ce soit en configuration mono- ou bicamériste. L'approbation, en principe par voie parlementaire plénière ès qualité (avec une majorité située entre les trois ou les quatre cinquièmes) et/ou référendaire n'est en réalité qu'une formalité. L'intervention du juge constitutionnel que la rigidité devrait impliquer, reste pourtant exceptionnelle (ce qui n'est pas nier l'activisme récent, quasi constituant même, de quelques cours), soit qu'*à la française* la loi constitutionnelle (surtout référendaire) demeure injusticiable (tant au plan de l'opportunité que du fond), soit que ce juge, dont l'indépendance n'est pas toujours irréprochable, fasse preuve d'incréativité quand ce n'est pas de pusillanimité ou de complaisance, même devant les violations les plus flagrantes (par exemple, au Togo en février 2005 ou à Madagascar en mars 2009)[19].

4.- L'examen de la phase décisive d'approbation permet de mieux jauger encore le caractère très relatif de la rigidité constitutionnelle en Afrique francophone. Très peu de textes tout d'abord exigent pour se faire une finalisation par la voie du référendum, procédure solennelle et de haute intensité démocratique, par principe la seule à refléter directement et pleinement la volonté du souverain détenteur de la puissance constituante initiale (voir *infra*). Il n'en est ainsi qu'à Madagascar, au Mali et au Tchad (au Congo-Brazzaville jusqu'en 2015) pour toute révision ; dans certaines hypothèses, en Algérie, en Guinée, au Maroc et au Rwanda (en Côte d'Ivoire jusqu'en 2016)[20]. Donc, d'une manière générale, cette voie est optionnelle, en outre à la discrétion du chef de l'État, même lorsqu'elle figure liminairement dans l'énumération des procédures d'approbation, comme si elle était de principe ou prioritaire[21].

Quoi qu'il en soit, organisé sans délais informatifs et délibératifs suffisants, peu débattu et peu mobilisateur, hors les opinions acquises d'avance, le référendum n'est pas un obstacle bien difficile à franchir, d'autant qu'il se prête aux mêmes manipulations que les autres consultations populaires. Et en l'absence de seuil majoritaire qualifié, partout c'est à la majorité simple des suffrages exprimés, cette voie est

---

19. F. J. AÏVO, *op. cit.* ; M. M. AÏDARA, « Le juge constitutionnel africain et le contrôle des lois portant révision de la constitution », *Afrilex*, décembre 2017.

20. À Madagascar, si l'initiative de révision est d'origine parlementaire, elle doit être approuvée à la majorité des deux tiers par les deux chambres, le projet ou la proposition devant ensuite être soumis à référendum ; la Tunisie permet l'adoption par référendum à la demande du président qu'après approbation à la majorité des deux tiers par la chambre. Au Maroc, « certaines dispositions » peuvent être soumises par le roi au Parlement, après avis de la Cour constitutionnelle ; en Algérie, lorsque la révision (dont le président dispose seul de l'initiative) ne porte pas atteinte aux principes généraux régissant la société, les droits et libertés et les équilibres institutionnels, l'approbation parlementaire reste possible (trois quarts des voix chez les deux chambres), après avis du Conseil constitutionnel. En Guinée, seules les propositions de révision sont l'objet d'un référendum, optionnel donc pour les projets (devant alors être adoptés à la majorité des deux tiers de l'Assemblée). Au Rwanda, le référendum s'impose (après approbation à la majorité des trois quarts dans chaque chambre) pour ce qui concerne le mandat présidentiel, la démocratie pluraliste ou la nature du régime constitutionnel notamment, la forme républicaine et l'intégrité territoriale ; aucune correction de ces dispositions n'est recevable.

21. Pour un état des lieux comparatifs sur ces questions : C. M. FOMBAD, « Some Perspectives on Durability and Change Under Modern African Constitutions », *International Journal of Constitutional Law*, vol. 11, n° 2, 2013, p. 382-413.

peu probante ; avec un niveau de participation faible, corrélatif d'un taux d'approbation élevé, elle n'est plus qu'un facsimilé, frelaté même, d'un unanimisme populaire qui profite à l'exécutif, une opération constituante sous séquestre présidentiel (un autre aspect de cette hybridation « démocraturale » évoquée plus haut) ; elle peut être également un moyen de passer en force dans l'hypothèse (rare) d'une opposition parlementaire (comme en Mauritanie pour la suppression du Sénat en août 2017).

La voie parlementaire (énoncée dans nombre de textes avant le référendum), pourtant en théorie d'exception, est donc quasi toujours possible à titre alternatif, au choix (Bénin, Cameroun, Gabon, République centrafricaine [RCA], Sénégal et Tunisie) ou en « rattrapage » d'un référendum (Burkina Faso, Niger, République démocratique du Congo [RDC]). Moins coûteuse, plus facilement négociable, elle est donc plus célère sinon plus expéditive et tend ainsi à banaliser le recours aux révisions. Y contribue évidemment le fait majoritaire induit par des systèmes de partis presque partout faussement pluralisés en raison du poids des anciennes formations dominantes ou uniques que l'introduction du multipartisme n'a pas vraiment affecté, donc avec de maigres oppositions plutôt divisées ou cooptées ; ce qui rend sans effet réel les seuils rehaussés de majorité. Une telle voie est simplifiée évidemment dans les configurations monocamérales (où les phases d'adoption et d'approbation peuvent être fusionnées) ou de bicaméralité très inégale, avec une seconde chambre numériquement plus faible, partiellement composée de membres nommés par l'exécutif et qui ne participe que marginalement au processus, étant exclue de certaines de ses étapes comme la discussion du contenu des projets et des propositions ou du vote final ; ainsi les majorités qualifiées restent aisément accessibles. Enfin, lorsque le juge constitutionnel est invité à contrôler le processus (comme en Algérie, au Congo-Brazzaville, au Gabon, au Maroc, en RCA et en Tunisie), c'est surtout pour avis ou contrôle procédural et en général, à quelques exceptions près, il n'a jamais cherché à mobiliser tous les moyens pour le scruter plus avant.

5.- Pour gagner en légitimité, ces refontes se parent de mises en récit certifiant l'attachement de leurs promoteurs aux bonnes pratiques démocratiques et leur respect de la volonté de l'opinion. Il est veillé en outre à vanter l'intervention des instances constituantes formalisées et consacrées, exprimée par voie parlementaire plénière ou référendaire et présumant solder l'approbation populaire, surtout pour la seconde, associée dans le *storytelling* politique accompagnant ces opérations, à l'autorité dotée de la souveraineté initiale[22]. Par ailleurs, afin d'en occulter le mobile réel, les propositions de réformes se garnissent de toutes sortes d'ajustements prétendant actualiser l'existant constitutionnel, voire le « transfigurer[23] », alors qu'ils n'ont qu'une fonction « Potemkine ». Ainsi d'abord de l'extension des déclarations de droits, mais aussi, au plan institutionnel, de la libéralisation de la saisine d'un juge constitutionnel aux compétences accrues, de l'élargissement de l'autonomie des collectivités locales, du retranchement ou de l'ajout d'une chambre législative, de la multiplication des agences administratives indépendantes...

À ce titre, la réduction de la durée du mandat présidentiel (quinquénaire au début de la transition, puis rallongée à six ou sept ans à partir des années 2000, pour revenir de manière presque uniforme à cinq ans plus récemment) peut s'interpréter comme l'un des faux-semblants les plus courants pour faire passer, derrière la mise en conformité avec le quinquennat -- la norme désormais de règle --, la rééligibilité sans limite ou presque du chef de l'État, qui, elle, allait pourtant à l'encontre du cœur de cible du réformisme constitutionnel de la troisième génération : empêcher toute possibilité d'accaparement de la magistrature suprême.

Dans nombre de cas en effet, le plafonnement à deux mandats fut supprimé sans beaucoup d'embarras, le sortant-postulant revendiquant son intention d'être reconduit : ainsi du Togo avec la révision de décembre 2002, du Gabon avec celle intervenue en août 2003, du Tchad avec la modification de juin 2005 (mais qui revient à la rééligibilité simple en mai 2018 sur un mandat rallongé à six ans), du Cameroun avec celle votée en avril 2008, de Djibouti avec le texte revu d'avril

---

22. Jouant la continuité entre pouvoirs constituants originaire et dérivé et considérant que la notion d'autorité constituante n'est pas une rationalisation *ex post* ni une fiction ou une métaphore (pour faire allusion aux termes d'un débat toujours actuel : O. CAYLA « L'obscure théorie du pouvoir constituant originaire, ou l'illusion d'une identité souveraine inaltérable », in *L'architecture du droit. Mélanges en l'honneur de Michel Troper*, Paris, Economica, 2006, p. 249-265 ; D. DYZENHAUS, « The Politics of the Question of Constituant Power », *in* M. LOUGHLIN et N. WALKER (dir.), *The Paradox of Constitutionalism : Constituent Power and Constitutional Form*, Oxford, Oxford University Press, 2008, p. 129-146 ; R. S. KAY, « Constituent Authority », *American Journal of Comparative Law*, vol. 59, n° 3, juillet 2011, p. 715-761).

23. Au-delà de prétendre être « programmatiques », les textes se veulent prescriptifs, sinon transformatifs, porteurs d'une volonté justicialiste et égalitariste (du type sud-africain) : M. HAILBRONNER, « Transformative Constitutionalism : Not Only in the Gobal South », *American Journal of Comparative Law*, vol. 65, n° 3, novembre 2017, p. 527-565.

2010, enfin des Comores avec celui de 2018 qui rend possible le double mandat consécutif avant que ne joue l'alternance entre les îles. Se rattachent à ces pays d'une part le Congo-Brazzaville où, avec la loi fondamentale de novembre 2015, le mandat du président est « renouvelable deux fois », d'autre part le Rwanda où, sans introduire la rééligibilité indéfinie, la révision de 2015 octroie néanmoins au chef de l'État en exercice, Paul Kagame, la possibilité d'effectuer à l'issue de son second mandat un septennat spécial (qu'il entame en août 2017) susceptible d'être suivi de deux autres encore (maintenant fixés à cinq ans). Parfois fut adoptée une approche moins abrupte, balançant entre quinquennat ou septennat, rééligibilité limitée ou pas, mais simplement révélatrice de gesticulations tactiques destinées à banaliser l'idée des mandats longs et successifs (en Algérie, au Burkina Faso, en Tunisie avant le début des années 2010).

Ainsi, le principe de la rééligibilité simple ne s'est pas vraiment ancré dans le nouveau constitutionnalisme africain ; loin s'en faut et peut-être à l'encontre des tendances globales. Aujourd'hui (mars 2019) dans l'espace francophone, et sans pouvoir préjuger qu'aucun des six présidents qui effectuent leur premier mandat et des huit qui en sont à leur second, s'abstiendront de vouloir par la suite en briguer de nouveaux, l'on note que parmi les autres, sept en sont au moins à leur quatrième mandat (Joseph Kabila sans avoir réussi à se proroger a néanmoins gagné deux ans de plus), certains avec des perspectives de plus long terme, voire de mandats à vie[24].

---

[24]. À leur premier mandat : Patrice Talon au Bénin et Faustin-Archange Touadéra en Centrafrique depuis mars 2016 ; Roch Marc Christian Kaboré au Burkina Faso depuis décembre 2015 ; Beji Caïd Essebsi Tunisie depuis décembre 2014 ; depuis janvier 2019, Félix Tshisekedi en RDC et Andry Rajoelina à Madagascar (ce dernier avait pris la tête de l'État entre 2009 et 2013 suite à un coup d'État), – À leur second mandat : Ali Bongo Ondimba au Gabon depuis octobre 2009, réinvesti en septembre 2016 ; Azali Assoumani aux Comores déjà en place en 2002-2006, réinvesti en mai 2016 (mais depuis 2018 en mesure de postuler deux autres mandats) ; Alassane Ouattara en Côte d'Ivoire depuis mai 2011, réinvesti en octobre 2015 ; Alpha Condé en Guinée depuis décembre 2010, réinvesti en octobre 2015 ; Mohamed Ould Abdel Aziz en Mauritanie depuis juillet 2009, réinvesti en juin 2014 ; Mahamadou Issoufou au Niger depuis avril 2011, réinvesti en avril 2016 ; Ibrahim Boubacar Keïta au Mali depuis septembre 2013, réinvesti en octobre 2018 ; Macky Sall au Sénégal depuis 2012 réinvesti en février 2019. - Pour les neuf autres : Abdelaziz Bouteflika en Algérie en place depuis avril 1999 a commencé son quatrième mandat en avril 2014 qu'il semble devoir prolonger suite au report des élections auxquelles il ne devrait pas se représenter ; Idriss Déby Itno au Tchad depuis décembre 1996 (après une présidence par intérim entre 1990-96) commence un cinquième mandat en avril 2016 (avec depuis 2018 la possibilité de se représenter pour deux autres sexennats) ; Ismaïl Omar Guelleh à Djibouti en place depuis

5.- S'il n'y a plus vraiment d' « effraction » ouverte ou problématique du point de vue de la stricte légalité, les aménagements ainsi introduits relèvent d'un « constitutionnalisme abusif[25] », toxique même, tant ils pervertissent par leur tempo et par les buts recherchés, à la fois l'altérité constitutionnelle (quasiment ravalée en norme ordinaire tel un constitutionnalisme *common law*) et ses fondements démocratiques. C'est comme si, rectifiées sur mesure, les lois fondamentales, déjà souvent fragilisées par des greffes parfois inadéquates, prescrites du dehors ou par la conjoncture politique intérieure[26], voyaient programmer leur obsolescence et, dans une conjoncture d'insécurité constitutionnelle, rendait de nouveau possible une régression autoritaire de l'ordre politique, dont la repatrimonialisation, jusque parfois la quasi-monarchisation en sont les prémices ordinaires et les plus nuisibles. Autrement dit : des constitutions devenues inconstitutionnelles[27].

Révisabilité avantageuse, voire excessive et hyperprésidentialité *ad libitum*, chacune avec ses propres ressorts, constituent deux perturbateurs majeurs dont le co-fonctionnement est à la base de la très relative effectivité du constitutionnalisme africain de troisième

---

avril 1999 entame un cinquième mandat en avril 2016 ; Paul Biya au Cameroun en place depuis novembre 1982 commence un septième mandat en octobre 2018 (en principe le dernier depuis la réforme constitutionnelle de 2008) ; Denis Sassou Nguesso au Congo-Brazzaville, à la tête du pays depuis 1979 jusqu'en 1992, de nouveau en 1997, mais élu et réélu depuis 2002 jusqu'à son troisième mandat en avril 2016 ; Faure Gnassingbé au Togo en place depuis 2005 commence un troisième mandat en avril 2015 ; Pierre Nkurunziza au Burundi en place depuis juillet 2005 entame un troisième mandat en juin 2015 ; Paul Kagame au Rwanda, en place depuis avril 2000, au suffrage universel en 2003, commence son troisième mandat en mars 2017 avec l'exceptionnel septennat que lui a permis la révision constitutionnelle de 2015 ; Joseph Kabila en RDC, est resté en place deux ans de plus, jusque fin 2018. - S'agissant de ces derniers cas, et sans préjuger les trajectoires ultérieures des autres, l'on est même en présence de présidences quasi à vie. Il en est déjà ainsi de Biya, de Sassou Nguesso et de Déby, en raison de leurs successives réélections depuis ou même avant le début de la transition, ou de Bouteflika du fait de l'âge ; ce pourrait être aussi le cas, en raison des réformes récentes permettant leur éventuelle réélection, de Kagame, de Nkurunziza, et d'Assoumani.

[25]. D. LANDAU, « Abusive Constitutionalism », *UC Davis Law Review*, vol. 47, n° 1, novembre 2013, p. 189-260.

[26]. Voir *supra* ; également J. S. OMOTOLA, *Unconstitutional Changes of Government in Africa : What Implications for Democratic Consolidation*, Uppsala, Nordiska Afrikainstitutet, 2011.

[27]. D. S. LAW et M. VERSTEEG, « Sham Constitutions », *California Law Review*, vol. 101, n° 4, août 2013, p. 863-952 ; G. J. JACOBSOHN, « An Unconstitutional Constitution ? A Comparative Perspective », *International Journal of Constitutional Law*, vol. 4, n° 3, juillet 2006, p. 460-487.

génération, sinon la source de son évolution délétère. La nature du leadership est souvent incriminée, alors pourtant que l'on sait avec Madison que, d'une part « les leaders éclairés ne sont pas toujours à la barre » et de l'autre que l'action politique ne dépend pas uniquement des seules qualités de leurs auteurs, aussi excellentes soient-elles. En fait les institutions sont aussi en cause, du moins leur architecture, mais dont les déficiences toutefois sont toujours susceptibles de remédiation.

Et ce que l'on se propose ci-après, au regard des deux dérives à l'instant examinées, est simplement d'évoquer succinctement et sans intention prescriptive arrêtée, de possibles corrections d'ordre institutionnel, présentées à l'état d'ébauche et sous forme de jeu d'options qu'il conviendra de scruter plus au fond pour en déterminer toute l'opérabilité[28]. Cette analyse est effectuée à la lumière de modalités en vigueur dans d'autres systèmes constitutionnels présidentialisés dont, incidemment, le principe ici n'est pas discuté ni évalué au regard d'alternatives de type parlementarisé, aussi tentant, et sans doute aussi fécond, en serait l'exercice[29].

II. POUR UNE PRÉSIDENCE RECONDUCTIBLE

1.- Ainsi que cela a été indiqué de manière sans doute insistante, le principal souci du constituant de la troisième vague, dans sa volonté d'émuler une constitutionnalité aboutie, fut la régulation de l'exercice du mandat du chef de l'État. La voie choisie passait d'abord par une limitation et un rééquilibrage de ses prérogatives en regard des autres branches, ce qui n'était pleinement réalisable qu'avec le renouvellement de la personne de son détenteur selon une temporalité bien définie, tant sur la durée du mandat que de son éventuelle reconduction. Il s'agissait de prévenir toute possibilité d'appropriation (en mode *winner takes all* de surcroît) de la magistrature suprême, anomalie qui fut à la source de

[28]. En termes d'optimisation décisionnelle, de limitation du risque de *rent-seeking* par les agents ou des factions, de consolidation démocratique ; étant entendu que des arrangements d'ordre technique ne sauraient servir de panacée, voir A. Z. HUQ et T. GINSBURG, *How to Save a Constitutional Democracy*, Chicago, The Chicago University Press, 2018.

[29]. La critique (tant en termes de gouvernementalité que d'offre de biens et de services collectifs) des régimes présidentialisés est riche de pertinence (depuis les classiques analyses de Linz, Valenzuela, Mainwaring et autres) ; pour un point en français à propos du système présidentiel : J.-L. THIÉBAULT, « Les périls du régime présidentiel », *Revue internationale de politique comparée*, vol. 13, n° 1, 2006, p. 95-113 ; pour la défense d'une forme de parlementarisme : B. ACKERMAN, « The New Separation of Powers », *Harvard Law Review*, vol. 113, n° 3, janvier 2000, p. 633-725.

l'immobilisme et de la sclérose des anciens régimes, et signaler à partir de l'exemple du sommet de l'État, la nécessité d'une circulation régulière des classes dirigeantes pour l'occupation de fonctions qui ne sauraient être monopolisées. En d'autres termes, il s'agissait de démocratiser l'accès au sommet de l'État, via l'ouverture, l'égalitarisation et la pluripartisation du marché politique afin de permettre la réalisation des espérances politiques de tout compétiteur, opposant ou non, et de maximiser ainsi les alternances politiques possibles (notamment en faveur de personnalités capables, mais sans ambitions carriéristes)[30]. Aussi, de manière très conventionnelle, la plupart des lois fondamentales stipulèrent-elles d'exclure pour le titulaire de la charge suprême la possibilité de totaliser plus de deux mandats ; et seuls quatre pays à l'époque (l'Algérie, le Burkina Faso, la Côte d'Ivoire et la Mauritanie) se refusèrent (du moins pour quelque temps) à un tel contingentement.

L'Afrique donna ainsi l'impression de souscrire à son tour à l'un des canons de la modernité constitutionnelle (adopté par les États-Unis bien longtemps avant d'être devenu conforme) dont les grandes démocraties matures et leurs agences se firent les prosélytes et les gardiennes. Et d'ailleurs, malgré sa banalisation par la suite, le non-respect d'une telle convention (en vigueur dans près des deux tiers des systèmes non parlementaires) par nombre d'États sur le continent a contribué (avec d'autres problèmes, comme la persistance du prétorianisme) à jeter l'opprobre sur la gouvernance africaine.

2.- Cela étant, il demeure qu'au plan technique de l'efficience comme celui de son « titrage » démocratique, cette norme, pas plus que sa consécration, ne se justifie pas vraiment plus qu'une autre moins

---

30. L'argumentaire est connu : E. ELHAUGE, J. R. LOTT et R. L. MANNING, « How Term Limits Enhance Democratic Preferences », *Supreme Court Economic Review*, vol. 5, 1997, p. 59-80 ; G. MALTZ, « The Case for Presidential Term Limits », *Journal of Democracy*, vol. 18, n° 1, janvier 2007, p. 128-142. S'agissant plus spécifiquement du continent africain : T. GNANHO, « Le mandat du président de la République dans le nouveau constitutionnalisme africain », *Revue juridique et politique des États francophones*, n° 4, octobre-décembre 2015 (qui évoque à cet égard un « indicateur probant de la démocratie », p. 410) ; A. LOADA, « La limitation du nombre des mandats présidentiels en Afrique francophone », *Afrilex*, n° 3, juin 2003, p. 139-174 ; C. M. FOMBAD et N. A. INEGBEDION, « Limites du mandat présidentiel et leurs impacts sur le constitutionnalisme en Afrique », in C. M. FOMBAD et C. MURRAY (dir.), *Fostering Constitutionalism in Africa*, Pretoria, Pretoria University Law Press, 2010, p. 183-214 ; F. REYNTJENS, « The Struggle over Term Limits in Africa : A New look at the Evidence », *Journal of Democracy*, n° 3, juillet 2016, p. 61-68.

bridée. La raison la plus communément avancée, quoiqu'elle puisse être contestée[31], est que toute fixation préalable et figée (par voie d'intangibilité) de durée et de nombre de mandats, peut se révéler contre-majoritaire. C'est bien le cas lorsque le succès ou le charisme du leader est avéré ou apprécié comme tel (même si jouent les effets d'identification de cette dilection cognitive des gouvernés pour le statu quo et la reconduction des gouvernants[32]) et le légitime à s'estimer indispensable et en conséquence à vouloir rester aux commandes. Par ailleurs et en contexte transitionnel non stabilisé, ces renouvellements obligés dramatisent un peu plus encore cet épisode successoral de haute focalité de la vie politique présidentialiste, induite par l'effet surdéterminant du suffrage universel[33].

Enfin, et du point de vue de l'effectivité ou de la performance gouvernementale (pour autant qu'elles se puissent évaluer) tout bornage dans l'exercice de sa fonction limite l'horizon politique de son titulaire et le porte presque involontairement à plutôt s'adonner à une gouvernance court-termiste, que d'ailleurs il mènera de préférence en solo au plan institutionnel, seule façon propre à lui rapporter les dividendes qu'il en espère en cours de mandat, et non à ses successeurs ; de ce point de vue incidemment, la situation d'un Premier ministre parlementaire est plus viable et sans doute plus porteuse d'allonge politique. Pour le chef d'État limité à deux mandats (modalité qui certes joue en faveur de sa reconduite), le début du premier est sans rendement, c'est une prise en main des dossiers, et son terme est consacré à sécuriser ses espoirs de réélection ; la fin du second et dernier mandat consiste plutôt à faire profil bas pour ne pas hypothéquer les gains acquis ou écorner une image parfois difficultueusement peaufinée, voire afin d'être regretté par la suite. Enfin, dans des systèmes politiques encore peu consolidés ou sous-

---

31. Pour une évaluation des éléments du débat : E. H. CRANE et R. PILON (dir.), *The Politics and Law of Term Limits*, Washington, Cato Institute, 1994 ; chaque point de vue est convaincant, mais ici l'on ne cherche pas à en prôner un, mais simplement à suggérer un autre terme à l'alternative peut-être moins problématique en l'espèce ici.

32. D. KAHNEMANN, J. L. KNETSCH et R. H. THALER, « The Endowment Effect, Loss Aversion, and Status Quo Biais », *Journal of Economic Perspectives*, vol. 5, n° 1, hiver 1991, p. 193-206.

33. « Il faut sortir de la psychose autour des élections », selon Jean-Éric Rakatoarisoa, président de la Haute cour constitutionnelle malgache, *Jeune Afrique*, 21-27 octobre 2018, p. 110.

tension, cette limitation, parfois décrétée indérogeable, dramatise les successions et pousse les titulaires de la magistrature suprême dont la post-mandature ne leur est pas toujours déchiffrable, à se mettre en infraction constitutionnelle en bousculant les règles de dévolution.

3.- Dès lors, et aussi séduisante semble-t-elle aux yeux de quelques-uns, l'idée d'un mandat unique, telle qu'elle avait été prônée, du moins en Afrique, car l'idée n'est pas nouvelle (elle est appliquée en Corée du Sud, au Mexique ou encore en Colombie)[34], par le président nigérian Goodluck Jonathan en 2011 et reprise plus tard par son homologue béninois, Patrice Talon, qui avaient tenté de la mettre en place, ne saurait être une solution, même avec un mandat un peu plus long ou assorti d'une possibilité de prolongation prédéterminée ou sous condition, destiné à pallier un rythme trop rapide de roulement à la tête de l'État. Ses avantages ne sont pas certainement pas douteux[35], mais pas plus que ses inconvénients. La rotation n'est pas nécessairement assurée lorsque, par exemple, est susceptible de s'organiser une permutation « échangiste » entre titulaires de la présidence et de la primature. Mais ce qui est plus grave, notamment dans les situations d'inégalité de répartition des revenus, c'est que cette modalité contribue à dissuader des candidats qualifiés mais privés de moyens pour quitter (et pouvoir retrouver ensuite) leur vie professionnelle et assurer une campagne coûteuse et peut-être aléatoire ; l'on ne peut non plus, *horresco referens*, exclure le cas inverse de raids politiques à but prédateur sur une présidence de brève échéance par des candidats dépourvus de toute vocation politique sérieuse, mais bien décidés à en tirer tous les bénéfices.

Certes, après l'évocation des cas de prolongations présidentielles abusives qui viennent d'être évoqués, il semblera paradoxal, sinon

---

[34]. Elle est même ancienne, récemment réémise aux États-Unis: B. BUCHANAN, « The Six-Year One Term Presidency: A New Look at an old Proposal », *Presidential Studies Quarterly*, vol. 18, n° 1, hiver 1988, p. 129-142.

[35]. *Exit* les soucis réélectoralistes (qui en outre affectent toujours l'image d'un président-sortant aux prises avec des compétiteurs), donc les contraintes de nature à gêner la mise en œuvre d'un programme (qui peut ne pas être populaire ou devoir plaire à une majorité dont les frustrations s'accumulent avec le passage du temps) ; un mandat unique, donc plutôt bref limite sinon évite les détériorations d'image. Au plan institutionnel, il permet une éventuelle restauration du dualisme de l'exécutif et de la fonction arbitrale d'un chef d'État, il favorise les alternances et prévient la formation de dérives clientélistes et patrimonialistes ; voir B. GUEYE, « Le mandat unique : un mandat pour le président de la République en Afrique », *Le Matinal*, 17 mars 2017.

choquant en regard d'une constitutionnalité à la page et reconnue comme parachevée, de se demander si ce n'est pas plutôt la liberté de se représenter qui devrait être de principe ; mais cette faculté paraîtra moins incongrue, pour autant, est-il besoin de préciser, qu'elle soit assortie d'aménagements dans sa mise en œuvre. De ce point de vue, des éléments tirés de systèmes où la rééligibilité multiple n'est pas proscrite, mais simplement conditionnée, pourraient être avantageusement substitués à la clause du double mandat unique, que le constituant africain francophone est allé parfois jusqu'à ériger en tabou en la décrétant intransgressible et que celui qui souhaite rester aux affaires est porté à contourner, sinon à briser[36].

4.- Les possibilités sont variées et diverses, et certainement pas exemptes de défauts, mais peut-être d'une saillance moindre que ceux qui affectent le double mandat unique. Sans entrer dans le détail ou chercher à être exhaustif, se présente d'abord la faculté, de fait plutôt conventionnelle, d'un exercice non séquentiel de mandats multiples par un même candidat pour qui le souvenir laissé de son ou ses précédents passages servira de test de popularité. Ensuite, et pouvant d'ailleurs être couplée à la précédente, s'ajoute celle d'une modification de leur durée à chaque renouvellement consécutif[37], éventuellement accompagnée d'une réduction graduelle des prérogatives qui sont associées à la fonction ; cette dernière option s'effectuant par des transferts intra- ou extra-branches, du moins s'il est veillé à ce que la multiplication subséquente des instances qui disposeraient alors des pouvoirs de veto à la périphérie de la présidence ne la paralyse pas.

Le rehaussement des seuils majoritaires à franchir pour chaque réélection est un autre choix, de même qu'une diminution programmée des fonds mis à disposition pour chaque nouvelle campagne politique du sortant. Sans doute importerait-il encore de proscrire pour ce type d'élection, pour autant qu'il favorise mécaniquement tout candidat sortant-postulant (qui bénéficie déjà de l'*incumbency advantage*)[38], le

---

[36]. Sur ces points, voir les développements *in fine* de T. GINSBURG, J. MELTON et Z. ELKINS, « On the Evasion of Executive Term Limits », *William and Mary Law Review*, vol. 52, n° 6, 2011, p. 1807-1872 ; pour une récente étude comparée, voir A. BATURO et R. ELGIE (dir.), *Politics of Presidential Term Limits*, Oxford, Oxford University Press, 2019.

[37]. Elle peut être incrémentale - les premiers mandats, plus courts, servant de test - ou plus logiquement être décrémentale, avec des mandats de moins en moins longs.

[38]. Voir *supra* note 33.

scrutin à un seul tour, puisqu'à deux, plus grandes sont les chances que se forment des coalitions oppositionnelles compétitives entre les différents candidats, plutôt portés lors du premier round au chacun pour soi, notamment dans les conjonctures électorales volatiles et de médiocre lisibilité sondagière.

Quoique plus complexe à établir, car susceptible de modifier, voire d'hybrider la nature d'un régime présidentialisé en « primo-ministérialisant » la fonction du détenteur de la magistrature suprême, pourrait être considérée la possibilité du déclenchement d'un rappel à son encontre ou d'une procédure de révocation[39]. Celle-ci pourrait être activée suite à des mises en minorité successives ou sanctionner un parjure à l'un des termes du serment, voire encore un manquement à une clause du type *faithful execution* ; en somme, de tout autre mécanisme propre à atténuer l'irresponsabilité tant politique que pénale du chef de l'État induite par l'« insularité » de sa charge (après tout, il n'existe pas de sanction, sauf électorale, à l'encontre de ses infractions constitutionnelles).

Par ailleurs, deux autres aménagements s'imposeraient peut-être également, pour ce qui concerne tant l'amont que l'aval de l'exercice du mandat présidentiel.

5.- En premier lieu, il est à peine besoin de relever que l'accès à ce type exceptionnel de fonction politique, en raison de la posture qu'elle requiert, des prérogatives et des responsabilités qui s'y attachent, enfin de son « insularité », surtout si son renouvellement devait être rendu possible, doit procéder d'exigences particulières, tant au plan des personnalités en concours qu'au plan de l'organisation et du déroulement de leur sélection. La gageure en configuration démocratique est de ne pas manquer à la règle de l'égalité devant le suffrage et l'accès aux fonctions politiques, tout en optimisant l'émergence de leaders prometteurs mais « engagés » à se conformer au système de règles constituées, même à l'encontre de la satisfaction

---

[39]. Ce qui rejoint dans une (in)certaine mesure la préconisation de Giovani Sartori en faveur d'un système d'intermittence présidentialiste : SARTORI, *op. cit.*, ch. 9. Cela pour autant que la distinction entre les deux grands types de système de gouvernement ait toujours une valeur prédictive : J. A. CHEIBUB, Z. ELKINS et T. GINSBURG, « Beyond Presidentialism and Parliamentarism », *British Journal of Political Science*, vol. 44, n° 3, juillet 2014, p. 514-544.

discrétionnaire ou prébendière de leurs intérêts[40]; il importe peu que cette retenue procède du calcul et de l'intérêt, de la civilité et du vertuisme ou de la crainte de gouvernés désormais plus attentifs à ces valeurs démo-constitutionnelles et prêts à réagir à leur violation, comme cela a été le cas dans plusieurs pays ces dernières années[41]. La tangibilité d'un tel pré-engagement, particulièrement pour les acteurs prétendant se produire au sommet de l'État, exige d'être démontrée par une sélection testant préalablement expérience, crédibilité et vocation ; de ce point de vue, les systèmes les plus courants en situations présidentialisées, « tumultuaires » en quelque sorte, populistes et clientélistes, sont à repenser bien qu'en la matière il n'y ait pas de solution effective idéale.

L'adjonction de conditions du genre de celles qui sont conventionnellement prescrites (de citoyenneté, de droits, de patrimoine, de religion même) pourrait se révéler problématique, sinon « excluantes », comme le sont, par exemple, celles, pourtant logiques, de diplômes ou même d'âge, notamment dans des environnements électoraux très majoritairement jeunes, voire encore de nationalité (incluant l'ascendance). Celles dites de présentation ou de parrainage sont les plus communes et méritent d'être prises en compte, mais sans que l'on soit sûr qu'elles constituent des filtres qualitativement adéquats. Or de ce point de vue, les modes plus inclusifs, dont ceux

---

[40]. D. J. LEVINSON, « Parchment and Politics : The Positive Puzzle of Constitutional Commitment », *Harvard Law Review*, vol. 124, n° 3, janvier 2011, p. 659-746. Ce que d'autres identifient en tant qu'éthique, conscience, culture constitutionnaliste : J. DU BOIS DE GAUDUSSON, « Constitution sans culture constitutionnelle n'est que ruine du constitutionnalisme. Poursuite d'un dialogue sur quinze années de transition en Afrique et en Europe », in *Mélanges en l'honneur de Slobodan Milacic. Démocratie et liberté : tension, dialogue, confrontation*, Bruxelles, Bruylant, 2008, p. 333-348.

[41]. Cf. le dossier « Parlements dans la rue. Espaces publics de la parole et citoyenneté en Afrique », *Politique africaine*, n° 127, octobre 2012 ; A. BRANCH et Z. MAMPILLY, *Africa Uprising : Protest and Political Change*, Londres, Zed Books, 2015 ; J. YARWOOD, « The Struggle over Term Limits : The Power of Protest », *Journal of Democracy*, vol. 27, n° 3, juillet 2016, p. 51-60. L'on peut y voir le vécu d'une citoyenneté démocratique intériorisée, voire une forme d'appropriation constitutionnelle par le bas. D'ailleurs ces mobilisations sont conformes en quelque sorte aux injonctions de nombre de textes qui les légitiment, certains allant jusqu'à prôner la désobéissance civile. Elles peuvent avoir un effet dissuasif à l'égard des politiques dénuées de toute déontologie constitutionnelle, mais si cette forme d'arbitrage par la rue venait à se banaliser, ce ne serait pas sans présenter quelques risques. Pour une perspective comparée plus générale : T. GINSBURG, D. LANSBERG-RODRIGUEZ et M. VERSTEEG, « When to Overthrow Your Government », *UCLA Law Review*, vol. 60, n° 5, août 2013, p. 1184-1260.

d'inspiration française, avec un « sélectorat » à connotation populiste, paraissent souvent manquer leur objectif par comparaison à des systèmes où opère une évaluation par les pairs via des élus ou mieux au sein des partis politiques[42]. S'ils sont de nature à obvier les candidatures par trop frivoles, ils discriminent néanmoins mal entre vocations réfléchies et ambitions démagogiques, simple savoir-faire politicien ou expérience née d'une immersion dans la sphère politico-administrative, du moins de son côtoiement.

Ensuite, afin que les élections transcrivent au plus près les choix de l'opinion et que leur validité ne puisse être remise en cause, leur déroulement doit obéir aux règles prescrites et s'effectuer dans un climat de transparence et d'honnêteté, avec des procédures de contrôle qui demandent toujours à être affinées. À cet égard, l'intervention des commissions électorales nationales, instaurées parmi d'autres agences administratives indépendantes, mériteraient de voir leur compétence et leur contrôle scrutateur élargis à l'ensemble du processus électoral, et leur indépendance ainsi que leurs moyens assurés. Certes, elles sont maintenant un peu plus nombreuses, mais elles demeurent encore soumises à une tutelle ministérielle et sont concurrencées par d'autres institutions, locales ou non, sans avoir la maîtrise complète de toutes les opérations, ce qui ne leur permet pas toujours de transmettre pour validation des résultats électoraux systématiquement vérifiés[43].

6.- En second lieu, et pour en venir à l'aval du mandat présidentiel, deux aspects semblent devoir être revus. Le premier concerne la succession présidentielle. D'une part, il est généralement prévu, et de manière explicite, la hiérarchie des autorités aptes à prendre la relève du chef de l'État en cas de vacance, d'empêchement ou de décès, prévu encore le bornage de leurs prérogatives, notamment en matière de remaniement constitutionnel, enfin l'organisation d'un nouveau scrutin

---

[42]. S. GARDBAUM et R. H. PILDES, « Populism and Institutional Design : Methods of Selecting Candidates for Chief Executives », *New York University Law Review*, vol. 93, n° 4, 2018, p. 647-708 ; pour un survol du modèle français : S. PINA, « Parrainages et élections présidentielles : le statu quo », *RFDC*, n° 4, 2013, p. 941-950.

[43]. Voir M. HOUNKPÉ et I. M. FALL, *Les commissions électorales en Afrique de l'Ouest. Analyse comparée*, Abuja, Friedrich-Ebert Stiftung, 2010. Depuis la conférence de 2016 sur la Gouvernance, le constitutionnalisme et les élections en Afrique, le vœu que l'Union africaine souhaite voir concrétiser est de rendre ces agences administratives permanentes, impartiales et indépendantes ; certains voudraient d'ailleurs que ce rôle de supervision des élections présidentielles relève directement de l'Union : *Jeune Afrique*, 21-27 octobre 2018.

dans des délais précisés à l'avance ; d'autre part et, s'agissant d'une passation normale des fonctions présidentielles, il est également prévu un tuilage électoral afin d'éviter toute discontinuité de gouvernance, intervenant avant l'expiration du mandat du président en exercice.

La difficulté porte sur ce qui se produit lorsque les élections ne peuvent être organisées ou avoir lieu dans les créneaux de temps impartis et que des présidents en fin théorique de mandat doivent ou jugent devoir continuer d'assurer jusqu'à l'installation effective de leur successeur (ainsi de Joseph Kabila qui a prolongé son mandat en RDC pour deux ans et d'Abdelaziz Bouteflika qui pouvait rester en place après de report des élections d'avril 2019 auxquelles il ne se représentera pas). Dans ces situations, se crée un entre-deux dont il peut être tiré avantage (tant par le « président prolongé » que par d'autres acteurs, tels les militaires, décidés, l'un, à entretenir cette situation pour se maintenir à son poste, les autres afin d'éviter -- ou de profiter de -- ce qui serait un vide ou une usurpation de pouvoir) et pour lequel il conviendrait d'introduire un système alternatif de gestion politique provisoire. C'est à cet égard qu'il serait pertinent de redéfinir les rôles des personnalités chargées de l'intérim en général et que jouent les formules applicables à la vacance ; d'où incidemment l'utilité d'un Sénat et de son président ou d'une vice-présidence.

Enfin, si la thèse de la précarité du devenir post-mandature des plus hauts responsables politiques n'est pas sans rapport avec leur aspiration à se pérenniser, la première mesure qui s'impose alors pour la réfréner est l'institution d'un statut à part entière ; à l'instar du texte congolais (Brazzaville) qui instaure un statut des anciens dirigeants, avec un droit à la protection de l'État et à une allocation viagère. Pourraient également y être associés l'accès à diverses fonctions comme celles de membres d'une cour constitutionnelle ou de sénateurs, ou même l'attribution de postes *ad hoc*, comme médiateur, conseiller spécial de son successeur, représentant international... Il leur serait ainsi assuré, outre d'éventuelles garanties amnistiantes, immunitaires (du moins à certaines conditions) et évidemment matérielles et financières, des perspectives d'avenir moins hasardeuses et plus sécurisées, de nature à neutraliser, à tout le moins à ne pas y céder, leurs appréhensions concernant leur avenir. Ceci pourrait même, dans l'hypothèse d'une reconductibilité non bridée de mandats, favoriser les renonciations à s'y incruster[44].

Ainsi, une plus grande flexibilité concernant l'accès à la mandature suprême atténuerait d'abord le caractère traumatique des fins de mandats et réduirait corrélativement la part du « combinisme contre-constitutionnel », à but auto-conservatoire dans les stratégies présidentielles[45]. Mais de ce dernier point de vue, ce qui s'impose parallèlement (ou alternativement) est une réforme du système de révision.

III. POUR UNE RÉVISABILITÉ MAÎTRISÉE À ÉCHELLE

1.- Le constitutionnalisme africain de troisième génération, ainsi qu'il a été donné de constater est indéniablement dépourvu de viscosité, en ce qu'il s'est toujours prêté à être modifié, sinon changé, notamment depuis le sommet de l'État et en faveur de présidences en mal de pérennité. Exploitée au point de l'excès, cette situation, dénoncée par la doctrine, avait même fini par adultérer la nature de textes supposés étayer une transition démocratique effective.

À rappeler quelques truismes, l'idée de rigidité constitutionnelle découle de l'altérité et de la verticalité des lois fondamentales (en tant qu'ordres normatifs suprêmes, distincts de la légalité ordinaire et préservés de la contingence et de l'imprévisibilité politique), contribuant en retour à consolider cette double spécificité. Déjà préfigurée par le caractère écrit du texte[46], la rigidité se matérialise par

---

[44]. B. MACKOSO et P. PERDRIX, « Quel sort réserver aux présidents déchus », *Projet*, n° 351, avril 2016, p. 22-29 ; S. TANAKA, « Retirement Planning for Dictators : What Happens to Outgoing Dictators ? », *International Relations of the Asia-Pacific*, vol. 16, n° 1, mai 2016, p. 1-25 ; R. SOUTHALL, N. SIMUTANYI et J. DANIEL, « Former Presidents in African Politics », *in* R. SOUTHALL et H. MELBER (dir.), *Legacies of Power : Leadership Changes and Former Presidents in African Politics*, Le Cap, HSRC Press, 2006, p. 1-25.

[45]. Évidemment, de tels amendements ne sont susceptibles de faire sens qu'avec un exercice moins monocentré des prérogatives exécutives, dualisé au profit d'un Premier ministre responsable devant le parlement et non plus (ou aussi) devant le chef de l'État (autrement dit, en mode « Premier-présidentiel », pour citer R. ELGIE, *Semi-Presidentialism : Sub-Types and Democratic Performance*, Oxford, Oxford University Press, 2011).

[46]. Ce qui avait été relevé par le doyen Hauriou et sera repris ensuite par d'autres, voir T. C. GREY, « Constitution as Scripture », *Stanford Law Review*, vol. 37, n° 1, novembre 1984, p. 1-25.

les énumérations et les stipulations concernant les droits, les formes de gouvernement, l'organisation des pouvoirs, les procédures entourant et protégeant leur valeur et leur fonctionnement, ainsi enfin que la façon selon laquelle elles sont formulées et reconnues[47]. Elle concourt d'abord à forger et à tonifier le pré-engagement des différents acteurs du système politique envers le pacte constitutionnel, qu'ils le fassent, cela a été souligné, par civilité, bonne foi, pondération ou, aussi certainement, par anticipation que la stabilisation et la pacification de l'arène politique sera rentable pour leurs intérêts. Ensuite, en créant et en routinisant une pratique normalisée du pouvoir qui permet l'intégration continue de nouveaux souscripteurs ayant intériorisé les règles, elle assure ainsi la durabilité et la stabilité du pacte, désormais auto-consolidé.

Pour autant, la rigidité ne saurait non plus dénoter une quelconque sacralité du texte, dont elle serait consubstantielle, ce qui induirait d'emblée une suspicion de mauvaise foi autour de la gouvernance politique et de ses agents[48]. Par ailleurs, portant à une approche plus originaliste qu'interprétative de son contenu, elle est de nature à faire obstacle à toute valorisation démocratique du régime politico-institutionnel, obérant en outre son adaptation intertemporelle et intergénérationnelle aux réalités et aux valeurs sociétales émergentes, portées par de nouveaux actionnaires (dissidents ou révisionnistes) ou induites par des contextes politiques évolutifs et des formes de consensualité en recomposition. Elle pourrait même conduire jusqu'à éviter les ajustements mineurs d'ordre technique, assurant pourtant la fonctionnalité et la clarté de documents parfois rédigés dans des

---

[47]. La variété, non seulement des mécanismes assurant la rigidité, mais également des cultures qui en imprègnent les perceptions et le discours rendent difficile son évaluation objective et sa comparativité : A. LORENZ, « How to Measure Constitutional Rigidity : Four Concepts and Two Alternatives », *Journal of Theoritical Politics*, vol. 17, n° 3, juillet 2005, p. 339-361 ; T. GINSBURG et J. MELTON, « Does the Constitutional Amendment Rule Matter at all ? Amendment Cultures and the Challenges of Measuring Amendment Difficulty », *International Journal of Constitutional Law*, vol. 19, n° 3, 2015, p. 686-713 ; R. ALBERT, « The Expressive Functions of Constitutional Amendment Rules », *McGill Law Journal*, vol. 59, n° 2, 2013, p. 225-281. Il n'est pas discuté ici des limites circonstancielles ou conjoncturelles à la possibilité de révision : atteinte à l'intégrité du territoire, état de siège ou d'urgence, interruption du fonctionnement régulier des pouvoirs publics, incapacité ou vacance présidentielle, etc.

[48]. S. LEVINSON, *Constitutional Faith*, Princeton, Princeton University Press, 1988 et D. E. POZEN, « Constitutional Bad Faith », *Harvard Law Review*, vol. 129, n° 4, février 2016, p. 885-955.

conditions d'élaboration précipitée ou irrésolue (comme ce fut souvent cas en Afrique). En d'autres termes, le point de fuite d'un déficit de flexibilité constitutionnelle, outre sa nature contre-majoritaire, est une probable sclérose de la règle au point de l'irréparabilité et de l'obsolescence[49].

Aussi des mécanismes formalisés de réévaluation, en quelque sorte, des chartes suprêmes sont-ils toujours prévus et intégrés à leur contenu[50]. En même temps, compte tenu de la nature particulière de leur fonction, ceux-ci ne sauraient pouvoir être engagés de manière inconsidérée, pour servir à des fins non alignées à l'ultimité constitutionnelle, ni selon les mêmes procédures applicables à d'autres normes légales d'un niveau différent (contrats, lois). Ils procèdent généralement de règles particulières et *ad hoc*, plus ou moins inhibantes, destinées à discipliner les changements en en compliquant les procédures, voire en introduisant des irrecevabilités[51]. À ce titre, ce volet du texte constitutionnel en est l'un des principaux centres névralgiques, puisqu'il régule la tension (assure l'homéostasie) entre contractualité et liberté, pour faire en sorte que la loi fondamentale soit un « site » de souveraineté souscrit par des gouvernés jamais privés de leur capacité à se redéfinir. Il est un droit de la citoyenneté démo-

---

[49]. La « durabilité » est une qualité ambivalente pour un texte, qui devient de plus en plus difficile à modifier au fur et à mesure de son âge alors que c'est devenu impératif ; elle ouvre alors la voie à des altérations de type extra- et subconstitutionnel susceptibles de changer la signification de dispositions pourtant restées les mêmes dans la forme. C'est pourquoi, la fréquence des rectifications formelles, soient-elles majeures ou techniques, n'est pas un critère automatique et univoque d'instabilité ou d'insécurité constitutionnelle, comme la doctrine le donne parfois à penser (voir *supra*), même si statistiquement les chances d'altérations inutiles ou nocives augmentent.

[50]. Nul besoin ici de pointer le côté auto-référentiel de ce type de disposition (selon Alf Ross) dont le caractère paradoxal touche à son comble si sont changées les règles de révision elles-mêmes via lesquelles il en est produit d'autres différentes…

[51]. La littérature à cet égard est vaste, voir entre autres : LUTZ, « Toward a Theory… », *op. cit.* ; J. R. VILE, *Contemporary Questions Surrounding the Constitutional Amending Process*, Westport, Praeger, 1993 ; S. LEVINSON, « Designing an Amendment Process », in J. FEREJOHN, J. N. RAKOVE et J. RILEY (dir.), *Constitutional Culture and Democratic Rule*, Cambridge, Cambridge University Press, 2001, p. 271-275 ; R. DIXON et R. HOLDEN « Constitutional Amendment Rules », in T. GINSBURG (dir.), *Comparative Constitutional Design*, Cambridge, Cambridge University Press, 2012, p. 195-218 ; B. E. RASCH et R. D. CONGLETON, « Amendment Procedures and Constitutional Stability », in R. D. CONGLETON et B. SWEDENBORG (dir.), *Democratic Constitutional Design and Public Policy : Analysis and Evidence*, Cambridge, MIT Press, 2006, p. 319-342 ; N. W. BARBER, « Why Entrench ? », *International Journal of Constitutional Law*, vol. 14, n° 2, avril 2016, p. 325-350.

constitutionnelle (d'autant qu'il s'agit aussi d'une modalité additionnelle de délibération).

2.- Mais ce type de régulation, ainsi que cela a été observé pour maints États africains, n'a malgré tout jamais été à l'abri d'abus pour convenance politique de la part d'acteurs opportunistes ou d'engagement faillible, notamment des plus hauts placés parmi eux, dont la bonne foi des débuts ne pouvait d'ailleurs être présumée éternelle (cf. la parabole de Rousseau de la chasse au cerf) ; de la part aussi d'acteurs nouveaux dont les points de vue et les actions procèdent d'une éthique constitutionnelle différente ou pervertie. L'on révise pour bâillonner une opposition ou en coopter une autre, pour demeurer aux affaires, pour escamoter un obstacle, et dans ces cas l'on dissimule l'objectif réel recherché derrière divers trompe-l'œil prétendant souscrire au dernier cri d'une constitutionnalité transnationale, souvent à grand tapage communicationnel. Ainsi, suite à l'empilement des retouches, l'on ne sait si l'on a abrogé, remplacé, enterré, bref tout changer pour finalement n'en rien faire ou si peu ; en tout cas, réviser à l'excès c'est alors trivialiser, c'est donner à percevoir un texte originellement à part comme ordinaire ; c'est même déconstitutionnaliser. Bref, la révision qui est par principe à usage mélioratif devient un acte de déconstruction constitutionnelle.

Cette situation est en partie liée à ce que le bouclage de la rigidité, qui ne mobilise pas toutes les possibilités procédurales disponibles, est plutôt lâche (initiative inégalement distribuée entre les branches, seuils majoritaires finalement très abordables, finalisation quasi au choix entre voies parlementaire ou référendaire, etc.) et demeure affecté par une culture constitutionnelle moins dogmatique que pragmatique, avec à cet égard (mais c'est sans doute lié) une approche plutôt décomplexée du texte par les gouvernants (dont la main ne tremble pas d'y toucher...). Cela donne à ces contraintes un caractère théorique, sinon symbolique, et leur retirent toute la dimension dissuasive qu'avait certainement voulu leur donner le constituant de la transition. De ce point de vue, la très logiquement cohérente thèse de l'illimitation totale de la liberté de révision, tirée de la permanence d'un pouvoir constituant (ne distinguant pas, sauf au plan organique et formel, le dérivé de l'originaire) qui ne saurait lier sa souveraineté, est encore dotée d'une utilité marginale certaine, même si elle est censée ne plus toujours faire recette aux yeux d'une doctrine qui évolue.

L'unique réelle fermeture à la possibilité d'altérer le texte constitutionnel qui soit mise en œuvre par le constituant africain, et à tenir pour platoniques les biens modestes efforts consistant à doigter l'importance de telle ou telle disposition par l'usage de la répétition, de la redondance ou par une insertion dans la solennité du serment de prise de fonction, quelquefois prononcé au nom de Dieu, consiste à recourir à une déclaration d'immutabilité. Ainsi pour toutes sortes de matières, des plus courantes, presque *pro forma*, tel le caractère républicain de l'État, aux plus politiques, tels le pluralisme, la séparation des pouvoirs, la nature du régime constitutionnel, la religion d'État, la démocratie, et parfois jusque dans le détail, telles les conditions d'éligibilité du président de la République, des incompatibilités aux fonctions suprêmes » (RCA), du pluralisme syndical (RDC) et, inévitablement maintenant, la clause du double mandat présidentiel. Des indérogeabilités, parfois même surdéterminées par auto-consécration (ainsi du Niger et du Sénégal avec l'irrecevabilité de toute modification de l'article énumérant les clauses intangibles), sans doute afin de décourager l'expédient d'une double-double révision successive ; ce qui incidemment démontre *a contrario* la prégnance dans les esprits d'une illimitation possible du pouvoir de révision même pour des clauses pourtant déclarées intangibles.

3.- Reste, toutefois, que ces sanctuarisations qui se veulent absolues posent plus de complications qu'elles n'en résolvent, même sans revenir sur le point de la difficulté logique qu'elle pose : le pouvoir constituant étant suprême, il ne saurait être lié, même par lui-même[52], à moins évidemment que ses incarnations originaire et dérivée ne soient plus, matériellement parlant, de la même eau. D'un point de vue pratique, en effet, elles inscrivent dans le marbre des principes qui, tout bien considéré, ne vont pas incontestablement de soi ; même pour les plus standards, tels l'intégrité territoriale, le républicanisme, le suffrage universel, alors *a fortiori* tels d'autres comme la cohésion nationale, la démocratie, la séparation des pouvoir ou la laïcité de l'État, qui manquent de précision ou se prêtent à des significations plausibles différentes[53]. Par ailleurs, l'on ne peut exclure que leur coexistence --

[52]. Pour faire référence à la solide argumentation, pourtant contestée maintenant, du doyen Vedel, qui repose sur l'unité du pouvoir constituant : G. VEDEL, « Souveraineté et supraconstitutionnalité », *Pouvoirs*, n° 67, novembre 1993, p. 79-97.

[53]. FOMBAD, « Some Perspectives on Durability and Change… », *op. cit.*

elles sont de plus en plus nombreuses -- puisse induire des effets de composition négatifs, et pour autant que leur mise en œuvre débouche bien sur les objectifs qui avaient présidé à leur instauration ; sans évoquer le mince paradoxe que si les clauses qui en dressent la liste, devaient à leur tour être déclarées intouchables, l'intégration de nouveaux items, que le temps rendrait urgent d'introduire, serait dès lors impossible.

Si de tels verrous ne sont pas non plus sans potentiel contre-majoritaire, ils expriment aussi une déconfiance généralisée vis-à-vis de l'engagement des acteurs présents et à venir du jeu politique, des institutions représentatives par lesquelles ils opèrent, enfin des générations futures et de leurs attentes. Ils aboutissent à faire de l'acte de révision un geste par nature attentatoire et font de leurs auteurs des contrevenants constitutionnels en puissance. Pour les plus impatients de les forcer, ces intangibilités peuvent même se révéler des « pousse au crime » de lèse-constitutionnalité en quelque sorte. Pour les autres, elles les inclinent à d'imaginatifs et audacieux bricolages capitalisant les opportunités offertes sur le registre de l'infra-, du para- ou de l'extra-constitutionnel, en vue de les contourner. Les exemples ont démontré la quasi-futilité des restrictions en principe les plus rigides (à part peut-être un « effet intimidant » (*chilling effect*) quoique jamais paralysant). Entre le remplacement de constitution, sa refonte partielle, jusqu'au double (ou double-double) amendement successif ou l'introduction de dispositions spéciales *ad hoc* ou *intuitu personae*, encore par convention ou par transfert législatif, les options ne manquent pas ; l'on tangente toujours la « fraude à la constitution », parfois le putsch constitutionnel, mais l'on évite toute remise à zéro révolutionnaire ou « coup-iste prétorienne ».

En somme, l'indérogeabilité, surtout auto-consacrée, est sans doute une illusion qui relève d'une forme de « fondamentalisme » constitutionnel. Ses déclinaisons en interdits intransgressibles sont toujours de nature, faute d'être exemptes de toute ambivalence, à se prêter à des interprétations faisant renvoi à quelque signifiant sous-jacent (« sur-jacent » ?) à la loi fondamentale. Soit parce que inexplicité, informulé même (originel, génétique ou identitaire), découvrable par sollicitation ou extrapolation et complétant le corpus directement lisible ou objectivement identifiable, donc positivé, soit, plus problématiquement encore, parce qu'il est transcendant ou extérieur et découle d'une supraconstitutionnalité à connotation jusnaturaliste ou transnationale. En tout cas, des principes supérieurs, parfois non dérivés du texte qui ne saurait alors toujours les garantir, qui s'imposeraient donc jusqu'à la puissance constituante et le pouvoir de révision en tout état de cause, et qui justifieraient encore une doctrine (relative ou absolue) des remaniements constitutionnels inconstitutionnels, dont le juge serait le gardien[54].

À tous ces titres, la « pérennité spéciale » d'une loi fondamentale ne devrait donc se fonder sur aucune forme d'immutabilité, même temporaire en mode *sunrise*, (comme cela a été imaginé en présumant une durée de vie théorique à toute disposition juridique) ; sauf à la rigueur, afin de conférer au texte une certaine spécificité, pour quelques items choisis à caractère symbolique et transtemporels. En d'autres termes, il conviendrait de se situer dans un « tout aménageable », du moins potentiellement, dépassant l'actuelle polarité caractéristique de la rigidité constitutionnelle commune à presque tous les pays d'Afrique francophone (l'exception étant le Rwanda) où coexistent révisabilité peu corsetée et inaltérabilité absolue.

4.- Dans cette hypothèse où la mise en intangibilité paraît problématique et devoir être évitée[55], c'est la mécanique même de la procédure qui doit la tempérer, la freiner et à cet égard être reconfigurée. Il ne s'agit évidemment pas d'en stigmatiser le principe, tant il est intrinsèquement lié à l'idée de constitutionnalité démocratique, mais de rendre son recours moins facile et son fonctionnement moins sommaire. De ce point de vue, la solution

---

[54]. Ce qui trahirait une évolution visant à sanctuariser le texte constitutionnel, à le protéger d'un pouvoir de révision à l'autorité constituante bridée, séparé de l'originaire effacée après l'acte de création initiale, et à confier le contrôle final du changement constitutionnel au juge ; la nouvelle doctrine (qui ne considère pas, à la différence d'un Vedel, d'un Genevois ou d'un Troper, que la supraconstitutionnalité soit contre-démocratique) est claire : C. KLEIN, *Théorie et pratique du pouvoir constituant,* Paris, PUF, 1996 ; R. ALBERT, « Constitutional Handcuffs », *Arizona State Law Journal*, vol. 42, janvier 2010, p. 663-715 ; X. CONTIADES (dir.), *Engineering Constitutional Change : A Comparative Perspective on Europe, Canada and the USA*, Londres, Routledge, 2013 ; R. DIXON et D. LANDAU, « Transnational Constitutionalism and a Limited Doctrine of Unconstitutional Constitutional Amendment », *International Journal of Constitutional Law*, vol. 13, n° 3, 2015, p. 606-638 ; Y. ROZNAI, *Unconstitutional Constitutional Amendments : The Limits to Amendment Powers*, Oxford, Oxford University Press, 2017.

[55]. Ne concerne pas les légitimes limites circonstancielles ou conjoncturelles à la possibilité de révision (atteinte à l'intégrité territoriale, interruption du fonctionnement des pouvoirs publics, etc.).

consiste sans doute, à l'instar de ce qui se fait ailleurs, dans la mise en œuvre d'un système à géométrie variable. Plusieurs possibilités d'aménagement se présentent, pouvant être déclinées et combinées à partir de l'option de base esquissée ici[56].

Il conviendrait d'abord de différencier, pour ne pas user du terme hiérarchiser, déjà plus connoté, les dispositions de la loi fondamentale, selon une échelle de constitutionnalité déterminée par le constituant, mais toujours susceptible d'une réévaluation périodique (décennale) par voie de référendum. Au minimum, seraient distinguées entre des catégories de clauses ordinaires (d'ordre purement institutionnel ou technique) et des dispositions spéciales ou considérées comme plus stratégiques (certains droits, la procédure de révision elle-même, mais éventuellement d'autres items, tels la durée et le nombre de mandats présidentiels...[57]). Pourrait d'ailleurs être ajoutée, et sur un autre niveau, une clause non plus uniquement qualitative mais faisant entrer en ligne de compte le nombre de dispositions concernées ; il s'agirait, autrement dit, de la possibilité de révisions plus lourdes, sans néanmoins valoir abrogation-remplacement[58], problématiques du moins pour autant qu'elles posent le problème logique classique de l'auto-référentialité et de la posture d'une autorité de révision (dans l'hypothèse où elle serait distincte de l'originaire) constituée par le texte qu'elle voudrait changer[59]. Il arrive que ce processus de gradation binaire (que le Rwanda a d'ailleurs adopté) soit décliné plus finement, comme en Afrique du Sud ou au Swaziland par exemple.

---

56. Les remarques qui suivent sont tirées d'une analyse comparée, sans doute peu systématisée et de la littérature, trop copieuse pour avoir été correctement dépouillée, dont quelques références ont déjà été mentionnées dans le cours de ces développements. Il convient d'y ajouter : R. ALBERT, « Amending Constitutional Amendment Rules », *International Journal of Constitutional Law*, 2015, p. 655-695.

57. Pas de règles définitives à cet égard. Pour des raisons historiques ou autres, certaines dimensions d'un texte constitutionnel, peuvent mériter une protection spéciale qui en d'autres contextes n'aurait pas lieu d'exister ; ce qui est le cas pour la durée de la présidence.

58. Cas de figure susceptible également d'être prévu, comme dans certaines lois fondamentales, et qui a l'avantage de préserver la continuité constitutionnelle ; voir entre autres : B. QUIRINY, « Révisions partielles et révisions totales des constitutions », *Jus Politicum*, n° 13, hiver 2014.

59. Sur ces points : X. MAGNON, « Quelques maux encore à propos des lois constitutionnelles : limites, contrôle, efficacité, caractère opératoire et existence », *RFDC*, vol. 59, n° 3, 2004, p. 595-617.

5.- Bien évidemment l'établissement de ces distinctions appelle corrélativement une différenciation de traitement, chacune se voyant attribuée un mode particulier de protection. S'il n'est nul besoin de modifier la forme du processus, étagé entre initiative, adoption et approbation, et l'on voit d'ailleurs mal comment, il importera d'en moduler la rigidité selon l'importance attribuée aux catégories de clauses concernées.

L'initiative doit être ouverte. Si cela fait mécaniquement courir le risque d'une multiplication des propositions, le principe de sa démocratisation s'en trouvera renforcé, sinon assuré. Au niveau de l'exécutif et du législatif, le poids des autorités généralement minorées ou coupées du processus (le Premier ministre, et la seconde chambre) mériterait d'être densifié. Les textes burkinabè et de la RDC ont ajouté un système d'initiative populaire qui pourrait être adopté plus généralement, mais à condition d'être recalibré de sorte à être ouvert à une proportion plus significative de citoyens et d'éviter ainsi d'éventuelles propositions frivoles ou téléguidées. Ce type d'action peut éventuellement même être élargi aux collectivités décentralisées[60].

À ce stade, il serait essentiel d'activer tant pour les projets que les propositions envisagées, quelle qu'en soit l'envergure (simples aménagements enrichissant de manière modeste le format initial, ou altérations destinées à le corriger qualitativement, pouvant même prévoir des changements lourds), un comité de réforme institutionnelle ou des missions d'expertise, sans doute de solliciter le juge constitutionnel. Leurs services assureraient une évaluation systématique de ces intentions, tant dans la formulation et le contenu, que pour l'applicabilité et surtout la cohérence avec l'ensemble du texte constitutionnel[61], en même temps qu'elles en garantiraient la publicité.

Concernant les deux étapes suivantes du processus de révision, seraient instaurées des formules de complexité croissante, au plan des

---

[60]. L'intervention citoyenne fait sens avec ces nouvelles approches « populistes » du constitutionnalisme : L. D. KRAMER, *The People Themselves : Popular Constitutionalism and Judicial Review*, Oxford, Oxford University Press, 2004 ; pour deux exemples africains : J. T. GATHII, « Popular Authorship and Constitution Making : Comparing and Contrasting the DCR and Kenya », *William and Mary Law Review*, vol. 49, n° 9, 2008, p. 1109-1138. Pour une discussion du premier stade du processus révisionnel, voir D. Anckar, « Constitutional Amendment : The Proposal Stage », *Beijing Law Review*, vol. 8, n° 1, 2017, p. 41-54.

[61]. K. DOSSO, « Les pratiques constitutionnelles dans les pays d'Afrique noire francophone : cohérences et incohérences », *RFDC*, vol. 90, n° 2, 2012, p. 57-85.

intervenants là encore, des majorités à réunir et des échéanciers. Du point de vue des autorités impliquées, le pluralisme (en termes de nombre et de représentativité) s'impose afin de donner à l'opération toute sa dimension démocratique, tout en évitant qu'elle se déroule trop commodément[62]. D'où la nécessité de l'intervention égalitaire (pour discuter, amender, etc.) des deux chambres en contexte bicaмériste, quelles que soient les différences de prérogatives par ailleurs. Avant la mise en route de la phase d'adoption, un seuil de représentativité qui ne soit pas symbolique pourrait être calculé pour déterminer la venue éventuelle en débat des propositions et des projets, lesquels seraient au préalable dûment communiqués par voie de publication officielle. Par ailleurs, plusieurs types de majorité qualifiée (deux, dans l'hypothèse d'un dispositif binaire de catégories de clauses, comme au Ghana ou au Nigeria) seront mobilisés pour l'adoption parlementaire, en fonction du nombre et de la nature des dispositions à corriger et éventuellement de l'ampleur de la reprise. Il en sera de même lors de la phase finale d'approbation avec des seuils plus élevés, toujours en fonction des objets traités. La vocation de ces qualifications et renforcements de majorité est de neutraliser le jeu des asymétries partisanes trop marquées et les délibérations escamotées, opérant facilement en faveur de réformes de convenance.

Pour ce qui est encore de la phase finale d'approbation, à séparer de la précédente par un laps de temps destiné à permettre le mûrissement ou les repentirs…, deux situations se présentent. Les textes portant sur des objets de moindre centralité constitutionnelle peuvent être acquis toujours via une majorité spéciale en congrès des chambres et, en situation monocamérale, avec un seuil plus élevé que celui qui a présidé à la première adoption. Pour les items plus centraux par leur objet ou par l'amplitude de la révision, une supermajorité serait d'abord nécessaire, préalablement à une soumission à référendum. Quant à cette dernière condition rendue donc obligatoire, elle ne saurait être significative que si son implémentation s'effectue, là encore, à l'issue d'un certain délai après le vote parlementaire d'une part, et de l'autre si elle opère avec un double seuil tant pour le nombre des votants en général que celui du niveau d'approbation. Enfin, il serait fait obligation de promulgation des révisions ainsi acquises.

---

[62]. DIXON et HOLDEN, *op. cit.*

6.- Ce genre de procédure, défini *ex ante*, apparaîtra pour le moins compliqué (même sur le mode binaire schématisé ici), voire de faible fonctionnalité à l'encontre de l'abus révisionniste. Aussi, afin d'en pallier une possible faillite, sa mise en œuvre impose-t-elle, en plus des contrôles non juridictionnels ordinaires, une validation de la part du juge constitutionnel, en tout cas après l'approbation parlementaire et avant l'éventuel référendum, pour en vérifier la conformité.

Cette intervention du juge est aujourd'hui une problématique majeure du constitutionnalisme contemporain, tant aux yeux du juge lui-même ~~et~~ que des attentes d'une partie de la doctrine, mais que faute d'espace et contrairement à ce qui avait été envisagé n'a pu être abordée ici. Il s'agit, toute réflexion faite, d'un sujet à part entière tant il fait débat, même si la tendance semble s'orienter vers un contrôle des lois constitutionnelles plus affirmé, notamment dans des contextes démocratiques de faible ou très moyenne intensité[63], alors même que beaucoup sont plus sceptiques, craignant l'émergence, et sans retour, d'un co-constituant hyperactif ou agissant comme « fidéicommissaire », et parfois en collusion avec le politique, susceptible d'affecter jusqu'à l'essence de la gouvernance démocratique[64].

---

[63]. D. E. LANDAU, « Political Institutions and Judicial Role in Comparative Constitutional Law », *Harvard International Law Journal*, vol. 51, mars 2010 ; S. ISSACHAROFF, *Fragile Democracies : Contested Power in the Era of Constitutional Courts*, New York, Cambridge University Press, 2015.

[64]. Par exemple : A. STONE SWEET, « Constitutional Courts and Parliamentary Democrcacies », *West European Politics*, vol. 25, n° 1, 2002, p. 77-101 ; R. HIRSCHL, *Toward Juristocracy : The Origins and Consequences of the New Constitutionalism*, Cambridge, Harvard University Press, 2004 ; J. WALDRON, « The Core Case against Judicial Review », *Yale Law Journal*, vol. 115, n° 6, avril 2006, p. 1346-1406 ; S. GARDBAUM, « Are Strong Constitutional Courts Always a Good Thing for New Democracies ? », *Columbia Journal of Transnational Law*, vol. 53, n° 2, janvier 2015, p. 285-320.

CONCLUSION

Le lecteur voudra bien excuser le caractère tentatif et très incomplet, donc imparfait de la présente entreprise. Considérant la nature du sujet, elle eut exigé de la précision, puisque fondée sur l'idée que la constitution induit des effets. Mais ici, il ne s'agissait que de propositions et certaines à partir d'un jeu d'options possibles toujours plus ouvert.

Michel Louis MARTIN
Professeur émérite, Université Toulouse-Capitole

Arsène-Joël ADELOUI

LA REVISION DE LA CONSTITUTION BENINOISE DU 11 DECEMBRE 1990 : UNE ARLESIENNE ?

INTRODUCTION

> « Je suis convaincu, qu'un jour, le sens de l'intérêt national et la raison finiront par l'emporter sur la politique politicienne. Ce jour-là, que j'appelle de tous mes vœux, les acteurs politiques trouveront en leur sein, le consensus nécessaire pour valider une réforme, dont l'utilité n'est plus à démonter »[1].

C'est en ces termes empreints de découragement que le Président de la République du Bénin, Patrice Guillaume TALON, à l'occasion de son traditionnel discours à la Nation commémorant les 58 ans du Bénin à la souveraineté internationale, a pris acte de son échec devant le refus des députés de la minorité parlementaire de donner une suite favorable à la proposition de révision de la constitution initiée par le Bloc de la Majorité présidentielle. Le Président TALON venait ainsi de renoncer à l'organisation d'un référendum comme l'y oblige la constitution. En effet, il précise que :

> « ... la loi me donne la faculté de parachever cette réforme par l'organisation d'un référendum sur les quatre sujets débattus par l'Assemblée nationale et approuvés par 62 députés contre 20. J'ai décidé chers compatriotes, de ne pas user de cette faculté et donc de ne pas organiser de référendum sur ce sujet ».

[1] Extrait du Discours du Président à la Nation à la veille du 58ème anniversaire de l'accession du Benin à l'indépendance cité par

La proposition de révision constitutionnelle béninoise initiée par les parlementaires soutenant le Programme d'Action du Gouvernement(PAG) venait d'échouer.

Cet échec n'est pourtant pas le premier puisque déjà, courant mars 2017, le Président TALON fidèle à son programme de campagne présidentielle, avait initié une réforme constitutionnelle laquelle devrait être étudiée à l'occasion d'une session extraordinaire de l'Assemblée nationale en procédure d'urgence en avril de la même année. Malgré la recevabilité du projet confirmée par la Commission des lois, de l'administration et des droits de l'homme il n'a pas pu franchir l'étape de la prise en considération, le vote des trois quarts exigés n'a pas été obtenu. On retient donc que les deux initiatives de révision ont toutes échoué sous le Président Talon.

Bien avant TALON, des tentatives de révision ont été également observées sous les présidents Mathieu KEREKOU et Yayi BONI.

Sous le Président KEREKOU, la tentative de révision a été un peu plus diffuse, voire officieuse. C'est vers la fin de son dernier mandat de cinq ans en 2005 que son entourage va commencer à manifester des agissements de révision pour une rallonge du mandat finissant. Mais ces agissements vont rester à l'étape de projet et ne seront jamais suivis d'effets concrets. Il ne pouvait en être autrement face à la détermination de la société civile de l'époque qui avait organisé une contre-campagne de révision dont la formule était « *Touche pas à ma constitution* ».

A l'opposée, sous le Président Yayi Boni, l'envie de réviser a été plutôt manifestée par la mise en place des commissions techniques de relecture de la Constitution béninoise du 11 décembre 1990 dont les propositions devraient déboucher sur une réforme acceptée de tous. Malgré les travaux de la commission Présidée par le Professeur Maurice AHANHANZO-GLELE de 2008 et ceux de Monsieur Joseph GNONLONFOUN de 2012, le projet de révision harmonisé par le gouvernement et transmis à l'assemblée en 2013 sera finalement retiré sans être jamais examiné jusqu'au départ du Président yayi du pouvoir en 2016.

Aussi, est-il important de noter que c'est sous le Président Yayi que la première révision de la constitution a été initiée en 2006 par les députés de l'époque pour proroger leur mandat finissant avec effet immédiat. Contre toute attente, la Cour constitutionnelle avait déclaré cette révision contraire à la constitution[2].

Aucune des tentatives de révisions initiées jusque-là aussi bien par les parlementaires que les Présidents successifs n'a abouti. Adoptée officiellement le 11 décembre 1990, la Constitution du Bénin est âgée de vingt-ans en fin 2018 ; tel un être humain qui devient un adulte, elle a dû connaitre des difficultés qu'elle doit surmonter pour s'adapter à son temps, et certains réajustements deviennent absolument nécessaires pour son rajeunissement. C'est pourtant à ce niveau que se situe le paradoxe : bien que l'on s'accorde à reconnaitre une envie de réviser, il y a comme à l'arrivée un refus permanent de réviser. Ce qui conduit à se demander si la révision de la constitution sera possible un jour.

La situation d'échec itérative invite à se demander si la constitution béninoise est un « fétiche intouchable », une marque déposée dans un pays considéré à tort ou à travers comme le berceau du Vodoun dans le monde. Mieux cette constitution a-t-elle quelque chose d'inhérent qui bloquerait toute velléité de révision ? Les déterminants sont-ils internes ou externes ?

Autant d'interrogations qui visent, d'une part, à rechercher l'existence d'un lien nécessaire et évident entre rigidité de la constitution et révision ; à identifier, d'autre part, les facteurs de résistance de la révision.

Pour étudier cette importante préoccupation, il ne faudrait pas l'isoler des tendances généralement observées qui distinguent entre l'envie de réviser et le refus de réviser ou entre les révisionnistes et les antirévisionnistes. L'exemple français est illustratif de ces controverses existant entre les laudateurs et les pourfendeurs de la constitution ou plus précisément entre les partisans de la thèse libérale et ceux de la thèse immunitaire. Pour les premiers, « *une constitution ça se révise* »[3], car c'est l'acte de révision qui permet à l'Etat d'exister, de s'adapter aux réalités de l'heure, de refaire en quelque sorte sa santé. Parlant de la Côte d'Ivoire en 2010, le professeur Bléou souligne que :

---

[2] Cour constitutionnelle du Bénin, DCC 06-074 du 8 juillet 2006

[3] A.THIAM, « Une constitution, ça se révise ».Relativisme constitutionnel et Etat de droit au Sénégal », Politique Africaine, n°108, Décembre 2007, p.151

> « C'est que les constitutions, qui sont des moyens que se donnent les hommes pour régler les problèmes juridiques et politiques qui se posent à eux à un moment donné, ne peuvent en aucune manière, avoir vocation à l'éternité ; elles sont l'œuvre des hommes et, comme telles, elles portent la marque de la finitude ; elles sont nécessairement soumises à l'usure du temps ; elles doivent pouvoir être modifiées ou révisées... »[4].

En écrivant ces lignes, le Professeur Bléou entend ainsi s'aligner sur les idées véhiculées par nombre d'auteurs comme Sieyès, Royer-collard ou Jean du Bois de Gaudusson qui pensaient que la constitution en tant qu'œuvre humaine ne saurait être immuable. Sieyès avait pu considérer qu'« *Il serait ridicule de supposer la nation liée elle-même par la constitution à laquelle elle a assujetti ses mandataires (car) non seulement la nation n'est pas soumise à la constitution, mais elle ne peut pas l'être(...) ce qui équivaut encore à dire qu'elle ne l'est pas* »[5].

C'est l'idée de révision obligatoire que traduit la position de Royer-Collard : « *Les constitutions ne sont pas des tentes dressées pour le sommeil* »[6]. Une constitution est révisable et cela ne reste pas moins conforme à l'Etat de droit qu'elle est appelée à régir comme le dit si bien Jean du bois de GAUDUSSON :

> « Une constitution se change, en effet, et c'est parfaitement conforme à l'Etat de droit : si l'on fait référence au cas français, on s'apercevrait qu'une constitution peut se changer assez souvent, dès lors que les procédures sont respectées et que la révision s'effectue dans les formes républicaines »[7].

De leur côté, les pourfendeurs s'insurgent contre toute révision de la constitution qu'ils considèrent comme un texte sacré qu'on ne doit profaner. Georges Burdeau est un ardent défenseur de la thèse immunitaire et pense d'ailleurs que la place qu'occupe la constitution dans nos Etats est une « *place centrale dans le système d'Etat de droit, créature de l'Etat de droit, fondatrice de l'Etat de droit. Ce sont les*

---

[4] M.BLEOU, « La révision de la constitution ivoirienne », Revue ivoirienne de droit, n°41, 2010, p.155

[5] SIEYES, « Qu'est-ce que le Tiers-Etat ? »....

[6] Propos tenus par Royer-Collard cité par Jean WALINE, « Les révisions de la constitution de 1958 », in Mélanges Philippe Ardant, Paris, LGDJ, 1999, p.235.

[7] Voir Les constitutions africaines publiées en langue française, Paris, La documentation, Bruylant, 1997.

tables de la loi devant lesquelles doivent se prosterner tous les adorateurs de la démocratie »[8] . Comme lui, François Luchaire[9] et Dominique Rousseau[10] recommandent le respect de la constitution comme un livre sacré.

Selon l'objet envisagé ou le but poursuivi de révision, l'on peut envisager différents types de révision. D'ailleurs, M. Prouzet pense que les procédures de révision sont variables et l'on peut distinguer la révision *« totale ou partielle, permanente ou temporaire* »[11]. A ces formes, il faut ajouter des révisions structurelle ou conjoncturelle, consolidante ou déconsolidante, etc.

Le Professeur Meledje Djedjro pense que les expressions « révision partielle » ou « révision limitée » sont utilisées pour désigner les amendements apportés à la constitution ; par opposition, l'expression « révision-abrogation » désignant le processus d'établissement d'une nouvelle constitution[12] . Alors que pour Sylvain Fortune NGUEMA OVONO étudiant le cas gabonais, on peut distinguer les révisions structurelles et les révisions conjoncturelles. Les révisions sont structurelles lorsqu'elles visent à assainir le système en prenant en compte deux considérations : les révisions plutôt formelles entreprises en vue de donner du sens à chacun des trois pouvoirs. Et les révisions fondamentales inspirées par une volonté d'aboutir à un bon meilleur équilibre entre l'exécutif et le législatif[13]. Les révisions conjoncturelles, quant à elles, sont les révisions relatives aux questions de suppléance du pouvoir et celles concernant les modes de scrutin qui apparaissent

---

[8] Cité par GONIDEC, in L'Etat de droit en Afrique : le sens des mots, Revue juridique et politique, indépendance er coopération, octobre-novembre, 2000.

[9] « *La constitution est sacrée et la réviser tous les six mois petit bout par petit bout revient à en briser le caractère sacré* « », in F.LUCHAIRE, « Le droit d'asile et la révision de la constitution », RDP, n°1, 1994, p.26.

[10] « *Une constitution n'est pas un texte ordinaire : c'est la loi des lois, l'acte solennel par lequel une société déclare les principes qui la fondent l'organisent* », in D.ROUSSEAU, « La révision de la constitution sous la Vè République, Journée d'étude à l'occasion du quarantième anniversaire de la constitution du 4 octobre 1958

[11] M.PROUZET, « Les procédures de révision constitutionnelle », les institutions constitutionnelles des Etats d'Afrique francophone, Paris, Economica, 1979, p.286

[12] F.MELEDJE DJEDJRO, « la révision des constitutions dans les Etats africains francophones. Esquisse de bilan », RDP, 1992, P112. L'auteur s'est en effet à R.CARRE de MALBERG, Contribution à la théorie générale de l'Etat, Paris, Sirey, 1922, tome 2, p.497 et Maurice HAURIOU, le droit constitutionnel, Paris, Sirey, 1929, pp.257 et ss.

[13] S.F.NGUEMA OVONO, « Les révisions de la Constitution au Gabon : essai d'analyse critique », Revue Juridique et politique 2008, N°1, p.102

comme les caractéristiques juridiques les plus ostensibles de la nature circonstancielle de certaines révisions[14].

L'étude du cas sénégalais a permis à I. M. FALL de s'intéresser au contenu des révisions constitutionnelles. Selon lui, on doit distinguer les révisions « consolidantes » des révisions « déconsolidantes » de la démocratie[15]. Alors que la révision « consolidante » vise l'approfondissement de la démocratie et l'amélioration du fonctionnement des institutions, par révision « déconsolidante », « *il faut entendre l'ensemble des réformes constitutionnelles qui ont eu pour fonction manifeste ou latente le démantèlement des « acquis démocratiques ». Elles témoignent du caractère fragile et réversible du processus démocratique* »[16].

Il est pratiquement intéressant de constater que la tendance des révisions est à la banalisation du processus conduisant à une instabilité des régimes politiques. La frénésie des révisions constitutionnelles conduit à rappeler que si le début des années 1990 a été celui d'un flux constitutionnel marqué par l'adoption voire l'élaboration des nouvelles constitutions pour sortir la plupart des Etats de la nuit de la dictature, celui de 2000 s'est signalé par un reflux constitutionnel qui s'illustre par des révisons opportunistes, arrangées conduisant presque toujours au maintien du chef au pouvoir. En faisant et défaisant la constitution, l'Afrique peine à trouver sa voie constitutionnelle. Le professeur Maurice AHANHANZO-GLELE analyse bien ces errements constitutionnels en écrivant que « *Si l'Afrique adopte, remet en cause, suspend, abroge, puis renouvelle la Constitution, instituant ainsi une instabilité constitutionnelle, c'est simplement parce qu'elle cherche sa voie* »[17].

C'est dans cet environnement d'instabilité constitutionnelle qu'il convient de loger l'expérience béninoise. Car, toute entreprise constitutionnelle est faite de préjugés et sent la poudre. Dans ce cas, on se demande si la procédure rigide de révision adoptée est le critère de blocage constaté ou si l'impossibilité de révision doit s'apprécier à

---

[14] S.F.NGUEMA OVONO, « Les révisions de la Constitution au Gabon : essai d'analyse critique », précité, p.107

[15] I. M. FALL, « les révisions constitutionnelles au Sénégal », Nouvelles Annales Africaines, n°1/2010,

[16] IM.FALL, précité p.123

[17] M.AHANHANZO-GLELE, « La constitution ou la loi fondamentale », Encyclopédie juridique africaine, Tome 1, Dakar-Abidjan, NEA, 1982, p.33.

l'aune d'autres facteurs extérieurs. Pour répondre à cette lancinante question, il convient d'examiner ce qui est vécu jusque-là qui tient lieu d'un blocage permanent du processus, c'est le chemin de croix de la révision, avant d'envisager ce qui pourrait faire sauter le verrou ou faire débloquer la situation, donc le chemin de la gloire de la révision.

I. LE CHEMIN DE CROIX DE LA REVISION

Le processus de révision de la constitution béninoise du 11 décembre 1990 ressemble à un véritable parcours du combattant. Il est non seulement laborieux mais aussi incertain. Deux éléments peuvent expliquer ces vicissitudes de révision de la constitution béninoise. Il s'agit, d'une part, de la complexité de la procédure de révision mais aussi du chassé-croisé entre les acteurs impliqués dans le processus, ce qui ne favorise pas une issue heureuse des tentatives initiées.

A. UNE PROCÉDURE COMPLEXE

La recherche de stabilité constitutionnelle a conduit le constituant à rendre complexe la procédure de révision de la constitution. Celle-ci s'explique par la rigidité de l'approche. En réalité, il s'agit d'une procédure taillée sur mesure qui se manifeste par une succession d'étapes obligatoires. Ce qui n'est pas de nature à arranger les choses. On observe *in fine* un contraste entre l'envie et le refus de réviser

1. Une succession d'étapes obligatoires

La doctrine majoritaire consent à retenir que la procédure de révision de la constitution varie selon que l'on a affaire à une constitution souple ou à une constitution rigide. Alors que la révision de la constitution souple est identique à celle d'une loi ordinaire, celle d'une constitution rigide exige le respect de certains critères pour sa révision.

En effet, la tendance observée dans la plupart des Etats aussi bien européens qu'africains est la rigidité constitutionnelle qui aurait pour finalité de sécuriser, voire de stabiliser les constitutions. Certains auteurs abordent ce concept dans leur manuel de droit constitutionnel[18]

---

[18] Voir au besoin A.DICEY, Introduction à l'étude du droit constitutionnel, éd.française, 1902, pp 82 et 371 ; A.ESMEIN, Elements du droit constitutionnel, Librairie de la société du Recueil Général des Lois et des Arrêts, Paris, 1896, pp.405 et ss

alors que d'autres n'hésitent même pas à établir un lien évident entre la forme écrite des constitutions et leur caractère rigide[19]. Ceci est très remarquable au niveau des constitutions africaines du début des années 1990 de la période des transitions démocratiques qui sont non seulement des constitutions écrites mais aussi celles dont la procédure de révision est empreinte d'une solennité et d'une complexité. Cette solennité prend parfois la forme d'un recours facultatif ou obligatoire au referendum, l'adoption ou l'approbation à partir d'un vote qualifié des députés votants.

Au Bénin, après l'initiative de la révision qui est réservée soit au Président de la République, après décision prise en Conseil des ministres, soit au député[20], il faut envisager deux étapes distinctes entrant dans la révision proprement dite de la constitution : la prise en considération et l'approbation de la révision. Il s'agit là de deux importantes étapes qui donnent le privilège à l'Assemblée nationale de se prononcer sur le projet ou la proposition en étude.

Pour le Professeur Bernard CHANTEBOUT, la prise en considération de la révision constitutionnelle « *est essentielle car c'est à ce niveau que, dans un régime démocratique, se situe la discussion du projet de révision, qu'on en pèse les avantages et les inconvénients et qu'il peut éventuellement être amendé* »[21]. Il s'agit d'une étape qu'il ne faut pas escamoter dans le processus de révision puisque c'est à ce niveau que l'organe compétent doit discuter du bien-fondé de l'initiative et décider de donner ou non une suite[22] au texte en étude. L'article 154.al.2 mentionne : *« Pour être pris en considération, le projet ou la proposition de révision doit être voté à la majorité des trois quarts des membres composant l'Assemblée Nationale »*. En 2006, les députés béninois qui ont adopté une proposition de révision constitutionnelle prorogeant leur mandat finissant n'ont pas respecté cette étape et la cour constitutionnelle l'a relevé dans sa décision en ces termes :

---

[19] Pour André HAURIOU, « la constitution des Etats-Unis du 17 septembre 1787 est(…) une constitution écrite, et par conséquent rigide », in Droit constitutionnel et institutions politiques, Paris, Montchrestien, 1966, p.367

[20] Art.154 alinéa 1 de la constitution béninoise du 11 décembre 1990

[21] B.CHANTEBOUT, Droit constitutionnel et science politique, Paris, Armand Colin, Collection U, 1985, p.37

[22] F.MELEDJE DJEDJRO, « la révision des constitutions dans les Etats africains francophones. Esquisse de bilan », RDP, 1992, p.121

> « Considérant que la lecture combinée et croisée des articles 154 et 155... fait apparaître que la procédure de révision de la constitution se déroule en deux phases à savoir, la prise en considération du projet ou de la proposition de révision et l'adoption du projet ou de la proposition de révision ; qu'aux termes de l'article 154 alinéa 2, pour que le projet ou la proposition de révision soit pris en considération, il faut qu'il soit voté à la majorité des trois quarts(3/4) des membres composant l'Assemblée Nationale ; que cette première phase qui engage la procédure de révision ne saurait être escamotée ; qu'à la seconde phase, la révision n'est acquise qu'après avoir été approuvée par référendum à moins de l'avoir été à la majorité des quatre cinquièmes(4/5) des membres composant l'Assemblée Nationale ; qu'il résulte des éléments du dossier, notamment de la réponse du Président, que la première étape de la procédure de révision n'a pas été observée par l'Assemblée Nationale ; que dès lors, l'Assemblée Nationale a violé la constitution »[23].

Mieux, le 4 avril 2017 à l'occasion du vote pour la prise en considération du projet de révision constitutionnelle introduit par le gouvernement Talon pour être examiné en procédure d'urgence, 22 députés sur les 83 que compte l'Assemblée nationale au Bénin ont voté contre la prise en considération du projet. L'aventure de révision constitutionnelle s'est ainsi arrêtée puisque les ¾ exigés pour passer à l'étape suivante d'adoption ou d'approbation n'ont pas été réunis[24]. A l'opposée, la proposition de révision de juillet 2018 initiée par les députés du Bloc de la Majorité présidentielle a franchi l'étape de la prise en considération exigée mais s'est achoppée à la phase de l'adoption qui requiert un vote des 4/5 des députés.

L'adoption du texte constitutionnel, quant à elle, se fait généralement au moyen de deux mécanismes alternatifs : le recours au référendum ou le vote d'une assemblée parlementaire respectant un critère bien déterminé. Au Bénin :

---

[23] Cour constitutionnelle du Bénin, Décision DCC 06-074 du 8 juillet 2006

[24] Assemblée Nationale du Bénin, Séance plénière du 04 avril 2017 sanctionnée par 60 voix pour, 22 contre et 1 abstention.

> « La révision n'est acquise qu'après avoir été approuvée par référendum, sauf si le projet ou la proposition en cause a été approuvé à la majorité des quatre cinquièmes des membres composant l'Assemblée nationale »[25].

Cette disposition fait ressortir l'itinéraire que doit suivre la révision de la constitution béninoise pour être jugée valable. Ce sont les députés qui doivent se prononcer sur l'adoption ou non du texte par un vote des 4/5. Si ce vote qualifié est atteint la révision est consommée mais dans le cas contraire intervient la phase du referendum. Ce scénario est envisageable à l'occasion de la tentative de révision initiée par les députés en juillet 2018. Les 4/5 exigés n'ayant pas été obtenus, l'unique voie à explorer était celle du referendum mais le Président de la République, qui en a l'exclusive prérogative, a refusé d'y recourir. Son refus met ainsi un terme à l'aventure de révision constitutionnelle. Sa décision de ne pas convoquer le peuple pour se prononcer sur la révision constitutionnelle se justifie par le fait que le referendum est facultatif dans le contexte béninois et ne précède pas le vote des députés alors que tel n'est pas le cas d'autres Etats. En effet, au Mali par exemple, « *la révision n'est définitive qu'après avoir été approuvée par référendum* »[26]. Tout porte à croire qu'au Bénin, on assiste à un scénario ambigu, on veut réviser la constitution mais on n'arrive pas à concrétiser cette intention. Il s'agit là d'un contraste.

2. Un contraste observé

On peut parler de contraste dans la mesure où Il est important de souligner que les tentatives de révision ont été notées et sont à la fois présidentielles et parlementaires. Ce qui dénote d'une volonté manifeste de réviser.

D'abord, présidentielles, parce que tous les présidents de la République de la période démocratique qui se sont succédé au pouvoir à l'exception du Président Soglo ont manifesté indirectement ou directement l'envie de procéder à la révision de la constitution béninoise du 11 décembre 1990.

L'envie a été indirecte sous le Président Kérekou. Son entourage politique avait voulu que le Président dont le mandat était finissant se

---

[25] Art155 de la constitution béninoise du 11 décembre 1990

[26] Art.118 de la constitution du Mali

représente à nouveau à l'élection présidentielle. Ce qui devrait entraîner la révision des articles 42 et 44 de la constitution béninoise du 11 décembre 1990 portant respectivement sur le nombre de mandat de cinq ans renouvelable une fois et l'âge limite pour être candidat compris entre 40 et 70 ans. Mais devant la forte mobilisation des organisations de la société civile, l'envie ne sera jamais officialisée et le projet a été rangé sine die. C'est avec les présidents Yayi Boni et Talon Patrice qu'une nouvelle stratégie de révision sera inaugurée avec la mise en place des commissions techniques de relecture de la constitution béninoise du 11 décembre 1990. Ce faisant, ils s'alignent sur le modèle français des commissions techniques dont les rapports inspirent le processus de révision[27]. L'objectif de ces commissions est de procéder à un examen approfondi de la constitution afin d'y relever les insuffisances éventuelles.

Qu'il s'agisse des deux commissions mises en place par le président Boni YAYI ou de celle créée par Patrice TALON, le constat qui se dégage est le même : la constitution béninoise du 11 décembre 1990 révèle des imperfections qui ont besoin d'être surmontées. Il est remarquable de constater que la commission présidée par le Professeur Maurice AHANHANZO-GLELE bien que consciente des insuffisances de la constitution du 11 décembre 1990, était plus préoccupée par la préservation des acquis de la conférence nationale qui sont entre autres :

- les options fondamentales de la conférence nationale de février 1990 à savoir la forme républicaine de l'Etat, la démocratie libérale pluraliste, l'Etat de droit ;
- la nature présidentielle du régime politique ;
- la limitation du nombre de mandat présidentiel ;
- l'âge (40-70 ans) à des candidats à l'élection présidentielle.

Dans son rapport publié en 2012, le Commission GNONLONFOUN, avait comme objectif principal la consolidation des acquis démocratiques. Pour ce faire, elle a entre autres envisagé :

- -la constitutionnalisation de certaines institutions nécessaires à l'enracinement de la démocratie au Bénin comme la Commission

[27] C'est le cas de la Commission Vedel appelé Comité consultatif pour la révision de la constitution du 2 décembre 1992, de la commission sur la rénovation et la déontologie de la vie publique du 16 juillet 2012 appelée commission Jospin ou encore de la Commission Balladur appelée comité de réflexion et de proposition sur la modernisation et le rééquilibrage des institutions de 2007

Electorale nationale Autonome, la Cour des comptes, le Médiateur de la République ;
- -l'imprescriptibilité des crimes économiques ;
- -etc.

Avec le Président TALON, il a été plutôt question d'une commission technique chargée des réformes politiques et institutionnelles. Selon le président de la commission, Joseph DJOGBENOU, à l'époque garde des sceaux :

> « La mission de cette commission, est de parvenir au terme de leurs travaux, dans un grand élan consensuel, à initier et engager la restauration de l'Etat de droit, le renforcement de la démocratie par un rééquilibrage des pouvoirs des institutions constitutionnelles, l'amélioration de la gouvernance politique, celle des affaires publiques, la consolidation de l'unité nationale et l'essor économique de notre pays »[28].

Il s'agit en quelque sorte d'une véritable refonte des acquis de la conférence nationale en ce sens que le rapport dans sa première mouture envisageait la suppression de certaines institutions comme la Haute Cour de Justice, le Conseil économique et social, la réforme de la Cour constitutionnelle, la refonte du système partisan, le renforcement du parlement, le mandat unique pour les élections du chef de l'Etat. Après amendements du rapport, le projet de constitution a été transmis à l'Assemblée pour être étudié mais il sera rejeté parce qu'il n'a pas convaincu.

Ensuite, de leur côté, les parlementaires ont également par deux fois procédé à une proposition de révision constitutionnelle. En 2006, la rationalisation du coût des élections a conduit les députés révisionnistes à proposer un couplage des élections législatives et communales pour éviter que des élections aient lieu en 2007 et 2008. Pour ce faire, ils ont proposé une rallonge de leur mandat finissant avec effet rétroactif. Ce que la cour constitutionnelle avait censuré aux motifs que cela rompt le consensus national réalisé depuis 1990.

En 2018, la proposition de révision émanait des députés de la majorité présidentielle qui voulaient procéder à un amendement de la constitution sur quatre points essentiels à savoir :

---

[28] http : //www.beninto.info/2016/07/07/Benin-installation-de-la- commission-technique-charge-des-rÉfformes-politiques-et-institutionnelles.

- la consécration de la suppression de la peine de mort dans la constitution adoptée par la loi n° 2018-16 du 04 juin 2018, ce qui implique l'amendement de l'article 15 de la constitution ;
- la représentativité de la femme au sein de l'Assemblée nationale avec un amendement de l'article 81 ;
- l'alignement des mandats et le regroupement des élections pour aboutir à l'organisation d'élections générales (présidentielles, législatives et communales) ;
- la création d'une Cour des comptes pour rester conforma aux dispositions du traité de l'UEMOA du 29 janvier 2003.

Malgré ces envies présidentielles et parlementaires de réviser la constitution béninoise du 11 décembre 1990 qui dénotent de la nécessité d'adapter la loi fondamentale aux exigences de l'heure, force est néanmoins de constater que l'entreprise n'a pas prospéré : il y a en effet un refus de réviser. Si la décision rendue en 2006 par la Cour constitutionnelle est celle qui a freiné l'ardeur des révisionnistes, il n'en demeure pas moins que d'autres initiatives vont être engagées par la suite sans pour autant aboutir. Ce blocage répété du processus de révision est probablement dû au fait que les acteurs de la révision évoluent dans une sorte de chassé-croisé.

B. LE CHASSÉ-CROISÉ DES ACTEURS

La révision de la constitution béninoise du 11 décembre 1990 semble subir l'influence de deux types d'acteurs : les uns sont politiques et les autres non politiques mais leurs arguments ne sont pas toujours concordants. Le jeu flou des acteurs politiques achoppe devant la crainte de la société civile.

1. le jeu flou des acteurs politiques

La constitution du 11 décembre 1990 donne l'habilitation aux acteurs politiques d'initier la révision de la constitution. Ils sont donc les seuls à justifier de l'opportunité d'une révision. Ce pouvoir est dénié au peuple dans le contexte béninois. Mais lorsqu'on n'analyse bien les motivations qui conduisent à initier la révision force est de constater que les initiatives jusque-là engagées semblent reposer plus sur des raisons conjoncturelles que structurelles, les révisions proposées semblent plus reposer sur des opportunités de l'heure que sur une réelle volonté des acteurs de consolider la démocratie.

Quelques exemples suffiront à étayer nos propos :

En 2006, les députés avancent l'argument que le couplage des élections éviterait à l'Etat béninois de faire des dépenses électorales démesurées. Pour ce faire, ils opèrent la révision de la constitution sur le seul point de la modification de leur mandat. Peut-on objectivement soutenir que cette révision était utile alors qu'ils auraient pu en profiter pour amender d'autres aspects de la constitution s'ils étaient de bonne foi.

En mars 2017, le projet de révision de la constitution a été demandé suivant un vote d'urgence sur des points qui divisent l'opinion publique à une période de morosité économique et sociale. Peut-on vraiment croire au sérieux de ce projet ?

En juillet 2018, les députés ont avancé des points fallacieux en soutenant par exemple que la représentativité de la femme doit être visible aux élections. Est-ce la seule manière de promouvoir la gente féminine ? De même on se demande, s'il est encore nécessaire de consacrer la peine de mort dans une révision de la constitution alors que la constitution en vigueur l'abolit déjà puis qu'elle dispose que « *tout individu a droit à la vie* »[29] et depuis la ratification courant juillet 2011 du protocole relatif aux droits civils et politiques visant la peine de mort on est en mesure de conclure que la peine de mort n'est plus d'actualité au Bénin.

Il est important de relever que ce n'est pas toute la classe politique qui se mobilise pour la révision de la constitution. On a d'ailleurs remarqué à toutes les initiatives une division au sein des acteurs politiques. En 2006, les 24 recours déposés à la cour constitutionnelle émanaient notamment des députés de la minorité mais aussi du gouvernement. En 2017, le blocage du processus à la phase de prise en considération du projet de révision explique bien que tous les parlementaires n'étaient pas acquis au changement proposé par le gouvernement et en 2018, le vote de la minorité parlementaire qui a fait échec à la révision de la constitution témoigne bien de ce que cette révision n'est pas consensuelle.

[29] Art.15 de la constitution du 11 décembre 1990

De ce qui précède, il en ressort que le doute persiste quant à la sincérité des acteurs politiques à procéder à une révision hors de tout soupçon, c'est-à-dire désintéressée. C'est là une raison qui vient légitimer la crainte de la société civile, qui de façon permanente, s'insurge contre la révision de la constitution béninoise.

2. La crainte permanente de la société civile

Même si la société civile ou de façon large le peuple n'a pas l'initiative de la révision. Elle n'est pas pour autant absente du débat conduisant au processus de révision. En effet, les circonstances dans lesquelles la constitution du 11 décembre 1990 a été adoptée que mentionne entre autres même le préambule[30] font que le peuple est très frileux, voire réfractaire à toute velléité de révision. De plus, le peuple béninois est réservé à toute démarche révisionniste pour ne pas vivre ou expérimenter le scénario des révisions opportunistes des constitutions en Afrique qui portent généralement sur le mandat du chef de l'Etat.

La détermination de la société a été très remarquable lorsque les partisans du Président KEREKOU courant 2003- 2005 voulaient modifier le mandat du président en lui demandant de rester un peu plus au pouvoir. C'est par une contre-campagne dénommée « *Touche pas à ma constitution* » qu'une trentaine d'organisations de la société civile a réussi à fléchir la position du camp présidentiel l'obligeant à jeter l'éponge. D'ailleurs, pour rassurer l'opinion publique nationale et internationale de son désengagement, le président devait déclarer : « *(...) tous ceux qui parlent en mon nom, ce n'est pas moi qui parle* »[31]. N'eût été cette vigilance de la société civile qui n'a pas lâché prise malgré les intimidations de certains barons du régime pendant deux ans de campagne en multipliant les rencontres et les débats sur les bienfaits de la constitution béninoise, la première tentative de révision aurait été consommée sans appel.

Vigilante a été également la société civile qui, ayant constaté que la révision de la constitution annoncée par le président de la république Boni YAYI pouvant entrainer carrément un accroissement de ses pouvoirs voire une nouvelle République, a par l'organisation des

---

[30] Voir le préambule de la constitution béninoise du 11 décembre 1990

[31] Voir Quotidien le Matinal, rencontre du Chef de l'Etat avec le Collectif des enseignants de l'Ouémé et du Plateau, « KEREKOU dit non à la révision », Cotonou, 2005, p.27

marches régulières, des débats radio-télévisés, des écrits dans la presse écrite dénoncé ce projet se révélant le plus dangereux pour la construction de l'Etat de droit. Des sittings organisés devant l'Assemblée nationale pour le boycott dudit projet sont autant de moyens utilisés par la société civile pour amener le président à abandonner son intention révisionniste. Aussi, est-il important de rappeler que deux projets de révision ont été engagés par le président YAYI sans aucune suite favorable. Le premier projet introduit à l'Assemblée en 2009 n'a jamais été examinée par celle-ci jusqu'à ce que le Président soit obligé de le retirer[32]. Poussé par son élan de réviser, le Président YAYI introduit le 06 juin 2013 un deuxième projet que la commission des lois n'a jamais pu examiner parce que subordonnant son examen à l'avis motivé de la cour suprême que la cour constitutionnelle n'avait pas jugé pourtant nécessaire. La commission des lois bloque le projet sous prétexte qu'elle n'a pas eu connaissance de la décision de la cour constitutionnelle rendue à la suite de la requête d'un citoyen demandant de se prononcer sur la validité du projet transmis à l'Assemblée nationale sans l'avis de la cour suprême. Pourtant, la décision de la cour constitutionnelle était sans équivoque :

> « ...Considérant que la constitution du 11 décembre 1990 consacre son titre IV au pouvoir législatif tandis que le pouvoir constituant dérivé, c'est–à-dire la révision de la constitution relève du Titre XI de la constitution ; que si sa jurisprudence constante subordonne l'initiative du Président de la république à l'avis préalable et obligatoire de la Cour suprême pour la mise en œuvre du pouvoir législatif conformément à l'article 105 de la constitution, il en va autrement de l'initiative du Président de la République en matière de révision de la constitution qui relève exclusivement de l'article 154 de la constitution ; que sa jurisprudence sur l'exercice du pouvoir constituant dérivé découle principalement des décisions DCC 06-074 du 08 juillet 2006 érigeant en principe à valeur constitutionnelle le consensus pour toute modification de la Constitution et DCC 11-069 du 20 octobre 2011 excluant de toute révision de la constitution les options fondamentales de la Conférence des Forces vives ; Considérant que l'article 154 subordonne la validité de l'initiative du Président de la République en matière de révision de la Constitution à la seule et suffisante délibération du Conseil des Ministres ; que dans le cas d'espèce, il ressort des éléments du dossier, notamment de

[32] Déposé en 2009, le projet a été retiré en 2012 sans aucun examen par l'Assemblée nationale

la réponse du Secrétariat Général du Gouvernement à la mesure d'instruction de la haute juridiction, que le projet de loi portant révision de la Constitution de la République du Bénin a été délibéré en Conseil des Ministres avant d'être transmis à l'Assemblée nationale par le Décret n°2013-255 du 06 juin 2013 ; qu'il s'ensuit que le décret querellé n'est pas contraire à la constitution »[33]

C'est dans l'attente de l'examen dudit projet par la commission des lois que madame Fatouma AMADOU DJIBRIL Ministre de l'agriculture, de l'élevage et de la pêche du Président Yayi Boni a vu ses propos[34] censurer par la cour constitutionnelle pour incitation du président Yayi Boni à un troisième mandat[35].

Avec le président TALON, la société civile a été encore plus déterminée à aller contre le projet de révision de la constitution introduit en mars 2017 pour être voté en procédure d'urgence à l'occasion d'une session extraordinaire de l'Assemblée. L'accroissement des prérogatives du président et la suppression de certaines institutions de la République que cachait entre autres ce projet s'opposent à la morosité économique du pays qui ont convaincu les députés toutes tendances confondues à céder à la pression de la société civile. Par contre, en juillet 2018, la société civile est restée moins déterminée mais plus divisée à l'occasion de la proposition de révision introduite par les députés de la majorité présidentielle. En effet, la consécration de la suppression de la peine de mort dans la constitution et la constitutionnalisation de la représentativité des femmes aux élections générales ont semblé capter l'attention d'une partie de la société qu'on pouvait même dire manipulée. Bref, le rejet de la proposition à l'étape d'adoption de la constitution donne la preuve que le texte avait moins convaincu les députés de la minorité parlementaire.

---

[33] Cour constitutionnelle Décision DCC 13-124 du 12 septembre 2013

[34] C'est à l'occasion d'une émission télévisée dénommée « Zone Franche » de la chaîne privée CANAL 3 que répondant à une question du journaliste si sur sa position sur le troisième mandat du président Yayi Boni, Madame la ministre a pu affirmer : « (...) je crois que le peuple va décider, (...) le président Roosevelt en Amérique, c'était le Président le plus populaire de l'Amérique (...). Si le peuple veut que le Président Boni YAYI fasse un troisième mandat, pourquoi pas ? (...) C'est le peuple qui décide et c'est le peuple qui vote pour son chef. C'est ça la vraie démocrate (...) »

[35] Cour constitutionnelle du bénin, DCC 14-156 du 19 août 2014

Comme on pourrait le constater, le chemin de révision de la constitution se fait toujours désirer. Pour ce faire, il faut une flexibilité de la procédure. Ce qui laisse penser que la révision de la constitution béninoise ne sera pas impossible.

II. LE CHEMIN DE GLOIRE DE LA REVISION

L'analyse précédente a permis de constater que la révision de la Constitution béninoise du 11 décembre 1990 bute sur de sérieuses difficultés qui sont pour l'instant difficiles à surmonter. Dans l'hypothèse d'une probable révision de ladite constitution, il faudra compter sur deux éléments de déblocage, celui empruntant le canal du juge constitutionnel et le déblocage par le peuple ou ses représentants.

A. LE DÉBLOCAGE PAR LA COUR CONSTITUTIONNELLE

Il s'agit d'un déblocage qui peut être à la fois informel ou formel selon que l'on a affaire à une révision implicite impulsée par le juge constitutionnel ou selon que ce juge valide de façon régulière le processus de révision.

1. Un déblocage informel déjà constaté

La révision de la Constitution béninoise du 11 décembre 1990 peut-elle se faire toujours par le droit ? Telle semble être la question à ce niveau de la réflexion.

En effet, il est surprenant de parler de pouvoir de révision du juge constitutionnel car dans la réalité le juge n'est pas investi d'une telle fonction de révision. Mais très souvent, il profite de son pouvoir d'interprétation pour opérer des révisions implicites de la constitution.

La posture révisionniste du juge constitutionnel béninois se mesure donc à l'aune de son pouvoir d'interprétation de la loi constitutionnelle. Tout d'abord, par pouvoir d'interprétation, il faut entendre le pouvoir conféré à tout juge de trancher les litiges sur la base du droit[36]. Ce qui suppose qu' « *en l'absence de dispositions constitutionnelles ou législatives pertinentes, seul le juge de la constitution est capable d'y*

---

[36] J. CHEVALIER, « Les interprètes du droit », in P. AMSELEK (dir.,), *Interprétation et droit*, Bruxelles, Bruylant-P.U.A.M., 1995, p.119.

obvier »[37]. Considéré ainsi, on pourrait admettre que l'interprétation que donne un juge d'un énoncé est toujours conforme au droit. Or, la doctrine nous enseigne que la question de l'interprétation du juge n'est pas *a priori* tranchée. Les réflexions menées jusque-là oscillent autour de deux principales théories qui conditionnent la nature du pouvoir du juge constitutionnel : la théorie cognitive ou scientifique et la théorie réaliste de l'interprétation.

La conception cognitive considère que l'interprétation est un acte de connaissance. Cette thèse, qui est défendue par les tenants du positivisme classique dont le porte flambeau est Hans KELSEN[38], considère que :

> « L'activité du juge constitutionnel est de nature scientifique, c'est-à-dire purement descriptive. Elle consiste à établir la signification d'un texte en appliquant des méthodes[39] d'interprétation. Le sens d'un énoncé préexiste à l'interprétation. Il est objectif, immanent au texte et extérieur au lecteur qui se borne à le constater »[40].

---

[37] I. M. FALL, Evolution constitutionnelle du Sénégal. De la veille de l'indépendance aux élections de 2007, op.cit., p.80.

[38] H. KELSEN, Théorie pure du droit, Paris, Dalloz, trad. française de la 2ème édit. Allemande par Ch. EISENMANN, 1962, pp.543 et ss. ; M. TROPER, « KELSEN, la théorie de l'interprétation et la structure de l'ordre juridique », Revue internationale de philosophie, n°138, 1981, pp.518 et ss.

[39] Selon M. GRAWITZ, les méthodes sont *« un ensemble concerté d'opérations mises en œuvre pour atteindre un ou plusieurs objectifs, un corps de principes présidant à toute recherche organisée, un ensemble de normes permettant de sélectionner et coordonner les techniques », in* Méthodes des Sciences sociales, 11ème édition, Paris, Dalloz, 2001, p.352. Il est important de souligner qu'il n'existe pas une liste exhaustive des méthodes qu'utilise le juge constitutionnel en matière d'interprétation de la Constitution. D'ailleurs, le juge constitutionnel français s'est toujours abstenu de le faire et se laisse guider par les principes suivants : « *le principe de l'unité de vocabulaire, le principe de l'effet utile, le recours au contexte et au sens de la matière, la conciliation entre règles contradictoires* ». Cf. F. LUCHAIRE, « De la méthode du juge constitutionnel » R.D.P., jan-fev.1981, n°1, 90ème année, pp.291-311. Toutefois, les méthodes de l'interprétation constitutionnelle qui se dégagent de l'activité du juge constitutionnel sont à la fois subjectives (interprétation littérale, la recherche de l'intention du constituant) et objectives (interprétation logique et interprétation téléologique). Voir notamment à ce sujet Y. AGUILA, « Cinq questions sur l'interprétation constitutionnelle », op.cit., pp.24-33.

[40] Y. AGUILA, « Cinq questions sur l'interprétation constitutionnelle », op.cit, p.40. Les questions dont parle l'auteur sont relatives à l'objet, l'auteur, les méthodes, l'art, et la nature des règles de l'interprétation constitutionnelle.

A cet égard, l'interprétation juridique ne présenterait aucune différence avec d'autres formes d'interprétation[41], puisque l'œuvre de l'interprète, quel qu'il soit, est d'appliquer un texte dont la signification est d'avance connue.

Pour la thèse réaliste, l'interprétation est un acte de volonté, c'est-à-dire que l'œuvre de l'interprète est nécessairement créatrice. L'interprète n'est soumis à aucune règle, et dispose par conséquent d'une grande liberté pour définir le sens du texte. Cette théorie est principalement défendue par Michel TROPER et Riccardo GUASTINI[42]. Soutenir que l'interprétation est un acte de volonté conduit donc à reconnaître au juge constitutionnel un pouvoir considérable, lequel peut poser même un problème de légitimité dans un système démocratique[43].

Mais ensuite face à la révision de la Constitution, deux attitudes s'offrent à tout juge constitutionnel : contrôler ou ne pas contrôler la loi constitutionnelle.

Le principe largement répandu dans beaucoup d'Etats est l'injusticiabilité des lois constitutionnelles, c'est-à-dire l'impossibilité pour le juge de contrôler les lois constitutionnelles. Deux raisons sont souvent évoquées pour expliquer le cas français[44] que suivent notamment certains Etats africains comme le Sénégal. Il s'agit de l'incompétence du juge constitutionnel à traiter de telle question pour laquelle il n'a reçu aucune habilitation parce que cette compétence lui

---

41 M.TROPER, La philosophie du droit, Paris, PUF, coll. Que sais-je ?, 2003, pp.98-99.

42 M.TROPER, « Le problème de l'interprétation et la théorie de la supralégalité constitutionnelle », *in* Recueil d'études en hommage à Charles EISENMANN, 1975, p.147 ; R. GUASTINI, « Réflexions sur les garanties des droits constitutionnels et la théorie de l'interprétation », R.D.P., 1991, p.1079.

43 M.TROPER, « La liberté d'interprétation du juge constitutionnel », i*n* P. AMSELEK, Interprétation et droit, Bruxelles, Bruylant, 1995, p.235. L'auteur redoute en effet que ce pouvoir discrétionnaire du juge constitutionnel ne se transforme en un pouvoir arbitraire. D'ailleurs, les deux théories ci-dessus rappelées ne sont pas irréprochables. La théorie de l'interprétation en tant qu'acte de connaissance est limitée parce qu'elle se fonde sur l'idée qu'un texte juridique se fonde sur une seule explication émise par son auteur. Or, on sait que pour interpréter le juge choisit la méthode qui lui plaît, ce qui sous-entend une variabilité de sens. Lire par exemple, P. RICOEUR, Du texte à l'action. Essai d'herméneutique II, Paris, Edit. du Seuil, 1986, p.53. S'agissant de la théorie réaliste de l'interprétation, elle méconnaît les contraintes qui pèsent sur l'interprète. On ne peut donc pas écarter d'emblée les règles d'interprétation de la réflexion d'un juriste. Voir aussi Umberto ECO, Les limites de l'interprétation, Paris, Grasset, 1992, 406p.

44 Voir si possible les décisions du Conseil constitutionnel français du 6 novembre 1962, du 2 mars 1992 et du 26 mars 2003

incombe dans les cas de lois organiques, ordinaires, des actes de ratification des engagements internationaux, des actes réglementaires, etc. mais aussi le pouvoir constituant dérivé est souverain parce qu'aucun juge ne peut contrôler la constitutionnalité d'une loi constitutionnelle[45]. Dans l'hypothèse de contrôle de loi de révision constitutionnelle, il existe deux cas de figure. Lorsque le juge est habilité à intervenir et lorsqu'il ne l'est pas.

Lorsque le juge est habilité, intervient-il lorsqu'il y a projet ou proposition de loi de révision constitutionnelle ?

Au Burkina Faso, l'article 36 de la loi organique du 20 avril 2000 permet au Conseil constitutionnel non seulement d'intervenir sur la procédure de révision constitutionnelle mais aussi sur la loi de révision constitutionnelle en cas de saisine.

Lorsqu'il n'est pas habilité et qu'il intervient on est là dans l'hypothèse du Bénin où la cour constitutionnelle se déclare compétente pour agir en qualité de co-constituant ou de révisionniste. A maintes reprises, il a agi en réécrivant la constitution probablement par le biais de son pouvoir d'interprétation.

En 2006, pour neutraliser la proposition de la loi constitutionnelle initiée par les députés[46], le juge constitutionnel béninois a introduit l'expression « consensus national » qu'il a considéré comme un principe à valeur constitutionnelle qui fonde la légitimité de la constitution béninoise du 11 décembre 1990. Il s'agit ni plus ni moins d'un « *amendement informel à la constitution* »[47]. Dans le même sillage, il a profité du contrôle de constitutionnalité de la loi organique portant conditions de recours au référendum du 30 septembre 2011 pour mentionner qu'aucune révision de la constitution béninoise ne peut s'opérer en violation *« des options fondamentales de la conférence nationale* ». L'article 6 énumérant les options fondamentales est ainsi formulé ainsi qu'il suit :

---

[45] Pour un commentaire des deux raisons avancées, lire au besoin M. BLEOU, Le juge constitutionnel et les révisions constitutionnelles, in Mélanges en l'honneur du professeur Théodore HOLO, Démocratie en question, Presses de l'Université Toulouse 1 Capitole, 2017, pp.233-234

[46] B. COULIBALEY, « La neutralisation du parlement constituant : à propos de la décision DCC 06-074 du 8 juillet 2006 de la Cour constitutionnelle du Bénin », RDP, n°5, 2009, pp.1493-1515

[47] I. D. SALAMI, « Le pouvoir constituant dérivé à l'épreuve de la justice constitutionnelle béninoise, Revue Togolaise des Sciences Juridiques (RTSJ), n°0000, 2010, p.44

> « La forme républicaine et la laïcité de l'Etat ; l'atteinte à l'intégrité du territoire national ; le mandat de cinq ans renouvelable une seule fois ; la limite d'âge de 40 ans au moins et 70 ans au plus pour tout candidat à l'élection présidentielle ; le type présidentiel du régime politique au Bénin »[48].

Ces options fondamentales ne peuvent même pas faire l'objet de questions à soumettre au referendum, c'est-à-dire ne sont pas révisables. Il s'agit de clauses d'éternité, intangibles voire supra-constitutionnelles. La posture du juge béninois s'aligne sur celle de ses homologues italien, allemand, burkinabè qui pensent tout de même qu'il y a des normes suprêmes non révisables[49].

Aussi, est-il important de rappeler que la posture révisionniste de la cour constitutionnelle ne s'opère pas uniquement à l'encontre des lois de révision constitutionnelle. On peut, à titre illustratif rappeler qu'il a inventé le principe de transparence des élections érigé en un principe à valeur constitutionnelle à l'occasion de son examen de la loi n°94-013 portant règles générales des élections du président de la république et des membres de l'Assemblée nationale[50], le principe de la représentation proportionnelle majorité/ minorité invite en 2009 pour éviter les conflits qui ont toujours opposé les députés de la mouvance à ceux de l'opposition à l'occasion de la désignation des membres de l'Assemblée nationale devant siéger dans les organes et institutions[51] , ou encore le principe de la continuité du service public qu'il déduit du contrôle de la loi n°2011-25 du 26 septembre 2011 portant règles générales applicables aux personnels militaires, des forces de sécurité publique et assimilés en République du Bénin[52].

Cette posture révisionniste du juge constitutionnel béninois peut néanmoins susciter des critiques.

L'office du juge constitutionnel en matière de révision de la Constitution crée une division au sein de la doctrine. Deux courants s'opposent : les uns approuvent, les autres critiquent l'incursion du juge

---

48 Cour constitutionnelle du Bénin, DCC 11-067 du 20 octobre 2011

49 J. E. KPATAHERI, « La problématique de la révision constitutionnelle au Bénin », Mémoire d'obtention du diplôme d'Etudes Approfondies en Droit public fondamental, FADESP/UAC, avril 2017, pp.59-60

50 Cour constitutionnelle, DCC 34-94 du 23 décembre 1994 ; DCC 01-011 du 12 janvier 2001

51 Cour constitutionnelle, DCC 09-002 du 08 janvier 2009

52 Cour constitutionnelle, DCC 11-065 du 30 septembre 2011

en matière de révision de la constitution. Les positivistes s'opposent aux jus naturalistes sur l'idée que le juge constitutionnel peut ou ne peut pas faire de la révision de la constitution.

La thèse développée par les jusnaturalistes s'appuie sur le fait que le juge constitutionnel n'est pas un juge soumis à la constitution. Il est également constituant donc créateur[53]. Ce qui suppose qu'il est gouverné par des principes métajuridiques, des règles supraconstitutionnelles voire extraconstitutionnelles qui orientent son office. C'est pourquoi l'on pense que *« le pouvoir constituant dérivé référendaire peut être limité par des principes créés par le juge constitutionnel. Ce dernier est ainsi érigé comme dernier rempart aux atteintes portées par les autres pouvoirs institués à l'esprit et à la lettre de la constitution »*[54]. Les tenants de cette thèse valorisent l'action du juge constitutionnel comme déterminante dans la posture de la révision de la constitution, constitution qu'il peut d'ailleurs réécrire en s'adaptant aux réalités de son moment. En cela, il n'est pas tenu par les limites prévues dans la constitution qu'il peut d'ailleurs raccourcir ou élargir en fonction de ce qu'il espère pour le peuple. Ce raisonnement corrobore l'attitude du juge béninois dans sa modification de l'article 6 de la loi organique sur le référendum puisqu'il va jusqu'à se substituer au peuple en tant que constituant originaire.

Cet argumentaire est balayé du revers du doigt par les positivistes respectueux des textes donc de la constitution. En tant que norme suprême, la constitution est un texte fondamental hissé au-dessus des normes juridiques dont la violation, la profanation est sanctionnée par le juge constitutionnel qui est le juge de la constitution, la bouche de la constitution qui dit ce que la constitution est. Hans KELSEN et bien d'autres ont théorisé sur le respect de la constitution. Pour VEDEL, le juge constitutionnel est tenu par « *la constitution, toute la constitution, rien que la constitution, voilà la norme de référence* »[55].

Si cette place du juge est connue c'est pour lui éviter de confondre sa fonction avec celle du pouvoir originaire, le peuple. Ainsi, cette suprématie de la souveraineté populaire a été magnifiée par des auteurs

---

[53] I.F. Madior, les révisions de la constitution au Sénégal, précité, p.43

[54] A. KPODAR, « Le point de vue de M. Adama Kpodar », in Annuaire Béninois de Justice constitutionnelle, I.2013, p.703

[55] Georges VEDEL cité F. DELPEREE, « le conseil constitutionnel ; état des lieux », Pouvoirs n° 105, 2003, pp.5 -16

classiques comme Jean-Jacques Rousseau : *« Un peuple est toujours maitre de changer ses lois, mêmes les meilleures »*. Belle idée renchérie par l'article 28 de la déclaration de droits de l'homme et du citoyen : « *un peuple a toujours le droit de revoir, de reformer et de changer sa constitution. Une génération ne peut assujettir à ses lois les générations futures* »

Il n'appartient donc pas au juge constitutionnel de décider à la place du peuple car au nom du peuple, on peut dire et faire de sottises : « *Peuple, que de sottises ont dit en ton nom* »

En érigeant les options fondamentales au rang des clauses indérogeables, le juge vient limiter ainsi la compétence souveraine du peuple de modifier, de revoir sa constitution. Le constituant originaire est-il délogé faute de son incapacité à agir ? Avons-nous oublié que le peuple peut se rebeller contre toute décision impopulaire par la rue ?

Dans d'autres circonstances, il appartient au juge de valider lui-même le processus de révision entrepris

2. La validation autorisée du juge constitutionnel

Il est important de souligner que la révision de la Constitution béninoise n'est plus impossible à l'heure actuelle et il semble d'ailleurs plus dépendre de la volonté du juge qui doit faire le jeu en montrant qu'il est favorable au processus de révision. C'est à lui que revient de valider, c'est-à-dire d'entériner ou de refuser toute initiative de révision engagée ou à engager. Si cette éventualité pouvait relever du doute sous les anciennes mandatures, cela ne semble pas être le cas aujourd'hui avec la posture des nouveaux juges de la sixième mandature. Une bonne partie de la doctrine pense à tort ou à raison que le changement sera vite impulsé[56]. La nouvelle cour constitutionnelle rompt avec sa devancière. Des raisons non moins subjectives permettent de croire que la durée de vie de la constitution du 11 décembre 1990 sera désormais écourtée puisque l'on connait les conditions de désignation des nouveaux membres de la Cour constitutionnelle, les réformes engagées dès leur installation avec notamment la modification du règlement intérieur de la cour instituant désormais les audiences publiques et les mises en délibéré confondant ainsi l'office du juge constitutionnel à

[56] Voir notamment S.BOLLE, « La cour Djogbénou ou la Cour de la rupture », in http://www.la-constitution-en- Afrique.org consulté en octobre 2018

l'office du juge ordinaire, la qualité des décisions rendues dont le contenu parfois discutable débouchant le plus souvent sur des cas d'incompétence ou de conformité à la constitution sans aucune possibilité de création pouvant nourrir la curiosité des chercheurs. La Cour constitutionnelle du Président Joseph DJOGBENOU fera face à un dilemme car en tant qu'ancien Ministre de la justice et garde des sceaux et président de la Commission des reformes des institutions ayant porté la révision de la constitution jusqu'à l'Assemblée, le président de la cour pourra-t-il résister à l'envie de donner sa caution pour une révision de la constitution béninoise, un projet qu'il avait porté ? Ce dont on ne peut douter avec les revirements déjà entrepris c'est que le juge constitutionnel n'aura pas froid aux yeux pour décider d'une probable révision de la constitution. Il peut faire fi les décisions précédentes et procéder à un revirement jurisprudentiel. Les décisions de 2006 et 2011 tant vantées seront probablement rangées très vites au placard. Il aura le dernier mot puisque ses décisions ne sont pas susceptibles de recours.

En dehors du déblocage du juge, il faut envisager celui qui peut émaner du peuple ou de ses représentants élus.

B. LE DÉBLOCAGE DU PEUPLE OU DES REPRÉSENTANTS ÉLUS

Le peuple peut aider à la révision par la voie référendaire ou à défaut ses représentants peuvent voter en respectant les critères exigés.

1. La part du peuple dans la révision de la constitution

Les échecs successifs de la révision de la constitution béninoise font croire que l'unique voie est celle référendaire, une voie royale de révision constitutionnelle reconnue dans certaines constitutions africaines[57]. La volonté du peuple doit donc emprunter la voie référendaire.

---

[57] Dans l'article 117 de la constitution ivoirienne du 08 novembre 2016, « ...*La révision de la constitution n'est définitive qu'après avoir été approuvée par référendum à la majorité absolue de suffrages exprimés. Toutefois, le projet ou la proposition de révision n'est pas présenté au référendum lorsque le Président de la République décide de le soumettre au Parlement...* »

En 2006, le juge constitutionnel béninois avait fustigé la position des représentants du peuple aux motifs qu'ils avaient violé le principe du consensus national. Cette décision considérait ainsi le consensus comme la voie interpellant le peuple par référendum. Le consensus national, dont le fondement figure dans le préambule de la constitution béninoise, est une émanation de la conférence nationale de février 1990. Mais ce consensus n'est cependant pas la première voie qui s'offre dans notre contexte. Le referendum ne vient qu'après l'échec de l'option parlementaire.

Pour la première fois en juillet 2018, l'occasion a été donnée au Président Talon de convoquer le peuple pour se prononcer par referendum sur la proposition de révision de la constitution béninoise mais pour diverses raisons dont celle de la cherté de la vie économique, il a préféré ne pas utiliser cette voie. Le rendez-vous est ainsi manqué de recourir à l'arbitrage du peuple par referendum sur la révision de la constitution du 11 décembre 1990. Si le peuple n'est donc pas convoqué pour se prononcer, il va falloir compter sur la volonté des représentants élus du peuple qui doivent réussir à faire le nécessaire pour voter la révision. Leur volonté devient un rempart.

2. La volonté des représentants du peuple comme rempart

Pour faire aboutir la révision de la constitution, les forces politiques siégeant à l'Assemblée nationale toutes tendances confondues ont besoin de s'entendre pour que toutes les phases entrant dans le processus de révision soient respectées. Ce qui veut dire que les conditions exigées pour la prise en considération du projet ou de la proposition de révision ainsi que l'adoption du texte à réviser ne doivent souffrir d'aucune réserve de leur part. Une fois réalisé ce consensus, le juge constitutionnel, chargé du contrôle de conformité, n'hésitera à le valider. C'est cette condition qui va permettre une effective révision de la constitution béninoise de façon consensuelle.

CONCLUSION

La constitution béninoise du 11 décembre 1990 n'est pas à cette date révisée. Mais avec les élections législatives d'avril 2019 qui pointent à l'horizon, on pourrait assister à une inversion de la tendance à condition d'obtenir une majorité confortable au Président de la République. C'est la seule option possible d'une révision prochaine de la loi fondamentale tant convoitée. L'avenir nous le dira.

Arsène-Joël ADELOUI
Agrégé des facultés de droit
FADESP/Université d'Abomey-Calavi

JEUDI 25 OCTOBRE 2018

PANEL 1

LA DÉMOCRATIE ET LES INSTITUTIONS DANS LES CONSTITUTIONS

Sous la présidence de Monsieur Alioune Badara FALL, Professeur des universités, Directeur de la Revue Afrilex, Université de Bordeaux (France)

Avec comme discutant Monsieur Mahamane TIDJANI ALOU, Professeur titulaire de science politique, ancien Doyen de la Faculté des Sciences Economiques et Juridiques (FSEJ) de l'Université ABDOU MOUMOUNI de Niamey (Niger)

Bernard-Raymond GUIMDO DONGMO

CONSTITUTION ET DEMOCRATIE DANS LES ETATS FRANCOPHONES D'AFRIQUE

INTRODUCTION

Démocratie sans Constitution n'est-elle que ruine de la démocratie ?[1] En 2009, la *Revue d'Etudes constitutionnelles et politiques* dénommée « *Pouvoirs* » consacrait tout un numéro à l'analyse de « *La démocratie en Afrique*[2] » ; mais le traitement thématique minorait le lien entre la démocratie et la Constitution, donnant ainsi l'impression que cette donnée essentielle de la vie politique pouvait se comprendre indépendamment de la Constitution[3].

Dans son analyse sur *les Constitutions des Etats d'Afrique et leur effectivité*, le professeur Gérard Conac distingue trois catégories de dispositions : « *celles qui correspondent à des prises de positions idéologiques, celles qui définissent des principes et des règles de droit en faveur des individus et des groupes, celles qui concernent les mécanismes d'exercice et de transmission du pouvoir* [4]». La conclusion à laquelle parvient le professeur Gérard Conac témoigne à suffisance du lien entre la Constitution la vie démocratique dans l'Etat. Ainsi, imprégnée de plusieurs valeurs, la vie dans l'Etat s'accommode

[1] Sur la question, lire D. Rousseau, « Constitutionnalisme et démocratie », *La vie des idées.fr*, 18p.

[2] Lire la Revue *Pouvoirs*, La démocratie en Afrique, N° 129, 2009, 256p.

[3] Comme quoi, Démocratie sans Constitution n'est que ruine de la démocratie. Sur la question, lire D. Rousseau, « Constitutionnalisme et démocratie », *La vie des idées.fr*, 18p.

[4] G. Conac, « Les constitutions des Etats d'Afrique et leur effectivité », in *G. Conac (s. la dir. de)*, *Dynamiques et finalités des droits africains*, Actes du colloque de la Sorbonne « La vie du droit en Afrique », Economica, 1980, p. 387.

aisément de l'impératif démocratique qui caractérise les sociétés humaines[5].

Une telle relation entre la constitution et la démocratie ne serait pas surprenante[6]. Déjà, en 1789, la Déclaration française des Droits de l'Homme et du Citoyen établissait le lien entre ces deux termes : « *Toute société dans laquelle la garantie des droits n'est pas assurée, ni la séparation des pouvoirs déterminée, n'a point de constitution* [7]». Pour les révolutionnaires français de 1789, l'idée de constitution se veut libérale, comme l'ai souligné, à juste titre Paul Bastid[8].

Principe de réflexion des sociétés humaines[9], la Constitution n'a de sens que si elle consacre et encadre l'exercice du pouvoir et des droits fondamentaux des citoyens[10]. Dès lors, l'élément démocratique devient un aspect incontournable de son contenu ou de la dynamique constitutionnelle d'un Etat, entant qu'héritière de la tradition constitutionnelle française inspirée de l'article 16 de la Déclaration de 1789.

Il importe donc de fixer un contenu acceptable aux notions de constitution et démocratie et dont l'importance n'est plus à démontrer dans la science constitutionnelle.

En règle générale, la notion de Constitution fait l'objet d'une double appréhension. Dans son sens matériel, elle est considérée comme « *un ensemble de règles écrites ou coutumières qui déterminent la forme de l'Etat (unitaire ou fédéral), l'organisation de ses institutions, la dévolution et les conditions d'exercice du pouvoir (y compris le respect*

---

[5] Comme le souligne fort opportunément Samuel P. Huntington, « *Les systèmes politiques à caractère démocratique ne sont l'apanage de l'époque moderne. Dans bien des régions du monde des chefs de tribus ont été élus pendant des siècles, tandis qu'en d'autres endroits des institutions politiques démocratiques existaient depuis longtemps au niveau des villages* ». In S. P. Huntington, *Troisième vague : Les démocraties de la fin du XXe siècle*, Nouveaux Horizons, 1991, p. 11. Dans le même sens, lire M. Kamto, *Pouvoir et droit en Afrique. Essai sur les fondements du constitutionnalisme dans les Etats d'Afrique noire francophone*, L.G.D.J., Paris, 1987, p. 87 et s.

[6] K. Ahadzi-Nonou, « Constitution, démocratie et pouvoir en Afrique », in *La Constitution béninoise du 11 décembre 1990 : Un modèle pour l'Afrique ?* Mélanges en l'honneur de Maurice Ahanhanzo-Glélé, L'Harmattan, Paris, 2014, p. 63.

[7] Cf. article 16 de ladite Déclaration.

[8] P. Bastid, *L'idée de constitution*, Economica, Collection « Classiques » Série politique et constitutionnelle, Paris, 1985, p. 153.

[9] D. Rousseau, « Question de constitution », in *Le nouveau constitutionnalisme*, Mélanges en l'honneur de Gérard Conac, Economica, Paris, 2001, p. 3.

[10] K. Ahadzi-Nonou, op.cit, p. 63.

des droits fondamentaux) [11]». Ici, la forme d'édiction des règles importe peu. Seule le contenu et la finalité desdites règles importe dès lors que celles-ci ont pour vocation d'une part d'aménager l'organisation et le fonctionnement des pouvoirs publics, et, d'autre part de garantir les droits et libertés des citoyens[12].

Prise dans son sens formel, la Constitution est « *un acte juridique suprême de l'Etat consignant les règles constitutionnelles au sens matériel* [13]». De ce point de vue, une attention particulière doit être portée sur son mode d'élaboration et de modification. Ainsi, il convient de compléter cette définition en précisant qu'il s'agit d'un acte juridique « *énoncé dans la forme constituante et par l'organe constituant et qui par suite ne peut être modifié que par une opération de puissance constituante et au moyen d'une procédure spéciale de révision* »[14].

S'agissant de la notion de démocratie, sa définition ne va pas de soi. De sérieux problèmes d'ambiguïté et d'imprécision se posent dès lors que l'on tente de la définir[15].

Etymologiquement, démocratie vient du mot grec '*demos*', c'est-à-dire peuple. Elle renverrait donc au « *gouvernement par le peuple* ». Ainsi, la démocratie peut être définie comme « *un régime dans lequel tous les citoyens possèdent de manière égalitaire un droit de participation (droit de vote) et un droit de contestation à l'égard du pouvoir (liberté d'opposition)* [16]». Bref, c'est le gouvernement du peuple par le peuple et pour le peuple[17]. A ce titre, elle se distingue de la monarchie, de l'oligarchie et de l'aristocratie[18].

---

[11] *Lexique des Termes Juridiques*, 23e édition, in S. Guinchard et Th. Debard, (s. la dir. de), Dalloz, Paris, 2015, p. 265 et s.

[12] G. Burdeau, *Traité de science politique, le statut du pouvoir dans l'Etat*, Tome IV, L.G.D.J., Paris, P. 181.

[13] *Lexique des Termes Juridiques*, op.cit, p. 266.

[14] R. Carré de Malberg, *Contribution à la théorie générale de l'Etat*, Sirey, Paris, 1922, Tome 2, p. 571 et s.

[15] S.P. Huntington, op.cit, p. 4, N. Mouellé Kombi, *La démocratie dans la réalité camerounaise: Libertés, légitimité et modernité politique sous Paul Biya*, Dianoïa, Paris, 2013, p. 9.

[16] *Lexique des Termes Juridiques*, op.cit, p. 348.

[17] Selon la formule consacrée par le Président américain Abraham Lincoln.

[18] B-R. Guimdo Dongmo, « Reconnaissance des minorités et démocratie : Duel ou duo ? », *Annales de la Faculté des Sciences Juridiques et Politiques de l'Université de Dschang*, Tome 1, Volume 1, 1997, p. 121.

Sans entrer dans les développements historiques et doctrinaux de cette notion[19], il faut dire qu'à l'époque contemporaine, c'est la démocratie constitutionnelle qui tend à s'imposer comme la forme de démocratie la plus achevée et la mieux aboutie. Consacrée en doctrine par Carl J. Friedrich[20], elle déborde le cadre de la démocratie pluraliste dans laquelle la liberté politique se réalise par la floraison des partis politiques[21]. Dès lors, la démocratie ne peut plus se concevoir uniquement comme « *un régime institutionnel dans lequel la désignation des gouvernants est résolue pacifiquement, au terme d'élections régulièrement disputées* [22]».

La démocratie est constitutionnelle aujourd'hui en ce qu'elle s'identifie au pluralisme et à l'Etat de droit avec la garantie des droits des individus[23]. Dès lors, un rôle important est reconnu au juge constitutionnel qui se dresse en gardien des valeurs et principes constitutionnels. Plus rien ne peut se faire sans le juge constitutionnel. Il devient de ce fait le gardien de l'édifice constitutionnel dont il assure le respect et la cohérence. En clair, la démocratie s'analyse en un modèle de gouvernance adossée sur des règles et des organes érigées en standards et dont le respect devrait s'imposer[24].

---

[19] Lire à ce propos G. Vedel, « Existe-il deux conceptions de la démocratie ? », *Pages de Doctrine*, L.G.D.J., Paris, 1980, pp. 191-212.

[20] C.J. Friedrich, *La démocratie constitutionnelle*, P.U.F., Paris, 1958, 564p.

[21] H. Kelsen, La démocratie. Sa nature-sa valeur, Economica, Collection « Classiques », Série politique et constitutionnelle, Paris, 1988, p. 29. En de termes on ne peut plus clairs, l'illustre auteur fait observer que « c'est en effet illusion ou hypocrisie que de soutenir que la démocratie est possible sans partis politiques. Car il est trop clair que l'individu isolé, ne pouvant acquérir aucune influence réelle sur la formation de la volonté générale, n'a pas, du point de vue politique, d'existence véritable. La démocratie ne peut, par suite, sérieusement exister que si les individus se groupent d'après leurs fins et affinités politiques, c'est-à-dire que si, entre l'individu et l'Etat viennent s'insérer ces formations collectives dont chacune représente une certaine orientation commune à ses membres, un parti politique. La démocratie est donc nécessairement et inévitablement un Etat de partis ».

[22] Ph. Lauvaux et A. Le Divellec, *Les grandes démocraties contemporaines*, 4e édition mise à jour, P.U.F., Paris, 2015, p. 14.

[23] On retrouve cette conception de la démocratie dans la Charte de Paris pour la nouvelle Europe, adoptée par la Conférence des chefs d'Etat ou de gouvernement à la Conférence sur le sécurité et la coopération en Europe le 21 novembre 1990. On la retrouve également dans la Charte africaine de la démocratie, des élections et de la bonne gouvernance, adoptée à la Huitième session ordinaire de la Conférence tenue le 30 janvier 2007 à Addis Abena en Ethiopie.

[24] Voir dans ce sens la Charte africaine de la démocratie, des élections et de la bonne gouvernance. Sur la question, on lira utilement B. Tchikaya, « La Charte Africaine de la Démocratie, des Election et de la Gouvernance », *A.F.D.I.*, 2008, pp. 515-528.

Partant des considérations définitionnelles de la constitution et de la démocratie, l'on s'aperçoit que c'est à la constitution que revient le soin d'aménager la démocratie. Il ne saurait en être autrement dès lors qu'il est établi que la constitution est « *un acte juridique suprême de l'Etat consignant les règles constitutionnelles au sens matériel* ».

En 1988, c'est-à-dire deux ans avant l'avènement des transitions démocratiques dans les Etats francophones d'Afrique, Pierre-François Gonidec se posait alors une question teintée d'ironie à savoir : « *A quoi servent les Constitutions africaines ?*[25] ». Sur la base d'analyse, somme toute pertinente, à cette époque, l'auteur en arrivait à une réponse peu valorisante quant au rôle des constitutions dans le continent africain. Dans leur rapport avec la démocratie, Pierre-François Gonidec relève, en effet, que les constitutions africaines soufflent le chaud et le froid. Elles sont certes imprégnées de vertus démocratiques mais ces dernières sont noyées par la force tendance à l'autoritarisme[26].

Peut-on encore se satisfaire de ce rapport entre la constitution et la démocratie dans les Etats francophones d'Afrique aujourd'hui ? La réponse à cette question mérite effectivement que l'on se situe dans une perspective historique qui révèle une succession ou une vague de constitutionnalisme dans cette zone géographique du continent africain[27].

De toute évidence, la trajectoire constitutionnelle des Etats francophones d'Afrique montre que la donnée démocratique et la constitution entretiennent des rapports plus ou moins étroits à l'épreuve du temps[28]. Sous le renouveau démocratique apparu dans ces Etats, il se pose sans cesse la question de la pertinence du contenu des constitutions et partant, celle de leur politique constitutionnelle[29].

---

25 P. F. Gonidec, « A quoi servent les constitutions africaines ? Réflexion sur le constitutionnalisme africain », *R.J.P.I.C.*, N°4, oct.-déc., 1988, pp. 849-886.

26 Idem, p. 857.

27 Lire K. Ahadzi-Nonou, « Les nouvelles tendances du constitutionnalisme africain : le cas des Etats d'Afrique noire francophone », *Afrique Juridique et Politique*, Vol.1, N°1, Juil.-Déc., 2002, P. 35 et s.

28 A ce sujet, le Professeur Koffi Ahadzi-Nonou relève qu' « *en effet, les modèles constitutionnels ne sont pas ni neutres, ni interchangeables à volonté. Ils correspondent au génie de chaque peuple, même si les valeurs qui les sous-tendent ont de plus en plus tendance à s'universaliser* ». In K. Ahadzi-Nonou, op.cit, p. 39.

29 A. Kpodar, « Bilan sur un demi-siècle de constitutionnalisme en Afrique noire francophone », in *La Constitution béninoise du 11 décembre 1990 : Un modèle pour l'Afrique ?*, Mélanges en l'honneur de Maurice Ahanhanzo-Glélé, L'Harmattan, Paris, 2014, p. 92.

Cependant, il convient de souligner, seule la stabilité constitutionnelle permet de dégager dans le temps l'idéologie constitutionnelle ou la politique constitutionnelle[30] ; or, dans cette partie du continent africain, les Etats se caractérisent encore par une certaine instabilité constitutionnelle[31]. Dans ce contexte, il peut arriver que certaines recettes constitutionnelles manquent de linéarité et de cohérence. Dès lors, la question suivante qui surgit à l'esprit est celle de savoir comment la constitution dans les Etats francophones d'Afrique prend-elle en compte la démocratie ?

Une telle question revêt un double intérêt : théorique et pratique. Au plan théorique, elle permet de mettre à jour l'état de la doctrine constitutionnaliste en rapport avec la question démocratique dans ces Etats. Au plan pratique, permet d'inscrire la question démocratique au cœur de la conscience citoyenne en relevant ses tenants et ses aboutissants dans un continent dans lequel les populations ne laissent plus faire et ne se laisse plus faire, comme en témoignent les éléments d'actualité[32].

Dès lors, en s'appuyant sur une démarche interprétative des textes constitutionnels constamment en proie à des remaniements, et casuistique de la jurisprudence constitutionnelle de certains de ces Etats, il convient de démontrer que la donnée démocratique fait l'objet d'une prise en compte constitutionnelle ambivalente dans la quasi-totalité des Etats francophones d'Afrique.

Ce constatation procède évidemment de la dynamique constitutionnelle duale de ces Etats, laquelle se caractérise par l'enchantement et le désenchantement de la démocratie, fut-elle constitutionnelle ou non[33]. A l'observation, il est difficile de dégager une certaine cohérence dans la manière dont la démocratie est traitée par la constitution dans lesdits Etats. Elle apparaît comme une donnée qui oscille sans cesse dans un mouvement de consolidation et de déconsolidation. Au demeurant, dans cette zone géographique de

[30] Idem.

[31] J.L. Atangana Amougou, « Rigidité et instabilité constitutionnelles dans le nouveau constitutionnalisme africain », *Afrique Juridique et Politique*, Vol. 2, N°2, Juil.-Déc., 2006, p. 64 et s.

[32] Notamment au Zimbabwe, en Afrique du Sud, en R.D.C pour ne citer que ces cas.

[33] En effet, les Etats africains francophones ont à ce jour expérimenté plusieurs variantes de la démocratie à savoir la démocratie pluraliste, socialiste, majoritaire. Actuellement, la tendance généralisée est à la démocratie constitutionnelle.

l'Afrique, si à certains égards, la constitution promeut la démocratie (I), à d'autres égards, par contre, elle a tendance à la limiter (II).

I. LA PROMOTION DE LA DEMOCRATIE PAR LA CONSTITUTION

Le destin constitutionnel de la démocratie dans les Etats francophones d'Afrique est contrasté[34]. Souvent célébrée, parfois répudiée, la démocratie reste une constante dans les textes constitutionnels des Etats francophones d'Afrique[35]. Même avec l'avènement du parti unique, le principe démocratique est resté ancré dans certaines constitutions[36].

Saisi par la constitution dans les Etats francophones d'Afrique, le principe démocratique ne cesse de faire l'objet d'un aménagement qualitatif et quantitatif[37]. Concrètement, il s'est toujours agi pour les constituants de chercher à améliorer au mieux les aspects matériel et organique de la démocratie. C'est certainement dans cette perspective que le professeur Maurice Ahanhanzo Glélé affirme que les changements constitutionnels en Afrique « *sont provoqués et s'expliquent par la volonté de définir un régime politique viable et stable, fondé sur la démocratie constitutionnelle* [38]». Dès lors, l'on ne saurait considérer comme achevé le traitement constitutionnel de la démocratie dans cet espace du continent africain. Il s'agit en effet d'une œuvre qui s'inscrit dans le temps. Comme on le sait, aucun peuple au monde ne peut se doter de règles et d'institutions définitives, sauf à défier la loi de l'évolution[39]. Dans les Etats francophones d'Afrique, la Constitution s'efforce tant bien que mal de dynamiser la démocratie tant sur le plan matériel (A) qu'organique (B).

---

[34] Lire A. Cabanis et M. L. Martin, *Les Constitutions d'Afrique francophones. Evolutions récentes*, Karthala, Karthala, Paris, 1999, p. 15 et s.

[35] B. Guèye, « La démocratie en Afrique : succès et résistances », *Pouvoirs*, 2009/2, N° 129, pp. 5-26.

[36] Lire A. Mahiou, *L'avènement du parti unique en Afrique noire : l'expérience des Etats d'expression française*, L.G.D.J., Paris, 1969, p. 91 et s.

[37] J. Du Bois De Gaudusson, « Constitution sans culture constitutionnelle n'est que ruine du constitutionnalisme : Poursuite d'un dialogue sur quinze années de « transition » en Afrique et en Europe », in *Démocratie et liberté : tension, dialogue, confrontation*, Mélanges en l'honneur de Slobodan Milacic, Bruylant, 2007, p. 336.

[38] M. Ahanhanzo Glélé, « La constitution ou loi fondamentale », *Encyclopédie Juridique de l'Afrique*, N.E.A., 1982, p. 33.

[39] Idem.

A. LA DYNAMISATION MATERIELLE DE LA DEMOCRATIE PAR LA CONSTITUTION

En règle générale, la démocratie s'exprime par un ensemble de principes ou de règles qui, peut-on dire, en constituent la dimension matérielle. Sans ces principes et règles, érigés en standards et insérés dans les textes constitutionnels, il serait difficile, voire impossible de faire application de la démocratie. Il s'agit, notamment, du pluralisme et du libéralisme politiques, du principe majoritaire[40] et de la séparation des pouvoirs.

Déjà présentes dans les constitutions de l'indépendance des Etats francophones d'Afrique et dans celles qui l'ont suivi[41], ces principes et règles continuent de caractériser les constitutions nées du renouveau démocratique opéré dans ces Etats dans les années 1990[42]. En effet, pluralisme et le libéralisme politiques s'y affirment de manière continue, au même titre que le principe majoritaire et la séparation des pouvoirs.

1. L'affirmation continue du pluralisme et du libéralisme politiques

Le pluralisme et le libéralisme politiques sont, à bien des égards, des conditions indispensables de la démocratie. Etant entendu que la démocratie suppose que le peuple, mais alors que tout le peuple peut choisir ses gouvernants, le pluralisme politique est alors l'élément qui offre la latitude à l'électeur de se prononcer entre plusieurs possibilité[43]. Ainsi, le pluralisme politique a pour corollaire le libéralisme politique. Indissociable du pluralisme, le libéralisme recouvre à la fois les libertés individuelles et celles des partis et groupements susceptibles d'éclairer ou d'influencer l'opinion[44].

---

[40] P. Pactet et F. Mélin-Soucramanien, *Droit constitutionnel*, 32e édition, Sirey, Paris, 2013, p. 77 et s.

[41] Lire A. Ahanhanzo Glélé, op.cit, p. 38 et s.

[42] K. Ahadzi-Nonou, « Les nouvelles tendances… », op.cit, p. 40, K. Ahadzi Nonou, « Constitution, démocratie et pouvoir… », op.cit, p. 65, A. Cabanis et M.L. Martin, *Le constitutionnalisme de la troisième vague en Afrique noire francophone*, P.U.R., 2010, 222p.

[43] P. Pactet et F. Mélin-Soucramanien, op.cit, p. 77.

[44] Idem.

Ancrés dans le constitutionnalisme des Etats francophones d'Afrique, le pluralisme et le libéralisme politiques apparaissent comme des choses de la vie démocratique[45] dont le contenu ne cesse de s'améliorer au gré des changements constitutionnels.

a. La revitalisation du pluralisme politique

Consacré dans les constitutions qui marquèrent l'accession à l'indépendance des Etats objet de la présente étude[46], le pluralisme n'a cessé de s'affirmer dans le temps, malgré les vicissitudes qu'il a connu sous le règne du parti unique[47]. Dans ces constitutions, le pluralisme politique avait été consacré, suivant la formule de l'article 4 de la constitution française du 4 octobre 1958, en ces termes : « *Les partis et groupements politiques concourent à l'expression du suffrage...* ». Ce faisant, elles limitaient la fonction des partis et formations politiques à l'expression du suffrage[48]. L'accent était mis, non pas sur l'aménagement d'un statut constitutionnel, conséquent du pluralisme politique, mais sur l'institutionnalisation de celui-ci.

L'institutionnalisation du pluralisme politique autorise donc la création d'une gamme variée de partis politiques se revendiquant d'idéologies différentes, chacune adossée sur un sous-bassement précis[49]. Toutefois, convient-il de le préciser, ce pluralisme avait du mal à se manifester sur le terrain de la pratique politique, si ce n'est au

---

[45] J. B. Marie, *Les droits de l'homme ou les choses de la vie démocratique*, Strasbourg, 1985, 111p.

[46] Lire l'article 3 de la Constitution camerounaise du 4 mars 1960, l'article 7 de la Constitution ivoirienne du 3 novembre 1960, l'article 5 de la Constitution congolaise du 2 mars 1961, l'article 2 de la Constitution centrafricaine du 12 décembre 1960, l'article 7 de la Constitution du Dahomey du 26 novembre 1960, l'article 3 de la Constitution du Mali du 29 septembre 1960, l'article 6 de la Constitution malgache du 29 avril 1959, l'article 4 de la Constitution du Gabon du 21 février 1961, l'article 7 de la Constitution du Niger de novembre 1960, l'article 7 de la Constitution sénégalaise du 24 janvier 1960, l'article 4 de la Constitution togolaise du 14 avril 1961, l'article 9 de la Constitution mauritanienne du 20 mai 1961, etc.

[47] Pendant plusieurs années, le pluralisme politique a été mis en hibernation dans certaines constitutions à la faveur de l'avènement du parti unique non pas de fait, mais institutionnalisé comme en témoigne les Constitutions burundaise du 11 juillet 1974, centrafricaine du 8 janvier 1966, congolaise du 12 juillet 1973, malienne du 2 juin 1974, tchadienne du 16 novembre 1965, zaïroise du 15 août 1974 etc.

[48] F. F. Lissouck, *Pluralisme politique et droit en Afrique noire francophone : Essai sur les dimensions institutionnelles et administratives de la démocratisation en Afrique noire francophone*, Thèse de Doctorat en Droit Public et Analyse Politique, Université Jean-Moulin-Lyon 3, 2000, p. 75.

[49] B. Guèye, op. cit, p. 7.

Sénégal[50]. Dans la quasi-totalité des Etats, il était soit dévoyé par des lois infra constitutionnelles, soit suspendu tout simplement, en dépit de sa consécration constitutionnelle[51].

A la faveur du renouveau constitutionnel, qui va s'opérer dans ces Etats au milieu des années 1990, les constituants, vont à bien des égards, revitaliser le statut constitutionnel du pluralisme politique[52]. Celui-ci ne se laisse plus appréhender à l'aune de sa consécration constitutionnelle revêtant l'allure d'un simple hommage sans toute autre considération. Si l'on excepte la Constitution camerounaise, actuellement en vigueur, dont le contenu maintient le pluralisme dans sa formulation originaire[53], et les constitutions du renouveau démocratique dans les autres Etats francophones, les modifications dont elles font l'objet consacrent des dispositions évolutionnaires et révolutionnaires relatives au pluralisme politique[54].

La Constitution béninoise du 11 décembre 1990, par exemple, consacre l'adoption d'une charte des partis politiques[55]. D'autres constitutions consacrent et garantissent explicitement le pluralisme politique comme une donnée fondamentale de l'Etat. C'est le cas de la constitution congolaise du 15 mars 1992, qui se proposait de créer un ordre politique nouveau où devra régner la démocratie pluraliste. La constitution togolaise de la IVe République va même jusqu'à garantir la protection du pluralisme. Plus décisive est la nouvelle Constitution ivoirienne du 08 novembre 2016. Elle consacre explicitement, en son article 29, « *le droit d'opposition démocratique* ». Ainsi, l'opposition n'est plus seulement perçue comme une institution, mais aussi comme un droit dont la protection doit être protégée par le juge constitutionnel au nom du libéralisme politique.

---

[50] A. Tine, « De l'un au multiple et vice-versa ? Essai sur le multipartisme au Sénégal (1974-1996) », *Polis*, vol. 1, n° 3, 1997, pp. 61-105.

[51] D-G. Lavroff, « Le statut des partis politiques », in *G. Conac (s. la dir. de), Les Institutions constitutionnelles des Etats d'Afrique francophone et de la République malgache*, Economica, Paris, 1979, p. 211 et s.

[52] F. F. Lissouck, op.cit, p. 75.

[53] Le traitement constitutionnel du pluralisme politique au Cameroun s'est toujours articulé autour de la disposition constitutionnelle selon laquelle les partis et formations politiques concourent à l'expression du suffrage.

[54] F. F. Lissouck, op.cit, p. 76.

[55] Lire l'article 5 de ladite Constitution.

b. La rénovation du libéralisme politique

Le libéralisme politique dans son rapport avec la démocratie apparaît comme l'élément qui conditionne le déploiement du citoyen en tant qu'acteur du jeu démocratique. Dès lors, le libéralisme politique dont il est question ici ne s'attache pas à l'ensemble des droits et libertés reconnus à l'être humain. Il recouvre à la fois les libertés individuelles et celles des partis et groupements politiques appelés à intervenir dans le jeu démocratique. A cet égard, comme le soulignent P. Pactet et F. Mélin-Soucramanien, « *la liberté de la presse et celle de la communication audiovisuelle sont tout aussi essentielles que celle des individus et des partis car pour que l'opposition ait une chance d'accéder au pouvoir, il faut qu'elle puisse convaincre les citoyens en exposant librement et publiquement ses critiques* »[56].

Dans la dynamique constitutionnelle des Etats francophones d'Afrique, l'évolution du libéralisme politique est tributaire de l'évolution du pluralisme politique. Consacré dans les Constitutions de l'Indépendance, celui-ci sera sans surprise négativement influencé par l'avènement du parti unique[57]. Mais, en dépit de toute considération, les constitutions dans cette partie du continent africain ont toujours consacré un ensemble de libertés individuelles et collectives essentielles à la démocratie[58].

Indifféremment de la distinction susceptible d'être faite entre les libertés de la vie civile et celles de la vie politique, les constitutions des Etats francophones d'Afrique consacrent dans leur préambule et dans leur corpus un éventail de libertés qui participent du libéralisme politique, à l'instar de la liberté d'aller et de venir, la liberté d'expression, la liberté de conscience et de culte, la liberté de réunion, la liberté de manifestation, la liberté d'association, la liberté syndicale, la liberté de communication, de pensée et d'opinions. D'autres libertés-droits sont également énoncés à l'instar du droit de choisir ses gouvernants, de devenir soi-même gouvernant, de participer aux décisions et de contrôler l'exercice du pouvoir. Par ailleurs, comme le souligne fort pertinemment le professeur Babacar Guèye, d'autres

---

[56] P. Pactet et F. Mélin-Soucramanien, op.cit, p. 78.

[57] C. Leclercq, « Les libertés publiques en Afrique noire », in *G. Conac (s. la dir. de), Les Institutions constitutionnelles des Etats d'Afrique francophone et de la République malgache*, Economica, Paris, 1979, p. 224 et s.

[58] B. Guèye, op.cit, p. 9.

constitutions « *ne se sont pas contentés de proclamer des droits et libertés. Elles s'efforcent aussi d'offrir les moyens matériels et financiers nécessaires à leur réalisation : subventions à la presse, aux syndicats, aux partis politiques* [59] ».

A côté de cette liste de droits et libertés, des références sont faites à un ensemble de Déclarations et/ou de conventions relatives aux droits à l'instar de la Charte Africaine des Droits de l'Homme et des Peuples[60].

Dans cette dynamique de consécration-rénovation du libéralisme politique, la nouvelle constitution ivoirienne du 08 novembre 2016 se démarque de façon particulière. En effet, l'article 19.1 de ladite constitution rénove le régime de la communication politique en ce qu'il énonce que « *chacun a le droit d'exprimer et de diffuser librement ses idées* ». Ainsi, la communication audiovisuelle et la liberté de presse sont érigés en principes cardinaux de la démocratie en Côte d'Ivoire. Les individus-candidats et les partis politiques sont habilités à exprimer, exposer librement et publiquement la conception qu'ils se font de la société. Les seules réserves apportées à l'exercice de cette liberté résident dans le respect des lois, des droits d'autrui, la sécurité nationale et l'ordre public.

Quoiqu'on puisse dire, il est désormais établi que le pluralisme et le libéralisme politiques sont des données en nette progression dans les constitutions des Etats francophones d'Afrique. Il en est de même des principes majoritaire et de la séparation des pouvoirs, qui se mêlent avec vigueur au pluralisme et au libéralisme politique.

2. L'affirmation progressive des principes majoritaire et de la séparation des pouvoirs

Dans sa dimension matérielle, la démocratie s'accommode d'autres éléments non moins importants tels que le principe majoritaire[61] et celui de la séparation des pouvoirs[62]. En effet, tous deux conditionnent aussi substantiellement la qualité de la démocratie. Leur traitement constitutionnel doit donc être conséquent. C'est du moins ce qui ressort

[59] Idem.

[60] K. Ahadzi-Nonou, « Les nouvelles tendances… », op.cit, p 51 et s.

[61] P. Pactet et F. Mélin-Soucramanien, op.cit, p. 78.

[62] J-C. Bécane, « La séparation des pouvoirs », in Olivier Duhamel et Yves Mény, (Ss la dir.), *Dictionnaire Constitutionnel*, P.U.F., Paris, 1992, p. 972.

des constitutions des Etats francophones d'Afrique. A l'épreuve du temps, les principes majoritaire et de la séparation des pouvoirs ont acquis une certaine importance dans les lesdites constitutions.

a. La modernisation du principe majoritaire

Synonyme de la loi du nombre ou de la règle de la majorité, le principe majoritaire est indissociable de l'idée démocratique[63]. Pour des décisions politiques quotidiennes et de grande importance, la décision démocratique ne peut être que majoritaire[64].

Le principe majoritaire est inséré dans les constitutions des Etats francophones d'Afrique depuis leur accession à la souveraineté internationale et ne cesse de se moderniser à la faveur des changements constitutionnels intervenus en leur sein.

Dans certaines constitutions, c'est le principe majoritaire à deux tours qui est institué pour l'élection présidentielle. Il en est ainsi de la constitution du Sénégal du 22 janvier 2001, en son article 33, qui dispose que « *nul n'est élu au premier s'il n'a obtenu la majorité absolue des suffrages exprimés représentant au moins le quart des électeurs inscrits. Si aucun candidat n'a obtenu la majorité requise, il est procédé à un second tour de scrutin (...)* ».

Ancré dans le constitutionnalisme sénégalais depuis 1963, ce principe n'a cessé de se moderniser au fil du temps en ce qui concerne l'élection à la magistrature suprême de l'Etat. On retrouve également le principe de l'élection du Président de la République au scrutin majoritaire uninominal à deux tours dans la nouvelle constitution centrafricaine[65], la nouvelle constitution ivoirienne[66], la nouvelle constitution congolaise[67].

A n'en point douter, le principe de l'élection du Président de la République au scrutin majoritaire à deux tours se généralise de plus en plus, et il est à souhaiter qu'il s'étende aussi au niveau des élections législatives, sénatoriales et locales.

---

[63] Ch. Bidegaray, Cl. Emery, « Majorité », in *Olivier Duhamel et Yves Mény, (s. la dir. de), Dictionnaire Constitutionnel*, p. 616.

[64] Idem.

[65] Cf. article 35 de la Constitution du 30 mars 2016.

[66] Cf. article 56 de la Constitution du 08 novembre 2016.

[67] Cf. article 67 de la Constitution de 2015.

Toutefois, faut-il le souligner, le principe majoritaire, comme déterminant de la démocratie dans les constitutions des Etats francophones d'Afrique, n'institue pas l'idée de dictature de la majorité. Au contraire, les droits des minorités politiques et ethniques sont y préservés et garantis. La constitution camerounaise du 18 janvier 1996 dispose, par exemple, que l'Etat assure la protection des minorités. D'autres constitutions protègent la minorité politique constituée en opposition politique ou parlementaire. Il ne s'agit donc pas d'un principe majoritaire aux relents de dictature de la majorité sur la minorité. D'ailleurs, la revalorisation du principe de la séparation des pouvoirs en est la traduction.

b. La revalorisation de la séparation des pouvoirs

Inhérente à la démocratie, la séparation des pouvoirs[68] a connu une trajectoire ambivalente dans les constitutions des Etats francophones d'Afrique. Célébrée dans les constitutions de l'indépendance, elle sera rapidement dévoyée quelques années plus tard au profit d'une personnalisation, voire d'une confusion des pouvoirs au profit du Président de la République[69]. Fort heureusement, ce principe sera revigoré à la faveur du mouvement constitutionnel des années 1990 qui fera tomber les assises autoritaires du pouvoir présidentiel.

Les nouvelles constitutions issues de ce mouvement vont donc procéder à une rationalisation de la puissance présidentielle aussi bien au sein du pouvoir exécutif que dans ses rapports avec les autres pouvoirs. A l'exception de la constitution béninoise, qui consacre le régime présidentiel, les autres constitutions vont opter pour un aménagement souple du principe de la séparation des pouvoirs, générateur du régime parlementaire. La fonction exécutive n'est plus dominée de bout en bout par le Président de la République. Elle est désormais incarnée par deux organes à savoir le Président de la République, Chef de l'Etat et le Premier ministre, chef du Gouvernement. Certains auteurs y verront d'ailleurs une renaissance du bicéphalisme[70].

---

[68] M. Troper, *La séparation des pouvoirs et l'histoire constitutionnelle française*, L.G.D.J., Paris, 1980, 251p.

[69] D.-G. Lavroff, *Les systèmes constitutionnels en Afrique noire : les Etats francophones*, Editions A. Pedone, 1976, p. 19 et s.

[70] S. Diop, *Le Premier ministre africain : La renaissance du bicéphalisme de l'Exécutif en Afrique à partir de 1969*, Thèse de Doctorat d'Etat en droit, Université de Dakar, 1985, 444p.

Par ailleurs, le pouvoir législatif va être reconfiguré par la constitution de manière à faire jouer la règle de l'équilibre des pouvoirs. Bicamérale dans certaines constitutions, le Parlement est désormais pensé comme un contre-pouvoir politique à la toute-puissance de l'Exécutif. Il se voit doté d'importants instruments de contrôle de l'action gouvernementale[71], pouvant même aller jusqu'à l'initiative de la procédure de haute trahison à l'endroit du Chef de l'Etat[72].

Au Bénin, la constitution consacre la technique de l'interpellation, c'est-à-dire une « arme » par laquelle le Parlement peut détruire les membres du pouvoir Exécutif[73]. Bref, l'on assiste à la fin du recueillement muet du Parlement[74].

Enfin, dans certains des Etats francophones d'Afrique, le pouvoir juridictionnel, souvent considéré comme « l'oublié » des réformes constitutionnel, a été matériellement autonomisé et reparti en plusieurs domaines : administratif, judicaire et comptes.

Toute cette dynamisation matérielle de la démocratie par la constitution est allée de pair avec sa dynamisation organique, source d'épanouissement des peuples.

B. LA DYNAMISATION ORGANIQUE DE LA DEMOCRATIE PAR LA CONSTITUTION

Peut-on concevoir la démocratie indépendamment des organes habilités l'animer ou à la rendre effective ? La réponse à cette question ne peut être que négative car la démocratie sans des organes fiables et crédibles n'est que ruine de la démocratie[75]. C'est à cette mission que se livrent les constitutions des grandes démocraties contemporaines[76], et, avec plus ou moins de succès, les constitutions des Etats francophones d'Afrique.

---

[71] V. Soma Traoré, « Le contrôle parlementaire du pouvoir exécutif en Afrique subsaharienne, *Annales Africaine*, pp. 281- 304.

[72] V. article 53 (nouveau) de la Constitution camerounaise actuellement en vigueur.

[73] F. Houquerbie, « La Constitution du Bénin et la théorie des contre-pouvoirs », in *La Constitution béninoise du 11 décembre 1990 : Un modèle pour l'Afrique ?*, Mélanges en l'honneur de Maurice Ahanhanzo-Glélé, L'Harmattan, Paris, 2014, p. 368 et s.

[74] K. Dosso, « Les pratiques constitutionnelles dans les pays d'Afrique noire francophone : cohérences et incohérences », *R.F.D.C.*, 2012/2- n° 90 ; p. 65.

[75] B. Guèye, op.cit, p. 14.

[76] Ph. Lauvaux et A. Le Divellec, *Les grandes démocraties contemporaines*, op.cit, p. 182 et s.

Doter les constitutions d'organes consolidants de la démocratie devient donc une mission qui figure en bonne place dans l'agenda des constituants dans les Etats francophones d'Afrique[77]. Lorsque l'on observe l'évolution de l'écrit constitutionnel desdits Etats, il se dégage une réelle émancipation des organes participant de l'amélioration de la démocratie. Certains sont des organes de réalisation, tandis que d'autres sont des organes de protection.

1. L'émancipation des organes de réalisation de la démocratie

L'essor de la démocratie dans une société est tributaire de l'effectivité et de l'autonomisation d'un ensemble d'organes. En l'absence de ceux-ci, la démocratie ne peut se réaliser convenablement. Si la démocratie est appréhendée comme « *une conception politique et juridique qui privilégie la diversité des oppositions des intérêts et de leurs groupements dans la société civile* [78]», c'est donc dans le texte constitutionnel qu'il convient de rechercher les instruments ou les organes qui lui permettent de se réaliser. A première vue, il s'agit plus précisément des partis politiques, dès lors que la règle du pluralisme politique est adoptée et dont le corolaire est le multipartisme[79]. Ainsi, le parti politique, pris dans sa dimension ontologique, devient un déterminant du multipartisme. Seulement, il ne faut pas perdre de vue que d'autres organes concourent aussi à la réalisation de la démocratie. Il est ainsi de l'opposition et de la société civile[80]. A l'observation, ces trois organes connaissent une certaine émancipation dans les développements constitutionnels des Etats francophones d'Afrique.

---

[77] Lire I. M. Fall, « Les révisions constitutionnelles au Sénégal », *Nouvelles Annales Africaines*, N°1/2010, p. 110 et s.

[78]K. Ahadzi-Nonou, op.cit, p. 59.

[79] Idem, p. 60.

[80] L'on n'oublie pas le rôle important joué par l'Administration électorale organisée autour des Commissions électorales nationales indépendantes et autres structures connexes. Seulement, le faible ancrage constitutionnel dont elles font l'objet amène à ne pas les aborder dans la présente étude. A l'exception de quelques constitutions, à l'instar de l'ancienne constitution nigérienne, qui consacre, en son article 6 la **CENI**, de l'actuelle constitution centrafricaine, qui institue une **Autorité Nationale des Elections**, rares sont les constitutions des Etats francophones d'Afrique qui donnent des bases constitutionnelles explicites à l'Administration électorale.

a. La maturation des partis politiques

Ancrée dans le constitutionnalisme des Etats francophones d'Afrique, la notion de parti politique[81] fait désormais l'objet d'une maturation. Il n'est plus possible de regarder cet organe seulement comme un objet politique[82], mais aussi et obligatoirement comme un objet constitutionnel, qui doit être respecté à sa juste mesure[83]. L'on est ainsi passé d'un simple hommage constitutionnel à une véritable reconnaissance constitutionnelle de la notion de parti politique.

Saisi par la constitution, le parti politique, dont il convient de relever les éléments de novation constitutionnelle, apparaît comme l'organe matriciel de la démocratie.

Aménagée dans le titre III de la nouvelle constitution sénégalaise, la notion de parti politique y est définie comme « *une association dotée de la personnalité morale qui rassemble des citoyens pour la conquête et la gestion pacifiques du pouvoir autour d'un projet de société dicté par le souci de réaliser l'intérêt général* [84]».

Par cette approche définitionnelle, le constituant sénégalais innove fondamentalement par rapport à la tradition constitutionnelle établie dans les Etats francophones d'Afrique[85]. Toutefois, convient-il de le souligner, le processus d'émancipation et, partant, d'individualisation du parti politique, ne se limite pas à sa seule définition constitutionnelle. D'autres paramètres y interviennent également.

En République Centrafricaine, la nouvelle constitution soumet les partis politiques au respect des principes de représentation du genre et des régions prévues par la loi[86]. La dimension genre doit donc irriguer la pensée et les agissements des partis politiques dans le jeu démocratique centrafricain. Par ailleurs, un bon dosage régional doit être fait et respecté dans le déploiement régional des partis politiques.

En Côte d'ivoire, la nouvelle constitution consacre le principe d'égalité des partis politiques[87]. Celui-ci signifie que les partis

---

[81] D-G. Lavroff, *Les systèmes constitutionnels en Afrique noire…*, op.cit, p. 68 et s.

[82] Dimitri-Georges Lavroff D-G. Lavroff, « Le statut des partis… », op.cit, p.210 et s.

[83] Lire D-G. Lavroff, *Le droit constitutionnel de la Ve République*, 3e édition, Dalloz, 1999, p. 400 et s.

[84] Cf. article 57 de la Constitution.

[85] Rares sont, en effet, les constitutions qui prennent le soin de définir cette notion.

[86] Cf. Article 31 de la Constitution du 30 mars 2016.

[87] Cf. Article 25 de la Constitution du 08 novembre 2016.

politiques ont des droits identiques et sont tous soumis aux mêmes obligations. Dès lors, il s'établit une égalité entre le parti politique au pouvoir et les autres partis politiques. Bref, dans le constitutionnalisme ivoirien aucun parti ne doit être au-dessus des autres.

Il certain nombre de constitutions donnent des bases constitutionnelles au principe du financement public des partis politiques. C'est le cas des constitutions congolaise[88], centrafricaine[89].

La maturation constitutionnelle des partis politiques ne se traduit pas uniquement en termes d'avantages, de droits et de privilèges. Les partis politiques sont aussi astreints au respect d'un ensemble d'obligations et devoirs dont dépendent la réalisation de la démocratie, l'intégrité de l'unité nationale et l'idéal républicain[90]. Ainsi, tous les partis politiques, de la majorité et/ou de l'opposition doivent agir dans le strict respect de la constitution et des valeurs démocratiques[91]. Il devrait en être de même de la société civile, reconnue au même titre que l'opposition par la constitution de certains Etats francophones d'Afrique.

b. La reconnaissance de l'opposition et de la société civile

A l'observation, le constitutionnalisme des Etats francophones d'Afrique ne peut plus être appréhendé sous le prisme d'un prétendu mimétisme[92]. En effet, « *la fracture constitutionnelle* », qui est perceptible au regard du temps écoulé[93], s'accompagne de l'inscription de dispositions atypiques dans les constitutions des Etats francophones d'Afrique[94].

---

[88] Cf. Article 59 de la Constitution.

[89] Cf. Article 31 de la Constitution.

[90] Diverses et variées, ces obligations, qui s'imposent aux partis politiques, se retrouvent dans la totalité des Constitutions des Etats francophones d'Afrique.

[91] C'est l'idée qui se dégage de l'arrêt *Parti de la prospérité (RP) et autres c/ Turquie* du13 février 2003 de la Cour européenne des droits de l'homme.

[92] G. Hesseling, « La réception du droit constitutionnel en Afrique noire trente-ans après : quoi de neuf ? », in *Constitutionalism in Africa*, Sanders Institut, 1996, pp. 36 et s.

[93] F. J. Aivo, « La fracture constitutionnelle : Crique pure du procès en mimétisme », in *La Constitution béninoise du 11 décembre 1990 : Un modèle pour l'Afrique ?*, Mélanges en l'honneur de Maurice Ahanhanzo-Glélé, L'Harmattan, Paris, 2014, p. 33 et s.

[94] D. Sy, « De quelques dispositions atypiques dans les Constitutions africaines », in *La Constitution béninoise du 11 décembre 1990 : Un modèle pour l'Afrique ?*, Mélanges en l'honneur de Maurice Ahanhanzo-Glélé, L'Harmattan, Paris, 2014, p. 273 et s.

A l'observation, il existe des tendances émergentes[95] et des avancées considérables[96]dans le nouvel ordre constitutionnel en Afrique en général, et dans les Etats francophones, en particulier. Il en est ainsi de la reconnaissance d'un statut constitutionnel d'une part à l'opposition, et, d'autre part, à la société civile.

Donnée essentielle de la démocratie en général[97] et de la démocratie constitutionnelle en particulier[98], l'opposition connaît un aménagement constitutionnel impressionnant dans les Etats francophone d'Afrique[99]. La plupart des constitutions des Etats francophones d'Afrique consacrent des dispositions pertinentes relatives à l'opposition[100] et qui font d'elle une institution constitutionnelle à part entière[101].

La constitution sénégalaise du 22 janvier 2001 est très claire sur ce point. Dans sa version remaniée à la faveur de la révision constitutionnelle du 05 mars 2016, elle garantit à l'opposition un statut qui lui permet de s'acquitter de ses missions. Dans le même ordre d'idées, elle précise que la loi définit ce statut et fixe les droits et devoirs y afférents ainsi que ceux du Chef de l'opposition[102]. Toutefois, l'opposition ainsi envisagée ne désigne pas une réalité exclusivement homogène comme c'est le cas de l'opposition en Grande Bretagne. En clair, elle « *ne désigne pas seulement le groupe politique le moins représenté à l'assemblée législative avec lequel, conformément au vœu de Kelsen, le gouvernement de l'État démocratique est susceptible de négocier des compromis mais surtout l'ensemble formé par les citoyens fondamentalement hostiles aux objectifs du régime en place, fussent-ils organisés ou non* »[103].

---

[95] F. J. Aivo, « Les tendances émergentes du nouvel ordre constitutionnel en Afrique », *Revue du Conseil constitutionnel*, N°4-2014, pp. 289-325.

[96] R. Dossou, « Flux et reflux dans le nouveau constitutionnalisme Africain », *Revue du Conseil constitutionnel*, N°4-2014, p. 334 et s.

[97] M. Sadoun, « Opposition et démocratie », *Pouvoirs*-108, 2004, p. 5 et s.

[98] M-C. Ponthoreau, « L'opposition comme garantie constitutionnelle », *R.D.P.*, N°4-2002, p. 1135.

[99] B. Guèye, op.cit, p. 10.

[100] Toutes ne le font pas de manière explicites les Constitutions sénégalaise et congolaise. D'autres le font de manière explicite. C'est le cas des Constitutions ivoirienne du 08 novembre 2016 (article 25) et centrafricaine du 30 mars 2016 (article 31),

[101] Lire l'article 63 de la nouvelle Constitution congolaise de 2015.

[102] Cf. Article 58.

[103] B. Guèye, op.cit, p. 11.

Pour sa part, la société civile[104]commence aussi à faire l'objet d'une consécration constitutionnelle dans les Etats francophones d'Afrique.

Souvent réclamée et invoquée dans le jeu démocratique, la société civile s'est toujours caractérisée par une existence clandestine parce que n'ayant pas de bases légales ou constitutionnelles. Pourtant, sa partition est somme toute importante dans l'éducation et la sensibilisation des populations en rapport avec le débat et le jeu démocratiques et des droits qui leur sont reconnus ou attribués[105].

Pour l'heure, et de toutes les constitutions des Etats francophones d'Afrique, c'est la nouvelle constitution ivoirienne 08 novembre 2016 qui est la première, et peut être la seule, à avoir consacré la société civile. En effet aux termes de l'article 26 de ladite constitution, la société civile est « *une composante de l'expression de la démocratie* » ; elle contribue « *au développement économique, social et culturel de la nation* ».

Par cette reconnaissance, la constitution ivoirienne témoigne, à suffisance, de la bonne progression de l'ingénierie constitutionnelle du constituant africain et de sa capacité à doter la démocratie constitutionnelle d'organes émancipés, prompts à la protéger contre les gouvernants et les gouvernés.

2. L'émancipation des organes de protection de la démocratie

Conçue comme un système politique et un système de garantie des droits et libertés, la démocratie a besoin d'être protégée à la fois contre les gouvernants et les gouvernés. Il s'agit d'un impératif juridique pour le constitutionnalisme des Etats francophones d'Afrique à l'ère du renouveau démocratique[106].

Par le passé, la démocratie dans les Etats francophone d'Afrique était gardée ou protégée par des organes dont l'indépendance et l'effectivité

[104] V. B. Guimdo, « La constitution de la société civile et de la société politique », *Collectif, Presses de l'UCAC*, Yaoundé, 1996, pp. 133-140.

[105] T. Holo, « Démocratie revitalisée ou démocratie émasculée ? Les constitutions du renouveau démocratique dans les Etats de l'espace francophone africain : régimes juridiques et systèmes politiques », *R.B.S.J.A.*, N°16, 2006, p. 31.

[106] B. Kanté, « Les juridictions constitutionnelles et la régulation des systèmes politiques en Afrique », in *Constitutions et pouvoirs*, Mélanges en l'honneur de Jean Gicquel, Montchrestien, Lextenso éditions, Paris, 2008, p. 275 et s.

étaient contrastées[107]. Les développements constitutionnels enregistrés dans ces Etats depuis les années 1990 s'inscrivent dans une dynamique protectrice des principes matriciels de la démocratie. A l'instar de la constitution dont les gardiens sont connus[108], la démocratie, en général, et constitutionnelle, en particulier, a désormais de nouveaux gardiens[109]. Parmi ceux-ci, on a la juridiction constitutionnelle et certaines Autorités administratives indépendantes.

a. L'autonomisation de la juridiction constitutionnelle

La démocratie dans les Etats francophones d'Afrique est désormais protégée par une juridiction constitutionnelle autonome. Elle est en principe révolue l'époque où la juridiction constitutionnelle était incarnée par des chambres spécialisées de la Cour Suprême[110], instance qui se situe au sommet du pouvoir judiciaire dont l'indépendance est garantie par le Président de la République, président du Conseil supérieur de la magistrature. Le Bénin, le Gabon, le Cameroun, le Sénégal, le Congo, le Togo, le Mali, et bien d'autres Etats francophones d'Afrique, se sont ainsi dotés chacun, d'une juridiction constitutionnelle autonome.

Au demeurant, avec la nouvelle vague de constitutionnalisme, et comme le note à juste titre le professeur Koffi Ahadzi-Nonou, l'on assiste à un changement de perspectives se traduisant notamment en ceci que, dans un grand nombre de pays, le constituant a choisi de créer des juridictions constitutionnelles indépendantes ou autonomes[111]. C'est justement cette autonomisation laisse subodorer leur crédibilité détermine leur efficacité. En effet, dans bon nombre d'Etats, les membres de ces juridictions sont nommés selon des modalités qui, en principe, crédibilisent et garantissent leur indépendance. Bon nombreux d'entre eux sont inamovibles et jouissent donc, en principe, d'une totale indépendance vis-à-vis de l'autorité de nomination.

---

[107] Idem, p. 45.

[108] I. Richir, « Le Chef de l'Etat et le juge constitutionnel, gardiens de la Constitution », *R.D.P.*, N°4-1999, pp. 1047-1066.

[109] K. Ahadzi-Nonou, op.cit, p. 50 et s.

[110] Le Tchad est revenu à ce modèle en 2017. La constitution camerounaise avait prévu des mesures transitoires qui faisaient survivre ce modèle de justice constitutionnelle ; mais depuis 2018, le Conseil constitutionnel prévue par ladite constitution est effectif.

[111] K. Ahadzi-Nonou, op.cit, p. 45.

Pouvant être saisies par des citoyens-gouvernants[112] ou par des citoyens-gouvernés[113], la juridiction constitutionnelle autonomisée, qu'il s'agisse d'une cour ou d'un conseil constitutionnel, s'érige alors en gardienne des principes et valeurs démocratiques. C'est ainsi qu'elle « *apparaît de plus en plus comme le meilleur protecteur des libertés publiques contre les violations émanant du pouvoir politique* »[114]. Tous les aspects de la vie démocratique ou presque sont saisis par la justice constitutionnelle dans les Etats francophones d'Afrique. Qu'il s'agisse des droits fondamentaux[115] et des modes d'expression de de la souveraineté[116], ils font tous l'objet d'une protection efficace et effective.

Au regard de ce qui précède, il découle que le nouveau constitutionnalisme africain s'inscrit résolument dans une dynamique protectrice de la démocratie dans laquelle d'autres organes ont également leur rôle à jouer. Il s'agit en effet d'une certaine catégorie d'Autorités administratives indépendantes dont l'irruption est perceptible dans certains ordres constitutionnels.

b. L'avènement des Autorités administratives indépendantes

L'ingénierie constitutionnelle dans les Etats francophones d'Afrique ne cesse de surprendre par sa spontanéité et son originalité. Connues pour faciliter les rapports entre l'Administration et les administrés[117], les Autorités administratives indépendantes font désormais une

[112] C'est le modèle de saisine le plus répandu. En son sein, seules les citoyens-gouvernants sont constitutionnellement habilités à saisir la juridiction constitutionnelle. Il s'agit entre autres du chef de l'Etat, des présidents des Assemblées parlementaires, de parlementaires selon un quota requis, et exceptionnellement les pouvoirs publics locaux comme c'est actuellement le cas au Cameroun.

[113] C'est le modèle le moins répandu dans les Etats francophones d'Afrique. On le retrouve au Bénin et au Gabon. Sous les Constitutions actuellement en vigueur dans ces deux Pays, le citoyen ordinaire est habilité à saisir le la juridiction constitutionnelle dès lors qu'il estime des actes juridiques à l'instar des lois et des décrets sont attentatoires à ses droits et libertés.

[114] T. Holo, op.cit, p. 27.

[115] L. Sindjoun, Les grandes décisions de la justice constitutionnelle africaine, Bruylant, 2009, p. 369 et s.

[116] Idem, p. 495 et s.

[117] A l'instar du *Médiateur de la République* ou du *Médiateur* sous la Constitution burkinabé, la nouvelle Constitution ivoirienne du 08 novembre 2016 et sous la Constitution congolaise de 2015.

irruption dans le champ démocratique, dotées à cet effet de bases constitutionnelles évidentes[118].

Au Bénin, la constitution du 11 décembre 1990 a mis en place une Autorité administrative indépendante chargée de garantir, d'assurer et de protéger la liberté de la presse ainsi que tous les moyens de communication de masse dans le respect de la loi[119]. Une telle mission est d'autant plus nécessaire que, comme, l'estime le Conseil constitutionnel français, la liberté de la presse est d'une importance fondamentale en démocratie[120]. L'exemple béninois n'est cependant pas le seul.

La nouvelle constitution centrafricaine institue aussi un Haut Conseil de la Communication[121]. Celui-ci est chargé de veiller à l'exercice de la liberté d'expression et d'assurer l'égal accès pour tous aux médias dans le respect de la législation en vigueur. Dans l'exercice de ses missions, il est investi de pouvoirs de régulation et de décision. C'est dans cette perspective qu'il peut infliger des sanctions infligées à toute personne ayant contrevenu à la législation relative au domaine relevant de sa compétence. La nouvelle Constitution congolaise de 2015 a, quant elle, institue, non seulement un Conseil supérieur de la liberté de communication[122], mais également une Commission nationale des droits de l'homme[123].

Quoiqu'il en soit, la création constitutionnelle des Autorités administratives indépendantes chargées de protéger des pans importants de la démocratie témoigne de la volonté des constituants africains de conjurer les démons du passé. Mais, ceci ne sera effectif que si les constitutions sont en permanence à l'abri des manipulations et des tripatouillages de toute sorte. Or, à l'observation, les constitutions des Etats francophones d'Afrique ne sont pas à l'abri de telles pratiques qui, malheureusement, fragilisent des pans entiers de la démocratie qu'elles promeuvent pourtant.

---

[118] T. Holo, op.cit, p. 30.

[119] Cf. Article 142 de la Constitution du 11 décembre 1990.

[120] Cf. *C. C. Décision n°84-181 – D. C., 10 et 11 Octobre 1984*, Rec. p. 73 et s.

[121] Lire les articles 136 et s. de la Constitution du 30 mars 2016.

[122] Lire le titre XV de la Constitution.

[123] Lire le titre XVI de la Constitution.

II. LA LIMITATION DE LA DEMOCRATIE PAR LA CONSTITUTION

Une chose est d'avoir une constitution imprégnée de principes et de valeurs démocratiques et une autre chose est de la faire respecter[124]. Sur ce point justement, la pratique constituante et les applications de la constitution dans les Etats francophones d'Afrique révèlent la vanité des principes et valeurs démocratiques insérés et célébrés dans les édifices constitutionnels, notamment ceux des années 1990[125]. En clair, les fruits ne tiennent pas toujours la promesse des fleurs[126].

Ce constat procède de ce que la constitution, censée incarner et perpétuer l'idéal démocratique, s'en est souvent détournée pour se transformer en un instrument de gestion et de conservation du pouvoir[127].

A l'épreuve du temps, comme l'observe le professeur Théodore Holo, « *les belles architectures et constructions érigées pour le rayonnement de la démocratie en 1990 sont progressivement laissées à l'abandon, quand elles ne sont pas purement et simplement saccagées. Elles sont devenues dans le meilleur des cas un musée de contemplation des valeurs démocratiques, car les réformes initiées dans la dernière décennie du XXème siècle n'ont souvent eu que des effets formels* [128]».

On serait tenté de croire que la démocratie n'est pas faite pour les Etats francophones d'Afrique ou que le règne ou la prégnance de la démocratie à travers la constitution est difficile voire impossible dans ces Etats[129].

---

[124] Cette remarque est déduite des propos du professeur Koffi Ahadzi-Nonou lorsqu'il fait observer à propos des nouvelles tendances du constitutionnalisme africain qu' « *il reste cependant vrai qu'une chose est d'énoncer des droits au bénéfice de titulaires et qu'une autre est de les faire respecter* ». In K. Ahadzi-Nonou, op.cit, p. 53.

[125] A. Kpodar, op.cit, p. 96 et s.

[126] T. Holo, op.cit, p. 31.

[127] Y. A. Faure, « Les constitutions et l'exercice du pouvoir en Afrique. Pour une lecture différente des textes », *Politique Africaine*, n°1, 1981, pp. 34-52.

[128] T. Holo, op.cit, p. 31.

[129] Car, comme le souligne, fort pertinemment, le professeur Koffi Ahadzi-Nonou, « *après quelques années d'euphorie, le constitutionnalisme africain est à nouveau sur la sellette. Fétichisé, sacralisé, et même canonisé, tout laissait entrevoir qu'il avait a nouveau retrouvé ses lettres de noblesse. Paradoxalement, l'espoir a laissé la place au désappointement rangeant une nouvelle fois le nouveau constitutionnalisme africain au rayon des illusions perdues* ». Cf., K. Ahadzi-Nonou, », in *La Constitution béninoise du 11 décembre 1990 : Un modèle pour l'Afrique ?* Mélanges en l'honneur de Maurice Ahanhanzo-Glélé, op.cit, p. 68.

S'il est certes vrai que la route de l'histoire n'est pas rectiligne et qu'elle comporte des sinuosités avec possiblement des retours en arrière[130], il ne faut cependant pas penser que le destin de la démocratie est voué à la fatalité dans son rapport avec les textes constitutionnels desdits Etats. Au demeurant, en dépit de nombreuses « attaques » constitutionnelles qui fragilisent la démocratie dans les Etats francophone d'Afrique, et qu'il sied de décliner (A), force est d'admettre que tout n'est pas perdu pour elle. Une inclinaison constitutionnelle pérenne au profit cette démocratie est possible, et même plausible (B).

A. LA DECLINAISON DE LA LIMITATION CONSTITUTIONNELLE DE LA DEMACRATIE

A l'exception du Bénin et du Mali, qui se caractérisent par une véritable stabilité constitutionnelle[131], les autres Etats francophones d'Afrique sont enclins à faire, à défaire puis à refaire leurs constitutions[132]. Dans ce registre, le Sénégal s'illustre particulièrement avec un nombre impressionnant de changements constitutionnels[133]. Le Cameroun, le Gabon, le Burkina Faso et le Togo s'illustrent, quant à eux, par un nombre relativement importants de changements constitutionnels[134].

Au demeurant, il n'y a pas de problème à ce que la constitution soit révisée dans un Etat, car comme le disait Jean-Jacques Rousseau, « *ce que le peuple a fait, il peut le défaire* ». D'ailleurs, en théorie constitutionnelle, la révision constitutionnelle est même encouragée[135]. Cependant, l'on ne devrait pas utiliser la procédure de révision constitutionnelle pour dévoyer la substance démocratique de la

---

[130] R. Dossou, op.cit, p.348.

[131] A ce jour, les constitutions béninoise et malienne du 11 décembre 1990 et du 27 février 1992 n'ont pas encore connu de modification.

[132] Lire F. Meledje Djedjro, « Faire, défaire et refaire la Constitution en Côte-D'ivoire : Un exemple d'instabilité chronique », *Draft presented at African Network of Constitutional Law conference on fostering constitutionalism in Africa Nairobi, April 2007*, 25p.

[133] A. Thiam, « Une Constitution, ça se révise ! ». Relativisme constitutionnel et Etat de droit au Sénégal », *Politique Africaine*, n° 108, 2007, pp. 145-153.

[134] Depuis 1990, le Cameroun comptabilise 3 révisions constitutionnelles, le Gabon en compte 5, le Burkina Faso s'illustre avec 6 et le Togo compte environ 3.

[135] E. Pierre, *Traité de droit politique, électoral et parlemen*taire, Edition Loysel, Tome I, 1889, p. 11.

constitution[136]. Celle-ci devrait être protégée contre des usages abusifs des procédures de révision. Mais, tel n'est pas toujours le cas, notamment lorsqu'on observe la trajectoire constitutionnelle de certains Etats francophones d'Afrique.

A l'observation, la démocratie constitutionnelle consacrée, à la suite d'énormes sacrifices, est en permanence dévoyée par de nombreux changements, voire manipulations constitutionnelles. C'est ainsi que certaines règles du jeu démocratique s'en trouvent édulcorées voire détériorées[137]. On note ainsi une certaine abondance des cas de faussement ou de dévoiement de la démocratie par la constitution. Il est ainsi, notamment, de l'étiolement des principes structurants de la démocratie et de l'enrôlement de la juridiction constitutionnelle, gardienne de la constitution.

1. L'étiolement des principes structurants de la démocratie

Les rapports entre la constitution et les règles de la démocratie ne sont pas toujours linéaires dans les Etats en voie de démocratisation. Globalement, certaines règles substantielles de la démocratie sont dévoyées par la voie constitutionnelle. Comme le souligne le professeur Jean du Bois de Gaudusson, « *certains gouvernants ont compris le parti qu'ils pourraient tirer de la légalité constitutionnelle n'hésitant plus à utiliser ouvertement, et conformément aux dispositions textuelles les possibilités offertes par les procédures et mécanismes de la Constitution sans en respecter ni l'esprit ni l'idéal qui ont fait la force historique du droit constitutionnel* [138]».

De toute évidence, on assiste à un faussement constitutionnel des règles du jeu démocratique à l'instar du principe électif, de la règle de l'alternance et de celle de la séparation des pouvoirs.

a. La remise en cause du principe électif

En règle générale, le principe électif joue un rôle primordial dans l'articulation de la démocratie. Il est au cœur du système de désignation

---

[136] A ce propos, l'article Premier du Titre VII de la Constitution française du 03 septembre 1791 justifie l'importance de la révision constitutionnelle. Au sens de celui-ci la révision constitutionnelle intervient pour « *réformer les articles dont l'expérience aurait fait sentir les inconvénients* ».

[137] B. Guèye, op.cit, p. 15.

[138] J. Du Bois de Gaudusson, op.cit, p. 339.

des gouvernants. Seulement, son efficacité dépend de l'aménagement libéral dont il fait l'objet dans les textes constitutionnels. Dans sa phase opérationnelle, ce principe induit un ensemble de considérations, à l'instar de la liberté de candidature, de l'origine élective des détenteurs de l'autorité de l'Etat.

Relativement à la liberté électorale ou de candidature, celle-ci est consacrée dans toutes les constitutions des Etats francophone d'Afrique. Elle apparait alors comme la prérogative reconnue à chaque citoyen de pouvoir postuler à une fonction élective dans le cadre des institutions étatiques.

Généralement, l'on limite la portée de cette liberté uniquement dans le cadre de l'élection aux fonctions de Président de la République, de député ou de sénateur. On minore ou ignore sa portée au niveau de la démocratie locale. Or, la liberté de candidature se manifeste aussi bien au niveau des élections nationales qu'au niveau des élections locales. Cette liberté inhérente au jeu démocratique se trouve dévoyée ou faussée dans certaines constitutions des Etats francophones d'Afrique. Concrètement, elle a connu des discriminations dommageables pour la démocratie.

S'il est vrai que la liberté de candidature ne peut pas être absolue, parce que devant être soumise à des conditions de forme et de fond essentielles[139], il reste que certaines d'entre elles revêtent un caractère démesurément injuste et reposent sur une volonté de fausser le jeu démocratique, notamment au niveau de l'élection présidentielle.

En Côte d'ivoire, par exemple, l'on se souvient du fameux alinéa de l'article 35 de la constitution du 23 juillet 2000, qui prévoyait que le candidat à l'élection présidentielle « *doit être ivoirien d'origine né de père et de mère eux-mêmes ivoiriens d'origine* ». A n'en point douter, cette limitation de la liberté de candidature était destinée à faire échec à la volonté de candidater d'une personne précise, à savoir M. Alassane Dramane Ouattara, actuel Président de la Cote d'Ivoire. Pourtant, à l'époque où cette limitation était insérée dans la constitution, cette dernière consacrait également le principe d'égalité des citoyens[140].

En excluant explicitement une catégorie de citoyens du droit de candidater à l'élection présidentielle, cette disposition constitutionnelle

---

[139] I. M. Fall, *Le pouvoir exécutif dans le constitutionnalisme des Etats d'Afrique*, L'Harmattan, Paris, 2008, p. 51.

[140] Cf. le préambule de la Constitution du 23 juillet 2000.

ramait à contre-courant du jeu démocratique. Il existe au Cameroun une disposition constitutionnelle similaire. En effet, celle-ci réserve l'éligibilité à la présidence de la République aux seuls camerounais d'origine[141]. En effet, le principe général consacré est celui de l'exclusion des candidats dotés de la nationalité acquise[142]. D'ailleurs, peu nombreuses sont les constitutions qui ne discriminent pas la nationalité acquise dans la course à l'élection présidentielle[143].

Cette discrimination relative à la liberté de candidature se manifeste aussi au niveau des élections locales. Au Cameroun, par exemple, la présidence du Conseil régional n'est pas ouverte de tous les citoyens. En effet, alors que le préambule de la constitution consacre le principe de l'égalité de tous les citoyens, la même constitution la limite en disposant que seules les personnalités autochtones de la région peuvent candidater à ce poste[144].

Relativement à l'origine élective des organes dépositaires de l'autorité de l'Etat, son destin constitutionnel est aussi biaisé. En effet, certaines constitutions vont à l'encontre de ce principe en consacrant la nomination de certains membres de la chambre haute du parlement que sont les sénateurs. Ce fut le cas en Côte d'Ivoire, à la faveur de la révision constitutionnelle du 02 juillet 1998. Tel est encore le cas au Cameroun où trente (30) sénateurs sur les cent (100) que compte le Sénat sont nommés par le Président de la République, à raison de trois (03) par région[145].

Il faut ajouter à ces dispositions constitutionnelles, qui faussent le jeu démocratique, la remise en cause de la limitation des mandats et du principe de la séparation des pouvoirs.

b. La remise en cause de la règle de l'alternance et du principe de la séparation des pouvoirs

En général, la limitation des mandats (durée et nombre), notamment présidentiels, et la séparation des pouvoirs sont perçus comme des ingrédients importants et forts de la démocratie.

---

[141] Cf. article 6 alinéa 5 de la Loi constitutionnelle du 18 janvier 1996.

[142] C'est le principe majoritaire dans les Constitutions des Etats francophone d'Afrique.

[143] En guise d'exception, il s'agit des Constitutions béninoise, sénégalaise, guinéenne et puis les nouvelles constitutions ivoirienne et centrafricaine.

[144] Cf. article 57 alinéa 3 de la Loi constitutionnelle du 18 janvier 1996.

[145] Article 20 al. 2 de la loi n°96/06 du 18 janvier 1996.

Pour ce qui est de la limitation des mandats, notamment présidentiels, elle est surtout regardée comme une condition de réalisation de l'alternance au pouvoir. Mais, ce qui fait le plus problème, c'est davantage la limitation du nombre des mandats.

Synonyme du principe de la rotation des postes[146], la limitation du nombre de mandats présidentiels est considérée par une bonne frange de la doctrine comme une garantie de l'alternance au pouvoir. Celle-ci se définit, en effet, comme « *un transfert de rôle démocratique au terme duquel, dans le respect des institutions, les partis d'opposition (ou une fraction d'entre eux) accèdent au pouvoir politique et les partis au pouvoir (ou une fraction d'entre eux) entre dans l'opposition* [147]».

D'origine lointaine[148], le principe de la limitation du nombre de mandats électifs s'est développé dans le constitutionnalisme des Etats-Unis d'Amérique du nord[149], puis dans le constitutionnalisme français[150], avant d'être introduit dans les constitutions des Etats francophones d'Afrique à partir des années 1990[151], à l'exception de ceux d'entre eux qui l'avaient consacré avant[152].

Comme un effet de mode, « *la production constitutionnelle au cours des transitions africaines* »[153] s'est effectuée avec une option en faveur de la limitation du nombre de mandats présidentiels[154]. C'est ainsi que les nouvelles constitutions et les constitutions révisées n'admettaient plus la présidence à vie, privilégiant donc la limitation du nombre de mandats présidentiels[155].

---

[146] A. Loada, « La limitation du nombre de mandats présidentiels en Afrique francophone », *Revue électronique Afrilex*, n°03/2003, p. 140.

[147] J.-L. Quermone, « L'alternance », in *O. Duhamel et Y. Mény (s. la dir. de), Dictionnaire constitutionnel*, op.cit, p. 25.

[148] A. Loada, op.cit, p. 140.

[149] A partir de 1951.

[150] Dès la Constitution de la IIe République, sous l'impulsion doctrinale d'Alexis de Tocqueville.

[151] A. Loada, p. 142.

[152] Le Togo, sous Constitution de mai 1963 ; le Sénégal, sous la révision constitutionnelle du 26 février 1970 ; le Mali, sous la constitution de 1974 ; et ; la Haute Volta (aujourd'hui le Burkina Faso), sous les constitutions de 1970 et 1977.

[153] A. Mampuya, « La production constitutionnelle au cours des transitions africaines », *Civitas Europa*, N°6- Mars 2001, pp. 57-76.

[154] A. Loada, op .cit, p. 142.

[155] Dans tous les Etats francophones d'Afrique ou presque, les constitutions limitaient le nombre de mandats présidentiels à un ou à deux, selon une durée plus ou moins longue.

Parée certes de vertus démocratiques[156], la limitation du nombre de mandats présidentiels a cependant volé en éclat avec le réveil des dinosaures et des tyrannosaures[157]. Le premier coup de massue est venu du Burkina Faso en 1997[158].

Contre l'avis de Koffi Annan, alors Secrétaire général de l'ONU, les constituants de la plupart des Etats francophones d'Afrique ont donc commencé à renier le principe de la limitation du nombre des mandats présidentiels au profit du celui de l'illimitation dudit nombre[159].

L'on assiste, cependant et fort heureusement, depuis quelques temps, à un retour progressif à la protection de ce principe de limitation dans quelques constitutions nouvellement adoptées[160] ou révisées[161].

Relativement au principe de la séparation des pouvoirs, son sort constitutionnel n'est pas non plus reluisant. Puissamment célébré dans le nouveau constitutionnalisme africain comme pour conjurer les démons de la confusion des pouvoirs qui avait caractérisée l'ancien constitutionnalisme[162], le principe de la séparation des pouvoirs peine à s'affirmer véritablement. En effet, la logique des contre-pouvoirs inhérente à ce principe constitutionnel tarde à se développer dans les constitutions des Etats francophones d'Afrique[163].

Au demeurant, indépendamment de la séparation organique des pouvoirs consacrée dans tous les ordres constitutionnels, la figure

---

[156] A. Loada, p. 145 et s.

[157] T. Holo, op.cit, p. 32.

[158] A. Loada, op.cit, p. 163.

[159] J.-L. Atangana Amougou, op.cit, p. 72.

[160] Lire par exemple la nouvelle Constitution centrafricaine du 30 mars 2016. Selon l'article 35 de cette Constitution, la durée du mandat du Président de la République est de cinq ans. Le mandat est renouvelable une fois seulement. Dès lors, nul ne peut exercer plus de deux mandats consécutifs ou le proroger pour quelque motif que ce soit. Dans le même sens, lire l'article 55 de la nouvelle Constitution ivoirienne du 08 novembre 2016.

[161] Notamment au Sénégal à la faveur de la révision constitutionnelle du 5 avril 2016. En effet, le nouvel article 27 dispose clairement que la durée du mandat du Président de la République est de cinq ans. Nul ne peut exercer plus de deux mandats. Plus intéressant encore est le nouvel article 103 de la Constitution. Dans son avant dernier alinéa, il est précisé que la forme républicaine de l'Etat, le mode d'élection, la durée et le nombre de mandat consécutifs du Président de la République ne peuvent faire l'objet de révision.

[162] B. Guèye, op.cit, p. 16.

[163] Lire Y.S. Lath, « La pérennisation du présidentialisme dans les Etats d'Afrique : Les repères d'un modèle africain de régime politique », in *La Constitution béninoise du 11 décembre 1990 : Un modèle pour l'Afrique ?*, Mélanges en l'honneur de Maurice Ahanhanzo-Glélé, op.cit, p. 285 et s.

présidentielle continue de fausser le jeu de l'équilibre entre les pouvoirs. A la vérité, la règle de la séparation des pouvoirs est vidée de son contenu par l'hypertrophie des pouvoirs reconnus par les constitutions au Président de la République[164].

De manière récurrente, les constitutions consacrent l'extension des pouvoirs présidentiels aussi bien dans la sphère du pouvoir législatif que dans celle du pouvoir juridictionnel[165]. Même la Constitution béninoise du 11 décembre 1990, généralement perçue comme un modèle, n'échappe pas à l'emprise présidentielle[166].

Non seulement la limitation du nombre de mandats présidentiels et la séparation des pouvoirs sont remises en cause par les constitutions de la plupart des Etats francophones d'Afrique, mais également les organes censés promouvoir l'idéal démocratique sont eux aussi frappés du sceau de « *quelques bizarreries constitutionnelles* »[167]qui font qu'ils soient enrôlés par l'organe exécutif. Il est ainsi de la justice constitutionnelle.

2. L'enrôlement de la justice constitutionnelle

Considérée comme un déterminant de la démocratie, la justice constitutionnelle, incarnée par des cours et/ou conseils constitutionnels dans les Etats francophones d'Afrique, souffre globalement de nombreux maux d'ordre constitutionnel. Certains sont liés au statut du juge constitutionnel ; tandis que d'autres sont relatifs à son champ d'intervention et au moment de sa saisine.

A ces maux connus et décriés[168], il en existe d'autres, notamment au Cameroun, qui compromettent la confiance pouvant être accordée au juge constitutionnel en tant que garant et consolidateur de la démocratie.

---

[164] B. Guèye, op.cit, p. 16.

[165] Y.S. Lath, op.cit, p. 301 et s.

[166] Sur ce point, lire F. Houquerbie, « La constitution du Bénin et la théorie des contre-pouvoirs », in *La Constitution béninoise du 11 décembre 1990 : Un modèle pour l'Afrique ?*, Mélanges en l'honneur de Maurice Ahanhanzo-Glélé, op.cit, pp. 367-379.

[167] L'expression bizarreries constitutionnelles est empruntée à Franc De Paul Tetang, in « De quelques bizarreries constitutionnelles relatives à la primauté du droit international dans l'ordre juridique interne : la Côte d'Ivoire et l'Affaire de l'élection présidentielle », *R.F.D.C.*, n°3, 2012, pp. 45-66.

[168] A. Soma, « Le statut du juge constitutionnel africain », », in *La Constitution béninoise du 11 décembre 1990 : Un modèle pour l'Afrique ?*, Mélanges en l'honneur de Maurice Ahanhanzo-Glélé, op.cit, pp. 451-480.

En effet, avant même que le Conseil constitutionnel, institué par la loi constitutionnelle du 18 janvier 1996 portant révision de la Constitution du 02 juin 1972, ne soit effectivement mis en place, une autre révision constitutionnelle, intervenue le 14 avril 2008, a pris le soin de le vider au niveau statutaire, sans pour autant, et en contrepartie, le renforcer matériellement[169].

Cette révision constitutionnelle a ramené la durée du mandat des conseillers constitutionnels, qui était de neuf (09) ans non renouvelable, à six ans, éventuellement renouvelable[170]. Or, la durée initiale était perçue comme un gage ou une garantie d'indépendance des conseillers constitutionnels vis-à-vis du Président de la République dont la durée du mandat est, quant à lui, de sept ans. Ce mandat était frappé, en effet, du sceau de l'inamovibilité, car une fois nommés, les conseillers allaient exercer leurs fonctions pendant neuf ans sans discontinuité.

La révision constitutionnelle intervenue le 14 avril 2008 a donc fragilisé le statut des conseillers constitutionnels, qui seront jugés par le Président de la République à l'aune de leur degré d'allégeance à son égard pour espérer un éventuel renouvellement de leur mandat.

In fine, la constitution peut, à certains égards, dévoyer la démocratie qu'elle promet pourtant par ailleurs. C'est le cas dans la majorité des Etats francophones d'Afrique. Mais, il ne faut pas croitre ou penser que la vocation de la Constitution est de fausser le jeu démocratique. Bien au contraire, elle est et doit demeurer le cadre et la mesure de la démocratie. Et pour le cas des Etats francophones d'Afrique, une inclinaison constitutionnelle pérenne au profit de la démocratie est possible et plausible en vue protéger la démocratie contre les assauts volontaires ou non de la Constitution.

B. L'INCLINAISON CONSTITUTIONNELLE PERENNE AU PROFIL DE LA DEMECRATIE

Le destin constitutionnel de la démocratie dans les Etats francophones d'Afrique doit être conforté et embelli. Il n'est pas

---

[169] Notamment l'élargissement de sa saisine à une autre catégorie de requérants, l'extension de son champ de compétences, son habilitation à effectuer un contrôle à posteriori, sa capacité à s'autosaisir etc.

[170] Lire l'article 51 alinéa 1 issu de la loi n° 2008/01 du 14 avril 2008 modifiant et complétant certaines dispositions de la loi n° 96/6 du 18 janvier 1996 portant révision de la Constitution du 2 juin 1972.

question de sombrer dans une sorte d'afro pessimisme donnant ainsi raison aux oiseaux de mauvais augure qui estiment que la démocratie n'est pas faite pour les peuples de cette partie du continent. A la vérité, la démocratie libérale est devenue une nourrice idéologique de la standardisation des systèmes d'organisation politique[171].

Diffusée par des instruments juridiques à vocation universel et régional, la démocratie ne peut plus être ignorée ni minorée par les Etats francophones d'Afrique qui ont tous souscrit à ces instruments. Dès lors, le reniement de la démocratie n'est plus possible dans ces Etats. Il est plutôt question pour eux de rechercher les voies et moyens pouvant lui permettre de s'enraciner définitivement dans l'instrument constitutionnel, au risque d'être bannis de la civilisation démocratique.

Dans cette perspective, la doctrine peut faire office de « médecin » prescrivant une thérapie à même de soigner ce mal être constitutionnel de la démocratie. Pour ce faire, deux voies devraient être explorées en vue de garantir le rayonnement permanent de la démocratie dans la vie de ces Etats.

La première voie réside dans l'apprentissage de la démocratie, de ses principes, de ses procédures et de ses vertus. Elle nécessite alors une élaboration consensuelle et concertée de la norme constitutionnelle. La seconde voie consisterait à développer le contrôle juridictionnel des lois de révision constitutionnelle. Ce volet n'est pas à négliger. En effet, on aura beau se doter de belles recettes démocratiques sur le plan constitutionnel, avoir une population suffisamment édifiée sur les questions démocratiques, mais si aucun contrôle juridictionnel n'intervient sur ces lois de révision constitutionnelle, la démocratie pourrait être toujours faussée.

1. La priorisation du consensus dans la production constitutionnelle

L'enracinement de la démocratie dans les Etats francophones d'Afrique ne peut pas s'accommoder avec des constitutions élaborées de manière arbitraire ou révisées de façon unilatérale. En effet, la vulnérabilité de la démocratie dans le constitutionnalisme de ces Etats

[171] L. Sindjoun, « Existe-il un patrimoine constitutionnel commun des sociétés politiques ? Temps mondial, démocratisation et problématique du constitutionnalisme planétaire », Inédit, p. 17.

est liée à la manière non consensuelle dont les changements constitutionnels s'effectuent. De manière générale, le consensus n'y est pas souvent recherché dans l'effectuation des changements constitutionnels. Les pouvoirs en place font semblant de se plier à certaines doléances, font des compromis de façade mais attendent le « bon » moment pour réécrire la Constitution à leur guise et selon leur bon vouloir[172]. La conséquence en est que les acquis démocratiques volent en éclat avec une facilité déconcertante.

L'exemple réussi d'un changement constitutionnel consensuel est fourni par la Constitution béninoise du 11 décembre 1990. Cette dernière, parce que rédigée de manière consensuelle, a échappé depuis lors aux assauts révisionnistes. A ce jour, cet édifice constitutionnel n'a jamais fait l'objet d'une modification. Le peuple béninois, soutenu par son juge constitutionnel, défend et protège le « *consensus national dégagé par la Conférence des Forces Vives de la Nation de février 1990 et consacré par la Constitution* » [173]. Dès lors, aucune révision de la Constitution béninoise n'est possible tant qu'elle ne se conforme pas à l'esprit de la Constitution[174].

En s'inspirant de ce modèle béninois, les autres Etats francophones d'Afrique peuvent se doter de Constitutions promotrices de l'idéal démocratique et bénéficiant d'un gage de stabilité. Ainsi, la condition maîtresse, au-delà de ce qui est souvent évoqué[175], est que les changements constitutionnels doivent résulter d'un consensus national. Grâce au consensus, les citoyens pourront mieux adhérer au règne de la Constitution puisqu'ayant eux-mêmes contribuer à sa formation. Ils la défendront alors en tout temps contre d'éventuelles violations et manipulations et les modifications constitutionnelles déconsolidantes ou peu consolidantes de la démocratie auront peu de chance de prospérer pour défaut de consensus.

---

[172] Sinon comment comprendre les remises en dont font l'objet les belles architectures constitutionnelles édifiées de manière prétendument consensuelles dans ces Etats au début des années 1990 ?

[173] Lire à cet effet la *Décision DCC 06-074 du 8 juillet 2006.*

[174] I. Salami, « Le pouvoir constituant dérivé à l'épreuve de la justice constitutionnelle béninoise », *RTSJ*, N°0000, Janvier/Juin 2011, pp. 45-65.

[175] Sans en négliger leur portée, la culture démocratique et la culture constitutionnelle sont-elles-aussi évoquées comme des ingrédients nécessaire à l'éclosion de la démocratie et à son enracinement. Sur la question, on lira utilement J. du Bois de Gaudusson, « Constitution sans culture constitutionnelle… », op.cit, p. 342 et s, T. Holo, op.cit, p. 40, K. Ahadzi-Nonou, op.cit, p. 68 et s.

A la vérité, la priorisation du consensus dans la production constitutionnelle est un non seulement un gage de stabilité constitutionnelle, mais aussi un moyen d'enrichissement constitutionnel. Elle ne saut donc être un moyen d'assèchement du contenu démocratique de de la constitution[176].

Mais, le consensus à lui seul ne suffit. Il est aussi nécessaire de développer le contrôle juridictionnel des lois de révision en vue de protéger ce qui peut apparaitre comme des acquis démocratiques.

2. La généralisation du contrôle juridictionnel des lois de révision constitutionnelle

Dans leur immense majorité, les Constitutions des Etats francophones d'Afrique ne consacrent pas explicitement le contrôle juridictionnel des lois de révision constitutionnelle. A ce jour, seulement trois Etats francophones d'Afrique consacré ce controle[177]. Or, à bien des égards, c'est par le truchement de la procédure de révision constitutionnelle que de nombreux pans de la démocratie sont supprimés et enlevés des textes constitutionnels.

Le développement du contrôle des lois de révision par la juridiction constitutionnelle apparait alors comme un rempart contre des révisions constitutionnelles opportunistes et intéressées et au demeurant, dommageables pour les acquis et avancées constitutionnelles. Pour ce faire, les constituants des Etats francophones d'Afrique gagneraient à consacrer cette modalité de contrôle afin de garantir non seulement la constitutionnalité formelle de la procédure de révision, mais aussi la constitutionnalité matérielle du contenu de la révision constitutionnelle.

Même en l'absence d'une consécration constitutionnelle de ce type de contrôle, les juges constitutionnelles ne doivent plus s'abstenir de l'exercer. Elle n'est plus défendable l'attitude du juge constitutionnel qui consiste à refuser de statuer sur la constitutionnalité des lois de révision en s'abritant sur des arguments fallacieux et contre-productifs. La vocation originaire d'un juge constitutionnel n'est-elle pas de protéger la Constitution contre vents et marrées ?

---

[176] Les modifications constitutionnelles consensuelles pouvant par exemple permettre le renforcement du système démocratique dans son ensemble. Sur ce point, lire F. J. Aïvo, « Les tendances émergentes… », op.cit, p. 309.

[177] Il s'agit du Bénin, du Mali et du Gabon.

Quoiqu'il en soit, il est indéniable que le rayonnement constitutionnel de la démocratie dans les Etats francophones d'Afrique dépend de la capacité du juge constitutionnel à effectuer un contrôle rigoureux et audacieux des lois de révision susceptibles d'attenter à la démocratie. Sans ce contrôle, les acquis démocratiques pourraient être remis en cause, sauf à considérer la capacité du peuple à résister à l'oppression par des mécanismes comme les révolutions, ce qui est bien douteux, voir problématique dans bien des Etats francophones d'Afrique.

CONCLUSION

Il se dégage de ce qui précède que la relation entre la constitution et la démocratie dans les Etats francophones d'Afrique ressemble à une vie de ménage. D'un côté, la constitution se montre favorable au rayonnement de la démocratie, parvenant même à s'illustrer comme un moyen de promotion de la démocratie. Mais de l'autre côté, en revanche et paradoxalement, elle se révèle hostile au développement de la démocratie, en faussant considérablement ses principes, procédures et organes de réalisation et de protection.

Quoiqu'il en soit, et malgré tout, on ne peut pas pour autant dresser l'acte de décès de la démocratie dans les Etats francophones d'Afrique car rien n'est perdu pour elle et elle-même n'y est pas perdue.

Au-delà de l'inclinaison constitutionnelle pérenne souhaitée ou envisagée au profil de la démocratie, il est souhaitable que l'esprit et la culture démocratiques se développent d'avantage dans les Etats francophones d'Afrique.

C'est certainement à ce prix que l'on passera de la promotion constitutionnelle de la démocratie à son effectivité concrète, car comme disent les marxistes, « *la théorie sans pratique est nulle et la pratique sans théorie est aveugle* ». En tout cas, il ne faut laisser le temps au temps mais plutôt laisser au temps démocratique son temps.

Bernard-Raymond GUIMDO DONGMO

Professeur agrégé de droit public et de science politique

Université de Yaoundé 2-SOA (Cameroun)

Patrick Edgard ABANE ENGOLO

LES FIGURES DE LA CONSTITUTION MATÉRIELLE EN AFRIQUE

INTRODUCTION

Le continent africain est singulier dans le cadre de son rapport au droit. Du point de vue de son émancipation juridique, il peut être considéré comme né probablement après les Amériques, le vieux continent demeurant l'Europe. Dès lors, il a parfois été formulé que l'Afrique coloniale n'avait pas d'Etats. En fait, il existait un certain nombre d'organisations sociales parce que ce continent comportait plusieurs sociétés traditionnelles. Celles-ci sous forme de royaumes, empires et autres chefferies étaient des communautés d'individus régis par des règles et principes coutumiers bien établis.

Les sociétés traditionnelles africaines pouvaient néanmoins être considérées comme des États en miniature, car ces sociétés avaient des principes coutumiers fondamentaux. Leurs organisations, populations et territoires permettaient d'admettre qu'il n'y avait certes pas d'Etats modernes en Afrique précoloniale, mais que le phénomène étatique y était consacré.

Pour autant, c'est avec l'arrivée des occidentaux que s'est implanté l'Etat moderne. Cette dernière catégorie n'est rien d'autre que l'aboutissement de la doctrine contractualiste, et son incarnation est la Révolution française.

L'Etat moderne est d'une part caractérisé par l'essor de la République, c'est-à-dire la forme de regroupement politique où il n'y a ni personnalisation ni appropriation du pouvoir politique sur un territoire, et d'autre part à partir des évènements de Westphalie par la construction de la souveraineté. Ainsi, un Etat est désormais reconnu comme tel par sa souveraineté et du moment qu'il comporte une population, un territoire et un Gouvernement. Ces tous derniers facteurs autant que le premier sont appréhendés, reconnus et formalisés dans l'acte constitutionnel. On peut donc dire qu'il y a un lien intime entre Constitution et Etat car sous l'ère actuelle, il n'y a point d'Etat sans Constitution[1] et surtout, c'est la Constitution qui orchestre fondamentalement l'organisation et le fonctionnement de l'Etat.

L'Etat moderne d'abord et le phénomène constitutionnel ensuite, surgissent en Afrique avec l'arrivée des occidentaux, sous le prisme principal de la colonisation. Le départ de ces derniers constitue l'ère des indépendances inaugurée par le Libéria en 1847 (fin de l'American colonisation society). La RSA et l'Egypte emboitent le pas en 1910 et 1922 et il faut indiquer que la Namibie obtient son indépendance en 1990. Malgré ces disparités et écarts dans les dates, la plupart des indépendances surviennent dans les années 60 et aujourd'hui, le continent africain est constitué de cinquante-cinq (55) Etats tous dotés de constitutions écrites.

En prenant comme base 1960 sans oublier qu'avant et après cette période, d'autres Etats africains accèdent à l'indépendance, on peut classifier les évolutions constitutionnelles dans ce continent en 4 périodes, âges, ou orientations à savoir :

Les Constitutions fondamentales et des libertés. Elles sont dans chaque Etat le premier texte survenant aux lendemains des indépendances qui organise politiquement l'Etat. Ces textes fondateurs étaient pour la plupart libéraux pour des raisons que, les anciennes

---

[1] La prolifération des Gouvernements de transition, la recrudescence des compromis politiques ou la « *valse des arrangements politiques* » selon la formule du Doyen DJEDJRO peut conduire à relativiser une telle thèse. Mais la validité de ces formules de crise demeure discutée en doctrine. Sur cette question, lire : DJEDJRO (F.M.), « Le gouvernement dans la Constitution de Côte d'Ivoire » (2010) 41 in *RID* pp. 167-171. Id., « Principe majoritaire et démocratie en Afrique », in *RID*, n° 39, 2008, p. 12 ; TUEKAM TATCHUM (C.), « Les chartes de transition dans l'ordre constitutionnel des Etats d'Afrique noire francophone : étude à partir des exemples du Burkina Faso et de la République centrafricaine », in *Revue-CAMES*, n°001/2016, p. 30 ; GAUDUSSON (J. du Bois de), « L'accord de Linas Marcoussis, entre droit et politique », in *AC*, n° 206, 2003, p. 42. Id., « Point d'actualité sur les modalités de production du droit constitutionnel dans les États africains francophones », in *Mélanges en l'honneur de Patrice GELAR*D, Montchrestien, 1999, p. 341 ; PERLO (N.), « Les constitutions provisoires, une catégorie normative au cœur des transitions constitutionnelles », in *AFDC*, 2014, Atelier F « Transitions constitutionnelles », 33p ; MAMBO (P.), « Les rapports entre la constitution et les accords politiques dans les États africains : réflexion sur la légalité constitutionnelle en période de crise », in *Revue de droit de McGill*, vol.57, n°4, 2012, pp. 923-952 ; MANDJEM (P. Y.), « Les gouvernements de transition comme sites d'institutionnalisation de la politique dans les ordres politiques en voie de sortie de crise en Afrique ? », in *RARI*, vol.12, n°1 et 2, pp. 81-182.

métropoles s'étaient assurées que leur modèle d'organisation devait être répliqué et dans la mesure où les gouvernements étaient encore en quête de légitimité[2].

Les Constitutions développementalistes. Elles sont malheureusement devenues l'identité de plusieurs Etats africains. En effet, ce sont ces constitutions qui remplacent rapidement les premières constitutions formelles. Leur dispositif liberticide est très souvent attentatoire aux libertés par l'institution de présidentialismes, voire directement de régimes autoritaires afin de consolider le pouvoir unipersonnel du chef de l'exécutif. Ces constitutions renforcent le pouvoir de l'exécutif et elles sont élaborées à l'aune des fraudes à la Constitution[3].

Les Constitutions libérales. Ce troisième cycle survient au début des années 90. Il correspond à la « *troisième vague de démocratisation* »[4] qui s'est formée dans les années soixante-dix dans les pays d'Europe méridionale, et a déferlé à la fin des années quatre-vingt-dix en Afrique noire francophone[5]. La survenance du vent de l'est et la dislocation du bloc soviétique accompagnée de la chute du mur de Berlin, donnent lieu à de nouvelles perspectives pour le monde et pour

---

[2] Les systèmes politiques africains, dans leur grande majorité, ne sont pas nés ex nihilo et ne vivent pas en autarcie. Ils sont largement influencés par les systèmes politiques de l'extérieur et parfois sont simplement, pour reprendre la formule du Professeur Luc SINDJOUN une « *invention occidentale* ». V. SINDJOUN (L.), *Sociologie des relations internationales africaines*, Paris, Karthala, 2002, p. 9. Pour approfondir sur le mimétisme, lire utilement : MENY (Y.) (dir.), *Les politiques du mimétisme institutionnel. La greffe et le rejet*, Paris, l'Harmattan, coll. « Logiques politiques », 1993, 283 p ; MAS (J.-C.), *Le mimétisme constitutionnel en Afrique noire : contrainte ou alternative ? L'exemple des Etats issus de la colonisation française*, Mémoire de DEA, Etudes Africaines, CEAN-IEP-Université de Bordeaux 1, 1995, 70 p ; GAUDUSSON (J. du Bois de), « Les nouvelles Constitutions africaines et le mimétisme », in Dominique DARBON et Jean du Bois de GAUDUSSON (dir.), *La création du droit en Afrique*, Paris, Karthala, 1997, pp. 309-316 ; GONIDEC (P. F.), « Constitutionnalisme africain », in *RJPIC*, 1986, n°1, p. 49.

[3] Les Etats africains, dès le début des indépendances, se sont assignés une mission de développement. Le pouvoir exécutif, bras séculier de l'Etat, s'est vu renforcer pour promouvoir le développement. Sur l' « *omnifonctionnalité* » de l'exécutif notamment de son chef, lire : CONAC (G.), *Les Institutions constitutionnelles et politiques des Etats d'Afrique noire francophone et de la République malgache* (dir), Economica, 1979, p. 56. OWONA (J.), « Le pouvoir exécutif », in *Encyclopédie Juridique de l'Afrique*, t. I, « l'Etat et le droit », Dakar, Lomé, Abidjan, NEA, 1982, p. 97. PRELOT (M.) et LESCUYER (G.), *Histoire des idées politiques*, Précis Dalloz, 10e éd., 1990, p. 466 et s.

[4] HUNTINGTON (S.), *Troisième vague : les démocratisations de la fin du vingtième siècle*, Paris, Nouveaux Horizons, 1996. Version française.

[5] MADIOR FALL (I.), *Le pouvoir exécutif dans le constitutionnalisme des Etats d'Afrique*, Paris, l'Harmattan, 2008, p. 33.

l'Afrique. Ainsi, les occidentaux vont suggérer de manière impérative la démocratisation et partant le multipartisme qui deviendrons les contreparties des aides au développement. Ceci va donner lieu à de forts changements généralement sous l'égide de conférences nationales (souvent souveraines)[6], pour aboutir à des constitutions ouvertes à la démocratie[7].

Les Constitutions néo-libérales. Elles sont modifiées ou élaborées dans une perspective libérale et tendent à asseoir l'Etat de droit, même si plusieurs sont marquées par une consolidation du pouvoir du Chef de l'exécutif. Pour autant, la majeure partie est issue des grands débats et fait suite à des soulèvements populaires. Aussi, ces constitutions néo-libérales sont pour certaines issues des refus populaires de la non alternance. On peut citer, les constitutions révolutionnaires du Maghreb dans les années 2010, avec la révolution de Jasmin en 2011 en Tunisie.

Ces différents cycles constitutionnels ont impacté sur la plupart des Etats africains parce que les constitutions ont évolué avec des contenus qui les rapprochent de plus en plus, faisant voir qu'il y a une mondialisation des dispositifs constitutionnels.

A travers la théorie Kelsenniène, le regard est porté sur la *grundnorm* ou loi fondamentale. La Constitution est aujourd'hui acceptée comme étant la loi fondamentale dans la mesure où tout l'ordonnancement juridique est bâti sur la Constitution qui en est donc le fondement. Il n'est point possible qu'une norme soit positive si elle

---

[6] La conférence nationale est dite souveraine lorsqu'elle a une valeur « exécutoire ». Les Etats concernés par les conférences nationales souveraines sont le Bénin, le Mali, le Niger, le Congo-Brazzaville, le Tchad, le Togo, Madagascar. A l'opposé, la conférence nationale non souveraine n'avait qu'une valeur « *recommandatoire* » pour utiliser une terminologie du droit international. Le pays concerné ici est le Gabon. Mais d'autres Etats s'en rapprochent à l'exemple du Burkina Faso par son « *Forum de réconciliation nationale* » et ses « *Assises nationales sur l'Avant-projet de la Constitution* » qui se sont tenus dans le courant de l'année 1992 et la « *Tripartite camerounaise* » regroupant des représentants du pouvoir, de l'opposition et de la société civile. V. MANDIGUI (Y.), « Les vicissitudes de la transition démocratique tchadienne », in *RJPIC*, n°49, oct-déc. 1995, pp. 304-321 ; AICARDI (M.), « La conférence nationale du Tchad du 15 janvier au 7 avril 1995 », in *AC*, n°167, 1993, pp. 41-44 ; KAMTO (M.), « Les conférences nationales africaines ou la création révolutionnaire des Constitutions », in *La création du droit en Afrique,* DARBON (D.) et DE GAUDISSON (J. du bois) (dir.), Paris, Karthala, 1997, pp. 177-195.

[7] On peut dire de la conférence nationale qu'elle est « *un forum de négociations politiques qui a permis – dans les pays où elle s'est tenue – le passage d'un régime politique autoritaire à un régime politique pluraliste* ». V. MANKOTAN (J.P.), « Une nouvelle voie d'accès au pluralisme : la conférence nationale souveraine », in *Afrique 2000*, n°7, oct-déc. 1991, pp. 41-55.

contredit la Constitution[8]. A défaut, elle est une norme négative, pour ne pas dire non existante. La Constitution est la clé de voûte et plus encore un phare qui indique la route au législateur, et aux autres autorités édictant les discours-objets.

Plusieurs appréhensions de la Constitution existent. Certains distinguent la Constitution souple de la Constitution rigide. Il s'agit de la déclinaison formaliste parce que la division vient de ce que la Constitution souple peut être modifiée par des procédures simplifiées, tandis que celle rigide est complexe dans sa révision. La rigidité de la Constitution a pour finalité de faire éviter les modifications au gré des caprices des gouvernants. Toutefois, même les Constitutions souples comportent des dispositions intangibles. Pour les constitutions rigides, on peut citer les exemples Suisse et Danois où le référendum est obligatoire quand il s'agit de la révision. En Allemagne par contre, la Constitution est souple parce que les chambres réunies votent au 2/3 la révision de la Constitution.

Le phénomène constitutionnel est allé en s'accroissant de sorte que de nos jours on parle de bloc de Constitutionalité. En fait, d'autres dispositifs non contradictoires, et de consécrations également supérieures complètement la Constitution. Les déclarations des droits fondamentaux en font partie. Les lois organiques permettent d'expliciter et de donner de la vigueur aux orientations fondamentales de la Constitution. La jurisprudence constitutionnelle est également dans ledit bloc.

Une autre distinction oppose Constitution formelle et Constitution matérielle. Elle est formelle par sa procédure d'édiction qui est spéciale. On en conclurait que la Grande Bretagne n'a pas de constitution formelle. La Constitution matérielle s'appréhende à partir du contenu ; c'est-à-dire des dispositions écrites dans le document qui tient lieu de Constitution. Ces dispositions sont les déclarations des droits et le corpus juridique qui organise les pouvoirs.

---

[8] La Constitution, étant la norme suprême, n'a point d'autre fondement de validité qu'elle-même ; validité qui doit simplement être acceptée. C'est donc « *son inscription dans un ordre juridique qui confère à une norme sa validité, c'est-à-dire son caractère spécifiquement juridique* » souligne BRAMI. V. BRAMI (C.), *La hiérarchie des normes en droit constitutionnel français : essai d'analyse systémique*, Thèse pour le Doctorat en droit public, Université Cergy Pontoise, 2008, p. 1 ; KELSEN (H.), *Théorie générale du droit et de l'Etat*, Bruxelles-Paris, Bruylant, LGDJ, 1997, p. 55.

A partir de cette dernière acception, le questionnement suivant peut être formulé en Afrique, quelles figures arborent les constitutions matérielles ?

A titre préalable, il est impératif de préciser que difficilement, l'on puisse parler de la constitution matérielle en Afrique, parce que les divergences existent entre les différents ordres constitutionnels. Un débat survient justement sur l'existence d'un ordre juridique africain. En fait, le droit dans les Etats de ce continent est marqué par la religion, la culture, et l'histoire, tous produisant dans les dispositifs, des divergences entre certaines options juridiques de ces Etats. Pour autant des points de convergences sont décelés, les similarités provenant des proximités géographiques, linguistiques[9] et historiques[10], ce qui amène à constituer des blocs, qui sont eux même de plus en plus convergents du fait de la mondialisation, et donc de l'harmonisation universelle des principes constitutionnels pouvant conduire à déduire de l'existence d'un modèle de Constitution matérielle. L'histoire par la colonisation a fait qu'on ait des blocs d'anciennes colonies françaises, anglaises, etc. Cela permet d'avoir aujourd'hui le Maghreb ; l'Afrique francophone, l'Afrique anglophone mais aussi les lusophones qui se rapprochent des francophones. Ainsi, les Etats par ces blocs constatés et du fait de l'assimilationnisme ont constitué des droits similaires.

Du point de vue contextuel, les Constitutions des Etats africains s'inscrivent dans la mouvance du constitutionalisme, qui suppose l'existence d'une Constitution[11], mais aussi que celle-ci corresponde à

---

9 Sur le plan linguistique, certains Etats africains ont le français comme langue officielle ou comme l'une des langues officielles dans le cadre de ce qu'il est convenu d'appeler aujourd'hui : « Etats d'Afrique noire francophone ». Les États de cet échantillon sont : le Bénin, le Burkina Faso, le Cameroun, la République centrafricaine, le Congo Brazzaville, la République Démocratique du Congo, la Côte d'Ivoire, le Gabon, la Guinée, Madagascar, le Mali, le Niger, le Sénégal, le Tchad et le Togo.

10 Sur le plan historique, certains Etats africains ont en commun le droit français comme source d'inspiration. Ce dernier demeure la source essentielle d'inspiration ou de référence dans laquelle s'abreuve la plupart des États africains francophones. À ce propos, étudiant la réception du droit administratif français en Afrique francophone, le Doyen Magloire ONDOA souligne à juste titre que : « *la doctrine, la jurisprudence et les textes français comblent les vides supposés ou réels et inondent les allées des études juridiques relatives à l'Afrique. Mieux le droit français, érigé en modèle, fournit la base de la plupart des raisonnements et fonde les rares satisfécits adressés au juge africain concerné ou les fréquentes récriminations dont il fait l'objet* ». ONDOA (M.), « Le droit administratif français en Afrique francophone : contribution à l'étude de la réception des droits étrangers en droit interne », in *RJPIC.*, n°3, 2002. p. 288.

11 Francis WODIE considère le constitutionnalisme dans sa signification immédiate, à savoir l'existence, au sens formel, d'une Constitution « *qui sert de support à la vie politique* ». WODIE

la prescription de l'article 16 DDHC de 1789 « *toute société dans laquelle la garantie des droits n'est pas assurée ni la séparation des pouvoirs déterminée n'a point de Constitution* ». Et les évolutions proviennent aussi des exigences et pressions des partenaires au développement. Au surplus, la Constitution en Afrique exprime aussi une émancipation des peuples africains dont l'un des actes forts est la CADHP de 1981.

L'objectif des actes constitutionnels est de répondre aux exigences de l'Etat de droit, par la fécondation d'un dispositif validant la séparation des pouvoirs et sacralisant les droits fondamentaux, de sorte que la Constitution s'apparente à un ordre de valeurs.

Les Constitutions des Etats africains font en général mauvaise presse parce que du point de vue formel, leurs procédures d'élaboration étaient et sont encore critiquables. En effet des points plus qu'importants de la Constitution, qui impactent sur l'avenir de la Nation, subissent des révisions par les parlements qui au regard du fait majoritaire, sont acquis à la cause de l'exécutif. Ces parlements qui statuent comme pouvoir constituant dérivé, viennent alors dans un contexte problématique, parfois modifier les bases fondamentales de l'Etat.

Le regard porté aux Constitutions matérielles en Afrique impose alors un échantillonnage. Les Etats comme le Cameroun, la République Centrafricaine, la Guinée Equatoriale ont des textes constitutionnels quasi-semblables. Les Etats Togolais, Sénégalais, Béninois peuvent aussi être regroupés sous le prisme des convergences matérielles de leurs textes constitutionnels. A titre comparé : le Nigéria, la République Sud-Africaine, et le Kenya par leur rapprochement historique sont également à examiner. Enfin le Maroc et le Congo complètent ces échantillons. Le premier par la spécificité de son régime politique, et le second par son attraction vers les constitutions anglo-saxonnes.

En compulsant ces textes constitutionnels, des tendances liées à leur volume et au renforcement des pouvoirs du chef de l'exécutif émergent. Ceci amène à dire que du point de vue matériel, les Etats africains ont d'une part des Constitutions inutilement inflationnistes (I) et d'autre part des Constitutions apparemment présidentialistes (II).

(F.), « Régimes militaires et constitutionnalisme en Afrique », in *Penant*, n°803, juin-septembre, 1990, p. 197. Lire également BRETON (J.-M.), « Le sacré et le constitutionnalisme. De la légitimation à la disqualification du pouvoir », *Droit et culture*, in *RTAH*, n° 12, 1986, p. 105 et s.

I. DES CONSTITUTIONS INUTILEMENT INFLATIONNISTES

A ce niveau, il faut rester dans la rigueur des dispositions du pouvoir constituant. Dans ce cas, il sied de ne s'attarder que sur la Constitution isolement, en oblitérant ses satellites qui constituent le bloc de constitutionalité. Dès lors, les décisions du juge constitutionnel, les instruments internationaux et lois organiques ne sont pas à examiner à la différence de la Constitution elle-même, stricto sensu, qui pour la plupart des Etats d'Afrique, s'avère inflationniste du fait de l'augmentation des normes dans la Constitution. L'augmentation du volume des Constitutions correspond à une écriture de ces textes avec plus de dispositions, mais aussi par la quête de précision des normes. On y retrouve alors des dispositions en trop (A). Cette approche donne lieu à une dévalorisation de la Constitution (B).

A. L'APPRÉHENSION DES DISPOSITIONS EN TROP

Dans la conception et la rédaction des normes juridiques, il est nécessaire que les dispositions soient succinctes, nécessaires et impératives. Mais alors, l'on recense dans l'espace de cette étude des dispositions constitutionnelles bavardes et équivoques.

1. Les dispositions bavardes

L'examen des textes constitutionnels donne comme résultat la subdivision de la constitution en deux. On retrouve ainsi une constitution sociale et une constitution politique. La constitution sociale est en réalité la déclaration des droits qui peut prendre la forme de préambule. Pour la constitution politique, elle est le second segment de l'article 16 (DDHC). En fait, la constitution sociale consacre les droits, tandis que la constitution politique organise la séparation des pouvoirs en régissant la vie politique. S'agissant de cette dernière, il y a une augmentation mais elle est à relativiser. En fait, l'augmentation dont il s'agit cible une diminution du pouvoir exécutif et une consolidation de l'équilibre du pouvoir par la séparation horizontale et verticale des pouvoirs dont le garant suprême est le juge constitutionnel[12].

---

[12] Le garant politique de la Constitution dans la plupart des Etats est le président de la République. « *Le président de la République veille au respect de la Constitution* », c'est en substance ce qui

La séparation verticale est constituée, non seulement des collectivités infra étatiques dont les marques majeures sont les Collectivités Territoriales Décentralisées, mais aussi des administrations singulières désignées comme Autorités Administratives Indépendantes. Par voie de conséquence, la constitution politique est enrichie par les dispositions qui visent notamment le juge constitutionnel, la décentralisation mais aussi l'intégration dans certains cas de dispositions sur les Autorités Administratives Indépendantes.

La constitution sociale est le morceau du texte constitutionnel qui a fortement pris du volume. En fait, cette trajectoire est issue de la progression des droits générationnels. En effet, si au départ le postulat était aux droits civils et politiques[13], l'Etat moderne intègre aujourd'hui les droits de quatrième génération, qui par exemple codifient la manipulation des éléments humains. Il n'y a pas eu disparition de la première génération et les Etats africains se sont arrimés au rajout de droits fondamentaux nouveaux sur d'autres droits fondamentaux anciens.

De manière diachronique, il est intéressant de jeter un regard sur les Constitutions des Etats africains d'expression anglaise. Celles-ci sont particulièrement volumineuses, probablement du fait de leurs origines. En réalité, le legs des colons a été l'assimilationnisme institutionnel. Ceci fait que ces Etats africains, inspirés par la Grande Bretagne, ont fécondé des constitutions formelles qui comportent des règles matérielles inspirées par celles de la Grande Bretagne. Ainsi, la vielle tradition constitutionnelle britannique fort riche et entamée par des actes fondamentaux dès 1215 avec la magna carta, et enrichie par l'habeas corpus, le bill of rights et autres pétitions des droits, donnent à cette monarchie une complexe et dense constitution matérielle. A titre d'exemple, la Constitution Sud-Africaine comporte jusqu'à 243 articles et 14 chapitres détaillés. La Constitution du Nigéria tient sur 11

ressort de l'article 5 de la Constitution camerounaise du 18 janvier 1996 révisée le 14 avril 2008. De même au Sénégal, l'article 42 de la Constitution du 13 décembre 2000, texte adopté par référendum du 7 janvier 2001 dispose « *Le Président de la République est le gardien de la Constitution* ». En Côte d'Ivoire, l'article 54 de la Constitution du 9 novembre 2016 dispose « *Le Président de la République est le Chef de l'Etat. Il incarne l'unité nationale. Il veille au respect de la Constitution* ». Dans le même sens, l'article 8 de la Constitution gabonaise du 19 aout 2003 dispose « *Le Président de la République est le Chef de l'État ; il veille au respect de la Constitution* ».

[13] Droits issus de la DDHC de 1789 et du Pacte International de 1966 relatif aux droits civils et politiques.

Chapitres et 154 articles. Plus encore, la Constitution du Kenya de 18 chapitres comporte 204 articles. On devrait donc, pour ces cas, parler de constitutions inflationnistes.

A l'intérieur des constitutions des Etats africains, on retrouve effectivement des dispositions bavardes. Le point de départ est que la Constitution comporte des normes essentielles et les principes nécessaires à l'organisation et au fonctionnement de l'Etat. Une logorrhée dans la Constitution peut insinuer des règles constitutionnelles non productives parce qu'étant des normes d'affichage. On tendrait alors vers un droit mou, qui manque d'effectivité. Le droit constitutionnel ne devrait pas faire des déclarations et on doit retrouver dans la Constitution des énoncés et dispositions dont l'écriture s'avérait nécessaire. Dans l'espace africain, certaines dispositions sont bavardes du fait de leur caractère superfétatoire parce que le constituant au lieu de les consacrer, aurait pu les ignorer souvent du fait qu'elles s'imposent d'elles-mêmes.

Dans ce sens, le Benin fait montre d'une exemplarité en recourant plutôt et à titre préalable à une invocation de droits dans la constitution sociale « *les droits et les devoirs proclamés et garantis par la CADHP adopté en 1981 par L'OUA..., font partie intégrante de la présente Constitution et du droit béninois* », ce qui aurait pu suffire. Or par la suite, le constituant de cet Etat énumère lesdits droits fondamentaux. Les Constitutions Anglo-saxonnes auraient pu empreinter à cette technique de l'invocation des droits fondamentaux pour avoir des dispositions succinctes sur ces questions, en faisant simplement référence aux instruments internationaux concernés.

Au Kenya, l'article 46 de la Constitution consacre les droits du consommateur avec le droit d'être réparé de la mauvaise qualité des produits et le droit aux produits de qualité raisonnable. L'article 47 prévoit le droit de solliciter l'administration qui doit réagir dans un délai raisonnable. Ces dispositions sont des détails qui auraient pu ne pas figurer dans le texte constitutionnel.

Le cas spécifique du Cameroun intrigue, parce que sa Constitution du 18 janvier 1996 comporte des articles que le constituant aurait pu ne pas consacrer. D'abord l'article premier dispose, « *La République unie du Cameroun prend, à compter de l'entrée en vigueur de la présente loi, la dénomination de République du Cameroun (loi n° 84/1 du 4 février*

1984) »[14]. Cette disposition est inutile et superflue dans la mesure où ce n'est pas en 1996 c'est-à-dire lors de l'entrée en vigueur de la loi constitutionnelle de 1996 que l'Etat a changé de dénomination, mais le 04 février 1984 et le constituant l'a lui-même indiqué par la formule « *voir loi n° 84/1 du 4 février 1984* ». L'énoncé conforme à notre avis serait « *La République du Cameroun (loi n° 84/1 du 4 février 1984)... est un Etat unitaire décentralisé* ». Ensuite, le constituant indique clairement que « *La République du Cameroun adopte l'anglais et le français comme langues officielles d'égale valeur. Elle garantit la promotion du bilinguisme sur toute l'étendue du territoire* »[15]. Pourtant l'insertion dans le texte constitutionnel de l'anglais et du français comme langues officielles de l'Etat emporte logiquement leur garantie sur toute l'étendue du territoire. De même, l'énoncé sur la progressivité[16] qui concerne l'entrée en vigueur de la Constitution est une disposition qui aurait pu ne pas être écrite dans la Constitution. En effet, il n'est pas nécessaire de consacrer la progressivité dans la mesure où les nouvelles institutions, de même que les règles nouvelles ne peuvent aucunement entrer en vigueur le jour de la promulgation de la Constitution. De même, consacrer que la déclaration des droits est partie intégrante de la Constitution peut poser problème parce qu'il me viendrait à l'esprit de personne de contester la valeur constitutionnelle d'un texte qui est incorporé dans la Constitution.

A l'analyse, ces dispositions constitutionnelles sont bavardes parce qu'elles auraient pu être ignorées.

2. Les dispositions équivoques

Les dispositions sont dites équivoques parce que le constituant a utilisé une écriture obscure. En effet, comme toute norme juridique et tel que décidé dans une jurisprudence du Conseil Constitutionnel français, la loi quelle qu'elle soit doit être claire (Conseil Constitutionnel n°2005-514 DC, 28 avril 2005, Cons.14). Ainsi, du moment que la disposition est équivoque, on peut dire qu'elle peut compromettre la sécurité juridique parce que son interprète pourra

[14] Cf. Art. 1 al. 1 de la Constitution du 18 janvier 1996 révisée le 14 avril 2008.

[15] Cf. Art. 1 al. 3 de la Constitution du 18 janvier 1996 révisée le 14 avril 2008.

[16] *Idem.*, Art. 67.

l'aborder dans un sens qui se détache de son essence, du fait même de ces significations diverses.

On peut prendre dans certaines constitutions et à titre d'exemple.

- la Constitution de la Guinée Equatoriale dont l'article 24 dispose que *« l'Etat protège la paternité responsable et l'éducation appropriée pour la promotion de la famille »*. La notion de paternité responsable est fondamentalement équivoque.

- au Bénin, l'article 28 de la Constitution est également critiquable, il y est écrit que : *« le stockage, la manipulation et l'évacuation des déchets toxiques ou polluants provenant des usines ou autres unités industrielles...sont réglementés par la loi ».* Cette disposition semble non importante dans une Constitution. Plus encore et comme pour la RDC, l'article 40 de la Constitution du Bénin dispose que : *« l'Etat a le devoir d'assurer la diffusion et l'enseignement de la Constitution, de la DUDH de 1948, de la CADHP de 1981, l'Etat doit intégrer les droits de la personne humaine dans les programmes d'alphabétisation et d'enseignement aux différents cycles scolaires et universitaires...»*. On pourrait se poser la question de savoir si ceci est l'exclusivité de l'Etat et sous quelle forme l'enseignement prescrit se déploiera ?

- En RDC, de nombreuses dispositions constitutionnelles sont équivoques. Les articles 35, 43 et 45 disposent dans ce sens. L'article 15 est également équivoque puisqu'il prescrit que : « *les pouvoirs publics veillent à l'élimination des violences sexuelles ».* Le point d'achoppement ici est l'impossibilité de l'élimination des violences sexuelles.

B. L'APPRÉHENSION DE LA DÉVALORISATION DE LA CONSTITUTION

La Constitution qui doit demeurer un acte exemplaire devrait être dépourvue de dispositions équivoques ou bavardes. En présence de telles dispositions, c'est la Constitution même qui se trouve dévalorisée.

1. L'effet sur la fondamentalité

La loi est l'expression de la volonté générale[17]. Mais en fait, parmi les caractères de la loi, il faut recenser l'impersonnalité et la généralité.

---

[17] La loi est réputée, pour utiliser la terminologie de Jean-Jacques ROUSSEAU, être l'expression de la volonté générale. Ce qui explique que « *tous les citoyens ont droit de concourir*

A travers l'impersonnalité, la loi ne s'adresse à personne et n'en désigne point parce que ses destinataires sont nombreux.

Il est possible d'identifier les actes juridiques de l'Etat qui correspondent aux critères de l'impersonnalité et de la généralité. Dans l'ordre hiérarchique, on y retrouve la Constitution, les lois et règlements. Avec ces trois textes, plus on monte, plus l'échelle de généralité augmente. Dès lors le règlement est général, la loi l'est un peu plus et la Constitution l'est davantage.

Ce prisme oblige à conclure que les textes constitutionnels dans leur rédaction doivent rester dans les généralités. Trop de précisions dans les dispositions constitutionnelles devraient entrainer une dévalorisation de la Constitution. En outre, les règlements et surtout la loi prolongent et rendent applicable l'acte constitutionnel. Il devient alors dangereux pour la Constitution de détailler alors même que cette tache devrait incomber partiellement au législateur dans la loi, et grandement à l'administration par les décrets et arrêtés d'application.

Dans les systèmes anglo-saxons, il est constaté que les Constitutions prescrivent souvent dans le détail. Cette situation normalise le juge constitutionnel alors même que ce dernier devrait être un juge spécial. En effet, le juge constitutionnel doit être sollicité pour des cas exceptionnels. Lorsque la Constitution contient presque tout, ce juge devra apprécier les litiges ordinaires. C'est pour cette raison que dans les Etats de la Common Law, le système de contrôle par voie d'exception est celui répandu dans le contrôle de constitutionnalité. On pourrait se poser la question de savoir si la Constitution peut tout consacrer et aller dans le détail ? Si l'on répond par l'affirmative, que resterait-il au pouvoir législatif et aux auteurs des règlements.

Plus encore, introduire des détails dans la Constitution peut mettre à mal sa durée dans le temps, parce que le détail change au gré du contexte et donc, la Constitution sera forcément très souvent modifiée. A partir de ceci, l'on peut envisager que « *les constitutions générales* » correspondent aux constitutions rigides, tandis que « *les constitutions peu générales et plus détaillés* » se présentent plus comme des constitutions souples.

---

personnellement, ou par leurs représentants à sa formation ». V. DENIZEAU (C.), « Le Parlement incarne-t-il la souveraineté nationale ? », in *LPA*, 10 juillet 2008, n°188, p. 33.

La Constitution est pourtant un symbole, et ce caractère sacré devrait s'opposer à ce que s'incrustent les dispositions porteuses de détails dans les textes constitutionnels.

Au Nigéria, les dispositions comme les articles 108 à 113 interpellent. On y retrouve la procédure devant la cours suprême fédérale dont les mécanismes pour interjeter appel. Ceci induit que si la volonté sera de changer le mécanisme d'appel qui aurait dû figurer dans une loi qu'on aurait modifiée, il sera impératif de plutôt réviser la Constitution. En RDC les articles 20, 41, 43, 48, et 55 sont problématiques. A l'article 41 par exemple, la majorité est fixée à 18 ans révolus. Aussi dans l'hypothèse du changement de l'âge de la majorité, il faudra modifier la Constitution. L'excès de détails conduit alors à la vulnérabilité de la norme fondamentale.

2. L'effet sur la normativité

C'est un véritable constat d'échec qui montre que « *la Constitution est perçue en Afrique moins dans son aspect normatif que dans ses aspects fonctionnels. Elle n'est pas une barrière juridique, mais l'une des techniques que le pouvoir met au service de ses objectifs. C'est un guide plus qu'un code d'obligations* »[18]. En effet, la facilité avec laquelle dans certains pays, les Constitutions ont été interprétées n'est pas de nature à conférer à la loi constitutionnelle un prestige très supérieur à celui de la loi ordinaire.

La Constitution dans sa rédaction devrait obéir aux exigences de bonne écriture du droit. En effet, une prescription doit être claire, succincte, utile et normative. La Constitution devant être le texte exemplaire est aussi soumise à l'obligation de normativité. Le Conseil Constitutionnel français a eu l'occasion de se prononcer sur la

[18] CONAC (G.), « Les Constitutions des Etats d'Afrique et leur effectivité », in *Dynamiques et finalités des droits africains* (dir.) Gérard CONAC, Paris, Economica, 1980, p. 385. Dans le même sens, lire : ALTWEGG-BOUSSAC (M.), *Les changements constitutionnels informels*, édité par l'Institut Universitaire Varenne, diffusé par LGDJ-Lextenso éditions, coll. des thèses (Fondation Varenne), n° 76, 2013, XIII- 627p ; PIERRE-CAPS (S.), « Les mutations de la notion de Constitution et le droit constitutionnel », in *Civitas Europa*, mars 2001, n° 6, pp. 39 et s ; AIVO (F.J.), « La crise de la normativité des Constitutions en Afrique », in *RDP*, 2012/1 ; AVRIL (P.), « La Constitution : Lazare ou Janus ? », in *RDP*, 1992, pp. 949-960 ; GAUDUSSON (J. du Bois De), « Défense et illustration du constitutionnalisme en Afrique après quinze ans de pratique du pouvoir », in *Renouveau du droit constitutionnel,* Mélanges Louis FAVOREU, Dalloz, 2007, p. 622 ; DOSSO (K.), « Les pratiques constitutionnelles dans les pays d'Afrique noire francophone : cohérences et incohérences », in *RFDC*, 2012/2 (n° 90).

normativité de la loi. Sa position impacte sur n'importe quelle disposition normative, parce que la haute juridiction française affirme qu'il est impératif qu'une prescription intime un ordre. A ce niveau, la normativité est tirée des caractères obligatoire et justiciable d'une prescription. Par l'obligatoriété, on recherche les critères de contrainte et de force exécutoire de la norme, qui a selon les cas, autorité de la chose constituée, légiférée, ou décidée. Concernant la justiciabilité, une disposition est normative parce qu'on peut en réclamer la jouissance devant le juge ou toute autre autorité publique. C'est dans ce sens que le juge français a estimé que le droit au logement, bien que consacré dans la Constitution, n'est pas un droit ou une prérogative constitutionnelle, mais qu'il s'agit plutôt d'un objectif de valeur constitutionnelle (Décision n°98-403 DC du 29 juillet 1998, Conseil Constitutionnel). A la vérité, les constitutions bavardes transposent les textes constitutionnels comme étant des instruments de politique publique, parce qu'on y expose également des orientations et des programmes dont la matérialisation juridique peut être problématique. C'est ainsi que les dispositions à l'utilité équivoque pénètrent les textes constitutionnels et s'y retrouvent comme règles programmatoires ou objectifs constitutionnels. Ces dispositions d'affichage perdent quelque peu leur normativité, parce qu'une disposition constitutionnelle dont on ne peut jouir, est en fait une règle d'affichage, une déclaration de bonne intention sans vertue normative.

Les Constitutions africaines subissent ainsi une écriture avec des dispositions non normatives. On constate même l'anesthésie de certaines normes constitutionnelles par d'autres. Un cas de figure est la laïcité de l'Etat. Le principe est que toute République est laïque. Les Etats africains pour la plupart se réclament justement laïcs. Au Bénin par exemple, l'article 23 de la Constitution consacre la laïcité par la liberté de la religion et de culte, ou encore le respect de la laïcité de l'Etat et le droit au développement des communautés religieuses et philosophiques. Mais alors, il y a une contradiction entre cet article 23 et l'article 53 parce que pour ce dernier, la formule du serment du Président de la République est l'allégeance vis-à-vis de Dieu et les mânes des ancêtres. Ces dispositions contredisent la laïcité parce que le serment ne doit désigner aucune divinité en démocratie. En République du Togo, les articles 1er et 64 de la Constitution comportent la même contradiction. Par contre au Sénégal, on retrouve une bonne illustration de la laïcité telle qu'elle est proclamée aux articles 1er et 19 de leur Constitution. Et d'ailleurs, à l'article 31 du même texte il est disposé que le Président de la République prête serment devant la Nation, sans plus.

De manière synthétique, des textes constitutionnels examinés, on est autorisé à affirmer que du point de vue matériel, les Constitutions de la plupart des Etats africains souffrent de leur caractère inflationniste. Toutefois il s'avère que cette observation est en réalité une tendance universelle. L'autre spécificité est la lecture des segments de ces textes qui sont apparemment présidentialistes.

II. DES CONSTITUTIONS APPAREMMENT PRÉSIDENTIALISTES

Dans la rigueur méthodologique, le présidentialisme résulte de l'approche institutionnaliste. Cette notion est notamment issue des travaux du doyen VEDEL et de Maurice DUVERGER qui l'ont utilisée pour respectivement qualifier les régimes Sud-américains et africains. L'évolution de cette notion par l'approche institutionnaliste a amené à dire que les présidentialismes sont les acclimatations autoritaires du régime présidentiel.

Sans corroborer l'approche institutionnaliste, il convient de simplement retenir ici que par le présidentialisme, le régime politique donne plus le pouvoir au chef de l'exécutif sur des bases strictement juridiques[19].

L'analyse des Constitutions africaines amène effectivement à voir une supériorité du chef de l'exécutif (A), même si dans la réalité, les constitutions consacrent des dispositions de limitation de cette supériorité (B).

A. LA SUPÉRIORITÉ DU CHEF DE L'EXÉCUTIF

Les Etats africains se sont appropriés la théorie de la séparation des pouvoirs, quoique l'organisation de ces pouvoirs semble donner plus de poids à l'exécutif. Pour sa dénomination, le chef de l'exécutif est dans plusieurs Etats un président de la République[20]. Mais au Maroc il est un monarque constitutionnel. Du point de vue culturel, le chef dans les

---

[19] GICQUEL (J.), « Le présidentialisme négro-africain. L'exemple camerounais », in *Le pouvoir,* Mélanges offert à Georges BURDEAU, Paris, LGDJ, 1977, pp. 701-725.

[20] A l'exemple du chef de l'exécutif au Cameroun. Cf. Art. 5 al. 1 de la Constitution du 18 janvier 1996 révisée le 14 avril 2008.

sociétés africaines est très puissant, et il est constaté que les textes constitutionnels ont souvent tendance à donner au Président, en République, des fortifications pour affirmer son autorité.

1. Dans la structuration des pouvoirs

Le président de la République dans les Etats africains est un Chef de l'Etat de type particulier investi au suffrage universel en général direct, et justifiant de pouvoirs étendus au regard de sa place prééminente dans le paysage institutionnel. C'est l'autorité suprême dans l'Etat, l'institution la plus importante. Cette prééminence de l'institution présidentielle a été diversement perçue par la doctrine. Pour Gérard CONAC, l'institution présidentielle tend à absorber toutes les fonctions de l'Etat[21]. Pour le Professeur Joseph OWONA, c'est le pouvoir tout court[22]. Cette omniprésence de l'institution présidentielle a aussi été perçue par Patrick JUILLARD. Selon l'auteur, l'institution présidentielle se confond avec l'Etat. Dans ces conditions, « *quelle que soit la nature du régime politique, ce qui affecte la personne du chef de l'Etat ne manque pas de retentir sur l'institution exécutive, et ce qui affecte l'institution exécutive ne manque pas de retentir sur le système tout entier* »[23]. Tout se passe comme si une rupture de la continuité de l'institution présidentielle déboucherait sur une rupture de l'ordre étatique. Pour d'autres, le Président de la République serait même le souverain par excellence. Pour s'en convaincre, il suffit de recenser par Constitution les dispositions relatives au Président de la République.

Au Cameroun, la Constitution du 18 janvier 1996 révisée le 14 avril 2008 comporte 69 articles, et 32 de ces articles sont consacrés au président de la République ; soit près de la moitié. Au Bénin, la Constitution du 11 décembre 1990 comporte 160 articles et 48 articles

---

[21] Au lendemain des indépendances, l'exécutif dans les Etats africains s'est assigné une vocation missionnaire de développement. C'est pourquoi l'exécutif concentrait toutes « les ressources juridiques et politiques pour promouvoir le développement, asseoir l'Etat et consolider l'unité nationale ». V. MADIOR FALL (I.), *Le pouvoir exécutif dans le constitutionnalisme des Etats d'Afrique*, op. cit., p. 10 ; CONAC (G.), *Les institutions constitutionnelles et politiques des Etats d'Afrique noire francophone et de la République malgache*, Gérard CONAC (dir.), Paris, Economica, 1979, p. 56.

[22] OWONA (J.), « Le pouvoir exécutif », in *Encyclopédie Juridique de l'Afrique*, t. I, « l'Etat et le droit », Dakar, Lomé, Abidjan, NEA, 1982, p. 97.

[23] JUILLARD (P.), « La continuité du pouvoir exécutif », in *Pouvoir*, Mélanges George BURDEAU, Paris, LGDJ, p. 160.

sont consacrés au Président de la République. Au Sénégal, la Constitution de 2001 comporte 108 articles et 48 articles sont consacrés au Président de la République. En Côte d'ivoire, sur 184 articles que comporte la Constitution de 2016, 60 sont consacrés au Président de la République. Au Congo Brazzaville, la Constitution de 2015 comporte 246 articles et 65 d'entre eux sont consacrés au Président de la République. Au Tchad, la Constitution de 2004 comporte 239 articles et 49 de ces articles sont consacrés au Président de la République. On peut donc multiplier à souhait les exemples, on se rendra certainement compte de ces attentions constitutionnelles de supériorité du président de la République.

2. Dans l'attribution des fonctions

En l'appelant président de la République, on doit dire que ce dernier, chef de l'exécutif, est également Chef de l'Etat[24]. Ceci lui donne deux (02) attributions majeures et une posture supérieure. En tant que Chef de l'Etat, le président est représentant de l'ensemble de la Nation qu'il engage[25]. Mais aussi, ce statut le place à la tête de toutes les institutions, lui accordant des pouvoirs non pas que sur l'exécutif seulement, mais aussi sur le judiciaire et le législatif[26] qui sont bien évidement les autres pouvoirs dans l'Etat. La posture du Chef de l'Etat est emblématique parce qu'au-delà de son prestige, il lui revient d'intervenir quand cela est nécessaire, comme arbitre[27] en cas de conflit entre les pouvoirs constitués.

---

[24] Tous les Chefs d'Etat ne sont pas des Présidents de la République, mais tous les Présidents de la République sont des Chefs d'Etat.

[25] Dans la plupart des Etats africains, le président de la République est l'élu de la nation toute entière et incarne l'unité nationale. De là découle le triptyque constitutionnel « *magique* » au sujet de la fonction présidentielle. Ce triptyque se détermine par la formule « *une Nation, un Chef, un Projet, ou si l'on veut, une République, un Président, une Politique* ». Lire utilement : OLINGA (A.D.), *La Constitution de la République du Cameroun*, op. cit., p. 65.

[26] Le président de la République est un chef d'Etat aux pouvoirs étendus. Ces pouvoirs sont, non seulement exercés au sein de l'exécutif, mais aussi en dehors de l'exécutif. V. MBPILLE (E.P.), *Le Président de la République en droit constitutionnel camerounais*, Thèse de Doctorat en Droit public, Université de Yaoundé II, 2015, pp. 198-244.

[27] Pour les professeurs Francis HAMON et Michel TROPER, la notion d'arbitre est assez ambiguë, car elle peut être prise dans un sens faible ou dans un sens fort. Au sens faible, arbitrer « *c'est veiller à la régularité d'une compétition sans y participer soi-même, comme le fait par exemple un arbitre sportif* ». Au sens fort, arbitrer « *c'est user de son autorité pour concilier des intérêts opposés ou même décider souverainement de quelque chose* ». Le Professeur NGUELE ABADA évoque l'idée d'un personnage « *au-dessus de la mêlée parlant au nom des intérêts supérieurs de*

En tant que chef de l'exécutif, le président de la République et à la tête d'un pouvoir et peut créer des institutions sur lesquelles il exerce directement ou indirectement un contrôle.

Les moyens utilisés par le chef de l'exécutif lui donnent de l'emprise sur l'organisation institutionnelle de l'Etat. Certains de ses actes sont d'ailleurs non attaquables à l'exemple des actes de Gouvernement qui sont des actes normatifs relevant exclusivement de la compétence du président de la République. Du reste, il détient le pouvoir réglementaire qu'il exerce à travers les Dahirs au Maroc, les ordonnances et décrets dans les autres Etats, et sans oublier qu'il a le pouvoir d'influencer la procédure législative. De manière concrète et en s'appesantissant sur le cas du Cameroun, on doit affirmer l'effectivité de l'organisation des institutions par le président de la République.

Le Gouvernement par exemple est dans son organisation le produit d'un décret présidentiel. C'est ainsi que le 02 mars 2018 est pris un énième décret portant réorganisation du Gouvernement. Ce pouvoir lui permet de remodeler les institutions publiques en fonction des conjonctures. Dans le même sens, il est de manière critiquable conférer au Président de la République le pouvoir d'organiser la carte juridictionnelle quant aux tribunaux administratifs. La loi portant organisation des Tribunaux Administratifs lui confère effectivement le pouvoir de créer un tribunal par région comme celui de fondre plusieurs Tribunaux Administratifs en un seul. On n'est pas loin d'un *gerrymandering* dans ce domaine. Dans le même sens, la carte administrative est entre les mains du président de la République qui, outre la création des circonscriptions administratives dans la déconcentration, est compétent au Cameroun pour créer de nouvelles Collectivités Territoriales Décentralisées (CTD).

---

la nation qui par conséquent tranche de manière souveraine ». Pour Raymond JANOT, « *on peut concevoir un arbitre comme un personnage passif, une sorte de miroir dans lequel se reflètent les événements de la vie politique. (...). On peut concevoir aussi un arbitre comme quelqu'un qui, dans un certain nombre de cas précis, prend un certain nombre de décisions* ». L'arbitre est « *un être à part, qui ne peut jamais entrer dans la condition commune* ». V. HAMON (F.) et TROPER (M.), *Droit constitutionnel*, Paris, LGDJ, 35ᵉ ed., 2014, p. 534 ; NGUELE ABADA (M.), « 20ᵉ anniversaire de la Constitution du 18 janvier 1996 : une intelligence de l'article 5 de notre loi fondamentale », in *Idées, Cameroon Tribune*, 18 janvier 2016, p. 16 ; FERREIRA (O.), « Le pouvoir modérateur dans la Constitution brésilienne de 1824 et la Charte constitutionnelle portugaise de 1826 : les influences de Benjamin Constant ou de Lanjuinais ? », in *RFDC*, 2012/1 n° 89, pp. 1-40.

Par ailleurs, le chef de l'exécutif crée les services publics à l'exemple des Etablissements Publics Administratifs. Elément typique au Cameroun, il est observé que dans cet Etat, c'est tout récemment que le Président de la République a mis en place le Conseil Constitutionnel. En 2018, il prend effectivement un certain nombre de décrets. Le majeur de ces décrets porte nomination des membres du Conseil Constitutionnel à côté du décret qui en désigne le Président. Ce qui est interpélatif est le décret qui porte organisation du Conseil Constitutionnel, singulièrement par la création d'un Secrétariat Général et de structures rattachées audit Secrétariat Général. Cette organisation de l'administration du Conseil Constitutionnel par le Président de la République pourrait souffrir d'inconstitutionnalité parce que le chef de l'exécutif par principe, n'a pas qualité pour s'immiscer dans l'organisation administrative d'une institution indépendante qui plus est se trouve chargée d'atténuer ses pouvoirs exorbitants (organique). En fait, l'organisation administrative du Conseil Constitutionnel devrait relever de la loi ou d'un règlement intérieur dudit Conseil. En dehors de cette prérogative d'organiser les institutions, le président de la République bénéficie aussi d'une supériorité sur le fonctionnement des institutions.

Le chef de l'exécutif détient également des pouvoirs relatifs à la bonne marche des institutions publiques. Au Cameroun, un cas singulier est celui du régime de la fonction publique. En France, on retrouve trois fonctions publiques qui sont : hospitalière, locale et d'Etat. Mais au Cameroun la fonction publique hospitalière est inexistante tandis que celle locale reste attendue. Pour la fonction publique de l'Etat, il est de tradition que ses dispositions statutaires soient des lois. Il serait étrange que l'administration consacre par voie décrétale des principes fondamentaux à l'exemple de ceux relatifs au droit de la défense et à la procédure disciplinaire. C'est dans ce sens que les Constitutions confient le régime général de la fonction publique à la loi. Mais au Cameroun, en dehors du cas spécifique des forces armées régi par la loi, l'article 26 de la Constitution ne fait pas cas de la fonction publique. Ce qui donne lieu à un statut réglementaire de cette institution. Aussi, ce sont les décrets qui organisent et déterminent le fonctionnement de la fonction publique générale, comme des corps spéciaux à l'exemple de la magistrature.

Au-delà de l'exemple camerounais sur la fonction publique, le Président de la République demeure le régulateur des institutions par son pouvoir de nommer aux très hautes fonctions. Le président est l'horloger qui impulse un rythme aux institutions notamment en renouvelant les responsables qui sont à leur tête. Effectivement comme aux USA[28], les Présidents, chefs d'exécutifs africains nomment aux emplois civils et militaires. Pour ces derniers cas, outre la nomination à des postes de responsabilité, c'est souvent au président de la République qu'il revient de sanctionner leurs élévations en grade avec une appréciation discrétionnaire à lui reconnue.

Pareillement, les membres du gouvernement sont nommés par le chef de l'exécutif même si selon les régimes, le chef du Gouvernement aura la latitude de proposer les membres du Gouvernement[29]. Aussi ambassadeurs, magistrats et autres directeurs généraux et souvent DG sont également nommés par le chef de l'exécutif. Ce dernier détient également la prérogative d'influencer le fonctionnement du Parlement. De manière constante, il peut dissoudre une Assemblée Parlementaire[30], voire même les deux chambres quand il y a bicaméralisme. Au Maroc, il est disposé à l'article 5 de la Constitution que le roi peut effectivement dissoudre les deux (02) chambres. Mais il doit au préalable consulter la Cour Constitutionnelle[31].

---

[28] Aux USA, le président nomme et révoque les fonctionnaires. Pour les nominations aux postes les plus importants, l'avis conforme du Sénat est requis. V. CHAMPAGNE (G.), *L'essentiel du droit constitutionnel – Théorie générale du droit constitutionnel*, Paris, Gualino, Lextenso-éditions, 10ème éd, 2011, p. 122.

[29] La désignation des membres du gouvernement a toujours été pour l'essentiel une affaire du Président de la République dans les régimes politiques africains. Mais l'émergence d'un premier ministre à part entière conjuguée avec l'effet des textes et du jeu politique pluraliste devrait incliner ce pouvoir de désignation présidentiel à une simple formalité d'approbation. Cette intervention du premier ministre dans la formation du gouvernement, dont l'intensité varie selon les Etats, est de façon générale prévue par les textes constitutionnels. Au Cameroun, la proposition du premier ministériel ne lie pas le Président de la République. En République malgache dans le contexte de la Constitution du 18 septembre 1992, l'approbation du premier ministre liait le président de la République. C'est seulement depuis 1998 que Madagascar rejoint les autres systèmes constitutionnels africains où le premier ministre se contente uniquement de faire des propositions de nomination. V. MADIOR FALL (I.), *Le pouvoir exécutif dans le constitutionnalisme des Etats d'Afrique,* op. cit., p. 136.

[30] Au Cameroun par exemple, le « *Président de la République peut, en cas de nécessité et après consultation du gouvernement, des bureaux de l'Assemblée Nationale et du Senat, prononcer la dissolution de l'Assemblée Nationale* ». Ainsi par cette fonction, le Président de la République peut-il remédier à une instabilité ministérielle, voire à un conflit qui opposerait le Gouvernement au Parlement. Cf. Art. 8 al. 12 de de la Constitution du 18 janvier 1996 révisée le 14 avril 2008.

[31] Afin de laisser aux rapports entre l'exécutif et le Parlement le temps d'un « rodage » indispensable, la Constitution soumet souvent l'usage du droit de dissolution à des conditions strictes. C'est ainsi que cette fonction exige pour son exercice des consultations préalables. Mais, la Constitution n'apporte pas de précision quant à ce qu'il adviendrait de l'avis défavorable ou des

Le président convoque les sessions extraordinaires du parlement[32] et détient le pouvoir d'initier la révision de la Constitution[33]. Dans le travail parlementaire, il détient un véto suspensif par la demande de seconde lecture ou encore la saisine du juge constitutionnel lorsqu'il soupçonne une inconstitutionnalité[34]. Enfin, le président de la République peut initier des projets de loi comme c'est le cas au Sénégal (article 69). Au Togo par contre (article 83) de même qu'au Cameroun, c'est au Gouvernement qu'il revient d'initier lesdits projets de loi. Cette subdivision autorise à y voir une existence de dispositifs de limitation.

B. LA RÉELLE EXISTENCE DES DISPOSITIFS DE LIMITATION

Le Président est certes fort, mais les constitutions matérielles africaines s'inscrivent résolument dans le constitutionnalisme parce qu'on y retrouve des dispositions qui atténuent la haute supériorité du président. Ceci est visible à travers la consolidation de la séparation des pouvoirs et la formation d'institutions de contrôle alternatif.

1. La consolidation de la séparation des pouvoirs

Les Constitutions politiques d'Afrique sont quasiment toutes libérales. Elles reprennent en chœur la doctrine de MONTESQUIEU par la consécration de trois (03) pouvoirs qui sont séparés[35]. En effet, le

---

avis défavorables de l'une ou des autorités habilitées à émettre des avis quant au vœu présidentiel de dissoudre le parlement.

[32] Voir par exemple les articles : 14 al. 3 de la Constitution camerounaise du 18 janvier 1996 révisée le 14 avril 2008 ; 119 de la Constitution du Congo Brazzaville de 2015 ; 63 de la Constitution sénégalaise de 2001.

[33] Voir par exemple les articles : 63 de la Constitution camerounaise du 18 janvier 1996 révisée le 14 avril 2008 ; 223 de la Constitution tchadienne de 2004 ; 240 de la Constitution congolaise de 2015 ; 154 de la Constitution béninoise de 1990 ; 103 de la Constitution sénégalaise de 2001 ; 177 de la Constitution ivoirienne de 2016.

[34] Voir par exemple les articles : 47 al. 3 de la Constitution camerounaise du 18 janvier 1996 révisée le 14 avril 2008 ; 133 de la Constitution ivoirienne de 2016, 121 de la Constitution béninoise du 11 décembre 1990 ; 104 de la Constitution togolaise du 31 décembre 2002 ; 131 de la Constitution nigérienne de 1991.

[35] Développée par MONTESQUIEU, la théorie de la séparation des pouvoirs suppose que les trois fonctions de l'Etat, exécutive, législative et juridictionnelle soient exercées par trois organes distincts, égaux et complémentaires. La préoccupation de l'auteur est d'éviter que l'exercice du pouvoir ne débouche sur un absolutisme qui porterait atteinte à la liberté, établie pour le bien commun. Pour se faire, seul le pouvoir peut arrêter le pouvoir, d'où la thèse de la « *séparation* ». MONTESQUIEU (Ch.), *De l'Esprit des Lois*, t. I, Paris, Gallirmand, 1995.

pouvoir exécutif cohabite avec les pouvoirs législatif et judiciaire. Le pouvoir législatif fait les lois et contrôle aussi l'action du Gouvernement. On retrouve ci et là institués des mécanismes de contrôle à travers les commissions d'enquête[36], les questions écrites et orales[37] et parfois les pétitions. Quel que soit le régime, le chef de l'Exécutif peut toujours exercer un droit de véto sur les lois, et si pour les régimes parlementaires en Afrique, il peut dissoudre au moins une Assemblée Parlementaire, dans les régimes présidentiels africains le parlement pourra toujours bloquer la nomination des hauts responsables par le Président de la République. Il y a donc un « checks and balance » dans les Constitutions africaines.

Pour mettre fin au légicentrisme, les Etats africains ont notamment confiné le domaine de la loi. La compétence du législateur est une compétence d'attribution, c'est-à-dire qu'elle ne peut en principe s'exercer que dans des matières limitativement énumérées par la Constitution. Cette formule générique africaine en ce qui concerne la limitation du domaine de la loi[38] se situe dans un mouvement de mimétisme du constitutionnalisme français. En effet, c'est la Constitution française de 1958 qui a introduit en droit constitutionnel

---

[36] Les commissions d'enquête parlementaire sont destinées à fournir des informations au sens large du terme aux parlementaires. Elles permettent en effet d'approfondir une question en faisant apparaître des voies de réforme. Les parlementaires peuvent ainsi demander aux ministres de leur communiquer les renseignements dont ils ont besoin pour mener leur mission à bonne fin. Ces commissions, à l'instar de la conférence des présidents, procèdent à l'examen des documents et effectuent des audits. Elles donnent aux parlementaires, non seulement la possibilité d'enquêter sur pièces et sur place, mais aussi de présenter des recommandations qui seront éventuellement reprises dans des projets ou des propositions de loi. V. HAMON (F.) et TROPER (M.), *Droit constitutionnel*, op. cit., p. 616.

[37] Les questions écrites et orales sont adressées au Gouvernement pour l'obliger à justifier sa politique, à expliquer pourquoi il a pris telle ou telle décision, ou bien ne l'a pas prise. Les questions écrites apparaissent comme un moyen pour les parlementaires d'obtenir des informations sur des questions techniques, et parce qu'elles sont écrites, elles font l'objet de publication. Les questions orales par contre, sont des interpellations courantes posées aux ministres. Elles se caractérisent par le fait que le ministre dispose d'un temps de parole moins long. Leur régime est fixé par la Constitution et par les règlements intérieurs des assemblées. Ces questions se formulent en principe pendant la session ordinaire des assemblées, même si le règlement de l'Assemblée Nationale prévoit des questions au cours des sessions extraordinaires. V. GUCHET (Y.), *Droit parlementaire*, Paris, Economica, 1996, pp.175-176.

[38] La compétence législative des députés est pour l'essentiel enfermée dans un domaine déterminé prévu par les Constitutions africaines. Au Cameroun, le domaine de la loi est limité aux matières énumérées à l'article 26 de la Constitution de 1996 révisée le 14 avril 2008. Au Bénin, le Parlement ne peut légiférer que dans le cadre des matières énumérées à l'article 98 de la Constitution de 1990. Au Togo, le domaine de la loi est déterminé à l'article 84 de la Constitution de 2002. Au Sénégal, c'est l'article 67 de la Constitution de 2001 qui fixe les règles concernant la loi.

français le principe de la limitation du domaine de la loi, bouleversant ainsi la tradition de la suprématie quasi-absolue de la loi dans les anciens régimes[39]. Puisqu'avant l'entrée en vigueur de la Constitution de 1958, le pouvoir législatif pouvait intervenir dans n'importe quelle matière et descendre aussi loin dans le détail qu'il le souhaitait. Aucune matière ne lui était interdite, le législateur pouvant alors dans n'importe quelle matière légiférer[40].

Ainsi, outre la Guinée Equatoriale et le Cameroun qui confient la fonction publique au règlement, les autres Etats déterminent un domaine à la loi qui n'est pas très éloigné du champ indiqué à l'article 34 de la Constitution française de 1958.

Pour renforcer la séparation des pouvoirs, le choix des constituants africains est la mise sur pied de juges constitutionnels qui, assurément, devraient garantir l'Etat de droit en limitant l'arbitraire. Par ailleurs, même si le juge constitutionnel qui est statutairement indépendant peut subir dans son fonctionnement, une forte influence de l'exécutif[41], il faut reconnaitre que certains Etats lui accordent les moyens pour pouvoir accomplir sa mission. Il en est ainsi jusqu'alors au Togo. La Cour Constitutionnelle y est composée de neuf (09) membres. A l'Article 100 de leur Constitution, il est disposé que le président de la République n'en désigne que trois (03). L'Assemblée Nationale désigne trois (03) et le Sénat en désigne aussi trois (03).

On doit aussi remarquer que les constituants ont prévu les situations de crise[42]. Au Cameroun à l'article 8 comme en Guinée Equatoriale à l'Article 42 et au Maroc (Article 74), le contrôle des pouvoirs de crise n'est pas formulé. En dehors de ces exceptions, les autres constitutions vont jusqu'à prévoir qu'en cas d'état de siège ou d'exception, le chef de l'exécutif bénéficie des pouvoirs exacerbés. Mais alors, le parlement va siéger en permanence durant cette période pour par exemple contrôler a

---

[39] HAMON (F.) et TROPER (M.), *Droit constitutionnel*, op. cit., pp. 661-662.

[40] EFFAGUE SING (D.), *L'exercice de la souveraineté nationale en droit camerounais…*, op. cit., p. 116.

[41] Les présidents des Conseils constitutionnels ou des Cours constitutionnelles sont pour la plupart nommés par le président de la République. Certains auteurs s'appuient justement sur ce fait pour soutenir l'idée d'une anomalie constitutionnelle et au pire d'une excentricité choquante.

[42] En consacrant de tels pouvoirs, il est clair que l'idée qui a inspiré les constituants africains c'est que si l'Etat se trouvait un jour, comme en France en 1940 dans des circonstances dramatiques (péril grave menaçant l'intégrité du territoire, guerre, invasion étrangère…), il faudrait que le Président de la République dispose des pouvoirs nécessaires et suffisants pour y faire face, sans qu'on ne puisse lui reprocher de sortir de la légalité constitutionnelle.

postériori l'exécutif (Article 63 Benin ; Article 28 RCA ; Article 47 Sénégal). Au Nigéria par contre, l'Article 65 du texte constitutionnel exclue que les circonstances exceptionnelles soient décrétées. C'est en réalité au parlement qu'il reviendra de voter une loi spéciale sur les circonstances exceptionnelles.

2. La formation d'institutions de contrôle alternatif

Dans les textes constitutionnels contemporains, les constituants traitent du pouvoir administratif. La tendance est alors à une diminution du pouvoir de l'administration d'Etat. L'option qui se généralise est la décentralisation qui dépossède l'administration d'Etat d'une partie de ses compétences transférées aux collectivités publiques décentralisées. Plus encore, on enregistre une forte érection d'Autorités Administratives dites Indépendantes. Ces dernières sont généralement créées par les textes constitutionnels. Il s'agit d'institutions qui complexifient la catégorisation des administrations mais aussi qui diminuent les pouvoirs de l'administration d'Etat, en ce sens que les Autorités Administratives Indépendantes (AAI) deviennent des réceptacles des poches de compétences initialement dévolues à l'administration d'Etat, ou encore que ces Autorités Administratives Indépendantes (AAI) auront pour mission de contrôler et de mettre fin à l'arbitraire administrative.

Le fait d'introduire les Autorités Administratives Indépendantes dans la Constitution protège ces autorités des majorités, parce que le parlement n'aura pas le droit de vie sur elles, mais aussi du fait que ces autorités ne seront ni à la disposition ni à la merci de l'exécutif. Les Autorités Administratives Indépendantes tirent leur raison d'être de l'Article 16 DDHC dont le premier énoncé évoque la consécration des droits. En effet, en filigrane de leur raison d'être on retrouve la quête de plus d'Etat de droit, du fait de leurs missions qui vont généralement dans le sens de permettre la bonne jouissance d'un droit fondamental. De plus, les Autorités Administratives Indépendantes le sont davantage en vertu de leur consécration constitutionnelle.

Pour leur représentation, on peut citer à la lecture des constitutions concernées le Kenya National Humans Rights and Equality Commission (Article 69) ; ou le Haut Conseil des Collectivités Territoriales au Sénégal (Article 6) de la loi constitutionnelle n° 2016-10 du 05 avril 2016 portant révision de la Constitution de 1963). Au Togo, le texte constitutionnel consacre 03 (trois) Autorités

Administratives Indépendantes : La Haute Autorité de l'Audiovisuelle et de la Communication (HAAC) ; la Commission Nationale des Droits de l'Homme, et le Médiateur (respectivement Articles 130, 152, 154 de la Constitution du Togo). Au Maroc, on recense une pléthore d'institutions de cette nature, parce que de l'Article 161 à l'article 170, le constituant a créé jusqu'à dix (10) Autorités Administratives Indépendantes qui siphonnent les pouvoirs de l'Administration d'Etat.

Le contrôle alternatif des institutions est également le fait des partis politiques et de l'opposition dont les situations sont de plus en plus constitutionnalisées. Au Cameroun, les partis politiques sont protégés et plus encore au Maroc, les Articles 9 et 10 de la Constitution accordent une protection aux partis politiques et un statut à l'opposition.

Ainsi, de manière synthétique, les constitutions matérielles des Etats africains sont des constitutions en droite ligne de l'Article 16 DDHC parce qu'en les explorant, on découvre presque partout des options libérales qui marquent la présence d'un constitutionnalisme avéré. Toute forme de critique qui pourrait être portée au droit constitutionnel en Afrique relève davantage d'éléments empirique et socio-politique.

Patrick Edgard ABANE ENGOLO

Agrégé des facultés de droit, Directeur du Centre d'Études et de Recherches Constitutionnelles, Administratives et Financières (CERCAF) de l'Université de Yaoundé II-Cameroun

PANEL 2

LA DÉMOCRATIE ET LES INSTITUTIONS DANS LES CONSTITUTIONS (SUITE)

Sous la présidence de Monsieur Babacar KANTE, Professeur titulaire de droit public et de science politique, Doyen honoraire de l'UFR de Sciences juridiques et politiques de l'Université Gaston Berger de Saint Louis, ancien Vice-président du Conseil constitutionnel (Sénégal)

Avec comme discutant Monsieur Mamadou DAGRA, Maitre de Conférences, Université Abdou Moumouni de Niamey (Niger)

André CABANIS

LES AUTORITÉS ADMINISTRATIVES INDÉPENDANTES DANS LES CONSTITUTIONS DE L'AFRIQUE FRANCOPHONE

INTRODUCTION

On peut critiquer l'utilisation, dans une étude centrée sur les institutions africaines, du terme d'*autorité administrative indépendante* qui correspond à une notion caractéristique du droit français. Rien n'est plus éloigné de nos intentions que d'encourager un quelconque mimétisme juridique. Il serait souhaitable de pouvoir utiliser, pour désigner ces établissements importants, une dénomination adaptée à chaque pays ou, à défaut, spécifique au continent. De fait, dans ce qu'il est convenu d'appeler le monde développé, toutes les nations qui se sont successivement dotées de telles institutions ont utilisé une dénomination particulière, en commençant par les deux pays anglo-saxons qui se sont lancés les premiers dans la nouvelle gestion publique : les « Independant Regulatory Commissions » aux Etats-Unis, les « Quasi Non-Governmental Organisations »[1] en Grande-Bretagne[2]. Ailleurs : on parle d'« Selbständig » en Allemagne[3], d'« Unabhängiger Verwaltungssenat »[4] en Autriche, d'« organismo autonomo » en Espagne, d'« autorità administrativa indipendante » en Italie, ce qui est donc proche de la désignation utilisée en France.

---

[1] Que l'on désigne par un acronyme inattendu : les *quango*.

[2] On peut hésiter sur le pays où ces institutions sont apparues en premier, sans aller forcément jusqu'à soutenir qu'elles sont nées dans l'Allemagne nazie. Dans la mesure où elles se sont multipliées partout dans le monde et jusqu'au sein de l'Union européenne, on peut leur trouver plusieurs origines.

[3] « Administration autonome ».

[4] Les chambres administratives indépendantes.

En même temps, il est deux arguments qui peuvent excuser l'utilisation de ce terme, résumé par les initiales AAI. Le premier tient à ce constat qu'en France, cette dénomination recouvre des réalités multiples et variables au point d'alarmer les assemblées parlementaires dont plusieurs rapports[5] dénoncent le processus de multiplication de ces organismes avec une grande diversité de statuts et parfois des chevauchements de compétences, jusqu'à ce qu'avec une loi organique de 2017 le nombre des AAI authentiques soit arrêté à vingt-six alors que plus d'une dizaine d'autres auraient pu prétendre à ce titre et en sont explicitement privées[6]. Un second argument peut être cherché dans le fait que le terme d'AAI figure dans plusieurs textes africains, y compris de niveau constitutionnel : ainsi à propos de l'Organe national de prévention et de lutte contre la corruption en Algérie[7], du médiateur de la République ivoirienne[8], du Conseil supérieur de la communication au Niger[9], du Haut conseil de la communication au Tchad[10] etc.

C'est avec un décalage aisément explicable que les AAI apparaissent et se développent dans l'Afrique francophone, à la fin du XXe siècle[11]. Auparavant, dans le monde anglo-saxon, dans les années 1970, divers auteurs soutiennent qu'il faut mettre en place des institutions bénéficiant d'une large autonomie et commencent à être entendus. Pour ce qui est de la France, c'est en 1978 qu'apparaît officiellement cette dénomination à propos de la Commission nationale de l'informatique et des libertés. La décennie 1970 est donc décisive en ce domaine avec ce qu'il faut bien considérer comme une manifestation de méfiance à l'égard des autorités gouvernementales. Auparavant, c'était ces dernières auxquelles l'on s'en remettait pour défendre l'intérêt général dans la ligne de la monarchie capétienne et pour encadrer l'initiative privée dans la tradition colbertiste. Avec la crainte que les décisions des ministres ne soient influencées par des considérations politiciennes et avec la volonté de réduire le rôle de

---

[5] Rapport des députés René Dosière et Christian Vaneste (comité d'évaluation et de contrôle présidé par Bernard Accoyer) Rapport du 28 octobre 2010. Appréciation du sénateur Gélard.

[6] Loi n° 2017-55 du 20 janvier 2017 portant statut général des autorités administratives indépendantes et des autorités publiques indépendantes. Liste des 26 AAI en annexe.

[7] Art. 202 et 203 de la Constitution algérienne.

[8] Art. 115 de la Constitution ivoirienne.

[9] Art. 156 de la Constitution nigérienne.

[10] Art. 182 de la Constitution tchadienne.

[11] Notre étude porte sur les Constitutions de dix-huit pays : Algérie, Bénin, Burkina, Cameroun, Congo Brazza, Centrafrique, Côte d'Ivoire, Gabon, Guinée, Madagascar, Mali, Maroc, Mauritanie, Niger, Sénégal, Tchad, Togo et Tunisie.

l'Etat à l'essentiel, une solution aux problèmes nés de ces sentiments paraît pouvoir être cherchée dans l'octroi de larges pouvoirs à des institutions délivrées de la tutelle gouvernementale. La séparation des pouvoirs exécutif et législatif ne paraît plus une garantie suffisante pour les citoyens, surtout à partir du moment où le phénomène majoritaire aboutit à ce qu'un même parti contrôle tant la présidence de la République, que le gouvernement et les assemblées. Ce constat est d'ailleurs valable aussi bien pour la France actuellement qu'en ce qui concerne nombre de pays africains de succession coloniale française.

En fait, c'est seulement près de trente ans après l'accession à l'indépendance que ces nations feront appel de façon massive à ces autorités administratives indépendantes. Pendant cette décennie 1970, les préoccupations des régimes prétoriens qui se généralisent progressivement en Afrique, les entraînent fort loin de ce type d'institutions. C'est l'époque du remplacement des Constitutions démocratiques mises en place après l'indépendance, avec des versions assez largement inspirées du texte français, par des régimes prétoriens, d'abord et généralement entre les mains de généraux ayant souvent servis dans les armées de l'ancien colonisateur[12], puis dirigés par de jeunes officiers se réclamant de doctrines socialistes, voire marxistes[13]. Par delà des convictions fort différentes –plutôt conservatrices pour les premiers, délibérément progressistes pour la seconde génération- ils se rejoignent dans la recherche d'une forme de légitimité fondée sur l'efficacité de leur mode de gouvernement, par opposition aux hésitations des systèmes plus ou moins parlementaires et pluralistes qu'ils ont renversés. C'est bien ainsi que les perçoivent les opinions publiques : comme ayant, par vocation et formation professionnelles, le sens du commandement, donc capables de mobiliser les énergies, de mettre fin aux divisions et aux controverses stériles qui caractérisent le parlementarisme, en un mot de conduire vers le développement un pays uni sous leur autorité indiscutée. Dans ces conditions, nul ne songe à mettre en place des autorités

---

[12] On peut notamment citer comme relevant de cette catégorie, avec les risques liés à toute tentative de typologie : le colonel Christophe Soglo au Bénin, le lieutenant-colonel Lamizana puis le général Saye Zerbo en Haute-Volta, le général Ramanantsoa à Madagascar (1972-1975), le général Moussa Traoré au Mali, après quelques hésitations de 1963 à 1967 le lieutenant-colonel Gnassingbé Eyadema au Togo

[13] On peut notamment citer comme relevant de cette catégorie le major Kérékou au Bénin (1972-1991), le capitaine Sankara au Burkina Faso (1983-1987) et le capitaine de corvette Ratsiraka à Madagascar (1975-1993).

administratives indépendantes capables de s'ériger en rivales par rapport à des militaires habitués à se faire obéir.

Les priorités et les méthodes changent assez radicalement –au moins officiellement- avec la transition démocratique des années 1990. Le Bénin joue un rôle pionnier d'abord par la mise en place d'une conférence nationale des forces vives de la nation, chargée de gérer cette transition et d'installer le nouveau régime fondé sur une Constitution qui rompt avec le parlementarisme à l'honneur lors de l'indépendance en 1960. La nouvelle Constitution donne à ce point satisfaction qu'elle ne fera l'objet d'aucune révision mais permet plusieurs alternances politiques paisibles. C'est également dans cette loi fondamentale que l'on voit apparaître la première autorité administrative indépendante avec une Haute autorité de l'audiovisuel et de la communication à laquelle est consacré un titre entier[14]. Par la suite, au fur et à mesure que s'installent des régimes pluralistes, les institutions de ce type se multiplient. Là où elles n'existent pas dès l'origine dans le texte constitutionnel, elles sont parfois introduites à la faveur d'une tentative de libéralisation d'un régime qui souhaite se survivre. L'on peut interpréter ainsi le fait que Compaoré ait ajouté dans le texte burkinabè[15] deux nouveaux titres, numérotés 14 bis et 14 ter, instituant un médiateur et un Conseil supérieur de la communication, en 2012, deux ans avant le soulèvement qui aboutit à sa destitution. Dans le même esprit, en République centrafricaine, la charte constitutionnelle de transition de 2013 consacre un titre entier sur douze à la création d'un Haut conseil de la communication de transition[16]. C'est d'ailleurs ce dernier type d'institutions qui se voit reconnaître –parmi toutes les AAI évoquées dans les lois fondamentales de l'Afrique francophone la place la plus importante (I), suivies par les médiateurs (II). Il faut également évoquer les Commissions électorales (III) qui jouent un rôle notable mais qui ont rarement les honneurs des Constitutions, ce qui n'épuise d'ailleurs pas la liste des Agences, des Hautes autorités, ou des Conseils évoqués dans le texte le plus élevé de l'ordre juridique interne (IV).

---

[14] Art. 142-143 de la Constitution béninoise.

[15] Dans la Constitution burkinabè de 1991, ne figure que l'annonce de création par la loi d'organes de contrôle et d'instances et organes consultatifs (art. 141). Finalement en 2000, cette disposition se traduit simplement par la création d'un Conseil économique et social consultatif.

[16] Art. 160-3 de la Constitution burkinabè.

I. LES HAUTES AUTORITÉS DE LA COMMUNICATION

C'est donc dans le domaine de la communication que les AAI fleurissent en premier[17]. Alors qu'elles sont absentes lors de l'indépendance et *a fortiori* dans le cadre des régimes prétoriens qui s'installent assez vite, la dernière décennie du XXe siècle est marquée par la conviction, assez largement partagée, que la liberté de l'information constitue une des conditions décisives du nouvel ordre des choses. Si l'on prend comme critère significatif de la reconnaissance de l'importance d'une telle institution le fait qu'elle figure dans la Constitution et si l'on porte l'investigation sur les pays d'Afrique de succession coloniale française, ce sont dix lois fondamentales qui prévoient une Haute autorité vouée à la communication dont quatre textes qui, dans leur titre, font une place soit exclusive, soit partielle, à l'audiovisuel. La spécialisation limitée à l'audiovisuel figure dans deux Constitutions récentes du Maghreb : le Maroc[18] et la Tunisie[19] où l'on peut expliquer ce domaine étroitement défini par le fait que d'autres AAI peuvent également protéger la liberté d'expression des opinions, principalement le Conseil supérieur des droits de l'homme au Maroc et la Commission des droits de l'homme en Tunisie. Pour ce qui est de la double compétence – audiovisuel et communication simultanément- l'on peut citer le Bénin[20] et le Togo[21] avec des dénominations semblables[22] et des compétences très proches. Pour ce qui est des six pays qui se sont dotés de structures en charge de la seule communication, d'une façon générale et sans autre précision, il s'agit du Congo Brazza, de la Centrafrique, du Gabon, de la Guinée, du Niger et du Tchad[23]. La mission de toutes ces structures est

---

[17] Pulchérie Nomo Zibi-Moulango, *Le statut de l'audiovisuel en Afrique*, Paris 1996 ; Emmanuel V. Adjovi, *Les instances de régulation des médias en Afrique de l'ouest. Le cas du Bénin,* Paris 2003.

[18] Art. 165 de la Constitution marocaine.

[19] Art. 128 de la Constitution tunisienne.

[20] Titre VIII de la Constitution béninoise.

[21] Titre IX de la Constitution togolaise.

[22] Haute autorité de l'audiovisuel et de la communication.

[23] Congo Brazza : art. 212-213 (Conseil supérieur de la liberté de communication) ; Centrafrique : art. 90 à 93 (Haut conseil de communication de transition) ; Gabon : art. 94 à 102 (Conseil national de la communication) ; Guinée : art. 125-126 (Haute autorité de la communication) ; Niger : art. 156 à 163 (Conseil supérieur de la communication) ; Tchad : art. 182-186 (Haut conseil de la communication). En Côte d'Ivoire, c'est la loi n° 2017/868 du

définie très largement mais également de façon assez vague. Il est à peu près partout question de liberté et de pluralisme. L'on y ajoute parfois une exigence de déontologie et d'intégrité[24]. Le Maroc complète avec le « respect des valeurs civilisationnelles du royaume »[25].

Certains textes se montrent particulièrement diserts sur la détermination des compétences. Le Gabon et le Niger consacrent rien moins que neuf et huit articles respectivement à leur Conseil national (ou supérieur au Niger) de la communication[26]. Ils leur assignent, là encore respectivement, quatorze et onze compétences différentes, réparties entre autant de rubriques. Dans les deux cas : le respect des statuts des professionnels, y compris leur formation, le contrôle de la publicité avec ses modalités de programmation, la protection de l'enfance et de l'adolescence, enfin la promotion de la culture, y compris par les entreprises privées[27]. Le Gabon y ajoute le respect des règles concernant les émissions électorales[28] et l'harmonisation des programmes. Le Niger pour sa part prévoit aussi d'encourager le sport. Quelques Constitutions ajoutent des prérogatives spécifiques : formulation d'avis techniques et de recommandations au Congo[29], pouvoirs de régulation et de décision en Centrafrique[30], émission d'observation et application de sanctions au Gabon[31], autorisation des nouvelles chaines de télévision ou de radio privées au Togo[32] enfin pouvoir réglementaire et consultation sur les lois en Tunisie[33]. Sur tous ces aspects, les Constitutions posent des principes sans en détailler les modalités de mise en œuvre.

---

27 décembre 2017 qui organise l'Autorité de régulation de la communication audiovisuelle (art. 5 à 183). Au Sénégal, ce sont les lois n° 92-26 du 7 février 1992 qui crée le Haut conseil de la radio télévision, puis n° 95-09 du 2 mars 1998 qui crée la Haut Conseil de l'audiovisuel, enfin n° 2006-04 du 4 janvier 2006 qui crée le Conseil national de régulation de l'audiovisuel.

24 Art. 142 de la Constitution béninoise, 157 nigérienne, 130 togolaise et 127 tunisienne.

25 Art. 165 de la Constitution marocaine.

26 Contre quatre en Centrafrique. Les autres Constitutions se limitent à un ou deux articles.

27 Art. 95 de la Constitution gabonaise et 157 nigérienne.

28 Au Bénin, la Haute autorité de l'audiovisuel et de la communication exerce un contrôle sur la propagande électorale : Valentin Vidjannagni V. Kpago, « La propagande électorale », dans *La présidentielle de 2016 devant la Cour constitutionnelle du Bénin,* Frédéric-Joël Aïvo (dir.) Cotonou 2016, p. 137-143.

29 Art. 212 de la Constitution congolaise.

30 Art. 90 de la Constitution centrafricaine.

31 Art. 96 de la Constitution gabonaise.

32 Art. 130 de la Constitution togolaise.

33 Art. 130 de la Constitution tunisienne.

L'imprécision est également la norme sur cet autre enjeu important que constituent les modalités de désignation des membres composant ces instances. Si les lois fondamentales ne sont pas chiches en protestations sur leur indépendance, elles sont moins précises sur les procédures qui la garantissent. Là encore, il y a les dispositions générales, assez souvent répétées, par exemple sur l'irrévocabilité des membres, sur le non renouvellement de leur mandat et sur l'interdiction des cumuls de fonction, ce qui est censé les mettre à l'abri des pressions extérieures. S'y ajoute au Centrafrique la subordination de toute poursuite ou arrestation à une autorisation de la Cour constitutionnelle[34]. Il est par ailleurs habituel de prévoir des exigences de compétences et d'expériences dans le domaine de la communication, ce qui n'est pas très contraignant et même si, dans certains pays, l'on en rajoute dans le portrait de personnes réunissant des qualités difficiles à rassembler sur une seule tête. Ainsi, en Tunisie, il faut des individus qui soient à la fois « indépendants, neutres, compétents, expérimentés et intègres » ce qui est mettre la barre fort haut[35].

L'on sait bien que c'est la pluralité des autorités en charge d'intervenir dans la composition de l'institution qui garantit le mieux l'objectivité de leurs décisions, par la pluralité des opinions et l'existence d'un vrai débat en son sein. Les constituants en sont si persuadés que leurs lois fondamentales se montrent généralement fort peu précises sur ce point, renvoyant à une loi ordinaire ou organique, se bornant parfois à préciser que le président et le bureau sont élus par les membres composant l'institution comme au Togo[36], ce qui constitue une faible garantie ou que la désignation du président réclame une consultation préalable du président de l'Assemblée nationale comme au Gabon[37]. En fait, il n'y a que trois Constitutions qui garantissent un pluralisme au niveau de la composition. Il en va d'abord ainsi dans le texte gabonais qui paraît s'inspirer de la Haute autorité de la communication audiovisuelle mise en place en France entre 1982 et 1986, elle-même sur le modèle du Conseil constitutionnel avec neuf personnes choisies en nombre égal par le chef de l'Etat et par les présidents des deux assemblées[38]. C'est le cas aussi du

---

[34] Art. 92 de la Constitution centrafricaine.

[35] Art. 127 de la Constitution tunisienne.

[36] Art. 131 de la Constitution togolaise.

[37] Art. 143 de la Constitution béninoise.

[38] Art. 98 de la Constitution gabonaise. Victime des alternances politiques en France, la Haute autorité est remplacée en 1986 par une Commission nationale de la communication et des

texte nigérien dont les quinze membres, à côté de ceux désignés par des personnalités politiques –le président de la République, celui de l'Assemblée nationale et le premier ministre- sont censés représenter les organisations socio-professionnelles des médias du secteur privé, les organisation syndicales des médias du secteur public, les associations de défense des droits de l'homme et de promotion de la démocratie, les collectifs des organisations féminines, les agences et bureaux de communication et publicité, les créateurs culturels, enfin les imprimeurs et éditeurs. Cette énumération n'épuise pas les précisions imposées par cet article puisqu'il faudrait y ajouter des sous-catégories[39]. Il s'agit enfin du texte tchadien avec neuf membres dont quatre désignés par des personnalités politiques –le président de la République et celui de l'Assemblée nationale-, quatre par le monde de la communication et de la culture et un par le président de la Cour suprême[40].

II. LES MÉDIATEURS

Si les agences indépendantes trouvent leur origine dans le monde anglo-saxon, c'est en Suède qu'il faut chercher les personnages annonçant ce que sont les modernes médiateurs. La dénomination ancienne, celle d'ombudsman, sert à désigner le « porte-parole des plaintes »[41]. Elle va faire place au titre de « médiateur » qui insiste sur son rôle de conciliation ou à celui de « défenseur des droits » qui met l'accent sur la fonction de protection. La France va utiliser successivement les deux titres[42]. Il s'agit de protéger les citoyens contre l'administration dans un rapport qui se veut dédramatisé pour éviter que l'exaspération des uns se nourrisse de l'indifférence méprisante de

---

libertés dont les 13 membres sont choisis par une demi douzaines d'institutions ou cooptés, puis en 1989 par le Conseil supérieur de l'audiovisuel de 9, puis 7 membres selon des modalités qui voient réapparaître le chef de l'Etat et les présidents des assemblées selon des modalités qui semblent avoir épuisées les capacités d'imagination du législateur sauf à introduire des révisions limitées qui reflètent l'évolution des préoccupations du moment.

[39] Art. 161 de la Constitution nigérienne.

[40] Art. 183 de la Constitution tchadienne. On retrouve la composition tripartite et la représentation des professionnels au Mali : trois membres désignés par le chef de l'Etat, trois par le président de l'Assemblée nationale, trois par les organisations professionnelles de la presse (art. 26 de l'ordonnance n° 2014-006 du 21 janvier 2014.)

[41] Linda C. Reif, *The Ombudsman, Good governance and the International Human Rights System,* Leyde 2004.

[42] De 1973 à 2011, six personnes occupent le poste de médiateur, depuis Antoine Pinay –le premier- jusqu'à Jean-Paul Delevoye –le dernier- avant de céder la place au défenseur des droits, fonction successivement exercée par Dominique Baudis puis par Jacques Toubon.

l'autre. Pour ce qui est de l'Afrique subsaharienne francophone, c'est le terme *médiateur* qui est généralement privilégié[43] ce qui pourrait correspondre à une préférence accordée, sur ce continent, à des techniques de conciliation, s'appuyant sur des personnalités respectées de tous et ayant prouvé leur capacité à rapprocher les points de vue.

Si l'on reprend le critère de la présence dans la Constitution de chaque pays, ce sont six médiateurs qui sont ainsi mentionnés au Burkina Faso, au Congo Brazza, en Côte d'Ivoire, en Guinée, au Maroc et au Tchad[44]. Ce chiffre est évidemment inférieur à celui des médiateurs effectivement institués puisque l'Association qui les regroupe en Afrique compte trente-neuf membres. Pour ce qui est des pays francophones, il faut donc ajouter à notre première liste neuf autres : le Bénin, le Gabon, Madagascar, le Mali, la Mauritanie, le Niger, le Sénégal, le Togo et la Tunisie. Ceux qui ne bénéficient pas d'un statut constitutionnel réclament d'ailleurs de se le voir également accordé. Cette revendication figure dans le rapport du médiateur sénégalais dès 1992, un an à peine après sa création et s'appuie sur le souci « de donner à l'institution sa véritable place dans notre système de régulation de l'activité administrative et normative »[45]. De même dans une interview de 2016, le médiateur du Niger, Me Ali Sirfi Maïga, ancien ministre de la Justice, rappelle « Au nombre des difficultés que nous rencontrons, l'on peut citer *l'absence de constitutionnalisation du médiateur de la république*, pourtant recommandée par les instances internationales ».[46]

Les formules utilisées dans les lois fondamentales pour définir les attributions des médiateurs sont assez classiques. Le médiateur est

---

[43] Généralement sous la forme « médiateur de la République », sauf « médiateur du Faso » au Burkina, « médiateur du royaume » au Maroc ou encore « médiateur administratif » en Tunisie. Mohamed Benyahya et Ahmed Bouachik (dir.), *L'institution du médiateur*, Casablanca 2000.

[44] Art. 160-1 et 2 de la Constitution burkinabè ; art. 200 à 203 de la Constitution congolaise ; art. 115 à 118 de la Constitution ivoirienne ; art. 127 à 131 de la Constitution guinéenne ; art. 162 de la Constitution marocaine et art. 154 de la Constitution tchadienne.

[45] Mamadou Dagra, « Le déclin du contentieux administratif au profit d'autres modes de règlement des différends. Le médiateur de la République au Niger », in Demba Sy et Alioune Badara Fall (dir.), *Les nouvelles tendances du droit administratif en Afrique*, Toulouse 1918, p. 162.

[46] Et de citer la résolution n° 67/L.28 des Nations-unies du 29 octobre 2012, les communiqués de l'Association des ombudsmans et médiateurs francophones à Bamako le 7 mai 2010 et de la réunion de la section ouest-africaine de l'Association des ombudsmans et médiateurs africains à Abidjan le 9 août 2012 (Mamadou Dagra, art. cité, p. 162, note 46).

présenté comme un « intercesseur gracieux »[47] chargé de « simplifier et humaniser les rapports » avec l'administration[48]. Cependant il leur est parfois assigné une mission plus haute qui dépasse le niveau d'un rapprochement des points de vue d'un particulier et d'un fonctionnaire. C'est le cas au Maroc où il s'agit de tendre « à renforcer la primauté de la loi et à diffuser les principes de justice et d'équité et les valeurs de moralisation et de transparence ». Le médiateur doit intervenir lorsqu'« un organisme public n'a pas fonctionné conformément à la mission de service public qui lui est dévolue »[49]. Les textes de niveau législatif sont plus explicites tout en manifestant les mêmes préoccupations. La loi organique burkinabè du 16 mai 2013 prévoit que soient traitées les « réclamations relatives au fonctionnement des administrations de l'Etat, des collectivités territoriales, des établissements publics et de tout autre organisme investi d'une mission de service public »[50]. Il s'en suit le droit de suggérer aux pouvoirs publics les réformes qui lui paraîtraient utiles : « lorsqu'une réclamation lui paraît justifiée, le médiateur du Faso fait toutes les recommandations de nature à régler les difficultés dont il est saisi et, le cas échéant, toutes propositions tendant à améliorer le fonctionnement de l'organisme concerné »[51].

Pour ce qui est de l'indépendance du détenteur de cette fonction, les Constitutions sont également imprécises. Si la nomination du médiateur est généralement à la discrétion de l'exécutif[52], encore que puisse figurer quelque condition de compétence ou d'honnêteté, ce qui est médiocrement contraignant, du moins l'institution est-elle généralement protégée contre le risque de renvoi. La Constitution guinéenne subordonne une telle éviction à la décision de la Cour suprême[53]. En Côte d'Ivoire et à côté de diverses immunités et incompatibilités[54], il est prévu la possibilité d'un renvoi « en cas d'empêchement constaté par le

[47] Art. 160-1 de la Constitution burkinabè.

[48] Art. 201 de la Constitution congolaise.

[49] *Idem*, art. 202.

[50]°Article 11 de la loi organique du 16 mai 2013.

[51]°Article 20 de ladite loi.

[52] Art.160-1 burkinabè ; art. 129 guinéen et art. 54 tchadien. Comparaison entre les modes de désignation des autorités de regulation, notamment le médiateur, au Sénégal (Babacar Gueye, « Les autorités de régulation hier et aujourd'hui » dans *De la justice coloniale aux systèmes judiciaires contemporains, Droit sénégalais* n° 5-2006, p. 328).

[53] Art. 129 de la Constitution guinéenne.

[54] Art. 117 de la Constitution ivoirienne.

Conseil constitutionnel saisi par le président de la République »[55] procédure qui ne constitue pas forcément une garantie absolue. Dans l'ensemble, les lois organiques qui précisent le statut du médiateur améliorent les règles qui assurent une certaine indépendance. Comme l'indique à juste titre le professeur Salif Yonaba la leçon que l'on peut tirer d'une expérience de fonctionnement de plus de dix années, c'est l'importance du *profil* du médiateur : il faut que les citoyens puissent compter sur lui : « la question de la personnalité, en ce qu'elle requiert comme vertus attendues d'une personne digne de confiance et qui impose le respect, devrait occuper une place tout à fait spéciale ».[56]

Une nouvelle tendance se fait jour. L'idée que la fonction de défense des libertés doit s'incarner dans un homme prestigieux et médiatique, auquel l'on s'adresse comme à une sorte d'intercesseur suprême, à ce titre apte à défendre les intérêts des humbles face aux grands de ce monde, presque capable de les équilibrer tous, est certainement un élément important pour le succès de cette institution pendant sa période de mise en place. En même temps, chacun se rend bien compte qu'une telle responsabilité exige des moyens importants en personnel pour recevoir et trier les demandes, enquêter, interroger, proposer des solutions et assurer le suivi des affaires pour éviter que des bureaucrates pris en défaut misent sur la lassitude de ceux qui s'en plaignent.

Dans ces conditions, la personnalisation des débuts peut ne pas faire obstacle à son remplacement par une autorité administrative indépendante classique, chargée de faire respecter les droits des citoyens. Au Maroc, la Constitution de 2011 organise la coexistence d'un médiateur et d'un Conseil national des droits de l'homme chargés de « toutes les questions relatives à la défense et à la protection des droits de l'Homme et des libertés, à la garantie de leur plein exercice et à leur promotion, ainsi qu'à la préservation de la dignité, des droits et des libertés individuelles et collectives des citoyennes et citoyens [...] »[57]. Pour ce qui est de la Tunisie, le texte de 2014 ne prévoit pas de

[55] Art. 116 de la Constitution ivoirienne.

[56] Salif Yonaba, « L'institution du médiateur de la République comme mode alternatif de règlement des différends sur le continent africain », *Les nouvelles tendances du droit administratif*, Toulouse 2018, p. 190.

[57] Art. 161 de la Constitution marocaine. On retrouve la même dualité au Congo Brazzaville où coexistent un médiateur et une Commission nationale des droits de l'homme (art. 200 à 203 et 214 à 216 de la Constitution congolaise), en Guinée avec un médiateur et une Institution nationale des droits humains (art. 127 à 131 et 146 à 148 de la Constitution

médiateur mais une Commission des droits de l'homme qui, notamment, « enquête sur les cas de violation des droits de l'Homme en vue de les soumettre aux autorités compétentes »[58]. Ces diverses expériences devront être mises à profit pour déterminer le système le plus efficace.

III. LES COMMISSIONS ÉLECTORALES

Par rapport aux institutions déjà traitées, les Commissions électorales[59] présentent cette spécificité d'être absentes des Constitutions, ce qui peut surprendre dans la mesure où leur rôle est souvent décisif dans l'organisation des scrutins et dans la vérification de leur régularité, donc pour garantir la réalité du régime démocratique. Cette absence justifierait que nous n'évoquions pas ces Commissions dans une étude portant sur l'émergence constitutionnelle des AAI sauf à considérer qu'il y a là un constat révélateur *a contrario* de la crainte du parti au pouvoir de ne pouvoir changer aisément le statut d'institutions influentes. Témoignent de l'enjeu qu'elles représentent les polémiques qui entourent la désignation de leurs membres, les modalités de leur action et leurs responsabilités dans la proclamation des résultats[60], ce qui leur vaut peu d'encouragements, toutes sortes de critiques et parfois des menaces, voire des pressions physiques. Il est vrai qu'elles ne sont pas seules à jouer ce rôle d'encadrement et de validation des votes. Toutes sortes d'institutions nationales et internationales s'activent autour des opérations électorales, depuis les plus indiscutables telles les

---

guinéenne) et au Togo avec un médiateur et une Commission nationale des droits de l'homme, regroupés dans le même titre (art. 152 à 154 de la Constitution).

[58] Art. 128 de la Constitution tunisienne. Une révision de 2012 introduit une Commission nationale des droits de l'homme dans la Constitution mauritanienne (art. 97) de même que le texte algérien de 2016 prévoit un Conseil national des droits de l'homme (art. 198).

[59] Ce développement reprend des éléments rassemblés dans A. Cabanis, « Les Commissions électorales en Afrique francophone. Approche juridique et comparative » dans Mamadou Badji, Olivier Devaux et Babacar Gueye (dir.), *Légitimité et élections en Afrique francophone, Revue sénégalaise de droit et science politique*, n° 14 2017-2018, p. 123 à 139. L'étude porte sur les dix pays suivants : Bénin, Burkina Faso, Centrafrique, Congo Brazza, Côte d'Ivoire, Guinée, Madagascar, Mali, Niger et Togo. Sur le Sénégal, volontairement laissé de côté dans cet article : Abdoulaye Dièye, « Le juge dans le processus électoral sénégalais », dans *De la justice coloniale aux systèmes judiciaires africains contemporains, Droit sénégalais,* n° 5-2006, p. 353 à 368).

[60] Ainsi, lors des élections présidentielles ivoiriennes de 2010, avec le différend apparu entre la Commission électorale indépendante et le Conseil constitutionnel.

Cours suprêmes et les instances mandatées par l'ONU ou par l'UA[61] jusqu'aux plus modestes, à la légitimité douteuse, comme certaines ONG auto-proclamées.

Il n'est reste pas moins que, par leur présence du début à la fin du processus, depuis la confection des listes électorales jusqu'à la désignation des élus, ces Commissions exercent une mission irremplaçable[62]. Mais c'est justement parce que les dirigeants en place s'en méfient et veulent, en cas de problème, pouvoir les réformer aisément, qu'elles ne bénéficient pas de la garantie que donne le fait de figurer dans la loi fondamentale. L'expérience montre que les réformes introduites par la voie législative, parfois le remplacement d'une institution existant depuis longtemps s'expliquent autant par la volonté de se débarrasser d'une instance indocile que par les considérations techniques et d'efficacité qui sont officiellement mises en avant[63].

Pour ce qui est des missions confiées à ces Commissions, elles sont d'une extrême diversité. Leur cœur de métier, si l'on peut dire, consiste évidemment à garantir la régularité des élections en intervenant dès la confection des listes électorales, pour éviter tant les doubles inscriptions que la présence de personnes n'ayant pas le droit d'y figurer ou que l'absence de citoyens habilités à voter mais que l'on chercherait à écarter pour de mauvaises raisons. Il convient au surplus que l'identification des inscrits soit aisée lorsqu'ils se présentent dans leur bureau de vote. L'appel à des techniques informatiques sophistiquées doit faciliter cette première opération[64]. Elle est complétée par la réception des candidatures et leur publication après vérification. Si elles ne sauraient faire obstacle aux candidatures qui viennent polluer le débat au lieu de l'enrichir, du moins leur revient-il d'écarter ceux qui ne remplissent pas les conditions et d'éviter que des personnalités de

---

[61] Cf. le développement « IV. Aléas et dérives de l'observation de l'UA » dans Nacer Eddineghozali, « La transition démocratique à l'épreuve des autocraties. Cas de quelques pays d'Afrique noire », dans *Alternances politiques en Afrique : défis démocratiques et enjeux constitutionnels*, Abdoulaye Soma (dir.), Ouagadougou [2018], p. 227 à 229.

[62] Pascal Kambale, *Organes de gestion des élections en Afrique de l'ouest. Une étude comparative de la contribution des Commissions électorales au renforcement de la démocratie*, Open Society Initiative for West Africa, Johannesbourg 2011.

[63] Cf. le jugement de Djedjro Francisco Meledje qui les présente comme « des lieux de lutte pour le pouvoir politique » et « l'objet de convoitise des forces politiques » (« Le contentieux électoral en Afrique », *Pouvoirs* n° 129, p. 150).

[64] Siaka Sangare, « Etablissement d'un état-civil et listes électorales stables », *Démocratie et élections dans l'espace francophone,* Bruxelles 2010, p. 287 à 301.

valeur soient écartées, par intimidation ou dissuasion, ou mauvaise application des textes.

Elles veillent ensuite au bon déroulement de la campagne, parfois même chargées d'organiser les manifestations publiques comme à Madagascar[65] ce qui peut les conduire à des rappels à l'ordre utiles en vue d'éviter que se prolongent, voire se généralisent des pratiques critiquables. Elles accompagnent les membres des bureaux de vote dans ce moment où culminent tous les dangers. Leur intervention en temps réel doit permettre de rectifier, avant qu'elles ne deviennent irréversibles, les irrégularités que peuvent expliquer l'ignorance ou la volonté de frauder. Si c'est nécessaire, elles organisent des formations au profit de ceux qui reçoivent les votes sur place et distribuent du matériel tel que bulletins, isoloirs, urnes… Elles veillent à ce que le dépouillement et la transmission des résultats s'effectuent dans de bonnes conditions, pour éviter des manœuvres qui peuvent compromettre, par simple substitution des résultats souhaités aux résultats réels, la sincérité du vote. Enfin, il leur appartient dans certains pays de proclamer les résultats, moment où les tensions sont au maximum[66].

Dans toutes ces tâches elles ne sont pas seules, et des structures complémentaires interviennent également, selon des modalités variables. Des organismes spécialisés, de haute technicité, se manifestent lors de la confection des listes électorales, pour bien maîtriser l'outil informatique[67]. D'une façon générale, les services de

---

[65] La Commission électorale nationale indépendante est chargée de « la gestion des manifestations sur la voie publique » (art. 40 de la loi n° 2015-020 du 19 octobre 2015), prérogative redoutable puisqu'elle touche aux questions de maintien de l'ordre.

[66] Selon les pays, les résultats rassemblés par la Commission sont transmis, éventuellement après examen des réclamations, à la Cour suprême, au Conseil constitutionnel, parfois au Conseil d'Etat pour les élections locales. Parfois aussi la Commission proclame elle-même.

[67] Le Bénin et le Niger confient la confection des listes à des institutions spécifiques, plus ou moins liées à la Commission électorale nationale. Au Bénin, ce sont les articles 149 à 331 de la loi n° 2013-06 du 25 novembre 2013 qui prévoient les modalités du recensement électoral national approfondi (RENA) puis de l'établissement de la liste électorale permanente informatisée (LEPI), en s'appuyant sur la mission indépendante de recensement électoral national approfondi (MIRENA ; art. 150) ainsi que sur le Conseil d'orientation et de supervision (COS), structure administrative indépendante où les partis de l'opposition sont représentés et qui supervise le travail de l'Agence nationale de traitement (ANT) (art. 219). Au Niger, c'est le Comité national chargé du fichier électoral biométrique qui établit les listes. Doté d'une représentation paritaire des partis politiques, il est présenté à la fois comme « rattaché au secrétariat permanent de la CENI » et comme « autonome et indépendant » (art. 7 de la loi nigérienne n° 2014-03 du 15 avril 2014). Pour ce qui est de la Côte d'Ivoire,

l'Etat doivent aider les Commissions en donnant suite à leurs demandes. On devine que la bonne volonté de l'administration est très variable selon les pays, selon le zèle des agents publics et selon les consignes données par les autorités centrales. En cas de réticences ou de refus, il y a bien sûr la possibilité de s'adresser à la hiérarchie, puis à la justice, ce qui ne constitue pas une garantie de rapidité dans un domaine où une réaction immédiate est importante. C'est pour répondre à ce problème qu'en Guinée et à Madagascar, la Commission peut se substituer à certains services défaillants[68]. Le souci de faire appel à toutes les aides possibles va jusqu'à autoriser certaines Commissions nationales s'appuyer sur des observateurs internationaux[69].

Pour ce qui est enfin de la composition de ces commissions, il est à peu près partout prévu un équilibre entre les représentants de la majorité au pouvoir et de l'opposition[70] sauf pour les élections présidentielles où chaque candidat peut déléguer une personne pour défendre ses intérêts. Cette représentation politique est complétée, dans une proportion variable puisqu'elle se situe entre plus de la moitié et moins d'un quart du total[71], par des magistrats, des personnalités issues de la société

Annick M.D. Koffi, « La loi portant Code électoral dans l'ordonnancement juridique ivoirien », *Mélanges dédiés au doyen Francis Wodié*, Toulouse 2016, p. 298.

[68] En Guinée, si une autorité administrative « ne s'exécute pas, la CENI dispose du pouvoir (...) de faire exécuter immédiatement la mesure corrective » (art. 4 de la loi n° L/2007/013/AN du 29 octobre 2007). A Madagascar, cette possibilité est donnée à la Commission nationale par rapport aux institutions locales, avec un « pouvoir de substitution d'action à l'égard des responsables de ses démembrements après mise en demeure restée infructueuse » (art. 43).

[69] Au Bénin, la liste est transmise au gouvernement pour qu'il adresse des invitations aux observateurs étrangers (art. 15). En revanche, à Madagascar, il appartient à la Commission d'accréditer les observateurs étrangers (art. 38).

[70] Si l'on classe les Commissions en fonction du nombre de représentants de la classe politique, c'est au Bénin que les effectifs sont les moins importants avec seulement deux représentants de la majorité parlementaire et deux de la minorité (art. 19). Ailleurs les nombres sont plus élevés : deux fois quatre en Côte d'Ivoire (art. 5), deux fois cinq au Burkina Faso (art. 5 de la loi n° 003-2015/CNT du 7 avril 2015) et au Togo (art. 12 de la loi n° 2012-002 du 29 mai 2012), et deux fois dix en Guinée Conakry (art. 10 de la loi n° L/2007/013/AN du 29 octobre 2007). Au Niger, chaque parti légalement reconnu dispose d'un représentant auxquels s'ajoutent en cas d'élections présidentielles un représentant de chaque candidat indépendant, et, pour les élections législatives et locales, un représentant pour l'ensemble des candidats indépendants (art. 3 de la loi n° 2014-03 du 15 avril 2014).

[71] Si l'on classe les commissions en fonction de la proportion des représentants de la classe politique par rapport au nombre total des membres de chaque Commission, c'est au Tchad qu'ils sont les plus nombreux avec 34 politiques sur quarante. Viennent ensuite la Guinée avec vingt sur vingt-cinq, le Bénin avec quatre sur cinq, le Togo avec treize sur dix-sept, dix

civile et par des membres de l'administration. Ce souci de mixité se retrouve dans les démembrements décentralisés des Commissions nationales. L'équilibre dans la répartition des catégories représentées au sein des Commissions est d'autant plus important que, compte tenu de l'ambiance parfois tendue qui règne dans le débat politique, certaines décisions sont prises à la majorité[72].

IV. LES AUTRES AUTORITÉS

Plusieurs Constitutions placent les Conseils économiques et sociaux[73] aux côtés des autorités administratives indépendantes. Certes, on ne peut les considérer comme telles. Il n'en reste pas moins que certaines de leurs missions les en rapprochent. Ainsi au Gabon et au Mali, et sous la dénomination de Conseil économique, social et culturel[74], ils se voient chargés de la confection d'un rapport annuel sur « les attentes, les besoins et les problèmes de la société civile » avec des propositions tendant à résoudre les problèmes ainsi repérés[75], ce qui rejoint par exemple certaines missions des médiateurs. La composition de ces deux institutions, également précisée dans la loi fondamentale, tend à leur assurer une certaine représentativité qui doit contribuer à la qualité de leur travail, avec des personnalités désignées par les syndicats, les associations, les groupements professionnels et les collectivités. Le Gabon y ajoute des cadres de l'Etat tandis que le Mali prévoit une représentation des Maliens à l'étranger[76]. L'importance du

---

sur quinze au Burkina Faso et au Mali, six sur douze au Congo Brazza et dix sur vingt-deux à Madagascar.

[72] Sur le processus de « professionnalisation de l'institution électorale », cf. Moussa Ndior, *Les commissions électorales en Afrique. Etude critique à la lumière de quatre pays de l'Afrique de l'Ouest (Bénin, Côte d'Ivoire, Sénégal, Togo),* thèse droit, Dakar 2018, p. 440-443.

[73] Art. 195-196 de la Constitution algérienne, 139 à 141 de la Constitution béninoise, de la Constitution burkinabè, 55 de la Constitution camerounaise, 196 à 199 de la Constitution congolaise et 113-114 de la Constitution ivoirienne. Sur le rôle de médiation du Conseil économique et social béninois en 2009 entre le gouvernement et les syndicats de l'enseignement supérieur au sujet du décret portant statut des enseignants du supérieur : « L'espoir n'était plus permis au moment où le Conseil économique et social (…) a réussi à faire signer un protocole d'entente entre les parties » (Auguste René Ali Yérima, « La médiation au Bénin », *Droit béninois* n° 1-2012, p. 93).

[74] Cette dénomination est également utilisée au Niger et au Tchad. Au Congo, il est question de Conseil économique, social et environnemental.

[75] Art. 105 des Constitutions gabonaise et 107 malienne.

[76] Art. 108 des Constitutions gabonaise et 110 malienne.

Conseil économique, social et culturel gabonais transparaît dans certaines réformes intervenues en 2000 et 2003, décidant d'une part que désormais son président sera nommé par le chef de l'Etat et non élu par les membres et d'autre part qu'en seront à l'avenir membres de droit les anciens vice-présidents de la République, les anciens premiers ministres et les anciens présidents des chambres.

Il est vrai que la plupart des Conseils ne bénéficient pas des mêmes prérogatives. Le plus souvent il ne leur reconnu que le droit de donner des avis dans des conditions limitativement énumérées : sur les lois touchant aux questions économiques et sociales –mais en excluant souvent les lois de finances- et sur celles à propos desquelles le gouvernement leur demande de se prononcer. C'est évidemment une limitation importante de leur marge de manœuvre qui n'est levée que dans les six pays où la Constitution leur reconnaît un droit d'initiative pour se saisir eux-mêmes : outre le Gabon et le Mali, il s'agit de la Guinée, de Madagascar, du Sénégal et du Togo. Parmi les spécificités que présentent certains d'entre eux, au Sénégal il « favorise par son activité, une collaboration harmonieuse entre les différentes communautés et les différentes catégories sociales et professionnelles du Sénégal. Il est un médiateur dans les conflits sociaux ». Quant au Togo, il bénéficie d'une mesure de décentralisation de ses activités, avec une section par région économique du pays.

Deux pays prévoient dans leur Constitution un Haut conseil islamique. Il s'agit de l'Algérie[77] et de la Mauritanie[78]. Dans les deux cas, l'objectif n'est pas de créer une autorité indépendante fondée sur la religion et susceptible de se dresser en rival du gouvernement ou du Parlement. Plusieurs précautions tendent à éviter une telle éventualité dont la principale est que, dans les deux cas, les membres sont nommés par le chef de l'Etat. Une autre règle doit faire obstacle à ce que ces institutions prennent des initiatives qui déplairaient au pouvoir politique : elles ne peuvent se prononcer que sur les points qui leur sont soumis. En Algérie, il lui est affecté la tâche « d'encourager et de promouvoir l'Ijtihad », c'est-à-dire l'effort de réflexion tendant à interpréter les textes fondamentaux de l'islam. Quant à la Constitution mauritanienne, elle donne au président de la République le soin de convoquer le Haut conseil.

---

[77] Art. 195 et 196 de la Constitution algérienne.

[78] Art. 94 de la Constitution mauritanienne.

Le processus de création des institutions administratives indépendantes a tendance à s'accélérer ces dernières années. En témoigne notamment le fait que les nouvelles Constitutions nées du printemps arabe leur consacrent une place importante et destinée à s'accroître. Il est au surplus révélateur que chaque loi fondamentale, au lieu de disperser ces institutions dans divers développements, en fonction des compétences spécifiques de chacune d'entre elles, les regroupe dans un titre ou un chapitre unique où l'on insiste sur leurs aspects communs et sur leurs contributions à un grand dessein présenté en général sous le nom de « gouvernance ». C'est le cas en Egypte avec le dernier texte en date, rédigé sous les ordres du président Fattah al-Sissi[79]. C'est encore plus vrai des trois plus récentes lois fondamentales dont se sont dotés les pays du Maghreb francophone qui manifestent ainsi la volonté de trouver dans la création de nombreuses autorités ou agences des garanties pour les citoyens, dans une ambiance de revendications véhémentes. Au Maroc, dans le texte de 2011, ce sont dix « instances » qui sont regroupées dans le titre 12 consacré à « la bonne gouvernance ». Quatre sont en charge de la protection et de la promotion des droits de l'homme : le Conseil national des droits de l'homme, le médiateur, le Conseil de la communauté marocaine à l'étranger et l'autorité chargée de la parité et de la lutte contre toutes formes de discrimination. Trois se situent dans le cadre de la bonne gouvernance et de la régulation : la Haute autorité de la communication audiovisuelle, le Conseil de la concurrence et l'Instance nationale de probité et de lutte contre la corruption. Enfin, trois doivent promouvoir le développement humain et durable et la démocratie participative : le Conseil supérieur de l'éducation, de la formation et de la recherche scientifique, le Conseil consultatif de la famille et de l'enfance et le Conseil de la jeunesse et de l'action associative[80]. En Tunisie, le titre

---

[79] Le titre consacré au « Régime de gouvernance » se termine par trois chapitres consacrés respectivement à la Commission nationale électorale, au Conseil supérieur pour l'organisation de l'information et à « Les Conseils nationaux, les organismes indépendants et les organismes de contrôle », ce dernier ouvrant à la voie à la création d'autres institutions, notamment dans les domaines des finances publiques, de la lutte de contre la corruption ou d'encadrement du système bancaire.

[80] Art. 154 à 171 de la Constitution marocaine. Au Maroc, « le constituant a souhaité, par cette énumération, mettre en évidence la nouvelle politique dans laquelle s'engage le pays, consistant à multiplier ces instances indépendantes chargées alternativement d'épauler et de contrôler les pouvoirs publics. (...) Malgré leurs noms divers (autorité, agence, conseil, instance...), le Maroc manifeste hautement l'unité de pensée et d'intention qui préside à leur création » (A. Azzouzi et A. Cabanis, *Le néo-constitutionnalisme marocain à l'épreuve du printemps arabe,* Paris 2011, p. 226-227).

6 sur « les autorités constitutionnelles indépendantes » regroupe cinq institutions : l'Autorité supérieure indépendante de la commission électorale, la Commission de la communication audiovisuelle, la Commission des droits de l'homme, la Commission du développement durable et des droits des générations futures, la Commission de la bonne gouvernance et de la lutte contre la corruption[81]. En Algérie, c'est dans un chapitre 3 d'un titre 3 consacré à « Du contrôle, de la surveillance des élections et des institutions consultatives », que sont regroupées sept structures aux statuts très variables mais dont une au moins constitue une AAI puisque officiellement présentée comme telle, comme on l'a vu : l'Organe national de prévention et de lutte contre la corruption. Les six autres sont : le Haut conseil islamique, le Conseil national des droits de l'homme, le Haut conseil de sécurité, le Conseil supérieur de la jeunesse, le Conseil national économique et social qualifié de « conseiller du gouvernement », enfin la Conseil national de la recherche scientifique et des technologies.[82]

CONCLUSION

La multiplication des autorités administratives indépendantes témoignent du moins du souhait des populations de bénéficier d'une meilleure gouvernance. Les observateurs de la vie politique ont l'impression qu'il y a, dans la création de telles institutions, une sorte de réaction quasi-automatique du pouvoir central qui y voit, lorsqu'apparaît un problème gênant, le moyen d'apaiser les médias et, au-delà, l'opinion publique. On met en place une AAI qui est censée encadrer les secteurs en difficultés, comme on installait, vingt ou trente ans auparavant, une commission en guise de promesse d'une nouvelle politique et pour en définir les cadres. La bonne gouvernance constitue une revendication générale dans le monde entier mais elle est particulièrement perceptible en Afrique, et notamment en Afrique francophone, à partir des années 1990 et dans le cadre de la transition démocratique. Chacune des revendications que développe la demande sociale en faveur de la défense des droits individuels, de la suppression des discriminations, de la liberté de l'information, de la lutte contre la corruption, de l'honnêteté des élections semble devoir entraîner la création d'une Agence, d'une Haute autorité ou d'une Commission

[81] Art. 125 à 130 de la Constitution tunisienne.

[82] Art. 195 à 207 de la Constitution algérienne.

indépendante. Ces dénominations fort diverses peuvent déconcerter. En fait, elles recouvrent des institutions fort différentes.

Pour ces structures, il y a presque autant de statut que de domaines d'intervention et de types d'organisation. C'est vrai en France au point, comme on l'a vu, que le législateur a dû, de façon un peu arbitraire, le tri entre des institutions qui méritent le titre d'AAI et celles qui, point si différentes, ne peuvent prétendre à une telle reconnaissance, faute d'indépendance ou d'autorité. Dans les pays africains sur lesquels nous avons fait porter notre investigation, l'imagination des juristes se donnent d'autant plus volontiers libre cours que toutes sortes d'arrière-pensées motivent les pouvoirs publics : d'une part l'intention affichée est de donner le maximum de pouvoir et la plus grande efficacité à l'établissement en charge d'un secteur sensible, d'autre part la crainte que les personnes nommés ne veuillent utiliser toute la marge de manœuvre qui leur a été accordée pour imposer une politique qui ne serait pas celle du gouvernement et du chef de l'Etat, ce qui se traduit par la mise en place de nombre d'obstacles et de limites. Le juriste doit donc démêler ce qui relève de l'apparence et qui constitue la réalité, séparer les proclamations solennelles sur l'indépendance de la nouvelle structure et les contre poids placés de tous côtés pour éviter ce qui pourrait faire figure de dérapages. Les concessions consistant à accorder un large domaine d'intervention sont largement compensées par une multiplication de précautions dans les modalités de désignation de ceux qui seront chargés d'encadrer ces vastes espaces qui leur ont été affectées.

Un élément manque à notre réflexion qui se veut d'abord juridique. Il s'agit de l'importance du choix des personnages dans lesquels s'incarnent les AAI. Une école de pensées que l'on a l'habitude de rattacher à la Faculté de droit de Toulouse et aux analyses du doyen Hauriou insiste sur les conséquences qui résultent de la logique de l'institution. Cette dernière aurait sa vie propre qui échappe en partie à ceux qui croient la diriger ; elle tend à se pérenniser ; elle prend des habitudes ; elle réagit en fonction de l'image qu'elle véhicule… Il ne faut pas pour autant négliger l'impulsion qu'un président ou un directeur peut donner à l'équipe qui lui a été confiée, parfois qu'il a constituée. C'est particulièrement vrai dans l'ambiance politique parfois dramatisée qui marque la vie politique en Afrique. Avec des statuts comportant des éléments souvent contradictoires, des garanties d'indépendance et des obligations de soumission, des pouvoirs virtuels et des contraintes réelles, la personnalité des responsables peut orienter l'AAI dans le sens d'une action véritablement efficace ou au contraire d'une absence totale dans le débat. Ceux qui accordent plus d'importance aux hommes qu'aux textes juridiques trouvent une confirmation de leurs analyses dans le fait qu'une même Agence ou Haute autorité peut jouer un rôle très différent en fonction du dynamisme ou de l'apathie de ceux qui se succèdent à sa tête. Au surplus, la tendance de la presse à personnaliser les institutions et à interpréter les différends en termes de chocs d'ambition encourage les initiatives des dirigeants à moins qu'ils les bloquent.

Il reste à évaluer l'efficacité réelle de ces organismes, en terme de moyenne si ce calcul a un sens. Il est vrai que les résultats obtenus sont très variables d'une institution à l'autre, pour une même AAI d'une période à l'autre, en fonction de l'ambiance politique du moment et des réactions de la classe politique. Des statuts protecteurs ne suffisent pas à assurer le dynamisme. Des organismes comparables peuvent donner des résultats très variés. Il n'est jusqu'à certains directeurs ou présidents dont l'action peut être très différente d'une étape à l'autre de sa carrière, en fonction de l'évolution de ses ambitions, de ses rancunes et même de ses convictions. Le meilleur côtoie le pire sans qu'il y ait lieu de s'en étonner. De toute façon, l'essentiel est ailleurs. La seule existence d'une institution en principe indépendante et ayant la charge de vérifier l'honnêteté, la déontologie, la sincérité et la transparence qui caractérisent un secteur touchant à l'intérêt général, peut exercer une influence dans le bon sens. On s'habitue à l'inaction du gendarme chargé de contrôler un espace public. En même temps, on sait n'être jamais en sécurité dans la mesure où il est toujours susceptible de se réveiller. Sans que cela doive conduire à trop d'optimisme, l'existence d'une AAI peut influencer la vie politique, économique et sociale. Elle doit constituer une menace pour le corrompu, pour le fraudeur, pour le tricheur.

André Cabanis,

Professeur émérite de l'Université Toulouse 1 Capitole

Gandou ZAKARA

LE BICAMÉRISME DANS L'HISTOIRE CONSTITUTIONNELLE DU NIGER : ENTRE PARADOXES ET INSTRUMENTALISATIONS

INTRODUCTION

« Au parlement, nul ne peut avoir raison seul »[1] ; «La vue est une, mais on voit mieux avec deux yeux »[2] ; « le temps de la réflexion, c'est le sénat »[3] ; « les meilleures lois sont celles coproduites par l'Assemblée nationale et le sénat »[4].

Toutes ces formules justifient à notre temps l'importance du bicamérisme en insistant sur ses vertus amélioratrices du travail législatif en plus des autres fonctions historiquement actées de ce mécanisme. L'histoire constitutionnelle du Niger, permet-elle de replacer son mécanisme bicaméral dans le mouvement général autour de la notion de bicamérisme ? Avant d'insister sur cet aspect des choses, nous rappellerons à grands traits, l'histoire constitutionnelle du Niger et la place qu'elle fait au bicamérisme, avant de préciser la notion de bicamérisme elle-même.

S'agissant de l'histoire constitutionnelle du Niger, elle est récente, mais riche et mouvementée. Récente, cette histoire l'est assurément, car elle date de l'année 1959 avec une première Constitution qui a servi de

[1] J-P. Bel, président du sénat, colloque sur « le bicamérisme en France : un enjeu pour la démocratie », sénat, 17 avril 2014

[2] J. Barthélemy, in les résistances du sénat, revue de droit public et de science politique en France et à l'étranger, 1913, p.371

[3] G. Clémenceau, cité par Jean-Noel Jeanneney, colloque « le sénat de la Vème République », sénat, 3 juin 2009

[4] R. Badinter, cité par Jean-Marie le Guen, sénat, compte rendu analytique officiel, 18 novembre 2015.

cadre préparatoire à l'accès à l'indépendance survenue le 3 Août 1960. Riche et même mouvementée, elle l'est aussi à l'aune du nombre de Constitutions « consommées » depuis lors, soit huit Constitutions de 1959 à aujourd'hui.

Chronologiquement, la constitution du 12 mars 1959 marque le début de l'histoire constitutionnelle du Niger, même si le pays devra attendre quelques 18 mois avant d'accéder à l'indépendance. Au paravent, l'assemblée territoriale, dans le cadre de la constitution de la 4ème république française, avait opté le 18 décembre 1958, pour le statut d'Etat-membre de la communauté. Cette constitution initiale du 12 mars 1959, était établie sur le modèle commun à l'ensemble des Etats membres de la communauté. Elle mettait en place un régime parlementaire rationalisé sous tendu par une forte prépondérance de l'exécutif.

Avec l'accès à l'indépendance le 3 août 1960, fut adoptée la constitution du 8 novembre 1960 à l'unanimité des membres de l'assemblée.

Cette constitution de nature présidentielle, fondait la 1ère République, qui sera renversée le 15 avril 1974 par le Lieutenant-Colonel Seyni Kountché à la tête d'une junte militaire qui se baptise Conseil Militaire Suprême (CMS). Le CMS, sous la conduite de Seyni Kountché devenu dans l'intervalle, Général, dirigera le pays d'une main de fer jusqu'à son décès en 1987. Le général Ali Seybou qui lui a succédé à la tête du CMS, acceptera une ouverture du régime : c'est la « décrispation »[5], qui débouchera sur l'adoption de la constitution du 24 septembre 1989, fondant ainsi la 2ème république. Sous la pression des évènements internationaux[6], et nationaux[7], la deuxième république est renversée par

---

[5] La décrispation a permis la libération des prisonniers politiques et une timide ouverture démocratique.

[6] L'implosion du bloc de l'est, dont la chute du mur de Berlin est l'archétype et « l'injonction » subséquente de la Baule aux termes de laquelle le président F. Mitterrand annonçait sa prise de distance avec les régimes qui ne s'engageaient pas sur la voie de la démocratisation, caractérisaient cet environnement international.

[7] Le Niger traversait une crise économique des plus sévères, consécutive à la chute des cours de l'uranium amorcée depuis le début des années 80. Cette crise économique était doublée d'une crise sociale due aux arriérés accumulés de salaires dans la fonction publique. La conjonction de ces éléments à une époque où commençait à souffler le vent de la démocratisation, alimentait les revendications politiques de changement.

la Conférence Nationale[8]. Dans l'intervalle, les révisions de la constitution du 24 septembre 1989 avaient permis l'ouverture au multipartisme et transformé le régime présidentialiste de fait, en régime semi présidentiel. Tout cela visait à contenir les revendications sociales et politiques. Mais c'était peine perdue ! La conférence nationale se tint et renversa la deuxième république dans une démarche qui à tous les points de vues, s'apparentait à un coup d'Etat opéré par des civils.[9]

A la fin de la conférence nationale et suite à la transition qui s'en est suivie, a été adoptée la constitution du 22 janvier 1993 fondant la 3ème république. Cette constitution a la particularité d'avoir quelques uns de ses principes fondamentaux définis par la conférence nationale souveraine elle-même.[10] Il s'agit du caractère unitaire de l'Etat, de la démocratie multi partisane, et du régime semi présidentiel. Une crise au sommet de l'Etat entre le Président de la République et le Premier Ministre, va conduire au renversement du régime le 27 janvier 1996, par une junte militaire (la deuxième à faire irruption dans l'histoire politique du Niger). Appelée Conseil de Salut National(CSN), cette junte fait adopter la constitution du 12 mai 1996 dans des conditions très troubles[11]. Cette constitution fonde la 4ème république et instaure un régime théoriquement présidentiel, mais fonctionnellement présidentialiste[12] à la mesure des appétits du pouvoir de son chef, le général Ibrahim Baré Maïnassara qui entendait briguer la présidence de la république et gouverner sur la base de cette constitution profilée à sa convenance .

---

[8] Cet événement convoqué par le successeur du général Seyni Kountché après moult tentatives pour l'éviter, débuta le 29 juillet 1991 et a inscrit le Niger dans le mouvement appelé le « néo constitutionnalisme africain » ouvrant le pays entre autres, à des élections pluralistes.

[9] Dès l'ouverture de la CNS le 29 juillet 1991, dans une démarche qui rappelle la constituante française, celle-ci se proclame souveraine ; la charte nationale est abrogée ; la constitution de la 2ème république suspendue, l'assemblée nationale dissoute ; le Président de la république élu est maintenu en fonction mais avec des attributions protocolaires par l'Acte N°3 du 9 août 1991 en son article7. Le gouvernement en place est chargé d'expédier les affaires courantes. Le Président de la république et le Gouvernement sont tous placés « sous le contrôle de la CNS », aux termes du même acte n°3.

[10] C'est en inspiration de la loi constitutionnelle du 3 juin 1958 qui habilitait le gouvernement sous certaines conditions à mettre en place les nouvelles institutions de ce qui allait être la 5ème république en France, que cette disposition a été prise par la CNS.

[11] Ce fut une véritable parodie, qui sera reproduite lors de toutes les élections qui vont suivre. La grossièreté des fraudes lors des élections municipales en 1999 a constitué un des prétextes du coup d'Etat qui a coûté la vie au général Baré.

[12] Article 46 de la constitution.

La crise politique qui s'en est suivie, déboucha sur le renversement de la 4ème république assorti de l'assassinat du général Baré par sa propre garde présidentielle[13]. A la suite de cette 3ème irruption de l'armée sur la scène politique, est adoptée la constitution du 9 août 1999 annonçant la 5ème république. Cette constitution assure un retour au régime semi présidentiel. Au terme de ses deux mandats constitutionnels (soit 10ans au pouvoir), le Président Tandja Mamadou décida de changer les règles du jeu. Pour rester au pouvoir à vie, et, dans l'impossibilité d'avoir une procédure qui soit respectueuse de la constitution en vigueur, et qui permette la réalisation de cette ambition[14], il décide carrément de se faire confectionner une constitution nouvelle[15]. Dans cette optique, il démolit toutes les institutions qui ne sont pas favorables à son entreprise. Au terme de ce saccage institutionnel, il fait adopter par référendum la constitution du 18 août 2009 fondant ainsi la 6ème République. Cette constitution prévoit un régime présidentiel avec tous les ingrédients qui lui permettent de tourner en régime présidentialiste[16], où le président serait réélu à vie[17]. Pour couronner le tout, cette constitution octroie une

---

[13] Son premier Ministre de l'époque dira qu'il s'agit d'un « incident malheureux ».

[14] La limitation du nombre de mandats à deux est couverte par « une clause d'éternité », c'est-à-dire par une disposition d'ordre public non révisable. L'expression a été empruntée à Hugues Rabault et traduit formellement l'hypothèse de la non révision développée dans le paradoxe d'Alf Ross. Pour Alf Ross, la validité de l'article traitant des dispositions non révisables étant un fait originel, qui n'est pas dérivé de la validité d'une autre norme, il n'existe pas de procédure permettant de réviser ledit article.

Il n'est pas bien sûr exclu que ce texte soit reformé. Une telle reforme rentre dans l'occurrence des révolutions constitutionnelles, parce que consécutive de la mise en place d'un nouvel ordre constitutionnel. Elle caractérise l'idée d'extra-systémisme qui équivaut, selon Alf Ross à la fondation d'un nouveau système qui remplace l'ancien. Georges Liet-Veaux caractérise cette forme de révolution constitutionnelle par une violation expresse ou tacite, totale ou partielle, immédiate ou différée des règles prévues pour la révision de la constitution qui aboutit à leur abrogation. Le cadre serait celui d'une révolution différée, c'est-à-dire « un vote régulier en la forme, mais par lequel les conditions de la révision de la constitution vont être violées. Voir aussi A. Ross, A Propos de l'autoréférence et d'une énigme du droit constitutionnel, in introduction à l'empirisme juridique, Textes théoriques, 2004, LGDG-Bruylant.

Pour une opinion déniant à la révolution un caractère juridique, voir J. Barthélemy et P. Duez, traité de droit constitutionnel, édition panthéon-Assas, 2004, P.243-249.

[15] G. Zakara, autopsie d'un changement anti constitutionnel de régime : naissance de la 6ème république au Niger, revue de droit, de science politique, d'économie et de gestion, UAM de Niamey, FSEJ, N°00, Août 2011.

[16] Articles 38, 48 et 49, constitution du 18 août 2009.

[17] Article 39al1 constitution du 18 août 2009

rallonge de mandat de 3ans au président Tandja sans aucune élection[18] . Mais cette constitution fera long feu, car les ampleurs de sa contestation sont telles, qu'un coup d'Etat y mettra fin au bout de six (6) mois.

C'est au sortir de ces péripéties que la constitution actuelle du 25 novembre 2010 fondant la 7ème république a été adoptée. Elle prévoit un retour au régime semi présidentiel, moyennant quelques adaptations rendues nécessaires par les pratiques antérieures du président Tandja.

Quant à la notion de Bicamérisme (du latin bi, double, deux fois et camera qui veut dire chambre, avec le suffixe *« isme »* servant à former les mots correspondant à une attitude, un comportement, une doctrine, un dogme, une idéologie ou une théorie) est un système politique dans lequel le parlement est constitué de deux assemblées désignées selon des modes différents. De ces huit Constitutions marquant l'histoire constitutionnelle du Niger, le Bicamérisme consistant à instituer deux assemblées au lieu d'une, chargée de représenter la Nation et, dans les Etats fédéraux, les Etats membres[19] a été envisagé par seulement deux, notamment celles mettant en place les 4ème et 6ème Républiques. On distingue en général en situation bicamérale, une chambre basse et une chambre haute. Dans la plupart des parlements, la chambre basse est élue au suffrage universel direct et représente en cela l'universalité des citoyens ; alors que les membres de la chambre haute sont souvent désignés ou élus au suffrage indirect par des administrations ou des représentants des régions ou des collectivités territoriales[20].

Historiquement, le bicamérisme est apparu en Angleterre au 18è siècle[21]. Il est la résultante d'une longue évolution et de pressions sur le

---

[18] C'est cette rallonge surréaliste que les nigériens ont appelé ironiquement le bonus présidentiel à l'image des « fameux bonus » que les compagnies de téléphonie accordent à leurs clients dans une démarche de marketing. C'était là, une manière de dénoncer poliment une véritable dégradation morale de la fonction présidentielle.

[19] F. Mélin-Soucramanien &P. Pactet, Droit Constitutionnel, Sirey, 36ème édition, 2018, P.217.

[20] H. Portelli, pense que cette fonction est en crise en Europe, et remise en cause par la montée en puissance des pouvoirs régionaux et le partage de la compétence législative entre le parlement national et les assemblées régionales, rendant la représentation des territoires superflue, in Bicamérisme ou pouvoir régional, seuil, revue pouvoirs n°159, 2016, pp 101-108.

[21] Certains auteurs le font remonter au 14ème siècle en Grande Bretagne mais de manière purement accidentelle à travers la division du parlement en deux chambres, même si dans la représentation qu'il avait donnée du régime britannique, Montesquieu en avait fait une pièce maîtresse de sa théorie politique tout entière centrée sur la recherche de la modération du pouvoir. L'éloge du bicamérisme qui en a résulté avait déterminé les constituants de

pouvoir royal. Les pressions démocratiques débouchent sur la création de la chambre basse et celles des aristocrates, la chambre haute. De nos jours, la théorie constitutionnelle assigne au bicamérisme surtout une fonction de division du pouvoir législatif en créant un contrepoids à la chambre basse.[22]

Alors qu'au niveau mondial, dans les pays unitaires, le 20ème siècle a été caractérisé par une tendance à l'affaiblissement, voire à la disparition des secondes chambres[23], le retour en force des idées libérales après l'effondrement des régimes communistes, a semblé sonné leur renaissance[24]. Dans ce sillage, le modèle bicaméral a eu une diffusion appréciable en Afrique ; diffusion justifiée par ses vertus consolidatrices de la démocratie, en ce sens qu'il permettrait sa meilleure appropriation. Ainsi ces pays ont-ils paru rechercher dans les anciens modèles, les recettes de la modération et de la stabilité du pouvoir[25]. C'est tout au moins sur ces registres que s'est justifié officiellement[26], le bicamérisme en Afrique du sud, au Nigéria, en Algérie, au Botswana, au Burundi, en Egypte, en Ethiopie, au Gabon, au Leshoto, au Libéria, à Madagascar, en Namibie et en Côte d'Ivoire récemment. Même si des pays comme le Sénégal et le Burkina Faso ont renoncé à leurs expériences bicamérales, le système n'en reste pas moins pratiqué sur le continent.

Au Niger, malgré la filiation plus ou moins forte de toutes ses huit (8) Constitutions avec celle de la 5ème République française, il peut paraître curieux que la seconde chambre n'y ait pas eu fréquemment la cote. Ceci est d'autant plus intéressant à analyser qu'on peut estimer que l'absence de seconde chambre au Niger peut même être considérée

---

philadelphie de l'adopter et de l'adapter outre atlantique. Cf B. Chantebout, droit constitutionnel, Dalloz, 29ème édition, 2012, p.243.

[22] La chambre basse est démocratique, mais la démocratie a aussi ses abus que l'Etat de droit moderne et libéral s'évertue à contenir à travers les mécanismes de séparation et de division des pouvoirs.

[23] B. Chantebout, droit constitutionnel, Dalloz, 29ème édition, 2012, pp.243-255. Ainsi la tendance à la disparition des secondes chambres a été attestée dans les pays nordiques notamment en finlande (sous protectorat russe) dès 1906 ; au danemark en 1953, en suède en 1969. Dans d'autres pays européens, le bicamérisme a survecu au profit de profondes adaptations/transformations (Espagne, Belgique, pays –bas), cf B. Chantebout, op cit, p.251.

[24] B. Chantebout, op cit, p.251-252.

[25] B. Chantebout, op cit, p.251.

[26] Néanmoins le discours officiel peut cacher des agendas différents. La création de la seconde chambre peut avoir d'autres vocations moins avouables telles que nous le verrons au Niger, ou ne même pas être justifiée par des arguments techniques

à bien des égards, comme une espèce d'identité institutionnelle du pays. La rupture de cette tradition par deux fois, n'a jamais été expliquée du point de vue de la théorie juridique classique connue sur le sujet. Cette rupture a évolué essentiellement sur le terrain de la promesse électorale et se justifia par cette promesse-là. Elle paraît donc, pour l'essentiel, tactique.

Dans ces conditions, connaître pourquoi, et à quelles fins, cette particularité constitutionnelle a été brisée en 1996 et 2009, sont des questionnements intéressants. En d'autres termes, quel est le sens historique général du bicamérisme au Niger ? L'histoire constitutionnelle du Niger, permet-elle de replacer le mécanisme bicaméral de ce pays dans le mouvement général autour de la notion de bicamérisme ?

Ces questionnements sont utiles, d'autant plus que, dans les deux cas, il y avait des constantes qui avaient prédéterminé l'instauration du bicamérisme. En effet, les Présidents de la République qui ont installé ce mécanisme bicaméral, sont d'abord tous des Colonels de leur état, ayant chacun à son actif un coup d'Etat militaire direct ou indirect, et conséquemment, un grand déficit de légitimité à gérer. En outre, tous les deux voulaient se perpétuer dans leur « être politique »[27], même si

---

[27] Les présidents Tandja et Baré ont rencontré des difficultés presque similaires dans leurs entreprises de rester au pouvoir par tous les moyens. Ainsi, concernant, le Président Baré, il est arrivé au pouvoir à la suite d'un coup d'Etat militaire perpétré le 27 janvier 1996, contre le régime du président Mahamane Ousmane élu à la sortie de la Conférence nationale souveraine. Prenant prétexte d'une véritable chienlit à la tête de l'Etat entre le Président et le Premier Ministre , tous deux, incapables de prendre chacun la hauteur nécessaire pour faire fonctionner une cohabitation intervenue suite à des élections anticipées consécutives à une dissolution ratée de l'assemblée nationale[27]. Profitant de cette situation de lassitude générale de la population, devant le spectacle offert à la tête de l'Etat, le chef d'Etat-major, renverse la 3ème république en promettant d'organiser des élections et de remettre le pouvoir à des civils élus. Mais cette promesse fit long feu. Le Colonel Baré, devenu général depuis, s'est cru aussi légitime que les civils à conserver le pouvoir pour lui, étant entendu que c'est toujours la même classe politique qu'il a renversée qui aspire revenir au pouvoir. Dans une proposition de « deal » surréaliste, il invite, le Président qu'il a renversé, et ses principaux protagonistes que sont le Premier Ministre Hama Amadou et le Président de l'assemblée nationale, Mahamadou Issifou à renoncer tout comme lui, à se présenter à l'élection présidentielle. Le Président Baré présente sa proposition comme la solution qui permet de changer une classe politique considérée comme responsable du blocage politique du pays.

Avec cette menace quasi existentielle pour la classe politique civile, celle-ci fit bloc, y compris les ennemis d'hier qui paraissaient inconciliables. Devant cette situation, le Président Baré décida de passer à la vitesse supérieure en annonçant non seulement sa candidature à la présidence de la république, mais aussi en posant les jalons de ce qui apparaissait pour tous les observateurs, comme un processus de confiscation du pouvoir et de sa gestion par la force. Pour que cette gestion par la force du pouvoir puisse prospérer, il était nécessaire de disposer

sur ce registre, le Président Tandja restera une référence vivante[28]. Enfin, tous les deux « géniteurs » du système bicaméral étaient des compagnons et poulains du Général Seyni Kountché[29], autant dire des personnes moulées dans un système autoritaire sur fond de culte de la personnalité. Donc, le sens global de ce bicamérisme version nigérienne, ne peut être compris que si on le replace dans la perspective autoritaire au service de laquelle il est mis.

C'est dans ces conditions d'une grande similitude, que la seconde chambre est créée en 1996 et recréée en 2009. Conceptuellement, ce modèle bicaméral rappelle sur le plan historique les pairs de Louis

---

d'une constitution qui rende institutionnellement possible ce pari, et aussi assurer les arrières du Président.

S'agissant du Président Tandja, il s'est retrouvé dans une configuration presque similaire à travers un coup d'Etat plus soft (parce que sans mort d'hommes), mais non moins antidémocratique. En effet, après ses deux mandats constitutionnels, il voulut changer les dispositions couvertes par « une clause d'éternité »[27] pour s'éterniser au pouvoir. Devant une levée massive de boucliers, il décida de changer carrément de constitution en démolissant au passage toutes les institutions constitutionnelles qui voulurent faire ombrage à son entreprise, par la mise en œuvre de pouvoirs exceptionnels de l'article 53 de la constitution.

[28] Dans ce cadre, il prit une série de décisions par lesquelles il détruisit méthodiquement les institutions de la 5ème république sur la base desquelles il a effectué deux mandats à la tête du pays sans aucune instabilité particulière. Il s'agit des décisions suivantes : décision n°01/PRN du 26 juin 2009, portant mise en œuvre de l'article 53 de la constitution(JO spécial n°12 du 8 juillet 2009, p.146), ; décision n°02/PRN du 29 juin 2009, portant suspension de l'application de certains articles de la constitution(JO spécial n°12 du 8juillet 2009, p. 146) ; décision n°03/PRN du 29 juin 2009, portant abrogation des décrets portant nomination des membres de la cour Constitutionnelle(JO spécial n°12 du 8juillet 2009, p. 146) ; décision n°05/PRN du 2 juillet 2009, portant nomination des membres de la Cour Constitutionnelle(JO spécial n°12 du 8juillet 2009, p. 147) ; décision n°06/PRN du 03 juillet 2009, modifiant et complétant l'ordonnance N°99-37 du 4 septembre 1999, portant code électoral(JO spécial n°12 du 8juillet 2009, p. 147) ; décision n°7/PRN du 03 juillet 2009, portant convocation du corps électoral pour le référendum sur la constitution de la 6ème république(JO spécial n°12 du 8juillet 2009, p. 150) ; décision n°08/PRN du 07 juillet 2009, portant modification de la loi N°2006-24 du 24 juillet 2006, portant composition, organisation, attributions et fonctionnement du conseil supérieur de la communication(CSC)(JO spécial n°17 du 15 septembre 2009, p. 770). Aux termes de cette dernière décision, « lorsque l'organe de presse publie ou diffuse un article ou une émission de nature à porter atteinte à la sécurité de l'Etat ou à l'ordre public, le président du CSC peut prendre toute mesure conservatoire sans mise en demeure préalable. Il en informe les membres du conseil » dit l'article 1er de cette décision ; décision n°09/PRN du 8 juillet 2009, modifiant et complétant l'ordonnance n°99-37 du 4 septembre 1999, portant code électoral(JO spécial n°17 du 18 septembre 2009, p. 210) ; décision n°10/PRN du 23 juillet 2009, modifiant et complétant l'ordonnance n°99-37 du 4 septembre 1999, portant code électoral(JO spécial n°17 du 15 septembre 2009, p. 212) ; décision n°12/PRN du 18 Août 2009, mettant fin à la mise en œuvre de l'article 53 de la constitution. Cette date correspond à celle de la mise en vigueur de la nouvelle constitution fondant la 6ème république.

[29] Le Général Seyni Kountché a signé le premier coup d'Etat au Niger en le 15 avril 1974. Il a dirigé le pays d'une main de fer jusqu'à son décès en 1987.

Philipe et les sénateurs de Napoléon III, c'est-à-dire une Assemblée clientéliste à la dévotion de l'Exécutif et contrebalançant la chambre du suffrage universel[30]. Ceci expliquant cela, l'analyse institutionnelle, juridique et politique des deux chambres instituées par ces régimes, montre qu'il s'agissait d'un bicamérisme pensé pour être favorable au chef de l'Etat[31], mais ce, de manière indirecte, instrumentale. Mieux, dans les cas d'espèce, les secondes chambres, ou du moins les promesses de leurs érections ont été conçues comme des « produits d'appel[32] » au service de la restauration de pouvoirs personnels[33]. En cela, elles étaient très éloignées des raisons contemporaines avancées ailleurs, pour justifier l'existence des secondes chambres. Ces secondes chambres s'inscrivaient au total, dans une stratégie de restauration autoritaire mâtinée à la sauce militaire. C'est cela qui les rendait anachroniques. Cet anachronisme explique et justifie que ces expériences du bicamérisme et les régimes dont elles sont censées être des supports, aient fait long feu. A l'analyse, le bicamérisme institué par les seules 4ème et 6ème républiques respectivement en 1996 et 2009, est marqué d'une part, du sceau de paradoxes(I). D'autre part, ce bicamérisme avait des desseins contrastés dont certains pouvaient être avoués et d'autres impossibles à l'être, parce que leur fonction instrumentale était gênante à assumer (II).

---

[30] H. Portelli, Bicamérisme ou pouvoir régional, revue pouvoirs n°159, PP. 101-108. En effet, le bicamérisme des 4ème et 6ème république au Niger, ne pouvait nullement être comparé à celui qui s'est imposé durablement en France et qui avait pour but de briser la toute-puissance du régime d'Assemblée unique, dont la Convention démontra les excès aux yeux de tous les modérés qu'ils soient royalistes ou républicains.

[31] A. Cabanis et M. L. Martin, in le constitutionnalisme de la troisième vague en Afrique francophone, Academia,2010.

[32] Il faudra prendre ici l'expression dans sa dimension marketing. L'objectif d'un produit d'appel est d'attirer les clients dans le magasin où il est probable qu'ils réaliseront ensuite d'autres achats. Le vendeur s'attend à ce que le client typique ne se limite pas à l'achat du produit d'appel, et que les ventes réalisées sur d'autres produits à plus forte marge rendent l'opération bénéficiaire.

Produit d'appel signifie alors que la vente de ce produit va *appeler* la vente d'autres produits, qui vont augmenter le chiffre d'appel global, mais généralement surtout contribuer beaucoup plus fortement à la profitabilité de l'enseigne qui ne gagnerait pratiquement rien de la vente du produit d'appel seul. Selon ce schéma commercial et publicitaire, certaines couches sociales se sont laissées appâtées par la virtualité d'être coopté à la seconde chambre, sans se rendre compte que la seconde chambre fait partie d'un paquetage global contenant une constitution régressive, un pouvoir personnel, un renoncement aux garanties de l'Etat de droit.

[33] Ces séquences sont constitutives de ce que l'on a appelé « le retro constitutionnalisme », c'est-à-dire une sorte de régression en rebours du néo constitutionnalisme de la fin des années 80 début 90.

I. UN BICAMÉRISME PARADOXAL

Le bicamérisme institué en 1996 et 2009 au Niger est traversé de bout en bout par des paradoxes. D'abord ce système bicaméral est institué au Niger alors même qu'il est en perte de vitesse globalement dans le monde[34]. Mais les paradoxes les plus notables sont lisibles dans le fait que les parrains de ce bicamérisme ne revendiquaient ouvertement aucune des théories fondatrices connues du système bicaméral et n'assignaient à la seconde chambre aucune de ses attributions spécifiques historiquement actées (A). En outre, l'obstination du président Baré à imposer le bicamérisme était sans commune mesure avec le visage réel de la seconde chambre. De même, l'engouement du président Tandja pour la seconde chambre peut paraître paradoxal eu égard à la conflictualité dont elle pouvait être porteuse en tant qu'élément d'un bicamérisme égalitaire (bicamérisme de la 6ème république) alors même que le Président travaillait à l'installation d'institutions au fonctionnement « unanimitaire ». C'est dire que le bicamérisme sans relief de la 4ème république et celui à potentiel conflictuel de la 6ème république, sont paradoxaux respectivement, par rapport à l'obstination qui a présidé à l'instauration de l'un, et au désir de mettre en place des institutions « unanimitaires », pour l'autre. (B).

A. UN BICAMÉRALISME N'ASSUMANT OUVERTEMENT NI LES FONDEMENTS THÉORIQUES DE SYSTÈME BICAMÉRAL, NI LES ATTRIBUTIONS SPÉCIFIQUES DE LA SECONDE CHAMBRE

Les deux expériences de bicamérisme connues au Niger ont été imposées sans qu'elles soient justifiées ou adossées, ni aux théories juridiques et politiques classiques qui fondent le bicamérisme (1), ni par la nécessité de confier des attributions spécifiques à la seconde chambre, dans les nouvelles architectures constitutionnelles (2).

[34] H. Portelli, Bicamérisme ou pouvoir régional, revue pouvoirs n°159, PP. 101-108 ; voir une opinion contraire, qui estime que le bicamérisme connaît un renouveau depuis la chute du communisme en Europe de l'Est et en Afrique. cf B. Chantebout, op cit, pp.251-253.

1. Les théories fondatrices du bicamérisme

Historiquement, dans la théorie constitutionnelle, le bicaméralisme a été présenté comme :

- un mode de conciliation des exigences démocratiques et monarchiques dans un même régime[35] ;
- un mécanisme conjoint de représentation de l'opinion forcément volatile d'une part, et de la « durée » d'autre part[36] ;
- une exigence de prise en compte des « illustres personnes », à côté de la représentation de la « multitude » en démocratie[37].

En effet, Carl Schmitt dans son ouvrage intitulé « théorie de la constitution » considère le bicamérisme comme une méthode qui permet d'instiller des mécanismes aristocratiques dans les constitutions libérales et bourgeoises ; comme moyen d'assurer le contrebalancement des pouvoirs afin que les éléments démocratiques et monarchiques s'équilibrent mieux[38]. Tandis que l'élément monarchique se révèle particulièrement utile pour construire l'exécutif et a d'ailleurs été utilisé

---

[35] C. Schmitt, théorie de la constitution, PUF, réédition, 1993. Dans la préface à la réédition du livre de Carl Schmitt « la théorie de la constitution », le Pr Olivier Beaud, écrit à juste titre : « Carl Schmitt ou le juriste engagé » : le titre de cette préface devrait contribuer à dissiper le malentendu qui affecte les rapports entre la France et ce penseur allemand. Carl Schmitt (...) souffre en effet de l'étiquette de penseur sulfureux qui lui est désormais accolée en raison de sa compromission avec le régime nazi. Près de cinq ans après sa mort et plus d'un demi- siècle après la publication de ses ouvrages, les temps sont désormais mûrs pour que ses idées fassent l'objet, comme celles d'un Machiavel ou d'un Hobbes, de recherches véritablement scientifiques. L'œuvre de Carl Schmitt (...) est trop intelligemment écrite et trop importante pour être laissée aux mains des apologistes et anti apologistes.

Or s'il mérite de sortir du purgatoire « scientifique » où l'a plongé son passé équivoque, c'est d'abord en sa qualité de juriste. Carl Schmitt fut un très grand juriste auquel seul Hans Kelsen peut être comparé ». Dans cet esprit, nous pensons que sa contribution à la théorie sur le bicaméralisme ne peut pas scientifiquement, être éludée.

E. Voegelin, cité par le Pr Olivier Beaud n'en dit pas moins quand il écrit à propos de l'œuvre de Carl Schmitt « celui qui s'occupe des problèmes d'Etat, le fait de manière générale parce qu'il s'y intéresse ; si ses idées politiques transparaissent dans les résultats de l'œuvre c'est certes inutile mais cela n'enlève rien à l'intérêt des idées de fond, qui y sont développées. Et c'est le cas pour Schmitt dans une mesure tout à fait extraordinaire. Ce serait donc mesquin si, au regard de l'important apport de l'œuvre, on faisait grand bruit de la visible position politique du chercheur »

[36] Benjamin Constant, un des grands représentant du libéralisme au 19ème siècle, cité par C. Schmitt, conçoit la chambre haute reposant sur l'hérédité comme la représentation de la durée et de la continuité

[37] Montesquieu, Esprit des lois,XI,6.

[38] C. Schmitt, théorie de la constitution, PUF, 1993.

à cette fin[39](chap22, IV, 435), on a intégré l'élément aristocratique à une organisation de la législation qui procède à une division de ce pouvoir, et, à l'intérieur du législatif, on a opposé à une chambre basse conçue démocratiquement, une chambre haute plus ou moins aristocratique. C'est ainsi que Carl Schmitt explique théoriquement le système bicaméral des constitutions modernes, dont le bicamérisme anglais est le prototype et la référence pour toute l'Europe.

Quant à Benjamin Constant, l'auteur qui a procédé à la justification et à la formulation classique du système bicaméral pour le libéralisme bourgeois du 19ème siècle, il conçoit, nous rappelle Carl Schmitt « la chambre haute comme une représentation spéciale et cherche à diviser la représentation en construisant plusieurs objets de représentations. La chambre des députés issue des élections est un représentant de l'opinion publique changeante ; la chambre haute reposant sur l'hérédité est un représentant de la durée et de la continuité ; durée par opposition à opinion (…). On répète sous divers avatars, l'idée qu'il faut adjoindre à la chambre basse, dominée par les changements de l'opinion et de majorité et reposant sur le nombre et la quantité, une représentation spécifique de la stabilité et de la qualité. Les libéraux allemands ont eux aussi reconnu expressément ces justifications théoriques de la chambre haute ».[40]

Dans la même veine, pour Montesquieu[41] « il y a toujours dans un Etat des gens distingués par la naissance, les richesses ou les honneurs ; mais s'ils étaient confondus parmi le peuple, et s'ils n'y avaient qu'une voix comme les autres, la liberté commune serait leur esclavage, ils n'auraient aucun intérêt à la défendre, parce que la plupart des résolutions seraient contre eux. La part qu'ils ont dans la législation doit donc être proportionnée aux autres avantages qu'ils ont dans l'Etat ». La raison d'être de ce type de chambre particulière est qu'une minorité précieuse pour l'Etat ne doit pas voir sa voix négligée du fait des principes démocratiques. Ce sont ces conceptions qui ont présidé à la création des chambres des pairs aristocratiques, un corps de nobles qui existe parallèlement à la représentation populaire proprement dite[42] et même les membres du sénat de la 3ème république dans une certaine

[39] C. Schmitt, op cit, chap22, IV, 435

[40] C. Schmitt, op cit ; voir aussi B. Chantebout, op cit, p.244.

[41] Esprit des lois,XI,6.

[42] article 27 de la charte française de 1814 et l'article 23 de la constitution de la royauté bourgeoise de 1830

mesure[43]. De ces débats fondateurs du système bicaméral, on ne trouve aucune trace pour justifier la création des secondes chambres au Niger.

L'on peut comprendre que dans les années 1990 et 2000, un pouvoir qui se veut démocratique ait des scrupules à rappeler ces principes et à les utiliser pour fonder une architecture constitutionnelle. Il n'empêche que même les arguments contemporains les plus soft (mais qui se rattachent en réalité aux idées fondatrices même si le temps a pu brouiller les lignes filiales) pouvant fonder le bicamérisme n'ont pas été utilisés. Nulle part, l'argument selon lequel le bicamérisme, par sa souplesse, permet une meilleure adaptation aux réalités nationales, renforçant ainsi la légitimité des institutions, n'a été repris. Il en est de même de l'argument qui veut que le bicamérisme permette d'améliorer le travail législatif[44], ou qu'il soit une source de pondération des forces politiques et corrélativement des fonctions normatives[45]. Même le fait que le bicamérisme puisse faciliter les rapports entre l'exécutif et le législatif en ce qu'il permettrait au gouvernement de s'appuyer sur l'une des assemblée pour s'opposer aux impulsions[46] intempestives ou populistes de l'autre, n'a été souligné.

Plus curieux encore, est l'oubli ou l'ignorance de la tradition constitutionnelle, dont le pays est l'héritier, notamment l'histoire du bicamérisme en France, dont on sait pourtant très bien que la France Unitaire et très centralisée de la révolution a catégoriquement refusé les

---

[43] Le sénat de la 3ème république comportant 75 députés de l'assemblée nationale et des sénateurs cooptés à vie avant les réformes républicaines qui ont progressivement changé la physionomie du sénat et du régime.

[44] P. Türk, le Sénat, une assemblée de bons légistes ? pouvoirs n°159, seuil, PP.65-78. Sur ce registre du sénat, améliorateur du travail législatif, on peut rappeler les formules chocs telles : 1. « Au parlement, nul ne peut avoir raison seul » de jean pierre Bel, président du sénat, colloque sur « le bicamérisme en France : un enjeu pour la démocratie », sénat, 17 avril 2014. 2. «La vue est une, mais on voit mieux avec deux yeux » de Joseph Barthélemy, in les résistances du sénat, revue de droit public et de science politique en France et à l'étranger, 1913, p.371 ; 3. « le temps de la réflexion, c'est le sénat » de Georges Clémenceau, cité par Jean-Noel Jeanneney, colloque « le sénat de la Vème République », sénat, 3 juin 2009 ; 4. « les meilleures lois sont celles coproduites par l'Assemblée nationale et le sénat » de Robert Badinter, cité par Jean-Marie le Guen, sénat, compte rendu analytique officiel, 18 novembre 2015.

[45] L. Favoreu, op cit, p.718. En effet, selon Favoreu, le bicamérisme fait du parlement un organe composé et construit ainsi des fonctions normatives auxquelles il participe, comme une résultante pondérée entre plusieurs formes de représentation ou même entre représentation et les organes collégiaux composés de délégués soumis à des instructions individuelles comme le Bundesrat allemand.

[46] B. Chantebout, op cit, p.244.

deux modèles de bicamérismes : celui opposant chambre populaire et chambre aristocratique à l'anglaise ; et celui opposant chambre du peuple et chambre des territoires(bicamérisme à l'américaine).[47] Pour un pays unitaire, professant les mêmes principes républicains d'égalité, et ceux de l'indivisibilité de la Nation, l'absence de toute référence à ces questions dans le débat sur l'instauration du bicamérisme, est curieuse.

Même le bicamérisme de la 5ème république française, cette république imitée plus ou moins profondément au Niger, ne peut être compris, sans remonter au sénat républicain de la 3ème république[48]. En effet, c'est à ce moment seulement que le bicamérisme le plus durable[49] a été institué, en faisant du Sénat une émanation des municipalités qui l'élisent au scrutin indirect, avec la volonté d'en faire un contrepoids politique à la chambre des députés ; c'est -à-dire un élément de modération institutionnelle[50]. C'est de cette tradition que le système bicaméral dans un Etat démocratique unitaire est né, pour des pures raisons de division des pouvoirs. On se serait attendu à ce que le bicamérisme nigérien s'en inspirât, ne serait-ce que sur le plan théorique. Il n'en a rien été, ni dans la constitution de la 4ème république, ni dans celle de la 6ème république.

Dans cette configuration, une deuxième chambre peut être créée face à la chambre des députés pour introduire une division au sein du législatif et créer ainsi des contrôles et des freins et permettre une

---

[47] En effet, la révolution française de 1789 était viscéralement opposée à une chambre aristocratique selon le modèle anglais, et l'abolition des privilèges, tout comme l'affirmation universelle du principe d'égalité, firent que mêmes les monarchiens n'émirent aucune proposition dans ce sens. Quant à la création des chambres des autonomies locales, elle fut écartée au nom de l'unité et de l'indivisibilité de la nation. Cf Hugues Portelli, Bicamérisme ou pouvoir régional, revue pouvoirs n°159, pp.101-108.

[48] . Cf Hugues Portelli, Bicamérisme ou pouvoir régional, revue pouvoirs n°159, pp.101-108. ; voir également K. Florentino, la seconde chambre en France (1789-1940), 2008 ; J-P Marichy, la seconde chambre dans la vie politique française depuis 1875, 1969.

[49] Au paravent le directoire et la monarchie de juillet entre autres, se sont essayés à cette division du pouvoir législatif. Le directoire avait inventé une division fonctionnelle (entre ceux qui délibèrent et ceux qui votent), doublée d'une division par âge(les cinq cents et les anciens) que reprendra d'ailleurs le premier empire. La monarchie de juillet et le second empire inventèrent une nouvelle aristocratie nommée par le monarque(les pairs de Louis Philippe et les sénateurs de napoléon III) qui constitue en fait une assemblée clientéliste à la dévotion de l'exécutif et contrebalançant la chambre du suffrage universelle. Cf Hugues Portelli, Bicamérisme ou pouvoir régional, revue pouvoirs n°159, pp.101-108.

[50] . Cf Hugues Portelli, Bicamérisme ou pouvoir régional, revue pouvoirs n°159, op cit

délibération et une discussion des lois plus à fond[51]. C'est là, une autre application de la notion libérale de division des pouvoirs. En outre, dans cette même configuration, la chambre haute peut se voir attribuer une fonction d'arbitre entre le chef de l'exécutif et la représentation populaire, et exercer une fonction de conciliation.

Mais il se trouve que dans une république, reposant sur le principe démocratique, si ces motifs conduisent à créer une deuxième chambre, une question se pose comme le remarque Carl Schmitt[52] en ces termes : « quelles particularités de composition distinguent une telle chambre des autres chambres ? il serait antidémocratique de créer une institution reposant sur l'hérédité ou même l'élection à vie au lieu des méthodes d'élection périodique.(...) L'hérédité et même l'élection à vie peuvent créer une indépendance et une représentation si forte qu'elles portent atteinte au principe d'identité démocratique. On est par conséquent contraint de se borner à des différences et des nuances plus subtiles : âge d'éligibilité différent, électeurs ou nombre de députés différents[53], élection indirecte au lieu de directe, compléments périodiques où seule une minorité de sièges fait l'objet d'une élection afin de préserver la continuité de la chambre, différence dans les circonscriptions électorales ou le système électoral. Mais ce sont là des différenciations qui ne suffisent évidemment pas à créer le fondement théorique d'une institution autonome, politiquement importante ».

Cette remarque est particulièrement vraie dans le cas du bicamérisme nigérien, que ce soit en 1996 ou en 2009. Mieux, les expériences nigériennes sont restées même en deçà de ce minimum ; incapables de faire système en elles-mêmes. Cela annonce clairement que le bicamérisme nigérien était dans une démarche plutôt tactique et pas du tout stratégique et systémique (voir II).

La théorie du bicamérisme peut aussi être fondée sur les particularités d'une organisation en Etat fédéral. Dans ce cas, à côté de la chambre des députés issue d'élections générales auxquelles participe le peuple entier, on constitue une chambre spéciale des Etats membres,

---

[51] C. Schmitt, op cit,p .443; P. Türk: le sénat: une assemblée de bons légistes, revue pouvoirs n°159, 2016, pp. 65-78

[52] C. Schmiit, op cit,p.443

[53] Sous la 3ème république française, le Senat comportait entre autres, 75 députés venant de l'assemblée nationale, aux côtés d'autres sénateurs cooptés à vie, et ce, avant que n'interviennent les réformes républicaines du sénat et du régime.

comme chambre des Etats[54]. Il est d'évidence que le bicamérisme nigérien ne peut trouver dans cette direction, sa justification.

De manière contemporaine, certains Etats régionalisés, ou fortement décentralisés peuvent justifier également la création d'une seconde chambre dans laquelle ces entités territoriales peuvent être représentées[55]. Mais là aussi les dispositions constitutionnelles relatives au bicamérisme sous la 4ème république se contentent de renvoyer à une hypothétique loi ; alors que la 6ème république se limite à prévoir la représentation de catégories socio professionnelle, en renvoyant à une loi organique pour les autres aspects[56].

Si le bicamérisme nigérien n'assume pas ouvertement les fondements théoriques essentiels du système bicaméral, cela constitue une première marque de paradoxe. Ce paradoxe se poursuit lorsqu'on se place sur le terrain des compétences spéciales attribuées généralement aux secondes chambres et qui sont absentes dans le cadre du bicamérisme nigérien (2).

2. Les compétences spécifiques des secondes chambres.

Les secondes chambres ont en général des compétences législatives. Nous en traiterons dans le B qui suit.

Pour l'instant, nous nous intéresserons aux attributions qui sont spécifiques ou spéciales à ces secondes chambres et qui ont pu peser dans les décisions de leur érection sur le plan de l'histoire constitutionnelle comparée. Le modèle bicaméral anglais a été dans ce domaine aussi le pionnier, en transférant à la seconde chambre des compétences judiciaires et surtout l'exercice de la justice politique[57] ; même si le mécanisme a depuis perdu de sa superbe en Grande Bretagne[58]. Sur le plan purement pénal, les Etats-Unis confient au sénat

---

[54] C. Schmitt op cit ; F.M. Soucramanien, op cit.

[55] F. Mélin-Soucramanien & P. Pactet, op cit.

[56] Aucune de ces lois n'a vu le jour ; de même qu'aucune des secondes chambres. Si pour la 6ème république on peut penser que la courte durée du régime(6mois) peut justifier cette absence d'installation du sénat, pour la 4ème république, l'on ne peut que rester dubitatif. Est-ce que le général Baré était convaincu de son montage institutionnel, ou s'agit-il d'une simple tactique pour faire adopter sa constitution ? Nous avons la faiblesse de pencher pour cette dernière alternative.

[57] C. Schmitt, op cit, P.445.

[58] La chambre des lords a perdu son pouvoir juridictionnel au profit d'une Cour Suprême à l'américaine créée par le Constitutional Reform Act de 2005 et installée le 1er octobre 2009.

le soin de juger le Président des Etats-Unis d'Amérique[59] pour trahison, corruption ou crimes ou délits majeurs, et ceci, sous la forme anglo saxonne de la procédure d'impeachment. Cette procédure suppose que la chambre des représentants mette d'abord en accusation le président à la majorité simple ; Après quoi il est jugé par le Sénat présidé pour la circonstance par le président de la cour suprême, et qui doit à l'occasion se prononcer à la majorité des deux tiers (2/3) des présents.

Dans cette configuration, on peut citer seulement trois cas aux USA. Celui du président A. Johnson en 1868, mis en accusation mais non condamné, et ceux plus récents des présidents Nixon en 1974 et B. Clinton en 1999.[60]

La seconde chambre a pu aussi sur le plan de l'histoire constitutionnelle se voir attribuer des compétences de « gardienne de la constitution », c'est-à-dire de tribunal pour régler les conflits constitutionnels. Dans cette optique elle a pu être une instance de décision sur la constitutionnalité des lois et des décrets, et pour ce qu'on a appelé les recours constitutionnels[61] ; interpréter la constitution et décider des révisions constitutionnelles.[62]

Le bicamérisme au Niger n'a prévu aucun de ces dispositifs laissant entrevoir une valeur ajoutée pouvant justifier l'obstination qui a présidé à son installation en 1996 et 2009, ce qui n'est pas un moindre paradoxe. Ce paradoxe se renforce, quand on analyse, ce bicamérisme version nigérienne, en lui-même, c'est-à-dire dans ses traductions en termes d'organes et de compétences générales (B).

B. DES TRADUCTIONS INSTITUTIONNELLES PARADOXALES.

Le bicamérisme prévu en 1996 est un dispositif institutionnel sans relief ; alors que celui de 2009 se veut égalitaire pour l'essentiel. Toutes ces configurations concrètes du bicamérisme nigérien analysées à l'aune des réalités politiques du moment au Niger, sont porteuses elles aussi de paradoxes. Il en est ainsi tant du bicamérisme sans relief de la 4ème république (1), que de celui quasi égalitaire de la 6ème république (2).

---

[59] Article 2, section 4, constitution des USA

[60] F.Mélin –Soucramanien, op cit,p. 236

[61] C. schmitt, op cit, p.448

[62] F.Mélin –Soucramanien, op cit,p.287

1. La chambre « innommée » de la 4ème République, les paradoxes d'un bicamérisme sans relief

L'article 63 de la Constitution de 1996 dispose « le pouvoir législatif est exercé par deux chambres :

- L'Assemblée nationale dont les membres portent le titre de député ;
- La deuxième chambre dont la dénomination et le titre des membres seront déterminés par la loi.

Pour toute précision, la constitution se contente aux article 75 et 76 de stipuler respectivement, que la deuxième chambre participe à l'exercice du pouvoir législatif et que ses membres sont élus au suffrage indirect d'une part ; et de l'autre, qu'une loi organique déterminera sa composition, son organisation, ses attributions, son fonctionnement, sa dénomination et celle de ses membres, ainsi que ses rapports avec les autres institutions de l'Etat. Mais cette loi organique n'a jamais vu le jour, et conséquemment cette seconde chambre n'a jamais eu de nom, encore moins installée.

Il est dès lors, de bon ton de reconnaître là, les indices institutionnelles dénotant d'un bicamérisme sans relief[63]. En effet, le hiatus entre le « forcing », l'obstination dont le régime a fait montre pour imposer la seconde chambre sans aucune justification rationnelle, et sa traduction institutionnelle et en termes de compétences, est tout à fait paradoxal.

Ce paradoxe prend un nouveau visage sous la 6ème République (2).

2. Les paradoxes du bicamérisme quasi égalitaire de la 6ème République : le potentiel de blocage institutionnel

Pour un régime qui se dit en quête d'une stabilité institutionnelle encore plus grande que celle qu'ont permise les institutions de la 5ème république, il est bien curieux qu'il instaure un bicamérisme quasi égalitaire tel que la constitution de la 6ème république l'envisage. En effet, en termes de stabilité institutionnelle, on ne peut légitimement rien reprocher au fonctionnement de la 5ème république, qui a permis à

[63] A l'image du conseil de la république a qui, même l'honneur d'être appelé sénat a été refusé en son temps, comme le note B. Chantebout, op cit

un président de la République de finir pour la première fois dans l'histoire constitutionnelle du Niger, deux mandats consécutifs de cinq chacun. Durant ces dix (10) années, le Premier Ministre, Chef du Gouvernement est resté en poste sept ans. Il a été renversé en 2007 par sa propre majorité[64] avec le soutien d'une opposition très minoritaire, à l'instigation du président de la république qui le soupçonnait de ne pas être en phase avec son agenda de modification de la constitution, pour se présenter une troisième fois[65].

C'est dire que pour des institutions qui ont fonctionné pendant dix ans, constituant ainsi la plus longue phase d'expérimentation démocratique qu'a connue le Niger depuis la Conférence Nationale souveraine, l'on ne peut légitimement leur faire le reproche de n'avoir pas permis la stabilité. Dans ce contexte, il est donc paradoxal, de créer une seconde chambre avec des pouvoirs quasi identiques avec l'assemblée nationale, toute chose qui ne peut qu'être porteuse potentiellement de conflit et de paralysie, là où il n'y en avait pas avant[66].

En effet, il est constant dans la théorie constitutionnelle que si l'on veut éviter un blocage du processus législatif, on instaure un bicamérisme inégalitaire, pas égalitaire comme l'a prévu la 6ème République. Les exemples des bicamérismes français, allemand, et anglais sont là pour l'attester à contrario de l'exemple italien. En réalité, au Niger, le sénat était plutôt un prétexte, pour arriver à un nouveau montage institutionnel qui permette au président Tandja de rester au

---

[64] Cette motion de censure de mai 2007 renversa le Gouvernement du Premier Ministre Hama Amadou après que ce dernier eut passé quelques 7ans à son poste.

[65] La preuve, il ne tarda pas à envoyer son ex Premier Ministre en prison ; et celui-ci le lui rendra bien à sa sortie de prison en s'opposant énergiquement à l'entreprise d'incrustation au pouvoir.

[66] Cela peut être possible au plan législatif. Mais le plus grave peut se produire relativement à la levée des pouvoirs exceptionnels de l'article 58 portant gravement atteinte aux droits fondamentaux. En effet, l'alinéa 5 de cet article dispose : « (…) après 60 jours d'exercice des pouvoirs exceptionnels, le parlement, après avis de la cour constitutionnelle saisie par le président de l'assemblée nationale ou le président du sénat, peut y mettre fin, à la majorité des quatre cinquièmes (4/5) des membres de chacune d'elle ». Il est évident que cette disposition résume à elle seule toute l'économie des institutions de la 6ème république, cherchant à établir un pouvoir personnel. En effet, dans ce cas de figure, le président de la république peut non seulement proclamer arbitrairement, les pouvoirs exceptionnels (comme l'a fait sous la 5ème république), mais les maintenir en vertu de la constitution aussi longtemps qu'il le voudra. Le sénat pouvant toujours bloquer la levée de ces mesures avec une minorité de blocage que constitue le 1/3 des membres nommés par le président de la république.

pouvoir, avec des attributions presque illimitées, afin de pouvoir contenir les contestations de son régime, qu'il savait inévitables.

En plus de l'argument de la stabilité, celui de perfection de la démocratie a été utilisé pour justifier le nouveau montage institutionnel constitutif de la 6ème république. Contre ceux qui contestaient le changement anticonstitutionnel de la 5ème république, le Président et ses partisans glorifiaient les vertus de la démocratie directe qui redonnait la parole au peuple pour décider lui-même de son destin, au motif qu'une génération ne peut décider définitivement pour une autre. Cette glorification de la démocratie directe, de la démocratie « totale », rend encore plus paradoxal, un bicamérisme où le tiers des membres de la seconde chambre devait être coopté par le président de la République lui-même[67].

Le bicamérisme instauré en 1996 et 2009, n'avait pas une ambition claire, revendiquée et assumée, de renouveler le jeu politique en misant sur des forces sociales, religieuses, économiques, aristocratiques. Il n'avait pas non plus une vocation revendiquée à être un mécanisme de limitation du pouvoir par division et balancement du législatif ; il n'avait aussi aucune vertu modératrice ou d'amélioration souhaitée de la qualité du travail législatif.

Si toutes ces grandes idées qui sont porteuses de transformations politiques dans le débat autour du bicamérisme, n'ont pas été revendiquées dans le processus d'installation du bicamérisme au Niger, alors qu'elle est sa justification ? A l'analyse, nous convenons dans le cadre de cet article de démontrer qu'il s'agit d'un bicaméralisme aux desseins contrastés, dont certains sont avoués clairement et d'autres sont restés inavoués et inavouables(II).

II. UN BICAMÉRISME AUX DESSEINS CONTRASTÉS.

La 4ème et la 6ème république ont en commun non seulement d'avoir créé de secondes chambres, mais aussi de fonder des régimes qui en réalité avaient à leur disposition tous les ingrédients pour évoluer en régimes présidentialistes[68]. Pour faire accepter ce type de régime, il

---

67 Article 72 al3, constitution du 18 août 2009.

68 Tous les deux régimes ont fonctionné selon la logique constitutionnelle africaine traditionnelle qualifiée de présidentialiste, pour marquer la surpuissance du président dans le jeu des institutions.

fallait trouver les moyens de faire adopter par référendum les projets de constitutions qui en sont les supports, et, ce, sans véritable débat informé. Dans cette perspective, la promesse des secondes chambres conçues de manière subliminale, comme un réceptacle des catégories sociales présumées faiseuses de l'opinion, devait faciliter cette entreprise combattue par l'essentiel des forces politiques. C'est dire, que dans cette logique, les secondes chambres étaient des appâts destinés à convaincre certaines forces sociales à aider les tenants de ces nouveaux ordres constitutionnels, à les faire adopter par une espèce d'anesthésie du corps social. Ce fut leur fonction essentielle. En cela, les secondes chambres avaient des desseins inavouables que seule une analyse critique peut faire ressortir (B). Mais au paravent, il a paru nécessaire aux gouvernants de l'époque, de mettre en avant, une face plus avenante des secondes chambres, en, en faisant, des cadres de représentation des intérêts tout en restant le moins diserts possible (A).

A. LES DESSEINS AVOUÉS DES SECONDES CHAMBRES

Dans ce cadre, les secondes chambres ont vocation à participer au travail législatif d'une part (1), et à représenter certains intérêts d'autre part (2).

1. La participation au pouvoir législatif

La constitution de la 4ème république est restée assez silencieuse sur les fonctions de la seconde chambre. Elle se contente aux article 75 et 76 de stipuler respectivement, que la deuxième chambre participe à l'exercice du pouvoir législatif et que ses membres sont élus au suffrage indirect d'une part ; et de l'autre, qu'une loi organique déterminera sa composition, son organisation, ses attributions, son fonctionnement, sa dénomination et celle de ses membres, ainsi que ses rapports avec les autres institutions de l'Etat. Cette loi organique n'étant pas intervenu, il n'en reste pas moins que ce silence est en lui-même un aveu, que la seconde chambre, en dehors de sa fonction instrumentale, n'avait pas d'autres vocations importantes pour le système qui se mettait en place.

Sous la 6ème république, cette fonction de participation au travail législatif de la seconde chambre est réitérée avec plus de précision. Il y apparaît que cette participation à la fonction législative est conçue sur une base quasi égalitaire avec l'assemblée nationale.

Mais, la 6ème république a été plus diserte que la 4ème république, en assignant un dessein de représentation des intérêts, à la seconde chambre (2).

2. La représentation des intérêts par la seconde chambre dans la constitution de la 6ème république

La fonction de représentation des intérêts de la seconde chambre fait écho à l'idée émise au 19ème siècle par des penseurs aussi divers que Karl Marx ou Saint – Simon, et selon laquelle dans les nations modernes, seules comptent les forces économiques[69]. C'est dans ce sillage que se développa au 20ème siècle un courant d'opinion en faveur de la représentation de ces forces au sein du parlement[70]. Cette idée, outre qu'elle était difficilement compatible avec le principe de la souveraineté nationale[71] , se heurtait à un obstacle pratiquement insurmontable qui est le caractère inévitablement arbitraire de la répartition des sièges entre les différentes catégories socio professionnelles[72]. Initialement accueillie avec faveur par les milieux de gauche, l'idée de ces chambres corporatives devait être discréditée par l'usage qu'en firent les régimes fascistes de Mussolini et de Salazar[73]. Mais au Niger, il était de bon ton en 2009 de tenir des discours de facture fasciste, corporatiste à outrance, pour justifier le changement du régime de la 5ème république pour passer à une 6ème république, où la démocratie directe, telle qu'exprimée par certaines catégories socio professionnelles, devait être de mise. Et, c'est vision corporatiste et populiste de la seconde chambre qui prévalut dans la constitution, laissant même entrevoir un bicamérisme quasi égalitaire, en rupture avec les pratiques majoritaires en droit comparé dans ce domaine[74]. L'alinéa 2 de l'article 72 de la constitution en disposant « (…) Il (sénat)

---

[69] B. Chantebout, op cit, p.252

[70] B. Chantebout, op cit, p.252

[71] A. Eismen, Eléments de droit constitutionnel, 4ème édition, 1906, pp..228-229 ; voir aussi M. Hauriou, Précis de droit constitutionnel,1929, p.559.

[72] En effet, accepter la parité de représentation entre les employeurs et les salariés, c'est remettre en cause l'égalité juridique des citoyens ; donner à chaque organisation socio professionnelle un poids électoral proportionnel au nombre de ses membres revenait à remettre le pouvoir politique entre les mains des syndicats ouvriers. Cf B. Chantebout, op cit, p.252.

[73] B. Chantebout, op cit, p.252.

[74] B. Chantebout, op cit.

assure la représentation des diverses couches socio professionnelles du pays (…) » est suffisamment explicite sur cette fonction de représentation des intérêts par la seconde chambre, ce qui n'est qu'une confirmation de son instrumentalisation par les gouvernants, pour atteindre des objectifs autres que ceux auxquels, doit servir la seconde chambre.

B. LES DESSEINS INAVOUÉS : LES SECONDES CHAMBRES, APPÂT AU SERVICE DE PLÉBISCITES CONSTITUTIONNELS ET DE L'INSTAURATION DE POUVOIRS PERSONNELS.

Les situations dans lesquelles se sont retrouvés les Présidents Baré et Tandja, sont telles qu'il leur était vital de faire adopter de nouvelles constitutions. Ces dernières avaient vocation à leur donner une forme « de pleins pouvoirs » pour non seulement, garantir leurs arrières[75], mais les aider à pouvoir faire face aux contestations profondes et multiformes auxquelles ils étaient confrontés. C'est dire que la vocation instrumentale des secondes chambres se mesure à l'aune des difficultés presque similaires que rencontraient les deux présidents et de la nécessité d'y faire face avec les pouvoirs constitutionnels adaptés à la situation.

Pour cela, il fallait que ces constitutions soient adoptées par des espèces de plébiscites référendaires. Ceci suppose que certaines couches sociales soient intéressées à « l'Affaire » : d'où l'invention de la seconde chambre pour les appâter. Dans ces conditions, la seconde chambre s'est vue attribuée des desseins instrumentaux, utilitaires, au service in fine, d'une simple tactique d'installation des pouvoirs personnels. Il s'agit plus précisément, par le truchement de cet appât que constituent les secondes chambres de :

- Faciliter l'adoption de nouvelles constitutions par une démarche plébiscitaire (1) ;
- Dérouler une mécanique de mise en place de pouvoirs personnels (2).

[75] Les enjeux pour les deux présidents étaient de tout faire pour réussir leurs entreprises, car ils risquaient gros en cas d'échec. L'opposition n'arrêtait pas de le leur rappeler.

1. Les secondes chambres au service de plébiscites constituants.

Les cibles principales de cet appât que constituent les secondes chambres furent en 1996 tout comme en 2009 pratiquement les mêmes couches sociales considérées à tort ou à raison, comme faiseuses d'opinion ou même disposant d'un électorat captif. Il s'agit fondamentalement des chefs traditionnels, des leaders religieux, de leaders de la société civile politiquement active.

Dans cette dynamique, il leur a été miroité (en secret et sans que cela ne soit assumé publiquement) en 1996 tout comme en 2009, que le temps de leur influence politique se préparait avec les nouvelles institutions, et que pour cela, elles devraient s'engager à les faire adopter. En laissant entrevoir que la seconde chambre est leur affaire, les Présidents Baré et Tandja ont pu faire intérioriser par ces couches sociales, que le combat pour l'adoption de ces nouvelles constitutions, leur était commun. Pour les conforter dans leur espoir d'un avenir qui chante, le Président Tandja, a promis à tous les chefs de villages et de tribus un salaire mensuel, soit quelques douze mille (12 000) chefs de villages, et six mille (6 000) chefs de tribus. En réalité cette promesse si elle devait être concrétisée, équivaudrait à la création d'une véritable fonction publique parallèle.

Au paravent, en guise de galop d'essai, la loi portant statut de la Chefferie traditionnelle avait été modifiée pour ériger les concernés « en magistrats de l'ordre administratif ». Dans la même lancée, ils se sont vu dotés de pouvoirs de conciliation en matière civile et commerciale en sus de ceux qu'ils avaient en matière coutumière[76]. Pour un personnel qui était considéré jusque-là comme auxiliaire de l'administration, ce fut une révolution qui préparait le « coup d'après », celui contre la constitution de la 5ème république.

Dans le même sillage, la promesse subliminale de la cooptation de certaines de ces personnes pour être membres de la seconde chambre, sans passage par une quelconque élection, a pu jouer comme une source d'émulation pour les membres des catégories sociales virtuellement concernées.

---

[76] Cf articles 15 (nouveau) et 22 (nouveau) issus de la loi n°2008-22 du 23 juin 2008, modifiant et complétant l'ordonnance n°93-028 du 30 mars 1993, portant statut de la chefferie traditionnelle en République du Niger.

En 1996, pour rendre plus visible l'action de ces couches sociales, une structure dénommée « COSIMBA » c'est-à-dire Comité de Soutien à Ibrahim Maïnassara Baré, a été créée et déployée sur l'ensemble du territoire. Les médias publics étaient littéralement mis à sa disposition pour faire passer la bonne parole qui consiste à adopter la constitution, non pour ses qualités et mérites, mais plutôt parce que celui qui la propose serait le « sauveur de pays ». Ce discours plébiscitaire autour de la constitution, sera repris dans des termes quasi identiques en 2009, et plus particulièrement par les chefs traditionnels.

Ces derniers, conscients qu'ils sont allés très loin dans le processus de leur instrumentalisation surtout par la 6ème République, ont paru se présenter en victimes du système, ce qui a amené leur association à faire inscrire dans la constitution de la 7ème République, des dispositions mettant ces chefs à l'abris de ce qu'ils considèrent comme des pressions[77].

A l'analyse, la promesse de la seconde chambre a bien joué son rôle, en faisant dérivé le débat sur les nouvelles constitutions, plutôt sur les personnes qui les portaient (les Présidents Baré et Tandja), que sur les textes constitutionnels eux-mêmes[78]. Ainsi furent adoptées presque par surprise des constitutions mettant en place les cadres d'exercice de pouvoirs personnels (2).

2. La seconde chambre, anesthésiant au service de l'instauration de pouvoirs personnels

Les secondes chambres ont certes joué comme appât pour faire accepter des constitutions installant des pouvoirs personnels très forts. Mais elles ont eu aussi, cet effet presque anesthésiant auprès de ces couches sociales, les rendant inaccessibles à tout raisonnement de bon sens qui les aurait invitées à regarder en face les enjeux nouveaux qui n'étaient rien d'autre que la menace de retour à des pouvoirs personnels.

---

[77] L'article 167 de la constitution dispose au sujet de cette chefferie traditionnelle « L'Etat reconnaît la chefferie traditionnelle comme dépositaire de l'autorité coutumière. A ce titre, elle participe à l'administration du territoire de la république dans les conditions déterminées par la loi.

La chefferie traditionnelle est tenue à une stricte obligation de neutralité et de réserve. Elle est protégée contre tout abus de pouvoir tendant à la détourner du rôle que lui confère la loi ».

[78] Ce qui était facilité d'ailleurs par le fait que les partis politiques qui comptent sur la scène nationale avaient boycotté ces processus référendaires.

Bien que minoritaires[79] ces couches sociales donnaient à travers leur engagement, le sentiment que la société nigérienne soutenait majoritairement ces entreprises. Diffuser ce sentiment était nécessaire pour les promoteurs de ces opérations, pour accréditer l'idée de leur légitimité au plan intérieur, mais surtout extérieur.

Il faut croire que cet appât a des vertus si anesthésiantes, si « chloroformantes », que les élites sociales, politiques et économiques prises au bout de la ligne, ne se rendirent pas compte qu'elles sont instrumentalisées et mises au service d'une entreprise d'installation de « pouvoirs personnels ».

En effet, les présidents des 4ème et 6ème républiques sont érigés en « manitous institutionnels » bien au-delà de la prééminence présidentielle classique des première, deuxième, troisième et cinquième république, et de son renforcement de par les effets du fait majoritaire. Ces nouvelles architectures constitutionnelles étaient utiles, voire vitales pour des présidents qui devaient couvrir « leurs arrières » en se donnant les moyens de défendre des régimes créés aux forceps, au risque de passer du palais présidentiel, au palais de justice.

A l'analyse, les deux régimes ont beau dédier des parties de leur constitution à l'énumération et à la définition des droits de l'homme[80] ; ils ne mettent pas moins en place des mécanismes institutionnels qui placent le respect de ces droits, sous le bon vouloir d'un chef de l'exécutif surpuissant, doté des moyens de droit et de fait impropres au respect de ces droits[81].

---

[79] En effet les consultations référendaires pour adopter ces constitutions et les différentes élections organisées dans leur sillage ont montré le caractère minoritaire des soutiens à ces entreprises. Pour cause, il a fallu des fraudes multiformes et massives qui ont du reste toutes les allures de coup de force pour imposer ces entreprises.

[80] S'agissant de la Constitution de la 4ème république, elle dédie tout son titre II aux droits et devoirs de la personne humaine, soit 35 articles. Mieux l'article 34 dispose « les droits et devoirs ci-dessus proclamés et garantis par la présente constitution lient les pouvoirs législatif, exécutif et judiciaire ainsi que toute personne, à titre de droits directement applicables ». Une telle ferveur pour la protection des droits humains qui érigent les dispositions constitutionnelles relatives aux droits humains, comme normes directement applicables sonnent comme révolutionnaires (la 3ème république disposait la même chose en son article 35), même si l'article 35 de la même constitution y apporte un bémol, sans oublier la pratique du régime qui était aux antipodes des dispositions constitutionnelles.

Quant à la 6ème république, elle consacre 37 articles aux droits et devoirs de la personne humaine, tout en restant sobre sur la valeur normative de cette protection qui se ferait dans le respect des lois et règlements en vigueur(article 37).

[81] Sous le régime Baré par exemple étaient constitués des escadrons qui enlevaient et torturaient des personnes ciblées comme hostiles au régime.

Une comparaison rigoureuse des attributions directives[82] de la politique nationale du Président de la république sous les régimes des deux constitutions de 1996 et 2009, montre leurs identités presque absolue. La seule nuance se trouve au niveau de l'emploi du terme « exclusif » sous la 6ème république, pour caractériser la concentration du pouvoir exécutif entre les mains de président de la république. Il est par ailleurs instructif, que les pouvoirs accordés aux deux présidents de la république, soient une reprise presque mot pour mot, de ceux dont était titulaire le premier président de la république du Niger indépendant, feu Diori Hamani[83]. Si l'on connaît dans quelles conditions se sont exercées ces attributions du Président Diori Hamani relativement aux libertés, cette filiation, donne la mesure des agendas qu'avaient les présidents Baré et Tandja, respectivement en 1996 et 2009.

Cette survalorisation du Président de la République tant par la constitution de la 4ème république que par celle de la 6ème république, est manifeste dès que l'on compare les attributions dévolues au président de la république par chacune d'elle, à celles conférées à celui-ci par sa devancière immédiate.

En outre, cette survalorisation du Président de la république qui n'est pas trop surprenante pour des régimes qui se veulent en réalité présidentialistes, se double selon les cas, d'une minoration sur fond d'instrumentalisation des autres institutions constitutionnelles, notamment celles qui servent de ferment à l'Etat de droit moderne.

En effet, chacun des régimes auquel ont succédé les 4ème et 6ème république valorisait le président de la république dans le cadre de constitutions instituant des régimes semi présidentiels qui s'inspirent largement de la 5ème république française. La dyarchie par éclipses qui peut intervenir dans le fonctionnement du régime, semblait gêner les promoteurs des 4ème et 6ème républiques. Pour cela, il leur fallait des régimes qui assurent la primauté au président de manière incontestable et pérenne. Dans cette perspective, des régimes présidentiels qui vireront en régimes présidentialistes dans leur fonctionnement étaient la meilleure option. Pour cela, il suffisait de quelques petites retouches aux anciennes

---

[82] F. Mélin- Soucramanien & P. Pactet, op cit p.111.

[83] L'article 12 de la constitution du 8 novembre 1960 disposait « le président de la république est détenteur exclusif du pouvoir exécutif.

Il nomme les membres du gouvernement et déterminent leurs attributions.

Les membres du gouvernement sont responsables devant lui.

Il met fin à leurs fonctions ».

constitutions semi présidentielles suspendues avec fureur et fracas, pour arriver au but, c'est-à-dire, le changement de régime.

Ainsi, aux termes de l'article 46 de la constitution du 12 mai 1996 « Le président de la république est le détenteur du pouvoir exécutif ; il est le chef du gouvernement. Il nomme le Premier Ministre et les membres du gouvernement et fixe leurs attributions. Le Premier Ministre et les membres du gouvernement sont responsables devant lui. Il met fin à leurs fonctions ».

Sous la constitution de la 6ème république, pour transformer le président de la république en manitou institutionnel, il a suffi d'ajouter à l'article 48 « le Président de la république est le détenteur exclusif du pouvoir exécutif.

Il est le chef du gouvernement.

Il nomme le premier ministre et les membres du gouvernement et fixe leurs attributions.

Le premier ministre et les membres du gouvernement sont responsables devant lui. Il met fin à leurs fonctions »[84]

En outre, comme si la redondance était souhaitée, « le président de la république détermine et conduit la politique de la nation »[85].

L'économie de ces modifications était de créer un exécutif monocéphale avec pour seul chef, le Président de la république. Les régimes étant devenus présidentiels, les Présidents sont à la fois chefs du gouvernement et uniques détenteurs du pouvoir exécutif. Une telle architecture constitue les prémisses de l'instauration de pouvoirs personnels, si on la replaçait dans le contexte de la tradition de l'exercice du pouvoir au Niger. Un tel régime, théoriquement présidentiel, ne peut que muer rapidement en régime présidentialiste, en l'absence de culture politique et démocratique nécessaire à sa bonne acclimatation[86].

Si on ajoute à ces nouvelles prérogatives des présidents des 4ème et 6ème républiques, celles qui étaient déjà reconnues aux présidents des 3ème et 5ème républiques qu'elles ont respectivement renversées, on est vite

---

[84] Article 48 de la constitution

[85] Article 49 de la constitution.

[86] En effet, il est connu et reconnu que le modèle présidentiel à l'américaine avec sa puissance d'attraction est difficilement imitable en l'absence de la culture politique et démocratique qui l'a formaté. Sans ces déterminants, ce régime tourne rapidement en système d'hégémonie du président élu au suffrage universel et, où la séparation des pouvoirs devient illusoire, ou ne jouant qu'à l'encontre du pouvoir législatif. Cf L. favoreu, op cit, 405.

saisi par le spectacle de l'installation de pouvoirs quasi totaux entre les mains des présidents Baré et Tandja.

Ainsi, outre le fait qu'ils nommaient et révoquaient les Premiers Ministres (qui n'étaient pas chefs de gouvernement, mais simples coordonnateurs de celui-ci), et les membres du gouvernement qui étaient responsables devant eux, ces présidents conduisaient la politique nationale. Ils avaient sur le plan législatif l'initiative des lois concurremment avec les parlementaires.

Ils exerçaient le pouvoir réglementaire ; avaient le droit de recourir au référendum ; ils étaient chefs de l'administration, chefs des armées et nomment aux emplois militaires. A tout cela, il faut ajouter les fameux pouvoirs de crise dont le président Tandja avait fait un usage des plus abusifs.

Cette superpuissance des présidents, allait de pair avec quelques humiliations légendaires des Premiers Ministres. Ainsi le Général Baré a pu congédier l'un de ses Premiers Ministres en invoquant publiquement son incompétence[87]. Le président Tandja n'en a pas fait moins avec son Premier Ministre Hama Amadou, en organisant de concert avec l'opposition, la motion de censure contre le gouvernement de ce dernier, en mai 2007.

Les vertus anesthésiantes de la virtualité d'être désigné ou coopté à la seconde chambre n'ont pas permis de fixer l'attention sur le danger de la concentration des pouvoirs entre les mains des présidents des 4ème et 6ème république. Elles n'ont pas non plus permis d'alerter sur les reculs démocratiques que constituaient la minoration corrélative du législatif et la domestication des autres pouvoirs constitutionnels.

En effet, aux termes de ces constitutions plébiscitaires, ce qui caractérise encore plus la puissance présidentielle, ce sont les rapports nouveaux établis avec les autres pouvoirs constitutionnels et qui témoignent de la prééminence de ces présidents sur ces pouvoirs-là. Donc, même sur le plan de la théorie constitutionnelle relative au régime présidentiel, l'équilibre souhaité des pouvoirs n'est pas à l'ordre du jour. Au contraire, tout a été mis en place, pour que les autres organes ne puissent pas jouir d'une autonomie qui en fasse des contres pouvoirs sérieux et décisifs.

---

[87] En effet en novembre 1997, le président Baré avait congédié le Premier Ministre Amadou Boubacar Cissé et son gouvernement. Il avait été remplacé par Monsieur Ibrahim Hassane Mayaki.

Concernant la 4ème république, la prééminence du président de la république sur le législatif a été légendaire et accentuée par la conjoncture politique. En effet, le fait majoritaire y a déployé toute sa dynamique du moment où l'assemblée nationale était monocolore, c'est-à-dire composée exclusivement de députés COSIMBA[88] qui deviendra par la suite UNIRD[89] et enfin RDP-Jama'a[90]. Dans ces conditions, le fonctionnement du régime était totalement présidentialiste, l'assemblée ne pouvant être qu'une chambre d'enregistrement. Les observateurs de la scène politique nigérienne ont encore en mémoire les simulacres d'interpellations des Ministres qui se terminent par des félicitations appuyées, en lieu et place, des recommandations objectives, prescrites par la constitution.

La cour suprême qui faisait office de plus haute juridiction nationale[91], était composée de manière à être aux ordres du président de la république. Elle remplit tellement bien son office d'instrument entre les mains du président, qu'elle a pu valider un référendum constitutionnel, une élection présidentielle, des élections législatives boycottées par l'opposition[92] dans des conditions pour le moins troubles. Les élections locales organisées le 7 février 1999 ont constitué le point d'orgue de l'instrumentalisation de la cour suprême. En effet, après les premiers résultats qui indiquaient que l'opposition allaient remporter les élections, le pouvoir crée lui-même des troubles dans toutes les régions en incendiant des bureaux de vote, en détruisant des Procès-verbaux de vote, en arrêtant des membres de la commission électorale etc. Saisie du contentieux, la Cour suprême n'a trouvé mieux à faire que d'annuler les votes dans la majorité des départements et communes favorables à l'opposition. Cet acte de la cour suprême fit une des causes du coup d'Etat du 9 avril 1999 contre le général Baré.

Si l'on ajoute le fait que la Haute Cour de Justice devant laquelle le président est justiciable en cas de haute trahison, est composée de députés issus d'une assemblée monocolore[93], on convient qu'il est inaccessible à

[88] Comité de soutien à Ibrahim Maînassara Baré.

[89] Union des Nigériens pour le Renouveau Démocratique.

[90] Rassemblement pour la Démocratie et le Progrès.

[91] Article 101 de la constitution. Elle avait quatre chambres, dont une chambre constitutionnelle.

[92] Ce fut une des raisons du coup d'Etat ; la Cour suprême s'est à l'occasion totalement discréditée.

[93] L'opposition ayant boycotté les élections législatives.

toute responsabilité. Dans ces conditions, il pouvait commettre toutes les infractions constitutives de la haute trahison, sans encourir la moindre responsabilité, car sa mise en accusation est conditionnée à un vote à l'assemblée nationale à la majorité des 2/3 des députés[94].

S'agissant de la 6ème république, les rapports du président avec les autres institutions sont marqués du sceau de la prééminence présidentielle et de leur domestication.

Ainsi dans ses rapports avec la justice politique ou ce qui en tient lieu[95], le président de la république est rendu pratiquement inaccessible à toute responsabilité[96]. Dans un premier temps, les cas pour lesquels il peut l'être pénalement ont été réduits à la haute trahison. Cette haute trahison est recentrée sur quelques hypothèses largement diminuées par rapport à la constitution de la 5ème république[97].

Au demeurant, le Président de la 6ème république n'est passible de sanction que pour haute trahison, lorsqu'il a violé son serment, est reconnu auteur, coauteur, ou complice, de cession frauduleuse d'une partie du territoire national, d'introduction de déchets toxiques sur le territoire national[98].

En outre, les hypothèses d'empêchement absolu en vertu desquelles la vacance de la présidence de la république peut être constatée, sont elles aussi réduites à l'incapacité physique et mentale du président le rendant inapte à exercer les charges de sa fonction[99]. En conséquence, le refus du président de la république d'obtempérer à un arrêt de la cour constitutionnelle ou celle qui en fait office, constatant une violation de la constitution par ce dernier, est biffé des éléments constitutifs de l'empêchement absolu sous la 6ème république ; alors que cette disposition était en passe de devenir une sorte d'élément d'identité

---

[94] Article 108, constitution de la 4ème république. Et du reste, durant la présidence de Baré, les violations des droits humains étaient légion et il y avait vraiment matière sur le plan strictement juridique à engager sa responsabilité. Mais ce fut politiquement impossible.

[95] Nous faisons référence ici à la haute cour de justice

[96] Il s'agit surtout de la responsabilité pénale. S'agissant de la responsabilité politique elle est de facto écartée par l'adoption officiellement d'un régime présidentiel (en réalité présidentialiste), et application logique des principes de la séparation des pouvoirs en référence au régime de la responsabilité présidentielle du président de la 5ème république française tel que l'expose F.Mélin-Soucramanien, op cit, 451.

[97] Article 121 al2, constitution du 18 août 2009

[98] Article 121 al2 op cit.

[99] Article 45 al2, constitution du 18 août 2009.

constitutionnelle du pays avec les constitutions successives des 4ème[100] et 5ème[101] république. Même dans cette hypothèse réductrice, la constatation de l'empêchement absolu du président de la République par la Cour Constitutionnelle, est rendue quasi impossible par une exigence de majorités qualifiées de 2/3 des membres de chacune des chambres[102].

La survalorisation du Président s'exprime aussi au-delà de la diminution des cas où il peut être responsable, par une ingénierie institutionnelle qui rend sa responsabilité pratiquement impossible à engager. En effet, pour engager la responsabilité du Président pour haute trahison et le faire juger par la Haute Cour de Justice, des majorités improbables de 4/5 aux deux chambres sont exigées, alors même que le président coopte le 1/3 des membres d'une des chambres[103].

Dans ses rapports avec la Cour Constitutionnelle, la prééminence du président ne se dément pas non plus, ce qui constitue un aveu d'une volonté forte à assumer le recul de l'État de droit[104]. Dans la réalité, cette cour constitutionnelle a été conçue et composée de manière à lui donner toutes les allures d'une « cour présidentielle » totalement domestiquée[105]. Sa composition de neuf membres dont le Président nomme directement les cinq (5) et le Président de l'Assemblée Nationale et celui du Sénat deux chacun. En estimant que le Président du Sénat fera partie à coup sûr du contingent des sénateurs que le Président de la République nomme « souverainement », c'est lui qui nommera indirectement les deux conseillers qui relèvent du Président du Sénat. Si d'aventure, le Président de la république avait la majorité à l'Assemblée Nationale, comme cela a été préparé à l'époque à travers la mise sous tutelle de la Commission

---

[100] Article 43 al3, constitution 4ème république

[101] Article 42 al3, constitution 5ème république

[102] Article 45 al3, constitution 6ème république

[103] Article 122al1 constitution 6ème république

[104] Un Etat de droit entendu comme différent de l'Etat légal. Le système de l'Etat légal est essentiellement un système d'organisation des pouvoirs justifiant la prééminence du pouvoir législatif tandis que le régime de l'Etat de droit est conçu dans l'intérêt des citoyens ; il ne tend qu'à assurer la protection de leur droit ou de leur statut individuel. Une justice constitutionnelle indépendante permet cette élévation de l'état légal à l'état de droit.cf L. Favoreu, op cit, p.29.

[105] En effet, n'étant pas Robert Badinter qui veut, il n'est pas évident que ces membres de la cour constitutionnelle nommées dans les conditions qu'on sait, revendiquent un quelconque droit à l'ingratitude à l'endroit du président de la république.

Nationale Electorale Indépendante (CENI), il nommera aussi les deux conseillers revenant au Président de l'Assemblée nationale[106].

Du reste, ce scénario d'une majorité écrasante du Président de la république à l'assemblée nationale a été réalisé, avant que le coup d'Etat du 18 février 2009 ne vienne compromettre le « déroulé » de l'agenda « concentrationnaire » du pouvoir.

A ces rapports institutionnels faisant la part belle au Président de la république, il faut ajouter le rabaissement délibéré des exigences de qualité et de compétence des conseillers à la cour constitutionnelle, ce qui élargit la palette de ceux qui sont prêts à jouer ce rôle de conseillers à la dévotion du président de la république.

S'agissant du Conseil Supérieur de la Communication, un autre organe constitutionnel, il a été mis sous contrôle du Président de la république à travers sa composition. En effet, le Président de la République nomme directement quatre (4) sur les sept (7), avec la possibilité pour lui, de nommer indirectement les trois (3) autres à travers son Ministre de la communication et les présidents du Sénat et de l'Assemblée Nationale.

Avec donc, une Presse sous séquestre, une CENI et une Cour Constitutionnelle domestiquées, un Président de la République aux pouvoirs quasi divins, une Assemblée Nationale minorée et flanquée d'une coépouse, les éléments d'un pouvoir total et à vie sont institués par la constitution de la 6ème république.

Tout ce cela a été rendu possible que ce soit sous la 4ème ou la 6ème république, par une participation active et scénarisée des candidats potentiels à l'accès à la seconde chambre, démontrant en cela, que le bicamérisme au Niger, toute analyse faite, avait eu une vocation plutôt instrumentale entre les mains des présidents Baré et Tandja.

Dr Gandou Zakara,

Enseignant-chercheur, FSJP, Université de Niamey

---

[106] C'est vrai que la doctrine est de moins en moins encline à considérer que la nomination des membres des juridictions constitutionnelles par des autorités politiques est suffisante pour présumer de leur partialité. Le Pr L. Favoreu soutient cette thèse avec brio. Cependant, l'efficacité de la démonstration reste tributaire de l'environnement politique en cause, de la culture et des convictions démocratiques des nommés.

Paterne MAMBO

LES AMBIGUÏTÉS CONSTITUTIONNELLES : LE CAS DU SYSTÈME JURIDICTIONNEL IVOIRIEN AU REGARD DE LA CONSTITUTION DU 8 NOVEMBRE 2016

INTRODUCTION

L'écriture d'une Constitution, la fabrication d'un texte constitutionnel, la formulation des dispositions constitutionnelles sont des œuvres humaines, qui, comme telles, se caractérisent nécessairement par une certaine imperfection, qui n'est pas toujours mal accueillie. Dans une formule devenue célèbre, Napoléon Bonaparte observait qu'« **Il faut qu'une Constitution soit courte et obscure. Elle doit être faite pour ne pas gêner l'action du gouvernement** ».

Les Constitutions ont ainsi leurs zones d'ombre, elles hébergent aussi des dispositions obscures et entretiennent, volontairement ou involontairement, des ambiguïtés. La Constitution ivoirienne du 8 novembre 2016, dite Constitution de la Troisième République, n'échappe pas à cette réalité, notamment au regard du système juridictionnel qu'elle institue.

L'ambiguïté désigne, littéralement, le caractère de ce qui est ambigu et ce qui est ambigu présente plusieurs significations et ne permet donc pas d'aboutir à une interprétation univoque. L'ambiguïté renvoie à l'imprécision, à l'absence de clarté, à l'équivocité. Par ambiguïté constitutionnelle, il faut entendre les dispositions imprécises et obscures de la Constitution, qui prêtent à interprétations et auxquelles on peut donner des significations différentes ou contradictoires.

Pour le cas de la Côte d'Ivoire qui nous intéresse, on trouve un exemple d'ambiguïté constitutionnelle dans les dispositions relatives au système juridictionnel, entendu au sens d'organisation de la Justice.

La Constitution ivoirienne du 8 novembre 2016, rédigée par un comité d'experts mis en place par le Président de la République, consacre un Chapitre 2 à l'organisation de la justice et dispose, en son article 143, que **« La justice est rendue sur toute l'étendue du territoire national, au nom du peuple ivoirien, par la Cour suprême, la Cour des Comptes, les Cours d'appels, les tribunaux de première instance, les tribunaux administratifs et les chambres régionales des comptes »**. Et l'article 144 de cette Constitution ajoute que **« La Cour suprême et la Cour des Comptes sont les deux institutions juridictionnelles représentatives du pouvoir judiciaire »**.

Dans la présente réflexion, on va s'intéresser uniquement à la Cour suprême qui pose de réels problèmes, tant dans son organisation que dans son fonctionnement, au contraire de la Cour des comptes dont l'organisation et le fonctionnement ne soulèvent aucune difficulté majeure.

Et à propos de la Cour suprême de Côte d'Ivoire, on peut se demander si l'ambiguïté qui caractérise son organisation et son fonctionnement a été voulue ou recherchée et quels problèmes cela pose.

Pour répondre, nous allons faire référence, d'une part, au contexte dans lequel la Constitution a été rédigée, d'autre part, au texte même de la Constitution. Double mouvement qui permettra de justifier la démarche suivie.

En effet, l'analyse contextuelle permet de comprendre que cette ambiguïté a été fabriquée (I) ; l'analyse textuelle montre que cette ambiguïté est problématique (II).

I. UNE AMBIGUÏTÉ FABRIQUÉE

L'analyse du contexte socio-politique dans lequel la Constitution ivoirienne du 8 novembre 2016 a été rédigée fait apparaître que l'ambiguïté qui caractérise l'organisation et le fonctionnement de la Cour suprême a été fabriquée. Plusieurs membres du comité d'experts, mis en place par le Président de la République pour rédiger cette Constitution, confirment cette idée et rappellent que la volonté du chef de l'État (A) a beaucoup influencé l'option retenue par le comité d'experts (B).

A. LA VOLONTÉ DU CHEF DE L'ÉTAT

La rédaction d'une Constitution est une opération intellectuellement difficile à conduire, car il s'agit de penser politiquement un projet et de lui donner une figure juridique, de démontrer une capacité intellectuelle pour traduire les concepts et les principes qui constituent la structuration ou l'architecture d'un texte constitutionnel.

La Constitution ivoirienne du 8 novembre 2016 corrobore cette idée en ce qu'elle est le résultat, le produit de la volonté exprimée par le chef de l'État, notamment en ce qui concerne le système juridictionnel institué.

A l'origine du modèle ou du système juridictionnel retenu, se trouve la volonté du chef de l'État ivoirien, qui demandait la suppression du principe de la dualité de juridiction, consacré par la Constitution du 1er août 2000, dite Constitution de la Deuxième République, pour imiter ainsi le Sénégal qui, du monisme juridictionnel, est passé au dualisme juridictionnel en 1992, avant de revenir au monisme juridictionnel en 2008.

Le chef de l'État voulait ainsi éviter les difficultés liées à la dualité de juridiction, estimant qu'il était plus simple d'opter pour l'unité de juridiction avec une Cour suprême composée de plusieurs chambres, comme c'était le cas dans la Constitution du 3 novembre 1960, dite Constitution de la Première République.

Mais au-delà des exigences de simplification organique et formelle, le Président de la République voulait aussi réduire le train de vie de l'État, considérant que la dualité de juridiction est particulièrement budgétivore et qu'elle n'a pas nécessairement des résultats plus satisfaisants que ceux que donne le système d'unité de juridiction. S'appuyant sur l'exemple du Sénégal qui a renoncé à la dualité de juridiction, le Président de la République voit dans cette renonciation la manifestation d'un échec, la preuve qu'il faut éviter d'instituer un tel modèle en Côte d'Ivoire.

L'option retenue par le comité d'experts en a pris, tant bien que mal, le chemin.

B. L'OPTION RETENUE PAR LE COMITÉ D'EXPERTS

Le comité d'experts, mis en place par le Président de la République, pour rédiger la nouvelle Constitution, était composé exclusivement de juristes, au nombre desquels il y avait quatre Professeurs de droit, cinq Docteurs en Droit et un Magistrat, par ailleurs Garde des sceaux, Ministre de la Justice. Au total, le comité d'experts comprend dix membres. Parmi ces dix membres, deux sont des commissaires du Président de la République, en un mot ses représentants, sa bouche et ses oreilles en quelque sorte. Il s'agit du Garde des sceaux, Ministre de la Justice et l'un des Docteurs en Droit, conseiller spécial du Président de la République, chargé des Affaires juridiques et institutionnelles.

La volonté du Président de la République d'aller à l'unité de juridiction et d'abolir la dualité de juridiction, formellement en vigueur sous le régime de la Constitution du 1er août 2000, a été fortement débattue au sein du comité d'experts. Le Président de la Chambre administrative de la Cour suprême, membre du comité d'experts et chargé de faire une proposition sur la question, avait plaidé pour le maintien de la dualité de juridiction, avec un Conseil d'État au sommet de l'ordre administratif et une Cour de Cassation au sommet de l'ordre judiciaire. Sa proposition n'a pas été retenue et des débats au sein du comité, il en a résulté un système juridictionnel hybride, qui imite parfaitement le système juridictionnel malgache, c'est-à-dire un système juridictionnel qui n'est ni totalement une unité ni véritablement une dualité, un système qui est à mi-chemin entre l'unité et la dualité, que l'on peut considérer aussi comme étant formellement une unité mais matériellement une dualité, donc un système juridictionnel qui prête à interprétations, d'où son caractère ambigu.

L'ambiguïté ainsi relevée est problématique.

II. UNE AMBIGUÏTÉ PROBLÉMATIQUE

L'ambiguïté qui caractérise le système juridictionnel ivoirien, notamment au regard de la configuration de la Cour suprême, se situe à un double niveau : d'une part, on note des quiproquos structurels (A) ; d'autre part, on observe que la répartition des compétences au sein de cette Cour suprême est quelque peu imprécise (B).

A. DES QUIPROQUOS STRUCTURELS

Le Chapitre 4 de la Constitution ivoirienne est consacré à la Cour suprême, objet de la présente réflexion. Cette Cour suprême amalgame, dans sa construction, les principes de l'unité et les principes de la dualité de juridiction, puisqu'au regard de la Constitution, elle comprend la Cour de Cassation et le Conseil d'État.

Ce qui fait problème, d'un point de vue structurel ou organisationnel, c'est que la Cour de Cassation et le Conseil d'État sont respectivement les juridictions suprêmes de l'ordre judiciaire et de l'ordre administratif, coiffées par une autre juridiction suprême, en l'occurrence la Cour suprême. Au plan formel, la Cour de Cassation et le Conseil d'État apparaissent comme hiérarchiquement assujettis à la Cour suprême, alors même que la Cour de Cassation et le Conseil d'État sont eux-mêmes des juridictions suprêmes. Signe d'ambiguïté et vecteur de quiproquos.

Dans la pratique même, les Présidents de la Chambre administrative et de la Chambre judiciaire de la Cour suprême, qui attendent la création effective du Conseil d'État et de la Cour de Cassation et l'adoption par l'Assemblée nationale du projet de loi organique relative à la Cour suprême, considèrent que la création de la Cour de Cassation et du Conseil d'État va faire disparaître à leur égard le pouvoir hiérarchique du Président de la Cour suprême, en tous les cas elle va retirer du pouvoir au Président de la Cour suprême. La création de Tribunaux d'Instance et de Cours d'Appel, placés sous l'autorité d'une juridiction suprême administrative ou judiciaire, sonnerait donc le glas de l'autorité du Président de la Cour suprême sur les Présidents du Conseil d'État et de la Cour de Cassation. Le Président de la Cour suprême ne l'entend pas de cette oreille et considère que l'institution de deux ordres de juridiction au sein de la Cour suprême laisse persister l'assujettissement de ces ordres de juridiction à la Cour suprême, qu'il considère comme la Juridiction suprême des juridictions suprêmes.

Le débat est traversé par de réels malentendus liés aux incertitudes et ambiguïtés dans la configuration de la Cour suprême, telle qu'elle résulte de la nouvelle Constitution, surtout en l'absence d'une loi organique qui aurait permis de clarifier un certain nombre de questions, notamment les compétences dévolues aux différentes juridictions suprêmes, qui ne sont pas, à l'heure actuelle, très précises.

B. DES COMPÉTENCES IMPRÉCISES

Au-delà des ambiguïtés structurelles relevées, liées à la structure de la Cour suprême, il faut aussi relever des ambiguïtés fonctionnelles, relatives aux fonctions dévolues à cette Cour suprême composite.

A ce niveau également, l'absence d'une loi organique pour déterminer la composition, l'organisation et le fonctionnement de la nouvelle Cour suprême n'aide pas à lever les équivoques.

Une lecture des dispositions constitutionnelles consacrées à la Cour suprême, à la Cour de Cassation et au Conseil d'État met suffisamment en lumière cette observation. En effet, l'article 147 de la Constitution ivoirienne dispose que **« La Cour suprême veille à l'application de la loi par les juridictions de l'ordre judiciaire et de l'ordre administratif. Elle règle les conflits de compétence entre les juridictions des deux ordres »**. L'article 148 énonce que **« La Cour de Cassation est la plus haute juridiction de l'ordre judiciaire. Elle statue souverainement sur les recours en cassation contre les décisions rendues en dernier ressort par les Cours et tribunaux de l'ordre judiciaire »**. L'article 149 énonce que **« Le Conseil d'État est la plus haute juridiction de l'ordre administratif. Il statue souverainement sur les décisions rendues en dernier ressort par les tribunaux administratifs et par les juridictions administratives spécialisées en matière de contentieux administratif. Le Conseil d'État connaît en premier et en dernier ressort des recours en annulation des actes des autorités administratives centrales et des organismes ayant une compétence nationale. Il exerce en outre une fonction consultative. A ce titre, il peut être sollicité par le Président de la République, pour avis, sur toute question de nature administrative »**. Il faut ajouter qu'au regard de l'article 151 de la Constitution, **« La composition, les attributions, l'organisation et le fonctionnement de la Cour de Cassation et du Conseil d'État sont déterminés respectivement par une loi »**.

Le projet de la loi organique sur la Cour suprême et ceux sur la Cour de Cassation et sur le Conseil d'État n'ont pas encore été adoptés par l'Assemblée nationale. Néanmoins, ces projets de loi cristallisent déjà les dissensions entre la Cour suprême qui veut maintenir son leadership sur la Cour de Cassation et sur le Conseil d'État, et ces deux hautes juridictions qui considèrent que la Côte d'Ivoire a opté, matériellement du moins, pour une dualité de juridiction qui écarte d'emblée un assujettissement à la Cour suprême.

Mais, quand on regarde de plus près, les désaccords entre la Cour suprême et les hautes juridictions qui la composent trouvent leur fondement dans l'imprécision et dans les ambiguïtés mêmes du texte constitutionnel.

La Cour suprême fait office de juge des conflits, ceci n'est pas problématique. Mais, ce qui l'est en revanche, c'est que la Constitution dispose qu'elle veille à l'application de la loi par les juridictions de l'ordre judiciaire et de l'ordre administratif. Que signifie cette disposition au fond ? La Cour suprême peut-elle demander à la Cour de Cassation et au Conseil d'État, qui sont deux juridictions suprêmes, qui statuent en dernier ressort, de remettre en cause une décision rendue, dotée de l'autorité de la chose jugée ? La Cour suprême peut-elle faire des injonctions aux deux juridictions suprêmes qui la composent, en leur demandant de casser des décisions rendues en dernier ressort et revêtues de l'autorité de la chose jugée, au motif, selon la Constitution, qu'elle doit **« veiller à l'application de la loi par les juridictions de l'ordre judiciaire et de l'ordre administratif »** ? Cela est-il même envisageable quand la Constitution énonce que la Cour de Cassation et le Conseil d'État statuent souverainement ? Le propre de la souveraineté, ainsi que le relevait Georges Burdeau, n'est-il pas d'être un pouvoir incontrôlable ?

CONCLUSION

Toutes ces questions suscitent naturellement de légitimes inquiétudes, parce qu'elles posent le problème de l'autorité des décisions rendues par les juridictions suprêmes administrative et judiciaire. Il importe donc que les projets de loi organique sur la Cour suprême, sur la Cour de Cassation et sur le Conseil d'État soient rapidement adoptés par le Parlement, pour répondre à toutes les interrogations engendrées par les dispositions constitutionnelles en vigueur.

Paterne MAMBO

Agrégé de droit public

Doyen de la Faculté de droit de l'Université de Daloa (Côte d'Ivoire)

VENDREDI 26 OCTOBRE 2018

PANEL 1

CONSTITUTION, PRINCIPE D'UNE HIÉRARCHIE DES NORMES ET DROIT CONSTITUTIONNEL ÉLECTORAL

Sous la présidence de Monsieur Amadou TANKOANO, Professeur, Université ABDOU MOUMOUNI de Niamey (Niger)

Avec comme discutant Monsieur Koffi AHADZI-NONOU, Professeur titulaire de droit et de science politique, ancien Président de l'Université de Lomé, Membre de la Cour constitutionnelle (Togo)

Ibrahim MOUMOUNI

LA CONSTITUTION : LA FIN DE LA HIÉRARCHIE DES NORMES EN DROIT INTERNE ?

INTRODUCTION

Placée au sommet de la pyramide dans la hiérarchisation kelsénienne des normes juridiques internes[1], du fait que le sommet est à la pyramide ce que les semelles isolées sont aux gratte-ciels, la constitution est la source de validité de toutes les normes dans le système juridique interne qui se veut global. Dans cette hiérarchisation, chaque norme tire sa validité d'une norme supérieure. Dès lors, aucune règle de droit ne peut demeurer à l'extérieure de l'ordre juridique hiérarchisé qui va de la norme fondamentale à la dernière décision administrative. La hiérarchie des normes[2] suppose aussi la subordination des normes inférieures aux normes supérieures[3]. Toutes les normes inférieures, doivent aux fins de leur validité se conformer[4] aux normes supérieures, ainsi de suite jusqu'à la dernière norme supérieure qui valide tout le système. Par conséquent, le lien de dépendance hiérarchique entre les normes créant

[1] V. D. ALLAND, « De l'ordre juridique international », *Droits* 2002/1, n° 35, p. 81.

[2] D. De BÉCHILLON, « L'ordre de la hiérarchie des normes et la théorie réaliste de l'interprétation. Réflexions critiques », *Revue de la recherche juridique. Droit prospectif,* 1994, n° 1, p. 252. Voy. D. De BÉCHILLON, *Hiérarchie des normes et hiérarchies des fonctions normatives de l'Etat,* Paris, Economica, 1996.

[3] KELSEN qualifie le système du droit interne d' « ordre juridique », H. KELSEN, *Théorie pure du droit*, Paris, Dalloz, 1962, 2ème éd., 1962, p. 266.

[4] L'obligation de conformité selon le professeur CHAPUS, signifie ne rien faire qui soit en contradiction avec la norme supérieure, et c'est cette obligation de non-contradiction que l'on désigne, usuellement et très normalement, comme une obligation de conformité. R. CHAPUS, *Droit administratif,* Paris, Montchrestien, 15e éd. 2001, p. 1011.

un rapport de subordination perd de sa solidité dès lors qu'une anomalie affecte la norme fondamentale.

Toutefois, « une erreur à ne pas commettre pour se donner une chance de pénétrer la pensée de Kelsen, c'est d'en rechercher un unique point de départ »[5]. De fait, ce qui embarrasse le système kelsénien dans sa globalité et qui affecte sa solidité, est lié à « la difficulté qui consiste à arrêter cette remontée à l'infini, à justifier la validité normative de la première norme »[6]. L'ensemble du système kelsénien reste donc suspendu à une *Grundnorm* ou *basic norm,* c'est-à-dire une « norme d'origine » ou « norme fondamentale », qui reste non seulement mystérieuse mais dont on ne peut dire qu'elle est posée, et pourtant toute la validité et la solidité du système[7] tiennent à elle.

Cette norme fondamentale est qualifiée d'hypothétique en ce qu'elle « répond à une nécessité d'ordre logique-transcendantale »[8]. Elle assure le sauvetage du système tout entier car son caractère hypothétique est nécessaire à l'édification du système dans sa globalité et ne doit faire l'objet d'aucune constatation ou d'expérimentation. C'est l'hypothèse nécessaire[9] qu'on ne doit pas questionner, sous peine de voir tout le système s'effondrer.

Si pour Kelsen, la *Grundnorm* est le point de départ[10], la condition de la « pensabilité » de toute sa théorie[11], force est de constater que cette « supposée norme » n'est pas connue, ni posée, elle constitue simplement un postulat à la théorie. Et pourtant, c'est elle qui tient tout l'édifice de l'ordre juridique interne, elle « représente donc la limite au-

---

[5] C. ATIAS, *Philosophie du droit,* Paris, P.U.F, 4e éd, 2016, p. 54.

[6] *Ibid,*, p. 56.

[7] Un système juridique est un ensemble organisé de règles de droit, de normes, régissant une société donnée, V. Ph. ARDENT, B. MATHIEU, *Droit constitutionnel et institutions politiques,* Paris, L.G.D.J, 27e éd, 2015, p. 97.

[8] C. ATIAS, *op. cit,* p. 55.

[9] Voy., Th. HOCHMANN, « Retour en Rhodésie : Kelsen, la norme fondamentale et l'efficacité», *Revue française de droit constitutionnel* 2016/1, n° 105, pp. 37-56.

[10] Ce qui est contesté par certains auteurs qui estiment le contraire. V. O. JOUANJAN, « Présentation. Formalisme juridique, dynamique du droit et théorie de la démocratie : la problématique de Hans Kelsen », *in* O. JOUANJAN (dir.), *Hans Kelsen, Forme du droit et politique de l'autonomie*, Paris, Puf, 2010, p. 25, cité par Th. HOCHMANN, « Retour en Rhodésie : Kelsen, la norme fondamentale et l'efficacité», *loc. cit,* p. 38.

[11] P. WACHSMANN, *Le kelsénisme est-il en crise ?* PUF, 1959, p. 122.

delà de laquelle le raisonnement juridique ne peut pas se poursuivre »[12]. Cette remontée à l'infini nous plonge au cœur du « paradoxe du constitutionnalisme »[13] décrit par Raymond CARRE DE MALBERG de « cercle vicieux » [14] à savoir l'impossibilité d'écrire une constitution de façon constitutionnelle. D'où le pouvoir constituant tient-il sa légitimité ? « Si l'on exclut que le pouvoir constituant puisse tirer sa légitimité d'une norme supérieure inscrite dans l'ordre naturel des choses, il parait devoir s'appuyer sur un pouvoir déjà constitué. Or cela apparait impossible puisque le pouvoir constitué est lui-même censé tirer sa légitimité du fait d'avoir été posé par un pouvoir constituant »[15].

---

[12] C. INVERNIZZI ACCETI, « L'idée d'ordre dynamique et la théorie de la *Grundnorm*. Une interprétation du fondement de la validité du droit chez Hans Kelsen », *Droit et société,* 2016/1, p. 184

[13] L'un des problèmes le plus difficile à résoudre pour la théorie positiviste est le lien entre l'efficacité et la validité d'une norme, notamment lorsque cette dernière ne provient pas des sources classiques comme étant les seules sources de production de normes dans un Etat. A cet effet, KELSEN écrit : « Le phénomène de la révolution illustre bien l'importance de la norme fondamentale. Supposons qu'un groupe d'individus tente de s'emparer du pouvoir par la force et de renverser le gouvernement légitime d'un État jusqu'alors monarchique, afin d'instaurer une forme républicaine de gouvernement. S'ils y parviennent, si l'ancien ordre cesse d'être efficace et que l'ordre nouveau le devienne – parce que les individus dont la conduite est réglée par l'ordre nouveau se comportent effectivement, dans l'ensemble, en accord avec l'ordre nouveau –, alors cet ordre sera considéré comme un ordre valide. Dès lors, la conduite effective des individus est jugée licite ou illicite en vertu de l'ordre nouveau. Cela signifie qu'une nouvelle norme fondamentale est présupposée : ce n'est plus la norme selon laquelle l'ancienne constitution monarchique était valide, mais une norme selon laquelle la nouvelle constitution républicaine est valide, une norme qui investit le gouvernement révolutionnaire de l'autorité juridique. Si les révolutionnaires échouent, si l'ordre qu'ils tentent d'instaurer demeure inefficace, alors leur entreprise n'est pas interprétée comme un acte juridique de création du droit mais comme un crime de trahison, et ce en vertu de l'ancienne constitution monarchique et de sa norme fondamentale spécifique », H. KELSEN, *Théorie générale du droit et de l'État, suivi de La doctrine du droit naturel et le positivisme juridique,* trad fr. B. LAROCHE et V. FAURE, Bruxelles/Paris, Bruylant/LGDJ, 1997 (1945), p. 172.

[14] Si une révolution venait à remettre en cause un système juridique d'un Etat, tout en instaurant un nouvel ordre juridique, pourra-t-on qualifier cet ordre nouveau de valide ? Au nom de quel principe juridique ? Kelsen apporte des éléments de réponse dans son fameux ouvrage General Theory of Law and State, traduit en français par la Théorie générale du droit et de l'Etat, paru dans les éditions Bruylant en 1997. Il écrit à ce titre : « Supposons qu'un groupe d'individus tente de s'emparer du pouvoir par la force et de renverser le gouvernement légitime d'un État jusqu'alors monarchique, afin d'instaurer une forme républicaine de gouvernement. S'ils y parviennent, si l'ancien ordre cesse d'être efficace et que l'ordre nouveau le devienne – parce que les individus dont la conduite est réglée par l'ordre nouveau se comportent effectivement, dans l'ensemble, en accord avec l'ordre nouveau –, alors cet ordre sera considéré comme un ordre valide.»

[15] C. INVERNIZZI ACCETI, *loc. cit,* p. 184

Face à des questions insolubles ou délicates, les juristes ont su forgé une technique ingénieuse d'humilité, qui consiste systématiquement à renvoyer ces dites questions à d'autres sciences sociales. Contentons-nous alors de considérer que ces questions s'éloignent des préoccupations juridiques concrètes en les laissant à la philosophie de droit et revenir aux difficultés juridiques concrètes que pose la structure pyramidale du système juridique interne.

Les difficultés que soulève l'architecture pyramidale kelsénienne sont nombreuses[16], nous nous contenterons dans le cadre de cette étude de soulever deux principales difficultés liées à la structure pyramidale du droit interne.

La première difficulté est liée au pouvoir d'interprétation du juge constitutionnel qui ne cesse de prendre des envols exponentiels. En effet, le caractère bref et synthétique de la constitution offre au juge constitutionnel un immense pouvoir d'interprétation[17] des dispositions de la loi fondamentale. Pouvoir l'autorisant malgré sa situation de subordination à la constitution, à ériger, voire à créer des principes supra-constitutionnels pour adapter cette dernière au rythme du temps et de la modernité, notamment dans le cas d'un contrôle de constitutionnalité concret[18]. Comment dès lors un pouvoir constitué, et par conséquent subordonné à la Constitution peut-il s'ériger en un pouvoir qui va jusqu'à concurrencer le pouvoir constituant ? Il arrive souvent à certaines cours constitutionnelles, alors que ni la Constitution

---

[16] Voy. P. AMSELEK, « Réflexions critiques autour de la conception kelsénienne de l'ordre juridique », *R.D.P,* 1978, n° 1, pp. 5-19. Voir aussi la réponse de Michel TROPER, M. TROPER, « La pyramide est toujours debout! Réponse à Paul Amselek », *R.D.P*, 1978, n°6, p.1531. Parmi les difficultés qui affectent l'ordre juridique pyramidal, on peut citer les accords politiques qui interviennent en Afrique dans la résolution des crises pour les sociétés post-conflit. Ces accords politiques considérés comme des instruments juridiques opératoires, interviennent le plus dans des circonstances exceptionnelles pour résoudre des problèmes socio-politiques dans une société en conflit ou post-conflit. Certains d'entre eux dépossèdent le pouvoir constituant de son pouvoir d'écriture constitutionnelle en lui substituant une constitution de sortie de crise.

[17] M. TROPER, « Kelsen, la théorie de l'interprétation et la structure de l'ordre juridique », *Revue internationale de philosophie,* n° 138, p. 520.

[18] Parlant de la justice constitutionnelle belge, le professeur VERDUSSEN note qu'il arrive que la Cour constitutionnelle recours à des « procédés comme l'interprétation conciliante, lorsqu'elle estime pouvoir tirer de la norme législative contestée une interprétation permettant de l'ajuster à la Constitution, ou encore la substitution de qualification, lorsqu'elle estime pouvoir remplacer par une autre la qualification donnée à la norme législative », M. VERDUSSEN, « La Cour constitutionnelle belge exerce-t-elle un contrôle concret ? », in *Annuaire international de justice constitutionnelle,* XXIX, 2013, p. 18.

ni la loi organique ne l'y autorisent de recourir « à une modalisation temporelle du constat d'inconstitutionnalité »[19]. Ce fort activisme jurisprudentiel du juge constitutionnel, affecte la hiérarchie des normes internes qui place la constitution au sommet de la pyramide faisant du pouvoir constituant le souverain. Au demeurant, « le caractère par essence souverain du pouvoir constituant se concilie mal avec l'idée de contraintes qui s'imposeraient à lui sans remettre en cause, précisément, sa souveraineté. »[20]

La seconde difficulté par du constat des effets juridiques d'une mondialisation post moderne qui a fait voler en éclat la cohérence du système juridique interne. En effet, le système juridique international a sérieusement infiltré la structure juridique étatique[21]. Les interconnexions existant entre le droit international, régional et interne exigent une représentation plus globale d'une nouvelle structure juridique de connexion ou de réseau[22].

La souveraineté étatique[23] est sérieusement atteinte[24], l'humain est désormais le centre d'intérêt du droit international alors qu'il est en même temps sujet du droit interne. Lors de l'entrée en vigueur du traité

---

[19] *Ibid.*

[20] G. VEDEL, « Souveraineté et supra constitutionnalité », *Pouvoirs*, n° 67, 1993, spéc. p. 91

[21] Voy. A. TCHAGNA, « L'internationalisation des constitutions africaines : l'exemple des constitutions d'Afrique subsaharienne francophone », *R.I.D.C*, n° 3, 2018, pp. 509-541.

[22] V. CHAMPEIL-DESPLATS, « Hiérarchie des normes, principe justificatif de la suprématie de la constitution », in M. TROPER, D. CHAGNOLLAUD, *Traité international de droit constitutionnel, Théorie de la Constitution,* Tome 1, Paris, Dalloz, 2012, p. 735.

[23] La souveraineté est définie d'après le dictionnaire du droit international public comme « le pouvoir pour une société d'hommes de se conduire, régir et dirigé en dehors d'elle-même, avec une pleine et entière liberté, à l'exclusion de toute contrainte étrangère. Elle se traduit et s'affirme dans les relations entre États. A elle seule se réfère le droit international public, mais elle présuppose et implique nécessairement l'existence de la souveraineté intérieure », J. SALMON (dir), Dictionnaire de droit international public, ***op. cit***, p. 1046. V. G. CORNU, Vocabulaire juridique, Paris, PUF, 10e éd. 2014, p. 983. Il définit la souveraineté comme étant « le caractère suprême d'une puissance (summa protestas) qui n'est soumise à aucune autre », *ibid*, p. 983.

[24] La Professeure CHEMILLIER-GENDREAU souligne avec pertinence que « si la souveraineté intérieure est la compétence des compétences, c'est-à-dire l'autorisation de se procurer de nouvelles attributions, il apparaît clairement qu'aucun État n'en dispose. Et si la souveraineté extérieure s'exprime dans l'indépendance par rapport à d'autres États, l'interdépendance dans le monde actuel est si forte qu'elle la met en échec. Dans tous ses aspects, la souveraineté est altérée », M. CHEMILLIER-GENDREAU, « Le concept de souveraineté a-t-il encore un avenir ? », *R.D.P* 2014, n° 5, p. 1288. Voy. M. DELMAS-MARTY, S. BREYER, *Regards croisés sur l'internationalisation des droits, France-Etats Unis*, vol. 18, coll. « UMR de droit comparé de Paris », Paris, Société de législation comparée, 2009, p. 266.

de Lisbonne signé le 13 décembre 2007 et entré en vigueur le 1 décembre 2009, plusieurs juridictions constitutionnelles[25] des Etats membres ont été saisies pour déterminer dans quelle mesure le Traité de Lisbonne pouvait altérer la souveraineté étatique. La décision du Conseil constitutionnel français a été surmontée par l'adoption d'une loi de révision constitutionnelle[26]. Ce phénomène particulièrement ressenti dans les jeunes démocraties africaines n'est pas sans conséquences sur la souveraineté de ces Etats qui tentent, au nom du principe de non-ingérence dans les affaires intérieures, de résister aux assauts d'un nouveau modèle de droit international qui se veut de plus en plus envahissant.

Ainsi, « l'entrée du droit dans l'ère post moderne solliciterait de représentations plus sophistiquées »[27] eu égard à la complexité des rapports normatifs existant entre le droit international et le droit interne où aucun système juridique ne peut vivre en autarcie. La pénétration et l'interconnexion des systèmes juridiques commandent une nouvelle lecture de la structure juridique interne. Dès lors, on peut constater que la hiérarchie des normes juridiques internes est sérieusement remise en par cette infiltration agressive des autres modes de production des normes – régionales et internationales – qui influencent considérablement les constitutions, posant ainsi de sérieuses difficultés à la structure pyramidale[28] et entamant subséquemment sa cohérence[29].

Nous examinerons successivement les difficultés liées d'une part à l'interprétation jurisprudentielle de plus en plus croissante et active des normes constitutionnelles qui place souvent le juge constitutionnel au-dessus de la loi fondamentale (I) et d'autre part à l'émergence de ce qu'une partie de la doctrine qualifie de « l'ère du décloisonnement »[30]

---

[25] Voy. S. CAZET, «Les juges constitutionnels face au traité de Lisbonne », *Annuaire internationale de justice constitutionnelle,* XXVI, 2010, pp. 44-68.

[26] Loi n° 2008-103, adoptée le 4 février 2008 par le congrès, parue au Journal officiel français du 5 février 2008.

[27] V. CHAMPEIL-DESPLATS, « Hiérarchie des normes, principe justificatif de la suprématie de la constitution », *loc. cit,* p. 735 ;

[28] Voy. F. OST, M. VAN DE KERCHOVE, *Jalons pour une théorie critique du droit,* Bruxelles, Publication des Facultés universitaires de Saint-Louis, 1987, particulièrement le Chapitre VII de l'ouvrage intitulé « Création et application du Droit, Structure linéaire ou circulation du système juridique ? », p. 183.

[29] F. OST, M. VAN DE KERCHOVE, « De la pyramide au réseau ? Vers un nouveau mode de production du droit », *loc.cit.,* p. 8.

[30] L. BURGORGUE-LARSEN, « L'ère du décloisonnement », *in Les défis de l'interprétation et de l'application des droits de l'homme, de l'ouverture au dialogue,* Paris, Ed. Pedone,

entre le droit interne et le droit international qui insidieusement est en train de remettre en cause le modèle classique du système juridique interne entamant ainsi sa cohérence pyramidale (II).

I. UNE HIÉRARCHIE DES NORMES INTERNES SUSPENDUE À L'INTERPRÉTATION DU JUGE CONSTITUTIONNEL

La constitution placée au sommet de l'édifice se doit d'être brève, « courte et obscure »[31] se disait BONAPARTE. Plus le texte de référence est bref, plus le juge chargé de l'interpréter dispose des marges de manœuvres considérables dans son interprétation. Dès lors, l'interprétation de la constitution ouvre des perspectives au juge constitutionnel pour déterminer, préciser et compléter la volonté du pouvoir constituant (A). Il lui arrive souvent, malgré sa situation de subordination à la Constitution de créer des principes supra-constitutionnels pour déterminer le sens de la norme fondamentale, ce qui conduit à remettre partiellement en cause la place de cette dernière dans la hiérarchie pyramidale (B)

A. LE POUVOIR DE SUBSTITUTION DU JUGE CONSTITUTIONNEL

Le professeur RIVERO faisait remarquer que les institutions « échappent à la volonté du constituant ou du législateur qui leur a donné vie »[32], ils s'émancipent peu à peu du rôle que le pouvoir constituant leur a conféré. Défini comme « la puissance que possède une personne ou un organe spécialement désigné pour édicter et modifier, sinon interpréter, la loi suprême d'une communauté politique »[33], le pouvoir constituant voit de plus en plus son rôle récupéré par le juge constitutionnel qui, implicitement représente sa

2017, p. 21. L'auteure estime que « l'ouverture des ordres constitutionnels au droit international, parfois explicitement au droit international des droits de l'homme démontre également que l'ère du décloisonnement des systèmes juridiques est une réelle tendance de fond », p. 24.

[31] Cité par M-A COHENDET, *Droit constitutionnel,* Paris, L.G.D.J, Lextenso éditions, 2017 p. 95.

[32] J. RIVERO, « Fin d'un absolutisme », *in Le Conseil constitutionnel et les libertés*, Paris, Economica, 2e éd., PUAM, coll. Droit public positif, 1987, p. 139.

[33] G. CAHIN, « Limitation du pouvoir constituant : le point de vue de l'internationaliste », *Civitas Europa*, n° 32, 2014, p. 58

volonté. Malgré sa situation de subordination à la Constitution, l'activisme du juge constitutionnel fausse l'image pyramidale en s'inscrivant sur le même registre que celui du pouvoir constituant donnant des interprétations qui souvent, pour le moins qu'on puisse dire, s'écartent de l'intention première du pouvoir constituant. Pourtant pour la maître de l'école de Vienne, l'interprétation du juge fut-elle celle du juge constitutionnel – doit être placée à l'échelon inférieur de la pyramide, peu importe sa portée créatrice[34].

L'aspect souvent très théorique[35] de la constitution, octroie au juge le pouvoir d'interprétation qui s'analyse comme une opération par laquelle le juge constitutionnel confère une signification à la loi fondamentale. C'est lui qui donne forme à cette dernière, qui explicite ce que le pouvoir constituant a voulu dire dans telle ou telle disposition du texte fondamental. Faute d'une volonté renouvelée du pouvoir constituant, la constitution devient de plus en plus jurisprudentielle[36]. Le professeur BURDEAU évoquait en ce sens la mort de la notion de la constitution, du fait que le juge constitutionnel est devenu cette bouche par laquelle parle la constitution qui ne doit sa survie que grâce à l'interprétation jurisprudentielle[37].

Pourtant, « en dotant la Constitution d'un juge chargé d'en assurer l'intégrité, on allait, pensait-on, redresser la pyramide normative, rétablir la supériorité bafouée de la règle suprême, en faire finalement une règle juridique à part entière : une norme accompagnée de sanction. »[38], mais hélas, l'interprétation du juge constitutionnel, lorsqu'il est saisi pour apprécier la conformité de la loi à la Constitution, ne se réduit plus à une simple constatation déductive ou

---

[34] F. OST, M. VAN DE KERCHOVE, « De la pyramide au réseau ? Vers un nouveau mode de production du droit », *loc.cit.*, p. 63.

[35] Pour le professeur Ferdinand MELIN-SOUCRAMANIEN, « La constitution se présente normalement comme une barrière contre l'arbitraire du pouvoir mais, plus précisément c'est une barrière de papier ou, en termes plus juridique une barrière purement formelle », F. MELIN-SOUCRAMANIEN, P. PACTET, *Droit constitutionnel*, Paris, Dalloz, 2015, 34eéd, p. 62.

[36] Voy. O. CAYLA, « L'obscure théorie du pouvoir constituant originaire ou l'illusion d'une identité souveraine inaltérable », in *L'architecture du droit, Mélanges Michel TROPER*, pp. 249-265.

[37] D. ROUSSEAU, « Une résurrection : la notion de constitution », *R.D. P*, 1990, p. 5. Il estime que « la Constitution devient de plus en plus jurisprudentielle ; un acte toujours écrit sans doute, mais écrit par le juge constitutionnel », *Ibid.*

[38] F. OST, M. VAN DE KERCHOVE, « De la pyramide au réseau ? Vers un nouveau mode de production du droit», *loc. cit*, p. 20.

linéaire. La relative indétermination des dispositions constitutionnelles « laisse une place au pouvoir créateur de l'interprète »[39].

Graduellement, le juge constitutionnel est passé d'une interprétation « exégétique » qualifiée de « la doctrine du texte clair » qui minimise au maximum le rôle du juge dans l'interprétation du texte fondamental à une interprétation jugée « évolutionniste ». L'obligation pour le juge de statuer et l'interdiction qui lui faite de prononcer la *non liquiet*[40] pour insuffisance ou lacune des textes – contrairement à son homologue anglo-saxonne –, a permis au juge constitutionnel d'étendre son champ d'interprétation lui attirant la foudre de la doctrine qui n'hésite plus à le qualifier du « ministre du sens »[41] ou de l'avènement de la « République des juges » ou celui du « gouvernement des juges »[42] .

Par les pouvoirs qu'il s'est auto-appropriés, le juge constitutionnel n'hésitera pas à s'imposer comme « co-auteur » de la constitution car à côté des arrêts de validation ou d'invalidation des lois, on pourra constater sur le continent africains des décisions émanant des Cours constitutionnelles qui pour le moins qu'on puisse dire sont « inédites » en ce qu'elles suggèrent au législateur ayant mal interprété les dispositions constitutionnelles d'encadrement de la loi, une sortie heureuse conditionnée aux critères décidés par le juge constitutionnel[43].

L'office de la Constitution n'est pas d'énoncer des dispositions détaillées, mais de poser des principes généraux qui trouveront écho et adaptation dans la jurisprudence constitutionnelle. Au demeurant, on peut constater dans les faits, que le rôle actif joué par le juge constitutionnel, fait de lui un véritable « jurislateur » ou « co-constituant », du fait d'une part de l'élargissement considérable de sa compétence d'attribution[44] lui permettant de se saisir du contentieux du

[39] *Ibid.*

[40] Expression désignant le cas où un juge se trouve dans l'impossibilité de vider un litige qui lui a été soumis du fait de l'absence d'un droit applicable, qui est susceptible de constituer un déni de justice dans le système romano germanique.

[41] F. RIGAUX, *Le juge, ministre du sens, in Justice et argumentation, Essais à la mémoire de Chaïm Perelman,* Bruxelles, Ed. de l'Université libre de Bruxelles, 1986, p. 79.

[42] M. TROPER, « Le bon usage des spectres. Du gouvernement des juges », *Le nouveau constitutionnalisme, Mélanges en l'honneur de Gérard Conac,* Paris, Economica, p. 63.

[43] Voy. A-A. D. KEBE, « Les réserves d'interprétation dans la jurisprudence constitutionnelle des États de l'Afrique noire francophone », Annales Africaines, Nouvelle Série, Vol. 1, avril 2015, pp. 255-294.

[44] Voy. la décision de la Cour constitutionnelle malienne (Arrêt n° 01-128 du 12 décembre 2001) dans laquelle la Cour estime que « Considérant que la loi portant révision de la constitution qui est l'objet du référendum n'étant pas une loi organique fait donc partie des

contrôle des lois de révision constitutionnelle[45], et d'autre part, de par sa capacité à concevoir des principes susceptibles de servir de base légale au contrôle de constitutionnalité des lois qui lui sont soumises, même si ces derniers n'ont pas été prévus par le pouvoir constituant. En pareil cas, son rôle ne se limite plus à la consolidation du rapport hiérarchique des normes juridiques, mais devient de plus en plus un interprète qui n'est plus subordonné à la constitution elle-même.

Par la procédure d'auto-saisine, consacrée dans les constitutions de certains Etats africains, la justice constitutionnelle peut se prononcer d'office sur la constitutionnalité des lois. L'Article 121 al. 2 de la Constitution béninoise de 1990 indique que la Cour constitutionnelle peut se « prononce[r] d'office sur la constitutionnalité des lois et de tout texte réglementaire censés porter atteinte aux droits fondamentaux de la personne humaine et aux libertés publiques ». L'auto-saisine, offrant la possibilité au juge de déclarer une loi inconstitutionnelle, permet implicitement à ce dernier de participer à l'adoption d'une loi puisqu'il s'est arrogé le droit d'ériger des critères que cette dernière doit s'efforcer de respecter sous peine d'être déclarée inconstitutionnelle. Il peut aller jusqu'à imposer des corrections législatives aux élus du Peuple, participant par-là au même titre que le législateur, à l'« écriture corrective » de la loi. Ainsi, par la technique de la « déclaration de conformité sous réserve d'observations », le juge constitutionnel se réserve le droit de censurer un texte législatif si le législateur ne se soumet pas à l'interprétation qu'il en donne de la Constitution.

L'idée que le juge constitutionnel se substitue implicitement par son interprétation au pouvoir constituant est contestée par une partie de la doctrine[46] qui ne voit pas comment les juridictions constitutionnelles étant des pouvoirs constituées puissent occuper la fonction que joue le pouvoir qui les a constitués. Aussi, du fait que ces juges constitutionnels ne sont pas des élus du Peuple – représentants du

---

autres catégories de lois prévues à l'article 88 de la constitution ; qu'en conséquence, elle est susceptible de recours en contrôle de constitutionnalité devant la Cour constitutionnelle ».

[45] Voy. L. SINDJOUN, *Les grandes décisions de la justice constitutionnelle africaine. Droit constitutionnel jurisprudentiel et politiques constitutionnelles au prisme des systèmes politiques africains*, Bruxelles, Bruylant, 2009, p. 579, C. KLEIN, « Le contrôle des lois constitutionnelles », *Cahier du Conseil constitutionnel*, n° 27 (Dossier : Contrôle de constitutionnalité des lois constitutionnelles) 2010.

[46] M. TROPER, « Le juge constitutionnel comme pouvoir constituant », in *Colloque Le pouvoir constituant aujourd'hui*, Cinquième journée franco-tunisienne de droit constitutionnel, Tunis, 16-17 nov. 2006

souverain –, ils ne peuvent en aucun cas incarner ou exprimer sa volonté. Ce raisonnement est théoriquement cohérent, mais la dissociation entre la hiérarchie des sources et des normes conduit à accepter « qu'il existe potentiellement, autant de hiérarchie des normes et de limites à celles-ci, que d'interprètes authentiques »[47].

B. LE POUVOIR CRÉATEUR DU JUGE CONSTITUTIONNEL

Parler du pouvoir créateur du juge, c'est s'interroger sur l'habilitation donnée au juge constitutionnel à être source de droit ? Peut-il adopter des normes au même titre que le pouvoir constituant ? La réponse est évidement négative[48] en ce sens que le juge constitutionnel ne part pas du néant, il se fonde toujours sur une disposition constitutionnelle pour lui donner un sens, la compléter, ou l'expliciter. Mais, face à une source brève, son pouvoir va au-delà d'une simple interprétation, il se donne souvent la liberté d'en créer certains principes qui servent de référence pour mieux interpréter les dispositions constitutionnelles. Ce qui lui octroie un réel pouvoir de création des principes qualifiés de « supra-constitutionnels » remettant partiellement en cause « l'image d'une pyramide parfaite »[49].

A côté des principes érigés par le pouvoir constituant, il faut intégrer désormais ceux que le juge constitutionnel « découvre »[50], puisque d'une part, l'imagination du pouvoir originaire subit l'usure du temps, mais que d'autre part, la constitution ne peut pas tout régir du fait de son caractère bref et concis. Ainsi, la nécessité dans laquelle se trouve le juge constitutionnel[51], le contraint à faire preuve d'imagination allant

---

[47] V. CHAMPEIL-DESPLATS, « Hiérarchie des normes, principe justificatif de la suprématie de la constitution », *loc. cit*, p. 762.

[48] L. BACH, « La jurisprudence est-elle, oui ou non, une source du droit ? Tentative pour mettre fin à cette lancinante interrogation ! », *Mélanges dédiés à la mémoire du Doyen Jacques Héron, Liber amicorum*, Paris, L.G.D.J, 2008, p. 49.

[49] V. CHAMPEIL-DESPLATS, « Hiérarchie des normes, principe justificatif de la suprématie de la constitution », *loc. cit.*, p. 736.

[50] Voy. P. MASSINA, « Le juge constitutionnel africain francophone : entre politique et droit », *Revue française de droit constitutionnel* 2017/3 (N° 111), pp. 641-670

[51] Cette nécessité peut aussi provenir des demandes d'avis émanant des institutions politiques. A titre d'exemple, on relever dans la réforme constitutionnelle sénégalaise de Mars 2016, la nouveauté apportée par l'article 92 al. 2 qui dispose que « le Conseil constitutionnel peut être saisi par le Président de la République pour avis », Voy. I-M. FALL, « La réforme constitutionnelle de Mars 2016 au Sénégal : un hommage à l'œuvre du professeur KANTE »,

jusqu'à créer une certaine catégorie des principes qui s'apparentent à des normes n'ayant jamais été prévues par le pouvoir constituant originaire, afin de résoudre les questions juridiques délicates qui se posent à lui.

La notion de supra constitutionnalité doit être clairement dégagée, car elle intime implicitement qu'au sein même des différentes normes constitutionnelles, certaines sont « plus dignes d'intérêt et donc de protection »[52] que d'autres et cela de par la distinction du juge constitutionnel. La doctrine en est arrivé à un classement au sein même des normes de référence du contrôle de constitutionnalité, des droits et libertés qui relèvent du « premier rang » et ceux qui relèvent du « second rang »[53].

Peut-on intégrer des normes externes à la constitution, dans les textes de référence servant à contrôler la constitutionnalité des lois en les érigeant en principes supra-constitutionnels ? Qu'est ce qui rend ces principes supra-constitutionnels ? La source qui les consacre ou la qualité intrinsèque de la force juridique qu'ils dégagent ?

Si le juge les a consacrés uniquement parce qu'ils sont envisagés comme des principes universels et non parce qu'ils sont soutenus par une source juridiquement supérieure, on est dès lors en présence des principes moraux ou relevant de l'éthique, ce qui s'accommode difficilement de la conception positiviste et pyramidale Kelsénienne, car extérieur au droit. Par contre si l'on considère que les principes supra constitutionnels dégagés par le juge relèvent d'une source juridique, il va falloir dans un tel cas de figure considérer cette source supérieure à la Constitution ce qui relève d'un non-sens, car la Constitution ne saurait en aucun cas être soumise à une source juridique supérieure en ce qu'elle est la norme supérieure dans le schéma Kelsénien. De fait, même s'ils sont consacrés par les juges constitutionnels, les principes supra constitutionnels ne peuvent pas être regardés comme des « normes au-dessus de la Constitution formelle, mais des normes ayant pour destinataire le système en tant que tel. Elles

---

in A. SALL, I-M, FALL, (dir.), *Mélanges en l'honneur de BABACAR KANTE, Actualités du droit public et de la science politique en Afrique,* Dakar, L'Harmattan 2016, p. 156.

52 E. DUBOUT, « les règles ou principes inhérents à l'identité constitutionnelle de la france » : une supra-constitutionnalité ? », *R.F.D.C* / 3, n° 83, 2010, p. 453.

53 L. FAVOREU, « Les libertés protégées par la Conseil constitutionnel », in D. ROUSSEAU et F. SUDRE (dir.), *Conseil constitutionnel et Cour européenne des droits de l'homme*, Paris, Ed. des Sciences Techniques et Humaines, 1990, p. 35.

ne seront qu'indirectement supérieures et non pas au sens technique d'une supériorité hiérarchique. Ce qui est conceptuellement impossible, c'est que le même système ait une constitution formelle et quelque chose au-dessus d'elle »[54].

En utilisant certaines notions dont seuls les juges ont le secret, les juridictions constitutionnelles élaborent implicitement une distinction entre pouvoirs constituants. Il en va ainsi de la distinction du « peuple authentiquement constituant » et du « Peuple électoral du moment »[55]. C'est en ce sens que le Professeur OST faisait remarquer que « ces notions de «supra-constitutionnalité» et de «peuple éternel» manifestent le souci de transcender le jeu politique quotidien et d'orienter la pratique constitutionnelle dans le sens des promesses fondatrices que le peuple s'est faites à lui-même »[56].

Au demeurant, on pourra constater que les principes supra-constitutionnels dégagés par le juge constitutionnel affichent comme finalité la protection du système constitutionnel dans ses aspects fondamentaux, c'est-à-dire la protection du cœur du système constitutionnel, de son âme, voire « l'identité constitutionnelle » d'une Nation tout court[57]. S'agit-il par cette technique jurisprudentielle de se protéger d'un droit venu d'ailleurs qui risque d'affecter ou de métamorphoser l'identité constitutionnelle d'une Nation ? C'est à croire, car on peut comprendre que le juge constitutionnel procède à la sauvegarde de ce qui est essentiel et indispensable à la pérennité existentielle de son droit constitutionnel. Il agit à l'image du juge judiciaire, qui par la technique du rejet d'une disposition d'un droit étranger choquant son ordre public international[58], appliquera son propre droit quand bien même les règles de conflits de droit ou celles qui relèvent des conventions internationales l'orientent à l'application d'un droit étranger.

---

[54] L. FAVOREU, P. GAÏA, R. GHEVONTIAN, J-L, MESTRE, O. PFERSMANN, A. ROUX, G. SCOFFONI, *Droit constitutionnel*, 18e éd, Paris, Dalloz, p. 97.

[55] O. CAYLA, *Le conseil constitutionnel et la constitution de la science du droit, in Le Conseil constitutionnel a 40 ans,* Paris, LGDJ, 1998, p. 137.

[56] F. OST, Le temps du droit, Paris, O. Jacob, 1999, p. 201.

[57] E. DUBOUT, *loc. cit,* p. 460.

[58] Il est **défini** comme un « ensemble des principes, écrits ou non, qui sont, au moment où l'on raisonne, considérés dans un ordre juridique comme fondamentaux et qui, pour cette raison, impose d'écarter l'effet, dans cet ordre juridique, non seulement de la volonté privée [...], mais aussi des lois étrangères et des actes des autorités étrangères [...] », G. CORNU, *op. cit,* p. 719.

En réalité, ce n'est pas la hiérarchie qui préexiste au contrôle opéré par le juge constitutionnel, mais c'est désormais le contrôle du juge qui donne sens ou fragmente à cette hiérarchie. Dès lors, « la relative indétermination de la norme exprimée par le texte laisse une place au pouvoir créateur de l'interprète »[59], car interpréter « c'est largement exercer un pouvoir créateur des normes »[60]. On peut citer à titre d'exemple la décision de la Cour constitutionnelle béninoise qualifiée de « consensus national ». Se prononçant sur la validité d'une loi constitutionnelle du 23 juin 2006 portant révision de l'article 80 de la Constitution béninoise de 1990 relatif à la durée du mandat des députés que la loi entend prolonger de quatre ans à cinq ans, la Cour déclare ladite loi inconstitutionnelle au motif que « ce mandat de quatre ans est le résultat du consensus national dégagé par la Conférence des Forces Vives de la Nation de février 1990 et consacré par la Constitution en son Préambule [...] ; que toute révision doit tenir compte des idéaux qui ont présidé à l'adoption de la Constitution, notamment le consensus national, principe à valeur constitutionnel »[61]. Dans cette décision, on pourra remarquer que le juge constitutionnel s'est octroyé certaines prérogatives du pouvoir constituant béninois, en érigeant « le consensus national » [62] en principe à valeur constitutionnelle par un coup de force jurisprudentiel[63].

---

[59] F. OST, M. VAN DE KERCHOVE, « De la pyramide au réseau ? Vers un nouveau mode de production du droit », *loc.cit.*, p. 21.

[60] B. OPPETIT, *Philosophie du droit,* 1ère éd. Paris, Dalloz, p. 19.

[61] Cc, Déc. n° 2006-074 du 6 juillet 2006. Voy aussi la décision dite « options fondamentales » de la conférence nationale : Cc, déc. n° 11-067 du 20 oct 2011, *Rec*, 2011, pp. 342-346.

[62] Adoptant la même attitude que celle de leurs devancières – Cour suprême des Etats-Unis et le Conseil constitutionnel français. A ce sujet Voy. J. RIVERO, « Les principes fondamentaux reconnus par les lois de la République : une nouvelle catégorie constitutionnelle ? », D. 1972, Chron. 265. Cour suprême des Etats-Unis, Arrêt du 24 fév. 1803, *Marbury v. Madison.*), C. Cons, Déc. *Liberté d'association en France en 1971*(Déc. du 16 juillet 1971). C. Cons, 16 juillet 1971, Dec. n°71-44 DC, P. GAÏA, GHEVONTIAN, F. MELIN-SOUCRAMANIEN, E. OLIVA, A. ROUX, *Les grandes décisions du Conseil constitutionnel,* Paris, Dalloz, 2016, pp. 408-420.

[63] Le professeur OST mettait en évidence le coup de force des juridictions constitutionnelles qui s'octroient des prérogatives jurisprudentielles écrit : « Il est, du reste, particulièrement significatif que le pouvoir qu'elles exercent, les Cours constitutionnelles se le sont parfois auto-attribué, en l'absence de tout texte écrit. Le point est bien connu en ce qui concerne la Cour suprême des États-Unis : c'est un coup de force - ou coup de droit - de son président, le juge Marshall, dans l'affaire Marbury v. Madison, qui lui conféra en 1803 un pouvoir de contrôle de la constitutionnalité des lois tant fédérales qu'émanant des États de l'Union », F. OST, M. VAN DE KERCHOVE, *op. cit,* p. 21.

Cette résistance du juge constitutionnel au droit venu d'ailleurs qui tend à protéger son identité constitutionnelle est sérieusement remise en cause par l'intégration du droit international – notamment la protection des droits de l'Homme – qui a été rendue possible par l'ouverture des ordres constitutionnels au droit international et régional. Au demeurant, les rapports qu'entretiennent le droit interne et le droit international dépouillent partiellement la Constitution du rôle qu'elle joue en droit interne, on parle de plus en plus du phénomène d'internationalisation des Constitutions[64].

II. UNE HIÉRARCHIE DES NORMES INTERNES ALTÉRÉE PAR LE DROIT INTERNATIONAL

La croissance exponentielle des normes internationales produit un dérèglement du système juridique interne où « la place centrale de la Constitution est contestée au profit de normes internationales, ou régionales »[65]. Le droit international, par le biais du droit communautaire, conditionne aujourd'hui l'exercice du pouvoir constituant national. Il s'infiltre d'une manière inégalée dans le système juridique interne et conditionne ou altère relativement le caractère normatif de la constitution[66]. Le processus d'internationalisation du droit constitutionnel se définit comme un phénomène impliquant une substitution de certaines règles de droit interne par les normes internationales. Affectant tout le système du droit interne, il passe d'une

---

[64] Ce phénomène n'est pas nouveau car la doctrine s'est penchée sur cette question à partir du milieu du XXème siècle. Voy. G. SCELLE, « Le droit constitutionnel international », Mélanges Carré de Malberg, Paris, Librairie du Recueil Sirey, 1933, pp. 501-515 ; DOR (G.), « Contribution à l'étude du problème de l'internationalisation des règles de droit public interne », *Mélanges Ernest Mahaim*, vol. 2, Sciences juridiques, Paris, Sirey, 1935, pp. 115-133 ; B. MIRKINE-GUETZEVITCH, « Droit international et droit constitutionnel », *R.C.A.D.I*, 1931-IV, Vol. 38, pp. 367-465 ;

[65] V. Ph. ARDENT, B. MATHIEU, Droit *constitutionnel et institutions politiques*, Paris, L.G.D.J, 27ème éd, 2015, p. 98.

[66] M. MANESSIS, estime que « Le phénomène juridico-politique essentiel de notre époque est l'infiltration de règles internationales (supra-étatiques et supranationales) dans l'ordre juridique national (interne), infiltration qui entraine altération et relativisation du caractère normatif de la constitution, qui tend ainsi à devenir « volontairement » perméable», in « La constitution au seuil du XXIème siècle », in *Droit et Justice, Mélanges en l'honneur de Nicolas Valticos,* Paris, Pedone, 1999, p. 674.

influence du pouvoir constituant (A) à la dépossession[67] du droit constitutionnel de « sa sphère originelle de compétence »[68](B).

A. L'INTERNATIONALISATION DU POUVOIR CONSTITUANT

Internationaliser un rapport juridique « c'est soustraire ce rapport au droit interne, qui le régissait jusqu'alors et le placer sous l'empire du droit international, qui le régira d'orénavant »[69]. Calqué en partie sur le droit interne, le droit international est redevenu au fil des temps, le miroir qui oriente et influence le droit interne[70] car l'internationalisation n'est autre chose que « l'influence du droit international sur la formation et le contenu des normes appartenant au système juridique interne des Etats »[71]. La thèse prônant l'autonomie constitutionnelle de l'Etat[72] se liquéfie au jour le jour par une infiltration du droit international qui ne cesse de rétrécir le domaine réservé de l'Etat et partant sa souveraineté. Le système juridique interne était resté pendant longtemps clos, hiérarchisé et caractérisé par sa verticalité. Ce changement radical, qui fait sortir le droit interne de son caractère hermétique est qualifié de décloisonnement[73]. Deux phénomènes juridiques ont radicalement métamorphosé la structure pyramidale interne, il s'agit de l'intégration régionale et de l'influence des instruments juridiques internationaux de protection des droits de l'Homme.

---

[67] N. MAZIAU, « L'internationalisation du pouvoir constituant, essai de typologie : le point de vue hétérodoxe du constitutionnaliste », *R.G.D.I.P* 2002, p. 551.

[68] G. CAHIN, *loc cit,* p. 59

[69] L. DELBEZ, « Le concept d'internationalisation », *R.G.D.I.P,* 1967, p. 7.

[70] Voy. Y. KERBRAT, X. PHILIPPE, « Internationalisation du droit constitutionnel et constitutionnalisation du droit international : entretiens croisés », in *Les cahiers de l'institut Louis-Favoreu,* n° 4, 2013, pp. 9-12.

[71] H. TOURARD, *L'internationalisation des constitutions nationales,* Paris, L.G.D.J, 2000, p. 5.

[72] M. KAMTO, « Constitution et principe de l'autonomie constitutionnelle », *R.C.A.D.C,* vol. VIII, Tunis, 2000, pp. 127-178.

[73] L. BURGORGUE-LARSEN, « L'ère du décloisonnement », in *Les défis de l'interprétation et de l'application des droits de l'homme, de l'ouverture au dialogue*, Paris, Ed. Pedone, 2017, p. 21. L'auteure estime que « l'ouverture des ordres constitutionnels au droit international, parfois explicitement au droit international des droits de l'homme démontre également que l'ère du décloisonnement des systèmes juridiques est une réelle tendance de fond ». *Ibid*, p. 24.

Par le biais de la protection des droits et libertés fondamentaux, les constitutions de la plupart des Etats africains de culture francophone, ont intégré et ont fait sienne l'appropriation des normes internationales relatives à la protection des droits et libertés fondamentaux qualifiée par la doctrine de « générosité » des constitutions des Etats africains[74] à l'égard du droit international[75]. Ce phénomène s'analyse comme un transfert ou abandon volontaire de certaines compétences en matière des droits de l'Homme au profit du droit international ou régional. Ce processus de cristallisation des normes internationales dans les constitutions africaine est devenu ce qui est convenu d'appeler « le patrimoine constitutionnel commun des sociétés politiques »[76].

La Constitution nigérienne de la VIIème République a consacré un titre intitulé « des droits et des devoirs de la personne humaine » comportant trente-six (36) articles consacrés à la protection des droits et libertés fondamentaux et a confié à une Commission nationale indépendante, la mission de veiller à la mise en œuvre de ces droits et libertés énumérés[77]. Les dispositions de ce titre ne font que reprendre en réalité l'essentiel des droits et libertés consacrés dans les textes internationaux sans les mentionner expressément. Dans d'autres pays, le constituant s'est contenté de souscrire ou de proclamer son « adhésion »[78] aux principes des droits de l'Homme[79] et de la

[74] A. ONDOUA, « Le droit international dans la constitution camerounaise », in J-L, ATANGANA AMOUGOU (dir.), *Le Cameroun et le droit international,* Paris, Pedone, 2014, p. 287.

[75] A. SALL, « La place des sources extérieures dans le cadre du contrôle de constitutionnalité en Afrique : le cas du Sénégal », in *Les défis de l'interprétation et de l'application des droits de l'homme, de l'ouverture au dialogue, op. cit*, p. 34.

[76] L. SINDJOUN, *La formation du patrimoine constitutionnel commun des sociétés politiques. Eléments pour une théorie de la civilisation politique internationale,* Dakar, CODESRIA, 1997, p. 63.

[77] Art. 10 à 45 de la Constitution nigérienne de la VIIème République.

[78] Les dispositions constitutionnelles relatives à la protection des droits de l'Homme sont consacrées dans Constitution de la Côte d'ivoire de 2016 de l'art. 2 à l'art. 27 dans un chapitre intitulé des droits et des libertés. Voy. Loi n° 2016-886 du 8 novembre 2016 portant Constitution de la République de Côte d'Ivoire, *Journal officiel de la République de Côte d'Ivoire,* du 09 novembre 2016, pp. 131-132.

[79] Article 146 de la Constitution Burkinabé dispose : « Le Burkina Faso peut conclure avec tout État africain des accords d'association ou de communauté impliquant un abandon total ou partiel de souveraineté ». Pour la chambre constitutionnelle de la Cour suprême burkinabé, « que l'article 146 de la constitution autorise le Burkina Faso à conclure avec tout État africain des accords d'association ou de communauté impliquant un abandon total ou partiel de souveraineté ; que dès lors l'acte constitutif de l'Union africaine adopté le 11 juillet 2000 à Lomé est conforme à la constitution du 2 juin 1991 », C.S, Ch. Const., *Avis juridique N° 11*

Démocratie[80], contenus dans les textes internationaux de protection des droits de l'Homme[81].

La constitution sénégalaise[82] dont le préambule fait partie intégrante a énuméré les instruments internationaux des Nations unies et ceux de l'Union africaine auxquels elle proclame son adhésion. Ce qui suppose que ces instruments internationaux sont considérés comme des dispositions constitutionnelles sénégalaises à part entière[83]. Par ailleurs, certaines constitutions limitent l'ouverture uniquement au droit continental. Ainsi, on peut lire à l'article 7 de la Constitution béninoise de 1990 que « tous les droits et devoirs proclamés et garantis par la Charte africaine des droits de l'homme et des peuples adoptés par l'O.U.A en 1981 et ratifié par le Bénin le 20 janvier 1986 font partie intégrante de la présente Constitution et du droit béninois »[84].

Cette « constitutionnalisation ouverte »[85] qualifiée à tort ou à raison de « catalogue des traités »[86] confère une protection renforcée des droits et libertés fondamentaux aux citoyens par le fait d'avoir hisser les droits de l'homme au sommet de la hiérarchie des normes de l'ordre juridique interne. On participe de plus en plus à un processus de constitutionnalisation de la Charte africaine des droits de l'Homme et

CS/CC relatif à l'Acte constitutif de l'Union Africaine adopté le 11 juillet 2000, avis du 8 juin 2001.

[80] Préambule de la Constitution gabonaise.

[81] Art. 50 de la Constitution togolaise « Les droits et devoirs énoncés dans la Déclaration universelle des droits de l'homme et dans les instruments internationaux relatifs aux droits de l'homme, ratifiés par le Togo, font partie intégrante de la présente Constitution »

[82] L'article 124 de la Constitution ivoirienne de 2016 est sensiblement différent du préambule de la Constitution sénégalaise, puisqu'il exclut l'abandon total de la souveraineté. Il dispose : « La République de Côte d'Ivoire peut conclure des accords d'association ou d'intégration avec d'autres Etats africains comprenant abandon partiel de souveraineté en vue de réaliser l'unité africaine. »

[83] Voy. A. SALL, « La place des sources extérieures dans le cadre du contrôle de constitutionnalité en Afrique : le cas du Sénégal », in *Les défis de l'interprétation et de l'application des droits de l'homme, de l'ouverture au dialogue, op. cit*, p. 34.

[84] F-J, AÏVO, « L'article 7 de la Constitution béninoise du 11 décembre 1990 », *Les défis de l'interprétation et de l'application des droits de l'homme, de l'ouverture au dialogue, op. cit,* pp. 47-57.

[85] M. KAMTO (dir.), « La Charte africaine, instruments internationaux de protection des droits de l'homme, Constitutions nationales : articulation respectives » *in* J-F, FLAUSS, E. LAMBERT-ABDELGAWAD (dir.), *L'application nationale de la Charte africaine des droits de l'homme et des peuples,* Bruxelles, Burylant,-Nemesis, 2004, p. 35.

[86] D. BREILLAT, « La Constitution, un catalogue des traités ? », *in Mélanges B. Jeanneau : les mutations contemporaines du droit public,* Paris, Dalloz, 2002, p. 305.

des Peuples[87] ainsi que des instruments juridiques internationaux de protection des droits de l'Homme.

Au demeurant, les pouvoirs constituants des Etats africains ayant constitutionnalisé la Chartes africaine des droits de l'Homme et des Peuples, offre ainsi aux juges constitutionnels des prérogatives leur permettant d'évaluer désormais la conformité des lois de leurs Etats sur la base du référentiel direct de la Charte africaine des droits de l'Homme et des Peuples. C'est la conséquence inéluctable de la constitutionnalisation ouverte. Le sacrifice total ou partiel de la souveraineté ouvre dès lors, des perspectives nouvelles aux juges constitutionnels qui dépassent les prévisions des constituants africains.

Outre l'intégration presque systématique dans les constitutions des Etats africains des normes internationales de protection des droits de l'Homme, l'Union africaine et les organisations sous-régionales d'intégration africaine[88] ont érigé des textes d'orientation constitutionnelle pour les Etats membres afin de lutter contre les changements anticonstitutionnels des gouvernements[89]. Les pouvoirs constituants des Etats africains voient leur souveraineté se rétrécir[90] de plus en plus dans l'élaboration et l'écriture constitutionnelle. Ils doivent désormais aux fins du respect du droit conventionnel et communautaire rester dans le cadre d'orientation fixé par ces textes internationaux et régionaux. Cette incitation régionale ou internationale à l'harmonisation des constitutions au standard international[91] permet aux juridictions

---

[87] Cf. M. KAMTO, « Charte africaine, instruments internationaux des droits de l'homme, constitutions nationales : articulations respectives », in J-F. FLAUSS, E. LAMBERT-ABDELGAWAD (dir.), *L'application nationale de la Charte africaine des droits de l'homme et des peuples*, Bruxelles, Bruylant, 2004, pp. 11-48 ;

[88] On pourra citer à titre d'exemple des organisations régionales comme la CEDEAO (Communauté économique des Etats de l'Afrique de l'Ouest), la CEEAC (Communauté Économique des États de l'Afrique Centrale), la SADC (Communauté de Développement des États de l'Afrique Australe), l'IGAD (Autorité Intergouvernementale pour le Développement), et l'UMA (Union du Maghreb Arabe).

[89] Le Protocole de la CEDEAO de 2001 sur la démocratie et la bonne gouvernance. Voy. B. TCHICAYA, « La Charte africaine de la démocratie, des élections et de la bonne gouvernance », *A.F.D.I*, 2008, pp. 515-528.

[90] Etant le plus haut pouvoir interne, la souveraineté ignore la notion de subordination à un pouvoir interne comme externe, « car si les champs des compétences étatiques est vidé de sa substance cela entraîne de *facto* la perte de la capacité d'autodétermination », S. CAZET, « Les juges constitutionnels face au traité de Lisbonne », *loc. cit,* p. 46.

[91] N. MAZIAU, « Les constitutions internationalisées : aspects théoriques et essai de typologie. Le point de vue hétérodoxe du constitutionnaliste », *R.G.D.I.P*, 2002-3, pp. 549-579.) L'auteur estime qu'en « incorporant le processus constituant dans des rapports de droit

communautaires d'intervenir dans les affaires intérieures des Etats en remettant en cause les décisions des juridictions constitutionnelles nationales sur la base d'une interprétation des conventions régionales[92].

Désormais, les pouvoirs constituants des Etats africains voient des matières relevant de leur compétence exclusive entrer dans le champ de compétence régionale et continentale. Au titre du droit continental, l'Union africaine a adopté la Charte africaine de la démocratie, des élections et de la bonne gouvernance de 2007. Cette dernière exige des Etats membres la création « d'organes électoraux nationaux indépendants et impartiaux chargés de la gestion des élections »[93].

Par ailleurs et allant dans le même sens, le Protocole de la CEDEAO sur la démocratie et la bonne gouvernance[94] mentionne dans l'une de ses sections les principes de « convergence constitutionnelle »[95] que tous les Etats membres doivent respecter. Il s'agit des principes entre autres relatifs à l'organisation des élections libres, honnêtes et transparentes seule voie possible d'accession au pouvoir, de la séparation des pouvoirs exécutif, législatif et judiciaire, de la prohibition de tout changement anticonstitutionnel et de tout mode non-démocratique d'accession et de maintien au pouvoir, de la participation du Peuple à la prise des décisions par le biais de la décentralisation. Le protocole est un traité qui porte sur un domaine authentiquement interne à savoir la constitution, c'est donc un instrument à la fois international et interne, puisque « formellement conventionnel, mais matériellement constitutionnel »[96].

A travers ce protocole sur la démocratie et la bonne gouvernance, les constituants des Etats membres de la CEDEAO, se voient priver d'un certain nombre de prérogatives dans l'écriture de la constitution car ce

---

international, celui-ci a franchi une étape dans la dépossession du droit constitutionnel de sa sphère originelle de compétence ».

[92] Cf. à l'avis de la Cour constitutionnelle du Togo, aff. de désignation de remplaçants des députés démissionnaires,

Dec. n° E-018 du 22 novembre 2010. La Cour de justice de la CEDEAO a estimé que la Cour constitutionnelle togolaise n'a pas respecté le droit communautaire ouest africain en se fondant sur des lettres de démission écrites par des députés avant leur élection, pour les considérer comme démissionnaires.

[93] Art. 17 de la Charte de l'Union africaine sur la démocratie.

[94] Voy. le Protocole de la CEDEAO sur la démocratie et la bonne gouvernance A/SP1/12/01.

[95] Art. 1er au Protocole susmentionné traitant des « principes constitutionnels communs à tous les États membres de la CEDEAO ».

[96] A. SALL, *loc. cit*, p. 36.

protocole est un « texte matériellement constitutionnel, même s'il ne prétend pas l'être formellement » [97], d'autant plus qu'il est justiciable devant la Cour de justice de la CEDEAO. On se retrouve dès lors au cœur de la dépossession régionale et internationale du pouvoir constituant.

B. LA DÉPOSSESSION INTERNATIONALE DU POUVOIR CONSTITUANT

La dépossession internationale du pouvoir constituant s'analyse à l'obligation de conformité entre certaines normes constitutionnelles et celles du droit international. La dépossession internationale peut être voulue ou imposée, elle est voulue lorsque le pouvoir constituant consacre dans la Constitution les cas où il peut concéder sa souveraineté partielle ou totale, notamment dans le cadre de l'intégration régionale. Elle est imposée lorsque l'organe du maintien de la paix décide d'intervenir dans les affaires intérieures des Etats en application du Chapitre VII de la Charte des Nations unies, s'autorisant souvent la réécriture d'une constitution transitoire de sortie de crise[98].

Aussi, dans le cadre d'intégration régionale et continentale, le pouvoir constituant accepte de concéder partiellement et dans quelques cas rares totalement sa souveraineté[99]. La constitution nigérienne de la VIIème République rejoint celle de la République du Sénégal dans la formulation de la concession de souveraineté qu'impliquerait cet engagement d'intégration. Ainsi, l'article 173 dispose : « La République du Niger peut conclure avec tout Etat africain des Accords

[97] I. M. FALL, A. SALL, « Une constitution régionale pour l'espace CEDEAO : le Protocole sur la démocratie et la bonne gouvernance de la CEDEAO », in http://la-constitutionen-afrique.org/article-34239380.html.

[98] Cette imposition est à nuancer puisqu'indirectement les Etats en ratifiant le traité de la Charte des Nations unies, ont consenti à être liés par les obligations qui pèsent et qui découlent de ce traité. Parmi ces obligations, on peut citer l'article 25 de ladite Charte qui exige des Etats membres d'accepter et de mettre en œuvre les décisions du Conseil de sécurité. La réécriture d'une constitution de crise ou transitoire par le Conseil apparait comme un acte déviant de sa mission, mais il suffit à cet organe d'invoquer l'article 39 de la Charte pour voir ses décisions être revêtues de l'autorité de la chose décidée.

[99] L'article 96 par. 4 de la Constitution sénégalaise dispose « La République du Sénégal peut conclure avec tout Etat africain des accords d'association ou de communauté comprenant abandon partiel ou total de souveraineté en vue de réaliser l'unité africaine ».

d'association ou de communauté emportant abandon partiel ou total de souveraineté en vue de réaliser l'unité africaine. »[100]

Confronté à la question de concession de la souveraineté dans le cadre de l'intégration régionale, le Conseil constitutionnel sénégalais a rendu une décision le 16 décembre 1993[101] par laquelle il s'est prononcé sur la question de savoir si la limitation de souveraineté organisée par le Traité de l'OHADA était contraire au préambule de la Constitution de 1963. Il s'agissait pour le Conseil constitutionnel sénégalais de se prononcer sur la dépossession législative[102] et juridictionnelle[103] organisée par le traité de l'OHADA.

Le Conseil constitutionnel sénégalais va considérer que le gouvernement sénégalais pouvait procéder à un abandon partiel ou total de souveraineté pour la réalisation de l'Unité Africaine et par conséquent le Traité ne pouvait pas être considéré comme contraire à la Constitution. Mais la question juridique posée au Conseil constitutionnel était celle de « la compatibilité des dispositions du traité [OHADA] – consistant en une sorte de « dénationalisation » [104] de la procédure de cassation – aux articles 80 et 82 alinéa 3 de la Constitution ».

L'on sait que par le biais de l'uniformisation, l'organe communautaire édifie des règles qui sont susceptibles de remplacer les dispositions nationales des Etats parties qui, si elles s'avèrent contraires seront purement et simplement abrogées car l'article 10 du traité de l'OHADA prévoit que « les actes uniformes sont directement applicables et obligatoires dans chaque Etat partie nonobstant toutes

[100] Voy. l'art. 117 de la Constitution malienne de 1992, art. 149 de la Constitution Béninoise « La République du Bénin soucieuse de réaliser l'unité africaine, peut conclure tout accord d'intégration sous régionale ou régionale (…) », art. 115 de la Constitution gabonaise de 1991 « La République gabonaise conclut souverainement des accords de coopération ou d'association avec d'autres Etats. Elle accepte de créer avec eux des organismes internationaux de gestion commune, de coordination et de libre coopération » ; l'article 122 de la Constitution ivoirienne de 2000 « La République de Côte d'ivoire peut conclure des accords d'association avec d'autres Etats. Elle accepte de créer avec eux des organisations intergouvernementales de gestion commune, de coordination et de libre coopération ».

[101] Déc. N° 3/C/93 du 16 décembre 1993.

[102] Le législateur ne pourra plus statuer dans les domaines relevant des lois uniformes.

[103] Les pourvois en cassation relatifs aux litiges entre Etats parties relatifs à l'interprétation et à l'application du traité OHADA relevaient désormais de la compétence de la « Cour commune de justice et d'arbitrage » dessaisissant ainsi la Cour de cassation sénégalaise.

[104] A. SALL, « La place des sources extérieures dans le cadre du contrôle de constitutionnalité en Afrique : le cas du Sénégal », *loc. cit*, p. 38.

dispositions nationales contraires antérieure ou postérieure ». Ces actes deviennent dès lors des véritables normes supra nationales qui ne se limitent plus à une uniformisation mais plutôt vont jusqu'à unifier le droit des Etats membres.

La structure pyramidale du droit interne est en ce sens bouleversée par l'intrusion du droit communautaire qui ne cesse de déposséder le pouvoir constituant de ses attributions régaliennes[105]. Si cette dépossession semble être autorisée et voulue par le pouvoir constituant, le consentement de ce dernier à être lié par l'adoption des mesures constitutionnelles – peut être transitoires – de sortie de crise[106] au titre du Chapitre VII de la Charte des Nations unies, semble être imposé[107]. En effet, le Conseil de sécurité, par le biais des résolutions[108] qu'il adopte en vertu du Chapitre VII de la Charte, confisque[109] pour un moment le rôle du pouvoir du Constituant[110]. Il en a été ainsi dans la crise ivoirienne[111] lorsque le Conseil de sécurité adopta la résolution 1633 (2005).

Ce texte constate d'abord l'impossibilité d'organiser des élections présidentielles à la date prévue, et impose de prolonger d'un an, à partir du 31 octobre 2005, le mandat du chef de l'Etat. Il réitère la prorogation d'un nouveau mandat d'un an dans sa résolution 1721 (2006), ainsi que celui du premier Ministre de transition intimant à ce dernier de « prendre toutes les décisions nécessaires, en toutes matières, en Conseil des ministres ou en Conseil de gouvernement, par ordonnance ou décret-loi (…), et disposer également de toute l'autorité nécessaire sur

---

[105] Voy. A TCHAGNA, « L'internationalisation des constitutions africaines : l'exemple des constitutions d'Afrique subsaharienne francophone », *R.I.D.C*, 3-2018, pp. 509-542.

[106] A titre d'exemple on peut aussi citer l'intervention de l'Union africaine en cas de crise ou conflit grave dans un des Etats membres. Ainsi, L'article 4 (h) de l'Acte constitutif de l'UA de 2001 donne le droit à l'Union « d'intervenir dans un État membre sur décision de la Conférence, dans certaines circonstances graves, à savoir : les crimes de guerre, le génocide et les crimes contre l'humanité ».

[107] A TCHAGNA, *loc. cit,* p. 520.

[108] Résolutions qualifiées de « résolutions constitutionnelles », S. ANDZOKA ATSIMOU, « La participation des juridictions constitutionnelles au pouvoir constituant en Afrique », *Revue française de droit constitutionnel* 2017/2, n° 110, p. 297.

[109] Voy. Thèse de L. KONAN, *Le transfert du pouvoir constituant originaire à une autorité internationale,* Nancy 2, 2007.

[110] F. WODIE, *Le conflit ivoirien, Solution juridique ou solution politique ?* Abidjan, éd. CERAP, 2007, p. 17.

[111] Voy. A. GADJI, « L'ONU et la crise ivoirienne », *in,* D-F, MELEDJE, M. BLEOU, F. KOMOIN, *Mélanges dédiés au doyen Francis V. Wodié,* Toulouse, Presse de l'université Toulouse 1 Capitole, 2016, pp. 195-229.

les Forces de défense et de sécurité de Côte d'Ivoire ». On est au cœur d'une intrusion du domaine réservé de l'Etat.

Mieux, le Conseil de sécurité a dans cette crise intégré un accord politique dans une résolution pour lui conférer ainsi une valeur juridique supérieure à celle des conventions et accords conclus par les Etats membres. Dans sa résolution 1464 du 4 février 2003, le Conseil de sécurité précise qu' « Il fait sien l'accord signé par les forces publiques ivoiriennes à Linas-Marcoussis le 24 janvier 2003 [...] et demande à toutes les forces politiques ivoiriennes de l'appliquer pleinement et sans délai »[112]. En octroyant une force juridique de la Charte des Nations unies, le Conseil de sécurité a ainsi transformé un accord politique en une décision qui s'impose à tous les Etats membres des Nations unies sur la base juridique de l'article 25 et 103 du traité institutionnel.

La dépossession des attributions du pouvoir constituant par le biais des accords de paix est une pratique qui a pris des allures de pétition sur le continent africain. En effet ces accords de paix destinés à résoudre les problèmes socio-politiques des Etats africains font souvent office de normes supra constitutionnelles, puisqu'ils imposent, en règle générale, la révision de la constitution, alors même qu'ils ne relèvent ni de la coutume constitutionnelle ni de la convention de la constitution[113]. Mieux, l'élaboration de ces instruments hybrides porte à croire qu'« il[s] se développ[ent] en marge de la norme [constitutionnelle] elle-même et dans le dos du constituant »[114].

---

112 S/ RES/ 1464 du 4 février 2003, par. 1er.

113 P. AVRIL, « Application de la notion de convention de la constitution à quelques problèmes constitutionnels », in *Présence du droit public et des droits de l'homme, Mélanges offerts à Jacques Velu*, 1982, Bruxelles, Bruylant, p. 292.

114 F.-J AÏVO., « La crise de normativité de la constitution en Afrique », *R.D.P* 2012, n° 1, p. 172.

CONCLUSION

Antoine LAURENT DE LAVOISIER nous renseigne que « Rien ne se perd, rien ne se crée, tout se transforme », la hiérarchie des normes internes n'échappe pas à cette usure du temps qui, irrémédiablement, la façonne et la transforme. Au demeurant, malgré les vibrations du séisme jurisprudentiel et communautaire, la pyramide reste debout. Mais pour combien de temps encore ?

Ibrahim MOUMOUNI

Maitre-assistant en droit public de l'Université de Tahoua (Niger),

PANEL 2

LE RÔLE DE LA CONSTITUTION EN MATIÈRE FINANCIÈRE

Sous la présidence de Monsieur Fabrice HOURQUEBIE, Professeur des universités, Directeur de l'Ecole doctorale de droit, Université de Bordeaux (France), Secrétaire de l'Association Française de Droit Constitutionnel (AFDC)

Avec comme discutant Monsieur Alioune SALL, Professeur titulaire de droit public et de science politique, ancien juge à la Cour de justice de la CEDEAO, Université Cheikh Anta Diop de Dakar (Sénégal)

Moussa ZAKI

CONSTITUTION ET LOIS DE FINANCES : VARIATIONS DANS LA RÉGULATION D'UN DOMAINE SPÉCIFIQUE

INTRODUCTION

Proposer une réflexion sur « Constitution et lois de finances » ne brille guère par son originalité tant il est vrai que les rapports de la Constitution aux normes juridiques infra constitutionnelles ne peuvent être que des rapports de sujétion, conformément à la théorie kelsénienne de la hiérarchie des normes. Notre souci est néanmoins ici, de faire apparaître quelques spécificités saisissantes qui constituent la caractéristique essentielle de ces rapports. Il ne s'agit donc nullement d'un sujet de comparaison mais d'une réflexion mettant l'accent sur le statut particulier de la loi de finances dans l'ordonnancement constitutionnel et de ses conséquences sur la pyramide du maître de Vienne. C'est le cas notamment de la nature et du régime contentieux des lois de finances, ou encore de l'absence de normativité directe de la Constitution en matière de contrôle de constitutionnalité des lois de finances[1]. Il s'agit également de mettre en évidence à la fois les liaisons intégrées et les distorsions évidentes entre la Constitution, la loi organique relative aux lois de finances, les lois de finances elles-mêmes et les autres catégories législatives.

La Constitution se définit d'abord par sa nature, qui fait que cette notion *« s'emploie surtout en référence au document normatif, situé au sommet du système juridique et doté d'un régime juridique spécial qui,*

[1] Voir sur cette question E. Oliva, « Norme de constitutionnalité ou norme constitutionnelle : l'ambiguïté des lois organiques financières » in « Renouveau du droit constitutionnel », Mélanges en l'honneur de L. Favoreu, Paris, Dalloz, 2007, pp.1349-1372

d'une part, établit les compétences des principaux organes de l'Etat et, d'autre part, pose des limites et apporte des orientations pour l'exercice de ces compétences »[2], même si pour Michel Troper notamment, constitue un principe essentiel de la théorie du droit, *« l'exigence selon laquelle le texte d'une norme constitutionnelle ne saurait jamais se confondre avec la norme constitutionnelle elle-même »*[3].

Mais la Constitution se définit également par ses fonctions. C'est ce qui ressort de l'article 16 de la Déclaration des droits de l'Homme et du Citoyen aux termes duquel *« Toute société dans laquelle la garantie des droits n'est pas assurée, ni la séparation des pouvoirs déterminée, n'a point de Constitution »*. C'est cette idée de Constitution qui cadre avec l'Etat de droit démocratique où celle-ci est à la fois un instrument de limitation et d'organisation des pouvoirs et un bouclier protecteur des droits et libertés individuels ou collectifs.

C'est dire que si la Constitution garantit la protection des droits et libertés des citoyens et l'organisation du régime démocratique d'après un principe de séparation des pouvoirs, elle est surtout la norme des normes, celle dont découlent toutes les autres normes de l'ordre juridique interne. Elle a ainsi pour objectif d'assurer la viabilité des institutions et la régulation de l'ordre juridique en édictant l'ensemble des règles relatives à l'organisation et au fonctionnement régulier des pouvoirs ainsi que les voies et moyens de garantie et de protection des libertés. En cela il n'est guère contesté que la Constitution est un pilier essentiel de l'Etat. Dans l'acception moderne, elle constitue de surcroît l'acte indispensable à sa naissance.

Nous enseignons en effet à nos étudiants que l'Etat c'est un territoire, une population et un pouvoir organisé ou mieux, qu'il est l'aboutissement du processus d'institutionnalisation du pouvoir et sa soumission à des règles de droit, c'est-à-dire qu'il est encadré par le

---

[2] J. Ruiz Manero, « Une typologie des normes constitutionnelles », in M. Troper, D. Chagnollaud (Sous la direction de), Traité international de droit constitutionnel, Tome 1, Théorie de la Constitution, Paris, Dalloz, 2012, p. 298

[3] Olivier Cayla, « L'obscure théorie du pouvoir constituant originaire ou illusion d'une illusion souveraine inaltérable » In Mélanges Didier Truchet, Dalloz 2015, p. 259. L'auteur précise, dans la droite ligne de l'idée de Troper, que « la question de la fabrication de la Constitution cesse de s'identifier à la seule question de l'écriture de son texte, qui est l'angle exclusif et réducteur sous lequel la doctrine traditionnelle envisage la théorie de l'acte constituant ».

droit constitutionnel et les règles internationales relatives à la reconnaissance d'Etats.

Cependant à elles seules les règles juridiques, fussent-elles constitutionnelles, ne sauraient garantir, au-delà de la stabilisation et de la consolidation du dispositif institutionnel, la viabilité et la pérennité d'un Etat. L'Etat réel, l'Etat concret, se situe au-delà des considérations sociologiques et des fictions juridiques : aussi vaste que soit le territoire, nombreuse la population et aussi parfaitement institutionnalisé soit-il, le pouvoir ne pourrait s'exercer sans un minimum de moyens financiers, comme le rappelle cette interrogation de Paul Amselek il y a déjà plus de trois décennies : *« Peut-il y avoir un Etat sans finances ? »*[4]. En effet la prise en charge des missions de service public et d'intérêt général qui dans l'ordre collectif incombent à l'Etat, nécessite la mise en œuvre de moyens financiers. De cette nécessité naquirent historiquement le droit budgétaire, le droit fiscal et le droit de la comptabilité publique, qui constituent un ensemble normatif complémentaire, dense et complexe, régissant les relations non seulement entre les citoyens et l'Etat [5] mais également entre institutions politiques[6].

Le droit fiscal dont la fonction première est de procurer à l'Etat les ressources nécessaires à l'accomplissement des missions d'intérêt collectif, comme l'atteste la Déclaration des droits de l'Homme et du citoyen de 1789 qui, avant de consacrer en son article 14 le principe du consentement à l'impôt aux termes duquel *« tous les citoyens ont le droit de constater par eux-mêmes ou par leurs représentants la nécessité de la contribution publique, de la consentir librement, d'en suivre l'emploi et d'en déterminer la quotité, l'assiette, le*

---

[4] RDP, mars-avril 1983, pp. 267-283.

[5] Pour Trotabas et Cotteret, les finances publiques dépassent le simple cadre des relations de droit public pour se projeter sur des situations de droit privé, c'est-à-dire les individus, leurs activités et leurs biens : qu'elles atteignent ces situations par la voie des dépenses, notamment lorsque l'action des collectivités publiques vient se mettre au service de la vie privée (protection des personnes et des biens, prestations sociales…) ou qu'elles les atteignent par la voie des recettes, notamment dans la mesure où l'Etat tire sa substance des patrimoines privés par l'impôt, montre que les finances publiques ne se développent pas dans le vase clos des relations de droit public. *Les biens frappés par l'impôt et les richesses qu'il redistribue, sont régis par le droit privé auquel le droit des finances publiques doit s'accorder*.In, Droit budgétaire et comptabilité publique, 5e Ed.,Paris, Dalloz 1995, p.6

[6] Suivant une jurisprudence constante du Conseil constitutionnel français, le vote des lois de finances ne concerne que les rapports entre Exécutif et Parlement. Ainsi peut-on justifier le principe de sincérité budgétaire et les principes de transparence et de loyauté.

recouvrement et la durée », prévient déjà à article 13 que *« Pour l'entretien de la force publique et pour les dépenses d'administration, une contribution commune est indispensable. Elle doit être également répartie entre tous les citoyens en raison de leur faculté »*.

Le droit budgétaire, *« héritage du principe du consentement à l'impôt et de la patiente conquête des Parlements modernes de leur pouvoir législatif »*[7], dont l'objet est *« de permettre aux collectivités publiques de remplir toutes leurs attributions par des moyens financiers (..), pose les règles particulières qui assurent la gestion financière de ces collectivités, en déterminant les organes chargés de cette gestion et ses procédures d'élaboration et d'exécution »*[8].

Le droit de la comptabilité publique encadre notamment les opérations sur deniers publics et organise les régimes de responsabilité des agents qui en ont la charge.

Néanmoins, l'apparition des dispositions financières dans les constitutions est le fruit d'une lente évolution qui s'inscrit dans le processus de capacitation des Etats. Ainsi pourrait-on, paraphrasant le Baron Louis, relever que la problématique contemporaine de l'Etat capable se résume en des termes simples : *« faites-moi de bonnes finances, je vous ferai un bon Etat »*.

Héritiers de la tradition constitutionnelle française, les Etats membres de l'UEMOA ont, dès leur accession à la souveraineté internationale, capitalisé les bénéfices d'une telle évolution.

Il est par ailleurs paradoxal de constater que même lorsqu'elles intègrent les questions financières, les constitutions leur consacrent un nombre relativement limité de dispositions[9]. Cependant cette carence ne signifie pas que le constituant est insensible aux préoccupations financières dans la mesure où l'insuffisance des dispositions constitutionnelles est compensée par un renvoi de la Constitution à un texte de nature organique pour en réguler les divers aspects. En effet, *« les constitutions formelles ne comportent souvent qu'un nombre*

---

[7] X. Vandendriessche, in S. Damarey, Finances publiques, préface à la première édition, Paris, Gualino, 2008, p.16

[8] L. Trotabas, J-M. Cotteret, op. cit. p.5.

[9] Pour la Constitution nigérienne du 25 novembre 2010 on dénombre tout de même sept articles (90, 91, 99, 100 à 103, et 111), d'ordre procédural pour la plupart, contre cinq articles pour la constitution sénégalaise du 22 janvier 2001.

restreint de normes en matière financière renvoyant vers les lois d'application le soin d'en définir le cadre juridique »[10].

L'importance des finances publiques explique en effet que le constituant leur réserve une catégorie législative particulière dont il protège le domaine contre l'incursion des autres normes législatives et qui semblent prééminentes sur elles, notamment au regard de leur champ d'évolution et de la spécificité de leur régime juridique. La constitution élève de ce fait les lois de finances à un statut juridique particulier qui contraste fort avec le régime commun de la loi.

Les lois de finances peuvent se définir par leur nature et par leur objet. Eu égard à leur nature, deux critères permettent de les distinguer des lois ordinaires : un critère formel qui fait d'elles des textes votés par le Parlement suivant une procédure particulière et un critère matériel, se rapportant à leur contenu. Par leur objet elles déterminent, prévoient et autorisent les ressources et les charges de l'Etat. Cependant une distinction s'impose ici entre la loi de finances de l'année et les lois de finances rectificatives d'une part, qui sont des actes de prévision et d'autorisation et la loi de règlement qui est quant à elle un acte de validation[11].

Par ailleurs le statut contentieux des lois de finances révèle que ces dernières relèvent d'une légalité particulière et d'un régime constitutionnel caractérisé à maints égards par une inapplicabilité directe de la Constitution. Par ricochet il traduit que la loi organique relative aux lois de finances sert également de référence et de norme de constitutionnalité non seulement aux lois de finances et aux lois ordinaires mais également à d'autres lois organiques.

Ces différents aspects donnent, en dépit de la banalité du thème, quelque relief à la présente réflexion qui interroge également sur les fonctions financière et économique des constitutions. Parce qu'elles sont indispensables pour la détermination des ressources et des charges, et donc à la vie financière et à la viabilité économique et sociale de l'Etat, les lois de finances en constituent un pilier fondamental.

---

[10] J-P. Dupat, « Finances publiques », in M. Troper, D. Challognaud (Sous la direction de), Traité international de droit constitutionnel, Paris, Dalloz, 2012, p. 390.

[11] Afin de simplifier la démarche, nous traiterons, dans la présente réflexion, principalement du cas de la loi de finances de l'année et des lois de finances rectificatives

Réfléchir sur *« Constitution et lois de finances »*, c'est donc aborder non seulement les relations asymétriques mais dynamiques entre deux piliers essentiels de l'Etat, mais aussi établir, au regard de la hiérarchie des normes chère au maître de Vienne, le constat d'une représentation arborescente plus sophistiquée des rapports entre la Constitution et les normes juridiques infra constitutionnelles[12].

En effet, même si la Constitution pose que les matières budgétaires sont du domaine de la loi et énumère les catégories de lois de finances, l'épreuve de constitutionnalité laisse apparaître un référentiel complémentaire non moins important qui, en-deçà de la Constitution et au-delà des lois, détermine non seulement les domaines de la loi et du règlement en matière financière, mais s'interpose également comme norme de constitutionnalité[13]. La loi organique relative aux lois de finances constitue de ce fait un vecteur législatif essentiel par lequel la Constitution souffle et respire.

Ainsi, de l'examen combiné des dispositions constitutionnelles et organiques, il ressort d'une part que les lois de finances sont une catégorie législative particulière (I), d'autre part qu'elles relèvent d'un statut juridique et contentieux spécifique (II).

I. UNE CATÉGORIE LÉGISLATIVE PARTICULIÈRE

La particularité des lois de finances se manifeste essentiellement sur deux aspects : sur le plan formel et procédural d'une part (A), sur le plan matériel et substantiel d'autre part (B).

A. LA SPÉCIFICITÉ FORMELLE ET PROCÉDURALE DES LOIS DE FINANCES

Comme le relève la doctrine constitutionnelle, toute la Constitution n'est pas dans la Constitution. Si la loi n'est l'expression de la volonté générale que dans le respect de la Constitution, en matière de lois de finances la constitutionnalité se mesure par référence à une norme infra constitutionnelle supra législative matériellement

[12] Cf V. Champeil-Desplats, « Hiérarchie des normes, principe justificatif de la suprématie de la Constitution », in M. Troper, D. Challognaud, op. cit. Tome 1, pp.733-764

[13] Voir sur cette question E. Oliva, op. cit. ; P. Amselek, « Une fausse idée claire : la hiérarchie des normes juridiques » in « Renouveau du droit constitutionnel », Mélanges en l'honneur de Louis Favoreu, Paris, Dalloz, 2007, pp.983-1014.

constitutionnelle qui, pour une large partie de la doctrine, appartient au « bloc de constitutionnalité ».

Ainsi les constitutions du Sénégal[14], du Togo[15], de la Côte d'Ivoire[16] ou du Bénin[17] ou du Burkina Faso[18] opèrent-elles un renvoi à une autre norme que la Constitution, pour la détermination des ressources et des charges de l'Etat. Autrement dit, la Constitution ne règle pas toute la question et préfère renvoyer à la loi organique le soin de fixer le détail des conditions de préparation, d'examen et de vote des lois de finances ainsi que les principes auxquels elles doivent souscrire. Comme le précise l'article premier de la loi 2014-336 du 05 juin 2014 portant loi organique relative aux lois de finances en Côte d'Ivoire, cette dernière *« fixe les règles relatives à la présentation, à l'élaboration, à l'adoption, à l'exécution et au contrôle des lois de finances, (...) détermine les conditions dans lesquelles est arrêtée la politique budgétaire à moyen terme pour l'ensemble des finances publiques, (et) énonce les principes fondamentaux relatifs à l'exécution des budgets publics, à la comptabilité publique et aux responsabilités des agents publics intervenant dans la gestion des finances publiques »* .

L'une des particularités de la relation entre Constitution et lois de finances réside dans ce renvoi à une autre catégorie législative quant à la précision des règles concernant la présentation, l'élaboration, l'examen et le vote des lois de finances.

La déclinaison Constitution/loi de finances fait ainsi appel à des zones variables d'intermédiation. Cela conduit en règle générale à un édifice à quatre étages, si nous considérons la place réservée au pouvoir réglementaire. En effet, alors que pour la loi ordinaire il y a juste un édifice à trois étages, les lois de finances supposent au moins une pyramide à quatre étages[19].

Dans les Etats membres de l'UEMOA trois situations se présentent à cet égard.

---

[14] Art. 68 de la Constitution du 22 janvier 2001.

[15] Art. 91 de la Constitution du 14 octobre 1992

[16] Art. 111 de la Constitution du 08 novembre 2016.

[17] Art. 109 de la Constitution du 11 décembre 1990.

[18] Art. 103 de la Constitution du 11 juin 1991.

[19] Voir infra, « II - Un statut juridique et contentieux spécifique »

D'une part, alors que dans la majorité des Etats la Constitution renvoie formellement à une norme infra constitutionnelle, l'ordre juridique consacré par les constitutions du Mali et de la Guinée Bissau se singularise par une curiosité : celles-ci ne renvoient ni à une loi ordinaire, encore moins à une loi organique, pour la détermination des conditions et des réserves qui s'imposent au législateur financier. La première prévoit simplement en son article 70 al.3 que *« la loi de finances détermine les ressources et des charges de l'Etat ».* La deuxième indique tout juste en son article 85 que *« L'Assemblée Nationale Populaire est compétente pour approuver le budget général de l'Etat et le plan national de développement, ainsi que les lois respectives ».*

D'autre part certaines constitutions renvoient à « la loi ». Tel est le cas de la Constitution du Burkina Faso qui dispose en son article 103 que *« Le Parlement vote les projets de lois de finances dans les conditions prévues par la loi ».* Ainsi en est-il des constitutions du Niger[20], et du Bénin[21]. Cette référence à « la loi » laisse supposer un renvoi à la loi ordinaire. Telle fut d'ailleurs l'interprétation du Conseil constitutionnel burkinabè qui, considérant que la Constitution ne prévoit, en aucune de ses dispositions le vote d'une loi organique pour régir la matière financière, censura le texte de loi organique présenté par le Gouvernement et adopté par le Parlement. Ce qui obligea celui-ci à soumettre à l'Assemblée nationale un texte de loi ordinaire. Il reste néanmoins évident, comme le souligne Salif Yonaba que, malgré la décision du Conseil constitutionnel et même dans l'imprécision du constituant, le texte de renvoi ne pourrait avoir qu'une nature organique, et ce pour deux raisons : la première tient au fait qu'il abroge et remplace une ordonnance organique, celle du 18 septembre 1969 qui, du fait de son contenu se situe au-dessus de la loi ordinaire dans la hiérarchie des normes juridiques. La deuxième a trait à son contenu : une loi ordinaire ne pouvait être envisagée à un tel niveau puisque c'est sur le fondement de ses dispositions que doivent être adoptées les lois de finances[22]. Ce fut d'ailleurs la compréhension des cours constitutionnelles du Niger et du Bénin qui, en dépit du renvoi à « la loi », ont jugé conformes à la Constitution, respectivement les lois

---

[20] Article 113.

[21] Art. 109

[22] Cf S. Yonaba, « Une nouvelle catégorie juridique en quête d'identité: la loi ordinaire relative aux lois de finances », in Revue burkinabè de droit n° 43/44, 2003, pp. 123-140.

organiques 2013-14 du 27 septembre 2013 et 2012-09 du 26 mars 2012 portant lois organiques relatives aux lois de finances.

Enfin la troisième situation est illustrée par les constitutions de la Côte d'Ivoire, du Sénégal et du Togo. Ici les constituants prévoient expressément, dans une formule quasi invariable, que le Parlement *« vote le projet de loi de finances dans les conditions prévues par une loi organique »*.

La seconde spécificité des lois de finances se situe sur le plan formel et procédural : elles ont une structure immuable bipartite, structure qui emporte des conséquences sur la procédure de vote comme l'a rappelé la Conseil constitutionnel français dans sa décision du 24 décembre 1979[23], c'est-à-dire que dès son élaboration l'Exécutif doit présenter un texte en deux parties distinctes et qu'en tout état de cause lors du vote le Parlement doit adopter la première avant l'examen de la deuxième. Ce qui constitue une particularité au regard de la procédure législative ordinaire[24] et emporte des conséquences sur le plan procédural et contentieux[25]. C'est ce qu'a jugé le Conseil constitutionnel français lors de l'examen de la conformité à la Constitution du 04 octobre 1958 et à l'ordonnance organique du 02 janvier 1959 du vote de la loi de finances pour 1980, décision qui a eu pour conséquence la modification du règlement intérieur de l'Assemblée nationale afin de tenir compte de la spécificité de la procédure législative financière.

Par ailleurs la loi de finances de l'année se singularise par les délais de discussion et d'adoption impartis par la Constitution. Le constituant enferme ici les parlementaires dans un délai de 60 jours et, en tout état de cause, elles doivent être adoptées avant le 1er janvier afin, suivant la jurisprudence du Conseil constitutionnel français, *« qu'interviennent en temps utile les mesures d'ordre financier nécessaires à la continuité de la vie nationale »*[26]. Si les lois de finances rectificatives ne sont enfermées dans aucun délai de discussion, le vote de la loi de règlement doit, aux termes de la loi

---

[23] Décision 79-110 DC

[24] Au cours de laquelle il est admis qu'en cas de désaccord sur le vote d'un article, la possibilité de passer aux articles suivants et revenir ensuite sur les dispositions qui n'ont pas fait l'objet de consensus

[25] Voir infra, II, « Un statut juridique et contentieux spécifique ».

[26] Décision 79-111 DC du 30 décembre 1979, in L. Favoreu, L. Philip, Les grandes décisions du Conseil constitutionnel, 12èmé éd., Paris LGDJ, 2003, p. 387

organique relative aux lois de finances et de la directive communautaire, intervenir au plus tard à la fin du premier semestre de l'année qui suit celle de l'exécution du budget auquel elle se rapporte. Symétriquement, les lois de finances ont en principe un effet limité dans le temps, soit douze mois équivalant à l'année civile et au terme desquels devrait intervenir une loi de règlement, exception faite toutefois d'éventuelles dispositions fiscales, des dispositions relatives à la responsabilité des agents de l'administration chargés de son exécution, ou des dispositions se rapportant à l'organisation du contrôle du Parlement sur la gestion des finances publiques.

Enfin, il faut relever que la matière financière échappe au schéma traditionnel de la séparation et de la collaboration des pouvoirs qui caractérise notamment le régime semi présidentiel et attribue concurremment à l'Exécutif et au Parlement l'initiative de lois[27]. Ici, l'incidence des dispositions et principes constitutionnels fait que seuls les projets sont admis, à l'exclusion de toute proposition parlementaire. En effet la répartition institutionnelle du pouvoir budgétaire réserve au seul Exécutif l'initiative des lois de finances. Ceci pourrait s'expliquer par l'importance des informations et du capital technique nécessaires à son élaboration, le Gouvernement disposant de l'Administration et de sa variété de compétences. Néanmoins, est plus déterminante l'explication par les exigences constitutionnelles : les dispositions constitutionnelles donnent compétence à l'Exécutif pour la détermination de la politique de la Nation[28]. Or aussi bien sur le plan stratégique que sur le plan opérationnel, la traduction en actes de cette prérogative nécessite la mise en œuvre de moyens financiers. Par conséquent il revient à l'Exécutif de présenter l'ensemble des moyens financiers qu'il juge indispensables pour conduire au mieux la politique de la Nation.

---

[27] L'article 109 de Constitution du Niger du 25 novembre 2010 dispose en effet que « Le Gouvernement a l'initiative des lois concurremment avec les membres de l'Assemblée nationale ».

[28] Les articles 42 et 53 de la Constitution sénégalaise du 22 janvier 2001 disposent respectivement : art. 42 « le Président de la République ... détermine la politique de la Nation » ; art. 53 :« le gouvernement conduit et coordonne la politique de la Nation sous la direction du Premier ministre ». Au Niger, l'article 76C dispose : « Le Gouvernement détermine et conduit la politique de la Nation ». Cette différence d'appréhension des constituants nigérien et sénégalais s'explique par la nature des régimes politiques, semi présidentiel au Niger, présidentiel au Sénégal.

Cette exigence constitutionnelle comporte d'ailleurs des conséquences, sous forme de contraintes pesant sur l'exercice du droit d'amendement des parlementaires. Contrairement au dispositif commun en cette matière, la Constitution nigérienne du 25 novembre 2010 dispose en son article 111 que *« Les propositions et amendements déposés par les députés ne sont pas recevables lorsque leur adoption aurait pour conséquence, soit une diminution des ressources publiques, soit la création ou l'aggravation d'une charge publique, à moins qu'ils ne soient accompagnés d'une proposition d'augmentation des recettes ou d'économies équivalentes »*[29]. Car réduire les moyens d'action du Gouvernement revient sinon à remettre en cause, du moins à faire échec à cette prérogative constitutionnelle. Les parlementaires peuvent octroyer davantage de moyens à l'Exécutif, non les réduire. Symétriquement, ils ne peuvent imposer au Gouvernement des charges qui ne relèvent pas de son programme politique ni amputer celles qu'il juge nécessaires à la conduite de politique de la Nation.

Les lois de finances ne comportent pas uniquement des particularités formelle et procédurale au regard de la Constitution. Celle-ci leur consacre également une spécificité matérielle.

B. LA SPÉCIFICITÉ MATÉRIELLE ET SUBSTANTIELLE DES LOIS DE FINANCES

Traditionnellement la Constitution délimite les domaines de la loi et du règlement. Au Niger, les articles 99, 100 et 103 de la Constitution du 25 novembre 2010 indiquent les matières dans lesquelles la loi fixe les règles[30] et celles à propos desquelles elle détermine les principes fondamentaux[31]. Elle réserve cependant un article spécifique aux lois de finances qui à titre initial, additionnel ou complémentaire, prévoient et autorisent l'ensemble des ressources et des charges de l'Etat, le cas échéant les modifient, ou constatent les résultats financiers de chaque année civile et approuvent les

[29] Pour le Sénégal, c'est l'article 82 de la Constitution du 22 janvier 2001, autrement rédigé, qui dispose que « les propositions et amendements formulés par les députés ne sont pas recevables lorsque leur adoption aurait pour conséquence, soit une diminution des ressources publiques, soit la création ou l'aggravation d'une charge publique, à moins que ces propositions ou amendements ne soient assortis de propositions de recettes compensatrices ».

[30] Art. 99.

[31] Art. 100.

différences entre ces résultats et les prévisions[32]. Aux termes de l'article 101 en effet *« la loi de finances de l'année prévoit et autorise, pour une année civile, l'ensemble des ressources et des charges de l'Etat ». Les lois de finances dites rectificatives peuvent, en cours d'année, modifier les dispositions de la loi de finances de l'année », (et) la loi de règlement constate les résultats financiers de chaque année civile et approuve les différences entre ces résultats et les prévisions de la loi de finances de l'année ».*

Par ces dispositions la Constitution pointe le marqueur saillant des lois de finances et les distingue sur le plan matériel des lois ordinaires. Cette singularité se situe du point de vue de leur contenu : leur objet étant principalement de prévoir et d'autoriser des ressources et des charges de l'Etat, elles ne peuvent contenir que des dispositions d'ordre financier. La Constitution et la loi organique relative aux lois de finances ont aménagé un dispositif de double protection des domaines respectifs des deux catégories législatives. Aussi, au-delà de leur domaine partagé, exclusivement fiscal, existe-t-il pour chacune un domaine interdit. Il existe ainsi pour les lois de finances un domaine réservé, avec un contenu obligatoire, un contenu facultatif et un contenu interdit.

Le contenu obligatoire constitue la raison d'être des lois de finances. Doivent y figurer, essentiellement des dispositions financières. Ainsi le Conseil constitutionnel français a expressément fait référence au contenu d'une loi spéciale pour lui reconnaître le caractère de loi de finances, consacrant par la même occasion une quatrième catégorie de loi de finances, et ce en marge de l'ordonnance organique de 1959 qui n'en prévoyait que trois[33]. Suivant la jurisprudence du Conseil la loi querellée contient des dispositions *« qui figurent normalement dans une loi de finances »*[34]. Conformément à cette jurisprudence, le Conseil constitutionnel a développé une activité juridictionnelle tendant à sanctionner les dispositions interdites, principalement sous forme de *« cavaliers budgétaires »*, c'est-à-dire *« toute disposition étrangère à l'objet des lois de finances ».*

---

[32] Art. 101.

[33] Décision 79-111 DC du 30 décembre 1979, Loi de finances pour 1980, in L. Favoreu, L. Philip, les grandes décisions du Conseil constitutionnel, 12 ème éd., Paris LGDJ 2003, p.383.

[34] Décision 79-111 DC loc. cit.

Les cavaliers budgétaires étant parfois difficiles à mettre en évidence, la Haute juridiction a, par une technique de détermination par exclusion, tenu à spécifier le contour de la notion de « disposition financière »[35]. Ainsi, une disposition financière a trait soit :

- Aux ressources, aux charges ou aux opérations de trésorerie ;
- A l'organisation du contrôle ou de l'information du Parlement sur la gestion des finances publiques ;
- A l'organisation de la responsabilité des agents publics ;
- A la fiscalité ;
- A la création ou à la transformation d'emploi public.

Toute autre disposition constitue de ce fait un cavalier budgétaire et sanctionnée comme tel.

Parallèlement la Constitution protège le domaine réservé des lois de finances contre l'incursion de la loi ordinaire, voire contre le législateur organique[36], le juge n'hésitant pas à censurer des dispositions qui, par leur nature, ne peuvent figurer que dans une loi de finances. C'est ainsi que, appelé à se prononcer sur une disposition d'une la loi ordinaire prévoyant une information du Parlement sur les opérations et sur la gestion des fonds créés en vue de la lutte contre l'alcoolisme et le tabagisme, le Conseil constitutionnel français a précisé que l'ordonnance n°59-02 du 2 janvier 1959 relative aux lois de finances *« réserve dans son article 1er , al. 2, à un texte de loi de finances l'édiction des dispositions législatives destinées à organiser l'information et le contrôle du Parlement sur la gestion des finances publiques »*, censurant ainsi la disposition en cause qui relève selon la Haute juridiction du domaine exclusif des lois de finances[37].

La spécificité matérielle des lois de finances a une incidence sur leur objet : celles-ci ne se bornent pas à prévoir et à autoriser des ressources et des charges, mais elles en déterminent en outre la nature, le montant et l'affectation, c'est-à-dire que les catégories et les plafonds des ressources[38] comme des charges[39] de l'Etat sont prévues

---

35 Décision 2004-511-DC, du 24 décembre 2004.

36 Voir pour ce cas de figure, Cons. Const. (Français), 10 janvier 1995, n° 94-355DC, Loi organique modifiant l'ordonnance n° 58-1270 du 22 décembre 1958 relative au statut de la magistrature.

37 Décision 90-283 DC du 08 janvier 1991

38 Fiscales et non fiscales, ressources de trésorerie.

et autorisées par les lois de finances, ainsi que les affectations dont elles peuvent faire l'objet.

Conformément à la Constitution et à la loi organique, les lois de finances déterminent également « *un équilibre budgétaire et financier, compte tenu de la situation et des objectifs macro-économiques de l'Etat et des obligations du Pacte de convergence, de stabilité, de croissance et de solidarité des Etats membres de l'UEMOA* »[40]. Cette précision fait de la loi de finances un instrument d'orientation de la politique économique. Il faut également observer ici que les lois de finances projettent les finances publiques nationales sur un plan plus large, en ce sens qu'elles doivent tenir compte des engagements communautaires des Etats, notamment ceux souscrits au titre du Pacte de convergence, de stabilité, de croissance et de solidarité de l'UEMOA[41], portant notamment sur le respect des critères de convergence macroéconomique et budgétaire. Ici plus qu'ailleurs la loi établit une jonction entre règles constitutionnelles et exigences économiques. La référence au Pacte de convergence, de stabilité, de croissance et de solidarité est l'aspect primaire d'exigences plus largement impératives de prise en compte juridique de la notion d'intérêt général économique.

Par ailleurs la loi de finances détermine l'ensemble des ressources et des charges de l'Etat ; ainsi elle ne se limite pas aux seules opérations de recettes et de dépenses, c'est-à-dire les opérations à caractère définitif décrites dans le budget général, mais concerne également celles qui présentent un caractère temporaire telles que retracées dans les comptes spéciaux et les opérations spécialisées inscrites dans les budgets annexes.

Franchissant un cap, le cadre législatif des finances publiques né des directives de 2009 a introduit dans le champ financier public des Etats membres de l'UEMOA la notion de performance, qui se traduit par le passage du budget de moyens au budget d'objectifs. En effet, *« avec l'accroissement continu des dépenses publiques et la relative*

---

[39] Charges définitives, charges temporaires, charges virtuelles, recoupant la classification des dépenses en dépenses de fonctionnement, de biens et services, de transfert et d'investissement.

[40] Art. 3 de la loi 2011-15 du 08 juin 2011 portant loi organique relative aux lois de finances du Sénégal.

[41] Il faut toutefois noter que contrairement à la Constitution sénégalaise du 22 janvier 2001, les constitutions du Niger et du Burkina Faso ne mentionnent pas un tel renvoi.

rareté des ressources disponibles, les gouvernements (...) ont dû considérer avec davantage d'insistance le coût des politiques publiques et mettre en place des instruments d'analyse propices à des choix mettant en relief la performance de l'action administrative »[42]. Cette exigence a également entraîné l'évolution du cadre normatif des finances publiques, du champ juridique vers l'approche gestionnaire. Aujourd'hui toute l'architecture du droit budgétaire, du droit de la comptabilité publique ainsi que les référentiels de contrôle sont orientés vers la recherche d'outils optimums de pilotage des finances publiques pour en garantir la soutenabilité, en empruntant au besoin à la logique de fonctionnement du secteur privé. Ce qui n'est pas sans conséquence sur le modèle financier public, ainsi que le relève Michel Bouvier lors du débat sur l'introduction de *« la règle d'or »* dans la Constitution française du 04 octobre 1958 : *« la logique économique contemporaine, parce qu'elle se méfie du clientélisme électoral, se montre volontiers favorable à une sorte de « cybernétique financière » visant à faire échapper les choix budgétaires aux aléas des faiblesses humaines en les faisant reposer sur des dispositifs automatiques de régulation »*[43]. La programmation pluri annuelle des finances publiques, le budget de programme, les projets et rapports annuels de performance, l'évaluation des politiques publiques et la certification des comptes, la comptabilité générale, la comptabilité d'analyse des coûts, les contrôles et audits de performance ainsi que le contrôle de gestion constituent la toile de fond d'un droit constitutionnel financier fortement teinté de logique économique et gestionnaire.

Sur ce plan il ressort cependant que dans les Etats membres de l'UEMOA la constitution formelle n'a pas tiré toutes les conséquences de la constitution matérielle, l'évolution s'étant faite à Constitution constante. Toute constitution, dit-on, est le fruit d'une histoire et ne saurait se comprendre sans l'éclairage du passé[44]. Elle est globalement, pour reprendre l'expression de Régis Lanneau, *« le*

[42] J-P. Duprat, op. cit, p. 391.

[43] M. Bouvier, débat sur la constitutionnalisation de « la règle d'or », Revue « Constitution » n°7, janvier-mars 2011, Paris, Dalloz 2011, p. 24.

[44] Voir les Actes du colloque de l'Association nigérienne de droit constitutionnel, Le régime semi présidentiel au Niger, Dakar, L'Harmattan 2016.

résultat d'un processus d'essais et d'erreurs »[45]. En France par exemple, au fur et à mesure des réflexions sur le cadre législatif des finances publiques, la Constitution du 04 octobre 1958 a connu une évolution considérable, pour aboutir aujourd'hui à une véritable financiarisation de ses dispositions. Au Niger et au Sénégal comme dans la quasi-totalité des Etats membres de l'UEMOA cependant, on a l'impression que les lois fondamentales n'ont pas transformé l'essai réussi par les lois organiques relative aux lois de finances. Toutes choses égales par ailleurs, l'adoption du nouveau cadre harmonisé des finances publiques devrait s'accompagner d'une constitutionnalisation des nouvelles fonctions de la Cour des comptes et du Parlement en matière d'évaluation des politiques publiques et à une sécurisation constitutionnelle des outils de la performance. Les règles de procédure se rapportant à la programmation pluriannuelle des finances publiques nécessitent l'adoption de lois-cadres de programmation pour rationnaliser l'élaboration des lois de programme.

La lecture combinée de la Constitution et de la loi organique relative aux lois de finances ne met pas seulement en évidence la particularité des lois de finances. Elle révèle également la spécificité de leur statut juridique et contentieux.

II. UN STATUT JURIDIQUE ET CONTENTIEUX SPÉCIFIQUE

La loi étant d'ordre public et sa place dans la hiérarchie des normes juridiques fortement établie, s'intéresser à son statut juridique peut paraître sans intérêt. C'est certainement le cas s'agissant des lois ordinaires. En matière financière cependant deux spécificités majeures se dégagent : d'un côté la loi de finances relève d'un statut juridique ambivalent (A), de l'autre on note dans bien des cas, une inapplicabilité directe de la Constitution en matière contentieuse (B).

A. UN STATUT JURIDIQUE AMBIVALENT

Il faut d'emblée souligner que cette ambivalence se mesure à deux niveaux. Le premier se situe au sein de la loi de finances elle-même : toutes les dispositions qu'elle comporte ne sont pas d'égal statut. Au-

[45] R. Lanneau, « La Constitution et l'analyse économique », in M. Troper, D. Challognaud, op. cit, p. 187.

delà des dispositions ayant un caractère purement budgétaire qui constituent son contenu obligatoire et qui n'ont pas de valeur impérative, celle-ci peut contenir des dispositions non budgétaires normatives, c'est-à-dire qui s'imposent non seulement aux agents d'exécution du budget mais également aux tiers qui entrent dans leur champ d'application. Il s'agit principalement des dispositions fiscales. En effet, même lorsqu'elles figurent dans une loi de finances, les dispositions fiscales ne doivent pas être regardées comme une simplement autorisation. Elles sont d'ordre public et doivent être exécutées en conséquence. Tel est également le cas d'autres dispositions, notamment celles relatives à la responsabilité des agents d'exécution du budget.

Le deuxième, plus saisissant encore, concerne sa mise en perspective (du moins celles de ses dispositions qui présentent un caractère exclusivement budgétaire) avec la loi ordinaire. Ici en effet, une confrontation avec la loi ordinaire laisse transparaître, à travers une hiérarchie bijective, l'ambivalence de leurs statuts respectifs : d'une part, du fait de sa nature d'acte de prévision, la loi de finances souffre des limites de sa portée au regard de la loi ordinaire. Il est établi qu'elle ne concerne que les rapports entre Exécutif et Parlement, sans effet direct à l'égard des tiers. D'autre part elle jouit d'une véritable suprématie sur cette dernière, en ce sens qu'elle conditionne le vote de toute loi ordinaire et la prise de tout acte réglementaire dès lors que ceux-ci sont susceptibles d'avoir une incidence sur les finances publiques.

D'abord, aux termes de l'article 101 de la Constitution nigérienne du 25 novembre 2010, *« la loi de finances (...) prévoit et autorise (...) l'ensemble des ressources et des charges de l'Etat »*. Cette disposition renseigne sur la nature juridique des lois de finances, celle de prévoir et d'autoriser. Or la réalisation de toute prévision dépend de conditions externes auxquelles elles restent subordonnées, notamment celles liées à la conjoncture économique, politique ou sociale. Par voie de conséquence les dispositions de la loi de finances prennent la forme d'actes-conditions. Ainsi les lois de finances, spécifiquement la loi de finances de l'année et les lois de finances rectificatives, ne sont une source ni de droits subjectifs ni d'obligations pour les tiers.

Ce statut juridique particulier se manifeste sur le plan du contentieux de légalité : en raison du caractère spécifique de la légalité budgétaire, les énonciations de la loi de finances n'ont pas en principe de portée normative. En effet suivant une jurisprudence constante du Conseil d'Etat français, *« les dispositions de la loi de finances ne concernent que les rapports entre le Gouvernement et le Parlement et n'ont d'effets directs qu'à l'égard des agents de l'administration chargés de leur exécution »* ; en revanche elles ne sont pas source de droits ni d'obligations à l'égard des tiers : aussi ne peuvent être considérés à l'appui d'une requête, les moyens tirés de la violation des dispositions d'une loi de finances. Il est de ce fait possible qu'un acte réglementaire accorde à des fonctionnaires un montant d'indemnités inférieur à celui prévu par une loi de finances sans ouvrir à ces derniers un recours contentieux contre l'Etat. L'inscription de tels crédits dans la loi de finances n'ouvre pas aux intéressés un droit de créance contre l'Etat. Pour le Conseil d'Etat français en effet, *« lorsque le texte même de la loi de finances ne contient aucune disposition relative au taux des indemnités des fonctionnaires, l'inscription des crédits afférents à ces indemnités dans les états annexés à ladite loi de finances ayant un caractère purement budgétaire, ne saurait être constitutive de droits ; que, par suite, en l'absence de toute prescription législative expresse, l'inobservation, soit des indications données au cours de la discussion devant le Parlement au sujet de l'affectation des crédits, soit même des mentions qui l'accompagnent dans les états précités, ne pourrait avoir pour effet que d'engager, le cas échéant, la responsabilité pécuniaire des comptables ou la responsabilité politique des ministres, mais ne peut ouvrir aux intéressés un recours contentieux »*[46].

Au demeurant, en cas de conflit des légalités financière et ordinaire c'est cette dernière qui a toujours le dernier mot. Par exemple, une activité illicite au regard de la loi ordinaire ne devient pas pour autant licite dès lors que la loi de finances lui ouvre un crédit budgétaire[47]. Au surplus, un fonctionnaire ne peut se prévaloir de l'inscription de son poste en loi de finances pour prétendre qu'il ne peut être supprimé[48]. Inversement, *« une suppression de crédits budgétaires afférents à un emploi ne pourrait légalement justifier la suppression*

---

[46] C.E. 28 mars 1924, Jaurou, et autres, D 1924, III,29, conclusions René Mayer..

[47] C.E., Sect. 13 novembre 1953, Chambre syndicale des industries et du commerce des armes, munitions et articles de chasse, D. 1954, p. 550, note Reuter.

[48] C.E. Sect. 26 juillet 1946, Valent-Fallandry, Lebon, p. 221.

dudit emploi » [49]. Par voie de conséquence le statut juridique de la loi de finances interdit *« non seulement au Gouvernement mais encore au législateur lui-même de méconnaître par le biais d'une loi de finances une disposition d'ordre législatif ou réglementaire entrée en vigueur antérieurement et non abrogée ainsi que les dettes de l'Etat qui seraient nées de la mise en application de cette loi ou de ce règlement »*[50].

En réalité il faut relever à ce stade de la réflexion que la loi de finances n'est rien d'autre que la traduction financière des autres lois. En effet *« elle consiste à donner aux pouvoirs publics, Parlement et Gouvernement, les moyens financiers nécessaires à la mise en œuvre des différents choix politiques formulés d'abord par le Parlement par le vote des lois ordinaires, puis par le Gouvernement par l'édiction de règlements et d'actes individuels »*[51].

Ensuite, symétriquement et paradoxalement la loi de finances constitue la mesure de toutes les autres lois, notamment lorsque celles-ci sont susceptibles d'avoir une incidence sur les finances publiques. En effet *« lorsque des dispositions d'ordre législatif ou réglementaire doivent entraîner des charges nouvelles ou des pertes de ressources, aucun projet de loi ne peut être définitivement voté, aucun acte réglementaire ou conventionnel ne peut être signé tant que ces charges ou pertes de ressources n'ont pas été prévues, évaluées et soumises à l'avis conforme du ministre chargé des finances »*[52].

Il ya donc ici une sorte de bijection hiérarchique entre loi de finances et loi ordinaire. Elles sont symétriquement hiérarchiquement supérieure l'une par rapport à l'autre en fonction de l'angle d'approche envisagé.

La spécificité du statut juridique de la loi de finances a un impact sur l'exercice du pouvoir réglementaire. Généralement ce dernier se borne à l'application de la loi. Ainsi utilise-t-on l'expression de « décrets d'application » de la loi. En effet, même votée par le Parlement la loi nécessite souvent la mise en œuvre de ce pouvoir opérationnel reconnu à l'Exécutif pour préciser certaines de ses modalités d'application. C'est le cas de toutes les lois ordinaires.

---

[49] C.E Sect, 26 novembre 1954, req. N° 17-704, Sieur Lota, Rec. 622

[50] Requête sous Déc. 86-221 DC du 29 déc. 1986.

[51] Idem

[52] Art. 4 al. 3 de la loi 2011-15 portant loi organique relative aux lois de finances au Sénégal.

C'est également le cas des lois de finances. Ainsi en est-il du décret de répartition, voire des décrets de virement ou de transfert de crédits qui ne s'écartent pas du montant des crédits votés par le législateur. Très souvent cependant en matière de lois de finances, le pouvoir réglementaire prend la forme d'un pouvoir réglementaire autonome. C'est le cas des décrets d'avances tel que précisé par l'article 23 de la loi sénégalaise 2011-15 portant loi organique relative aux lois de finances aux termes duquel *« En cas d'urgence et de nécessité impérieuse d'intérêt national, des crédits supplémentaires peuvent être ouverts par décret d'avances pris en Conseil des ministres »*[53]. Cette distorsion introduite par la catégorie des décrets d'avances perturbe le schéma kelsénien de la pyramide des normes juridiques et valide le constat de Jean-Pierre Duprat pour qui *« la construction de la « constitution financière » oblige à remarquer que l'édification du corpus normatif, répond à des logiques plus complexes que la simple prise en compte du modèle kelsénien, en raison de l'interférence de sources externes (...)ce qui peut induire des tensions au sein même de la constitution formelle, à côté des interactions entre catégories normatives »*[54]. Entre droit communautaire, Constitution, loi organique relative aux lois de finances, décrets d'application et décrets autonomes, les rapports s'écartent sensiblement de la logique pyramidale de Kelsen.

Cette défiguration du schéma kelsénien prend davantage de relief lorsque l'on considère le contentieux de constitutionnalité des lois de finances dont la caractéristique majeure reste l'inapplicabilité directe de la Constitution.

B. L'INAPPLICABILITÉ DIRECTE DE LA CONSTITUTION

L'utilisation d'autres normes que les normes strictement constitutionnelles en matière de contrôle de constitutionnalité n'est pas nouvelle. Louis Favoreu l'a relevé il y a déjà plus d'une quarantaine d'années[55]. Rapporté au champ des lois de finances, Eric Oliva rappelle que *« les lois organiques financières occupent une place particulière dans l'ordre juridique dans la mesure où elles sont*

---

[53] Loi 2011-15 du 08 juillet 2011, Sénégal, art. 23 al.1.

[54] J-P. Duprat, « Finances publiques », in M. Troper, D. Challognaud, op. cit, p.391.

[55] L. Favoreu, « Le principe de constitutionnalité, essai de définition d'après la jurisprudence du Conseil constitutionnel », Mélanges en l'honneur de C. Eisenmann, Paris, Cujas, 1977.

indispensables à la Constitution qui ne semble pas applicable sans elles »[56]. En effet, en disposant que *« la loi de finances détermine la nature, le montant et l'affectation des ressources et des charges de l'Etat dans les conditions et sous les réserves prévues par une loi organique »,* la Constitution esquive l'application directe de ses propres dispositions et renvoie au législateur organique le soin d'en préciser les détails, donnant à ce texte une importance considérable. A travers ce renvoi la Constitution renforce *« la dimension substantielle d'une norme traditionnellement orientée vers les aspects procéduraux »*[57]. En effet alors que la Constitution reste parfois vague et très générale, la loi organique couvre un champ plus vaste et plus précis, de la détermination des ressources et des charges aux règles procédurales et aux grands principes qui président à la préparation, à l'examen et au vote des lois de finances.

Néanmoins il serait erroné d'affirmer l'inopérationnalité des dispositions de la Constitution en matière de contentieux constitutionnel des lois de finances. Dans certaines espèces, notamment dans l'encadrement du droit d'amendement des parlementaires, le juge convoque aussi bien les dispositions constitutionnelles que les dispositions organiques. Mais du fait que *« les bases constitutionnelles du droit budgétaire et financier renvoient toutes à la loi organique le soin de préciser leur contenu ou encore de les concrétiser »*[58], le juge fait plus souvent référence aux lois organiques financières. Suivant sa jurisprudence en effet le Conseil constitutionnel français refuse d'accorder une quelconque normativité à une disposition constitutionnelle qui devrait être précisée par une loi organique financière.

Dès lors que la Constitution renvoie à une loi organique, les dispositions constitutionnelles ne peuvent être directement applicables en matière contentieuse en l'absence du texte de renvoi. La Constitution organise ainsi un mécanisme de complémentarité formelle et matérielle dont se servira le juge[59]. Il en a été ainsi de l'article 72-2 de la Constitution du 4 octobre 1958 où la Haute juridiction a indiqué que la méconnaissance de celles de ses

[56] E. Oliva, op. cit., p.1352.

[57] J-P Duprat, Finances publiques, in M. Troper, D. Challognaud, op. cit, Tome 3, p. 392.

[58] E. Oliva, « Normes de constitutionnalité ou normes constitutionnelles : l'ambiguïté des lois organiques financières », Mélanges en l'honneur de L. Favoreu, Paris, Dalloz, 2007, p.1351.

[59] Cf. E. Oliva op. cit.

dispositions qui consacrent un principe d'autonomie financière des collectivités territoriales, *« ne peut être utilement invoquée tant que ne sera pas promulguée la loi organique qui devra définir les ressources propres des collectivités territoriales et déterminer, pour chaque catégorie de collectivités territoriales, la part minimale que doivent représenter les ressources fiscales et les autres ressources propres dans l'ensemble de leurs ressources »*[60]. Le texte sus indiqué constitue de ce fait un complément indispensable permettant au Conseil constitutionnel de remplir son office.

En pareil cas, l'épreuve de constitutionnalité met en place un édifice à trois étages : loi de finances, loi organique relative aux lois de finances, Constitution. En France, la logique de performance introduite par la loi 2001-692 a davantage compliqué ce schéma en instituant les lois-cadres d'équilibre des finances publiques qui nécessitent elles-mêmes l'intervention d'une loi organique relative aux lois-cadres d'équilibre des finances publiques. Ce schéma induit une pyramide normative complexe à cinq étages, qu'une partie de la doctrine[61] a qualifiée *« d'épouvantable mille-feuilles juridique »*[62] et de *« carcan normatif qui fait encore la part belle au juge constitutionnel »*[63], un auteur utilisant même l'image osée *« d'usine à gaz juridique »*[64]. Le dispositif est ainsi conçu : la Constitution fixe simplement un objectif d'équilibre budgétaire et financier qui doit être contenu dans une loi-cadre ; une loi organique, qui doit être conforme à la Constitution, détermine ensuite les modalités d'élaboration des lois-cadres d'équilibre des finances publiques qui doivent à leur tour respecter la Constitution et les lois organiques financières. Enfin, les lois de finances et de financement de la sécurité sociale doivent respecter la Constitution, les lois organiques relatives aux lois de

---

[60] Cc, 23 déc. 2003, autonomie financière des collectivités territoriales

[61] A-M. Le Pourhiet, Le Monde Idées, 6 avril 2011, https://www.lemonde.fr/idees/article/2011/04/06/l-equilibre-des-finances-publiques-dans-la-constitution_1503664_3232.html

[62] Ibidem.

[63] Ibid. L'auteure ajoute qu'il faudrait en ce cas « savoir trouver (…) le bon équilibre, en évitant de donner systématiquement aux juges des pouvoirs d'appréciation discrétionnaire qui les conduisent inévitablement à se prononcer en opportunité » avant de conclure qu' « Il est assez piquant et peut-être surréaliste (…) de voir les gouvernements successifs et leurs majorités, dans un mouvement quelque peu masochiste de doute à l'égard d'eux-mêmes, tendre toujours plus de verges aux juges pour se faire battre ».

[64] A-M. Le Pourhiet, op. cit.

finances ou de financement de la sécurité sociale, et les lois-cadres d'équilibre des finances publiques, chaque échelon étant susceptible de provoquer un recours contentieux devant le Conseil constitutionnel[65]. Cette situation aboutit en conséquence à ce qui pourrait s'apparenter à un glissement continu du terrain constitutionnel contentieux.

Cette diversification des normes de référence essentiellement due *« aux exigences inhérentes à la hiérarchie des actes juridiques »* pour reprendre l'expression de Bruno Genevois, pose un premier problème au regard de l'office du juge constitutionnel : tout se passe comme si, *« à la lumière du phénomène résumé par la métaphore du bloc de constitutionnalité, le conseil constitutionnel apparaît comme autre chose qu'un simple juge de la constitutionnalité des lois : ne serait-il pas désormais un organe de contrôle de la primauté sur la loi des règles supra législatives (...) ? »* [66] Plus simplement, *« lorsque le conseil censure une loi de finances sur le fondement d'une méconnaissance de la loi organique relative aux lois de finances, ou qu'il censure une disposition du règlement intérieur d'une assemblée du fait de la violation d'une loi organique, est-il à proprement parler un juge constitutionnel ? »*[67]. Pour une partie de la doctrine en effet, il serait un simple juge de légalité organique.

La question semble ici plus préoccupante au regard de la théorie de Kelsen. D'abord ce phénomène de renvoi de la Constitution à une norme de moindre importance quoique matériellement constitutionnelle, *« aboutit à une situation troublante au point de vue de la hiérarchie des normes. Les normes les plus élevées étant souvent les plus générales peuvent être bloquées ou à tout le moins conditionnées par des normes de rang hiérarchique inférieur »*[68]. Ensuite si l'on descend d'un cran de la loi en mettant en perspective les conditions de déploiement du pouvoir réglementaire, notamment les décrets d'avances, il est aisé de constater que les rapports hiérarchiques sont remis en cause par le fonctionnement du dispositif normatif. Singulièrement ici il est important de remarquer que,

---

[65] Idem

[66] Denis Baranger, "La faiblesse des liens forts et la force des liens faibles: comprendre le bloc de constitutionnalité" In Mélanges Frédéric Sudré, "Les droits de l'Homme à la croisée des droits", Paris, LexisNexis, 2018, P.23.

[67] Idem

[68] E. Oliva, op. cit. p.1370.

contrairement à ce que suppose le schéma kelsénien, c'est à la loi qu'il revient de se conformer aux dispositions du décret. Du fait de son caractère autonome, le décret d'avances intervient en dehors de toute habilitation d'une loi de finances et est directement régi par la « constitution financière » qui dispose en son article 23 pour le cas du Sénégal, que *« la ratification des crédits se fera sur la plus prochaine loi de finances »*[69], ce qui signifie que la loi, au cas où elle ratifierait les crédits additionnels concernés, devrait se conformer aux désidératas du pouvoir réglementaire.

Enfin et plus encore, lorsque l'on envisage le contrôle contentieux du recours au décret d'avances, on se rend à l'évidence que la norme de référence reste sinon la Constitution, du moins la loi organique relative aux lois de finances, qui exige que soient remplies les conditions *« d'urgence et de nécessité impérieuse d'intérêt national »*. Dans la réalité il s'agit d'un contrôle quasi impossible, du moins d'une situation difficile à censurer par un recours juridictionnel, puisque la situation *« d'urgence et de nécessité impérieuse d'intérêt national »* suppose que soit déjà prise et appliquée la solution qu'exige ce contexte spécifique tel qu'il résulte d'une appréciation ponctuelle de l'Exécutif. Si l'on pousse davantage la réflexion on tombe sur un dernier paradoxe : c'est à la Cour des comptes, juridiction de l'ordre administratif, qu'il revient d'apprécier si, en recourant au pouvoir réglementaire dans une situation d'urgence budgétaire, l'Exécutif a bien respecté les dispositions constitutionnelles et organiques alors que ces juridictions ne sont pas habilitées, dans le contexte qui nous concerne, à contrôler la constitutionnalité des normes. En outre une telle perspective ne peut intervenir que lors de son office administratif et non contentieux. Comme le souligne un auteur, *« l'entrée du droit dans l'ère post moderne solliciterait des représentations plus sophistiquées comme celle de l'arborescence ou du réseau »*[70].

[69] Art. 23 al. 2

[70] V. Champeil-Desplats, op. cit. Tome 1, p.735.

CONCLUSION

En définitive, le droit constitutionnel financier tout comme le droit administratif financier nous réservant bien des surprises. Aussi bien dans leur architecture que dans leur périmètre d'action, sur le plan procédural et sur le plan substantiel, les lois de finances suscitent l'intérêt, et bien au-delà de la science du droit.

Moussa ZAKI,

Agrégé de droit public,
Université Gaston Berger de Saint Louis (Sénégal)

Badjo Jeanie Elisabeth DJEKOURI

L'URGENCE BUDGÉTAIRE DANS LES CONSTITUTIONS DES ETATS MEMBRES DE L'UEMOA.

INTRODUCTION

> « Quand la maison brûle, on ne va pas demander au juge l'autorisation d'y envoyer les pompiers ».

Par cette célèbre affirmation, le Commissaire du gouvernement Romieu sous l'arrêt Société immobilière de Saint-Just entendait exprimer l'idée selon laquelle l'urgence peut justifier la dérogation aux règles normales établies.[1] Il fait par ailleurs référence au péril éminent. La solution retenue dans cet arrêt pose l'épineuse question de l'urgence en droit public précisément en droit constitutionnel budgétaire. Elle implique la dérogation aux règles de procédures et d'exercice des prérogatives budgétaires reconnues par la constitution aux différents pouvoirs en présence.

La répartition des compétences financières entre les pouvoirs législatif et exécutif est prévue par les Constitutions des Etats membres de L'UEMOA. Elle fait apparaître le cycle budgétaire comprenant l'élaboration et l'adoption du projet de loi de finances, l'exécution et le contrôle de la loi de finances. A chaque étape interviennent respectivement essentiellement deux pouvoirs à savoir l'exécutif et le législatif qui entretiennent des rapports parfois sinon souvent inégalitaires ou déséquilibrés. En effet, « les rapports entre les pouvoirs législatif et exécutif restent presque toujours conflictuels, l'exécutif

---

[1] L'administration n'a, en principe, pas le pouvoir d'exécuter par la force ses décisions. Elle doit donc y être autorisée par le juge ou par la loi. Toutefois, il est possible d'y déroger en cas d'urgence.

ayant tendance à se superposer au législatif, y compris et notamment, en ce qui concerne le budget de l'État »[2].

Ce cycle est long et s'étend sur presque sur toute l'année et peut être source de lenteurs intolérables du Parlement et des inerties du gouvernement qui n'agissent pas dans les délais légaux occasionnant ainsi des blocages.

D'où la nécessité de l'urgence pour assurer la continuité du cycle budgétaire inscrit dans un délai rigide.

L'urgence requiert une action, une décision immédiate et rapide. Pour Jean Gicquel et Pierre Avril la Procédure d'urgence est toute « Décision accélérant la procédure législative et permettant au gouvernement d'interrompre la navette après une seule lecture par chaque assemblée en provoquant la réunion d'une commission mixte paritaire ».

Dans la directive communautaire n° 6 UEMOA, « l'urgence et la nécessité impérieuse d'intérêt national » conduisent au non-respect de la procédure normale d'adoption des crédits.

D'ailleurs, à ce niveau se dégagent les pouvoir financier et politique qui aux dires du professeur Michel Bouvier entretiennent des liens étroits. Pour cet éminent professeur de droit budgétaire et financier, « les liens entre le pouvoir financier et le pouvoir politique ne sont plus à démontrer car «les phénomènes financiers publics sont avant tout des phénomènes politiques »[3].

La constitution qui est censée organiser ce pouvoir politique et ces phénomènes politiques dans ses relations avec les autres pouvoirs dans l'Etat, leur fonctionnement et leur collaboration ne saurait ignorer le pouvoir financier en tant qu'il est essentiel et constitue un moyen incontournable de la mise en œuvre des attributions de l'ensemble des composantes de l'Etat.

Faute d'étudier l'ensemble des Etats membres de l'Etat, nous avons fait un choix égoïste pour lequel je vous prierai de m'excuser. Ce choix loin d'être arbitraire permet de puiser dans la constitution ivoirienne du 8 novembre 2016, les éléments de réflexion au regard de la nouvelle

---

[2] MORAES Baceti (Camila), Les rapports entre les pouvoirs législatif et exécutif dans le droit budgétaire brésilien, thèse pour le doctorat en droit université Paris I Panthéon Sorbonne U.F.R 01 – Droit, Administration et Secteurs publics, 6 décembre 2013.

[3] M. BOUVIER, « Mutations des finances publiques et crise du pouvoir politique ? », *RFFP*, n° 79, 2002, p. 241.

configuration du pouvoir exécutif cas d'école dans l'espace UEMOA et le bicamérisme du législatif qu'elle présente. Le pouvoir exécutif bénéficie d'une avance sur le second en raison de sa prépondérance et de son omniprésence à toutes les étapes de ce processus. Le pouvoir législatif conserve ses prérogatives habituelles dont il convient d'apprécier la teneur à l'épreuve de l'urgence budgétaire.

L'urgence budgétaire influence-t-elle la nature des rapports entre l'exécutif et le législatif en matière budgétaire au regard de cette nouvelle configuration des pouvoirs ?

Les rapports entre les deux pouvoirs sont traditionnellement marqués par la prépondérance de l'exécutif à qui le constituant reconnaît des solutions légales de contournements du législatif en cours d'adoption du projet de loi de finances faisant de l'urgence une nécessité du fonctionnement normal des institutions dans un premier temps (I) et que l'urgence est un prétexte de limitation des pouvoirs du parlement et du gouvernement au profit du président de la république. (II)

I. UNE NECESSAIRE URGENCE ENCADREE

Pour illustrer la prépondérance du président de la république, le constituant reconnaît des voies légales de contournements du législatif en cours d'adoption du projet de loi de finances qu'on peut qualifier de solutions urgentes ou d'urgence budgétaire sous la forme d'ordonnances budgétaires et de provisoire budgétaire.

L'exécutif et précisément le président de la république bénéficie d'une avance sur le parlement en raison de sa prépondérance et de son omniprésence à toutes les étapes de ce processus.

La constitution a prévu des dispositifs de gestion de l'urgence. Ce sont l'ordonnance budgétaire et les douzièmes provisoires. Ces dispositifs traditionnels montrent que le contournement du Parlement et du gouvernement par le PR est prévisible d'une part(A) et que le maintien de leurs prérogatives traditionnelles s'avère indispensable(B).

A. LE PREVISIBLE CONTOURNEMENT DU PARLEMENT ET DU GOUVERNEMENT

Afin d'éviter les blocages institutionnels, la constitution a prévu des solutions bien précises à savoir l'ordonnance et les 12èmes provisoires. Ces solutions ont été rappelées dans la directive n°06/2009/CM/UEMOA portant lois de finances au sein de l'UEMOA et transposée en Côte d'Ivoire par la loi organique n°2014-336 du 5 juin 2014 et dans l'ordre interne de la plupart des Etats membres de l'UEMOA.

Le parlement devrait se prononcer dans un sens que la constitution ne précise pas. Mais, on imagine qu'elle dicte un vote positif c'est à dire qu'elle souhaite que le parlement approuve le projet de loi de finances. Dans un tel cas de figure, le président de la république n'aurait rien eu à dire étant donné qu'il a atteint son objectif celui de faire adopter le projet de loi de finances. Il apparaît clairement qu'il est opéré une distinction entre le président de la république et le gouvernement même si ces deux entités constituent l'exécutif comme le précise l'article 53 de la constitution ivoirienne du 8 novembre 2016 en ces termes « l'exécutif est composé du président de la république, du vice-président de la république et du gouvernement »

Dans le cas contraire, le vote négatif du parlement mettrait en cause toute la procédure avec la faculté donnée au président de la république de recourir à l'ordonnance budgétaire. Mais, le recours à l'ordonnance fait toujours intervenir le parlement qui a émis un vote négatif.

Les incohérences apparaissent avec un parlement qui a eu un délai raisonnable pour adopter le projet de finances et qui pourrait autoriser le président de la république dans un délai plus court à agir. Cela relève d'une absurdité difficilement compréhensible.

Si tant est qu'il y a urgence et que le contournement du parlement cette fois-ci bicaméral s'avère nécessaire, autant agir en urgence car la sollicitation du parlement rappelle le fonctionnement normal des deux principaux pouvoirs en présence à savoir l'exécutif et le législatif. De toutes les façons, à l'issue de ce délai supplémentaire, le budget est définitivement par ordonnance. (Les articles 112 al.2 4èment de la constitution du 8 novembre 2016 et 110 al.2 et 3 de la constitution béninoise du 11 décembre 1990).

Les différentes formulations des constitutions marquent le manque de courage du constituant qui voulant exclure le parlement de la procédure d'adoption en invoquant la notion d'ordonnance qui fait croire que le parlement détient encore les rênes du pouvoir budgétaire alors qu'en réalité, le président de la république a toutes les cartes en mains.

La directive n°6 portant lois de finances en son article 23 alinéa 1 et 2 prévoit des procédures d'urgence en ces termes

« En cas d'urgence et de nécessité impérieuse d'intérêt national, des crédits supplémentaires peuvent être ouverts par décret d'avances pris en conseil des ministres.

Le parlement en est immédiatement informé et un projet de loi de finances portant ratification de ces crédits est déposé dès l'ouverture de la plus prochaine session du parlement ».

Ces solutions d'urgence communautaires ajoutées à l'urgence budgétaire par ordonnance sont la manifestation de la prépondérance du président de la république et qui consacre le maintien inévitable même de façade du parlement s'illustre également au niveau de ses rapports avec le gouvernement par le recours à la technique des douzièmes provisoires. Les douzièmes provisoires constituent la sanction de l'inertie du gouvernement par le PR qui entend s'appuyer encore sur le parlement donnant l'impression de le réhabiliter pour légitimer ses velléités dominatrices.

Ici encore, le constituant tente de préserver les prérogatives du parlement par l'autorisation que lui demande le président de la république pour reconduire provisoirement un 1/12ème du budget autorisé un an plus tôt en attendant l'adoption du nouveau budget. Si l'urgence est réelle, cette autorisation paraît superflue. Il appartient au constituant d'organiser la gestion de cette urgence sans le parlement car comme dans le cas de l'ordonnance budgétaire, le parlement peut refuser l'autorisation sollicitée par le président de la république.

Or, le constituant ne saurait dépouiller le parlement de ses prérogatives originelles financières sans remettre en cause les fondements mêmes de la démocratie portés par la répartition et la séparation des pouvoirs. « Il vote la loi et consent l'impôt », loi de finances est une loi. (article 93 de la constitution ivoirienne précitée).

De ce fait, elle suit la même procédure législative d'adoption telle que mise en œuvre par la constitution (article 107). Son rôle traditionnel est maintenu mais reste enrobé dans un habillage hypocrite.

B. L'INDISPENSABLE MAINTIEN DES POUVOIRS DU PARLEMENT

Il s'agit des pouvoirs traditionnels de vote de la loi par le parlement et de son exécution par le gouvernement. A cet effet, les deux chambres à savoir l'Assemblée Nationale et le Senat ….

Comme on peut le constater les hypothèses de réactions négatives du parlement ne sont pas prévues et pourraient causer des causes de blocages institutionnels voire de crises pouvant paralyser le fonctionnement de l'Etat.

Les rapports entre l'exécutif n'ont jamais été aussi déséquilibrés en matière financière dans les constitutions. L'initiative concurrente des lois entre le Président de la république et les membres du parlement laisse place à une initiative exclusive du président de la république (Article74) de la constitution du 8 novembre 2016. Cette solution est clairement affirmée dans la constitution et ne souffre d'aucune ambiguïté. Sur ce point, le parlement avoue ses limites en termes de technicité et de disponibilité matérielle pour avoir à initier des propositions de lois de finances. Ce que le gouvernement, agissant par délégation du président de la république le fait aisément. Cette avance gouvernementale sur le parlement répond à un souci de pragmatisme et ne saurait fouler au pied les bases de la démocratie. La justification fournie consiste à considérer le processus budgétaire comme normal, long et non inscrit dans une urgence pour nécessiter une réaction urgente. A ce niveau, l'exécutif incarné ici par le président de la république affirme sa toute-puissance parce que c'est lui qui « détermine et conduit la politique de la nation » dont le budget est la traduction financière. (art. 64)

De même, les limites constitutionnelles imposées au parlement en matière de droit d'amendement en matière budgétaire achèvent de conforter l'idée de déséquilibre des rapports entre l'exécutif et le législatif. (art 107)

La nouvelle configuration de l'exécutif instituant un tricéphalisme de façade (présidence de la république-vice-présidence-gouvernement) ne fait que conforter le renforcement des pouvoirs du président de la république. En effet, le président de la république reste « le détenteur exclusif du pouvoir exécutif (article 63). Et en dépit de l'institution d'un vice-président de la république, élu sur la même liste et suivant les mêmes termes que le président, le monopole dont il jouit dans ses domaines de compétences est préservé. Et tous les pouvoirs constitutionnellement reconnus au président de la république y compris en matière financière restent intacts en faveur du renforcement de ces derniers. Le constituant n'a pas jugé nécessaire et même pas opportun d'organiser un partage précis des pouvoirs financiers du président de la république avec le vice-président de la république. On se demande si la délégation de pouvoir prévue à l'article 80 de la constitution et qui confère au vice –président la faculté de présider le conseil des ministres en cas d'absence hors du territoire national du président de la république peut s'ouvrir aux questions financières notamment l'adoption du projet de loi de finances. La réponse revient au constituant qui s'il voulait donner un contenu au tricéphalisme aurait doté le vice-président de pouvoirs financiers réels comme il le fait déjà avec le gouvernement. En effet, si « le gouvernement est chargé de la mise en œuvre de la politique de la nation » (art. 81 Al.2) définie et déterminée par le président de la république, c'est qu'il détient des prérogatives financières à faire valoir dans ses rapports avec le parlement.

II. L'URGENCE PRETEXTE TOLEREE

Elle se manifeste de deux manières la préférence de la gouvernance par ordonnance (A) et l'élaboration de mécanismes d'urgence présidentiels(B)

A. LA PRÉFÉRENCE DE LA GOUVERNANCE PAR ORDONNANCE

En dehors de ces dispositifs constitutionnels d'urgence bien encadrés, le gouvernement n'hésite pas à gouverner par voie d'ordonnance. C'est une préférence qui a cours en Côte d'Ivoire depuis les années 2002. Si, la crise politico-militaire sert de prétexte à la gouvernance par ordonnance, le retour à la normal des années 2011 et le maintien de la gouvernance par ordonnance par le président de la république qui dispose d'une majorité parlementaire confortable est incompréhensible.

L'article 106 peut, pour l'exécution de son programme, demander au parlement, par une loi, l'autorisation de prendre par ordonnance, pendant un délai limité, des mesures qui sont normalement du domaine de la loi.

- Les ordonnances portant budget
- Les ordonnances d'exécution du programme présidentiel
- Les ordonnances portant modification de l'annexe fiscale pour le budget 2018 là où il fallait simplement une autre loi

B. LES MECANISMES PRESIDENTIELS D'URGENCE

Existence de programmes ou plans d'urgence présidentiels liés parfois sinon souvent à l'urgence socio-économique voire politique dont on ignore les procédures d'adoption. Par exemple le programme présidentiel d'urgence qui es Ces mécanismes ne rentrent pas dans ceux prévus par l'arsenal juridique constitutionnel. Et pourtant, le gouvernement y recourt très souvent et presque systématiquement sans associer le parlement qui est mis devant le fait accompli. La peur du fait majoritaire et les lenteurs de la procédure législative détournent l'intérêt du PR à privilégier la gouvernance urgente.

Les solutions urgentes suscitées par les crises sociales et économiques (les mutineries, la chute des cours mondiaux du cacao qui a occasionné une réduction budgétaire de 10%.

Dès lors, à la lumière de la nouvelle configuration des pouvoirs définis par la constitution ivoirienne du 8 novembre 2016, on se demande si l'urgence ne constitue-t-elle pas le prétexte pour le président de la république de contourner momentanément le gouvernement et définitivement le parlement rendant ainsi illusoires ses prérogatives budgétaires ?

CONCLUSION

Au total, les réformes des systèmes financiers de ces dernières années portées par les directives communautaires et transposées dans l'ordre interne des Etats membres de l'UEMOA mettent l'accent sur le renforcement des pouvoirs du Parlement qu'il soit monocaméral comme au Bénin ou ailleurs ou bicaméral comme en Côte d'Ivoire. C'est l'aveu que ces pouvoirs ont toujours été minorés par rapport à ceux de l'exécutif en temps comme en cas d'urgence. En effet, les différentes constitutions des Etats membres de l'UEMOA n'ont pas toujours été généreuses à l'égard du parlement en termes de partage des pouvoirs. Ce partage léonin est d'autant plus perceptible en matière financière que le parlement reste confiné dans ses attributions traditionnelles d'adoption du projet de lois de finances et de contrôle de l'exécution de la loi de finances. L'institution du bicamérisme ne modifie pas fondamentalement la donne. Au contraire, elle ne fait qu'alourdir la procédure législative.

Les urgences budgétaires et toutes les solutions d'urgences prises par voie unilatérale par le président de la république sont autant d'alibi qui contribuent sensiblement à affaiblir le parlement dans ses prérogatives budgétaires. Elles révèlent la vraie nature des rapports entre ces deux pouvoirs.

Les solutions pouvant aider à renforcer les pouvoirs du parlement existent. Tout dépend de la vision politique contenue dans les constitutions. Le renforcement ne peut intervenir qu'à l'occasion de révisions constitutionnelles et non dans le cadre d'adoption de lois organiques c'est-à-dire de mécanismes juridiques infra-constitutionnelles. Le constituant doit se débarrasser de toute hypocrisie pour inscrire des dispositions claires, précises, concises et sincères en faveur de la réhabilitation des pouvoirs du Parlement en matière budgétaire pour qu'il joue pleinement son rôle de contre-pouvoir institutionnel. Car, sans des finances publiques saines, transparentes et sincères, la démocratie ne repose que sur du mensonge organisé et entretenu par l'exécutif en complicité avec le parlement.

Badjo Jeanie Elisabeth DJEKOURI
Maître de Conférences agrégée
Université Félix Houphouet Boigny (UFHB) Abidjan

PANEL 3

PRÉSENTATION DE LA SYNTHÈSE ET CLÔTURE DES TRAVAUX

Sous la présidence de Monsieur Théodore HOLO, Professeur titulaire de droit public et de science politique, ancien Président de la Haute Cour de Justice, ancien Président de la Cour constitutionnelle du Bénin

Alain ONDOUA

SÉMINAIRE SCIENTIFIQUE DE NIAMEY (24 AU 26 OCTOBRE 2018) « LA CONSTITUTION »

RAPPORT DE SYNTHÈSE

Un esprit malin mais sans doute averti pourrait se demander à haute voix : pourquoi se pencher à nouveau, et ce pendant trois jours d'échanges scientifiques, sur la notion de Constitution ? Alors que tout semble avoir été dit, par de bons esprits d'ici et d'ailleurs ; plus rien de substantiel voire de significatif ne saurait être tiré de cette notion cardinale du droit constitutionnel.

Il est vrai que cette notion est l'une des plus mobilisées de la science du droit public. Considérée comme un « phare » ou le fondement de l'édifice normatif interne, ses implications scientifiques sont désormais bien connues à travers le triptyque droit constitutionnel institutionnel, droit constitutionnel normatif et droit constitutionnel substantiel, en tant que la Constitution est le berceau des institutions, l'incarnation de la norme des normes et le siège de la garantie des droits.

Mais, l'observateur averti mentionné dès l'entame de cette synthèse, au terme de ces trois jours de Séminaire scientifique, devrait en toute honnêteté conclure que la Constitution demeure une notion à forte charge symbolique (compte tenu de ses atours rituels qui ont été évoqués), et une niche à controverses non exclusivement doctrinales. On en veut pour preuve la densité des interventions consignées (présidents de panels, communicateurs et discutants), comme la richesse et l'intensité des débats avec l'assistance.

On s'est ainsi interrogé sur l'idée de Constitution en Afrique, sur ce que serait une bonne Constitution, sans faire l'économie des invariants de cette notion. A ce dernier propos, en sus de ses dimensions formelle et matérielle, il a été mis en avant le fait que c'est d'abord et avant tout la caractérisation du statut de l'État. On est en présence d'une notion à la fois politique et juridique, et dont l'un des invariants réside dans la teneur de l'article 16 de la Déclaration française des droits de l'homme et du citoyen du 26 août 1789 : « *Toute société dans laquelle la garantie des droits n'est pas assurée, ni la séparation des pouvoirs déterminée, n'a point de Constitution* ».

On comprend alors d'autant mieux pourquoi la Constitution a été envisagée dans ses rapports avec la réalité politique, notamment la théorie de la séparation des pouvoirs, et comme fondement à la garantie des libertés des citoyens. Même s'il est vrai que les mécanismes politiques et juridiques de sanction s'avèrent à l'usage, soit grippés soit à l'efficacité relative.

De ce qui précède, il est possible d'inférer que semble être rentré dans la normalité constitutionnelle l'écart entre le texte de la loi fondamentale et la pratique institutionnelle. A ce dernier propos, il est heureux que l'on ait pu assister, au cours de nos travaux, à une sorte d'excommunication voire d'inanité des réflexions autour de la nature des régimes politiques (présidentiel, semi-présidentiel, présidentialiste ou parlementaire). La même satisfaction tient au fait que l'on ait pu échapper, cette fois, au débat infantilisant sur le mimétisme constitutionnel, alors même que, comme cela a pu être affirmé avec force, on serait davantage en présence d'un phénomène de diffusionnisme constitutionnel voire de circularité des standards et modèles constitutionnels formant le patrimoine constitutionnel commun des sociétés politiques modernes. Par ailleurs, de la théorie des cycles constitutionnels a été privilégiée la période des années post-renouveau constitutionnel.

Alors, que retenir de ces riches échanges scientifiques sur la forme et les modalités de la fabrique des Constitutions ou de l'« ingénierie » constitutionnelle ; sur les institutions et les valeurs constitutionnelles ; sur le sens, les fonctions et les finalités de la Constitution au sein de nos différents espaces ? Dans cette perspective, et en réponse, deux lignes de force pourraient être dégagées de nos échanges, d'une part les ressorts de la formalisation constitutionnelle (I) et, d'autre part, les contours du domaine constitutionnel (II).

I. LA FORMALISATION CONSTITUTIONNELLE

Cette dynamique de formalisation, ainsi qu'on a pu le constater, ne prendrait pas suffisamment en compte la donnée temporelle alors même qu'une Constitution s'inscrit dans la durée, et que la donnée temporelle est indispensable pour façonner une loi fondamentale répondant aux besoins constitutionnels du plus grand nombre. En tout état de cause, cette formalisation constitutionnelle recouvre deux principales dimensions, l'une constitutive (A) et l'autre réformiste (B).

A. UNE FORMALISATION CONSTITUTIVE

La question la plus importante dans cet ordre d'idées a été de réfléchir sur comment constituer. Il en a résulté que, d'un côté, on peut constituer par mode (1) et que, d'un autre côté, on en vient à constituer de façon désincarnée (2).

1. Constituer par mode

L'idée de mode peut d'abord renvoyer aux modalités d'écriture initiale de la Constitution. De ce point de vue, il convient de souligner rapidement que l'on a pu assister à une revivification de l'écriture multilatérale de la Constitution. Elle s'est opérée dès les origines du renouveau constitutionnel africain, à travers ce mode inclusif d'écriture constitutionnelle qu'a été la Conférence nationale souveraine. Les qualificatifs n'ont pas manqué pour célébrer cette trouvaille africaine, en l'occurrence écriture révolutionnaire des Constitutions ou encore pouvoir constituant atypique.

Constituer par mode peut aussi renvoyer à un relatif suivisme que l'on peut observer dans l'écriture des Constitutions du fait de la nécessité. Il s'agit alors d'une sorte de conventionnalisme constitutionnel relativement contraint, qui a vu émerger quelques curiosités juridiques aux dénominations diverses : accords politiques, chartes nationales de transition, Constitutions de transition, etc. Une attention particulière devrait, au demeurant, être portée à cette forme d'écriture transitionnelle, autrement dénommée petites Constitutions ; elle participe du constitutionnalisme de crise et donnerait naissance à des lois fondamentales plus consensuelles. Mais l'enjeu demeure celui de la concordance voire de l'adéquation de ces belles architectures constitutionnelles avec la réalité sociale africaine.

2. Constituer de façon désincarnée

Sans nous éloigner complètement de la première perspective, il a été souligné la prédilection des constituants africains contemporains pour l'hyper formalisme ; en regard du caractère dominant du normativisme dans l'œuvre constituante et, donc, la production normative constitutionnelle. Or, constituer en droit constitutionnel devrait conduire à se méfier du pur formalisme, en tant que le normativisme constitutionnel tirerait sa source du politique, et que ce dernier lui survivrait. En somme, constituer devrait conduire à consigner des représentations issues des faits, notamment sociétaux, afin d'intégrer des éléments du pacte politique dans le corps juridique de la Constitution.

On retrouve par ce biais l'intense débat autour du soin porté, dans nos pays, à l'agencement y compris raffiné du corps politique de la Constitution au détriment du corps social. Ce qui aurait pour conséquence d'avoir des Constitutions, et donc des institutions, en décalage avec la réalité sociale. Cette nécessité d'ancrage sociologique des Constitutions pourrait emprunter des méthodes couplant expertise, temps long et popularisation du processus d'élaboration des Constitutions. Certains silences constitutionnels manifestes devraient par conséquent être convenablement pris en charge. L'un de ceux-ci, longuement souligné, reviendrait à une meilleure gestion constitutionnelle du caractère plural de nos sociétés.

Au total, comment mieux prendre en charge du point de vue constitutionnel l'ethnie, la tribalité, le substrat humain et traditionnel de nos sociétés ; en s'inspirant par exemple des vertus de nos traditions historiques et des valeurs de la civilisation africaine auxquelles renvoie le préambule de la Charte africaine des droits de l'homme et des peuples de 1981. La Constitution deviendrait alors un véritable pacte social, une charte consentie et engageant le grand nombre et peu portée aux évolutions conjoncturelles que dévoile le réformisme constitutionnel contemporain.

B. UNE FORMALISATION RÉFORMISTE

L'une des questions les plus récurrentes en Afrique est celle de la révision des Constitutions des années 1990. Dans le cadre de nos débats, on a pu observer une mise en valeur du caractère orienté de la majorité des modifications constitutionnelles (1), d'où la méfiance qui conduit à encadrer ce réformisme constitutionnel (2).

1. Un réformisme constitutionnel largement instrumental

L'un des marqueurs du constitutionnalisme post-transitionnel réside dans la consécration de la rigidité constitutionnelle, conçue comme une complexification des procédures de révision de la Constitution. Or, la pratique des révisions démontre que l'on assiste à une forte prégnance présidentielle dans le processus réformiste ; prévalence qui n'est nullement tempérée par le rôle pré-constituant des comités d'experts, rôle technocratique au demeurant et, de surcroît, fortement contraint par la commande présidentielle.

Au-delà de la frénésie révisionniste qui a pu être observée dans certains États comme le Sénégal, l'une des manifestations les plus emblématiques de ce réformisme instrumental concerne la très répandue remise en cause des clauses de limitation des mandats présidentiels ; gage postulé d'alternance démocratique voire de meilleure respiration démocratique. Il est vrai que cette fixité préalable et corsetée des mandats présidentiels a pu être, ici, interprétée comme une incitation à l'infraction constitutionnelle. En tout état de cause, ces révisions dites opportunistes ou dévoyant la substance démocratique de la Constitution ont conduit à l'émergence de stratégies visant à contrer les initiatives constitutionnelles de majorités de circonstance.

2. Un réformisme constitutionnel encadré

Un débat nourri s'est engagé autour de l'opportunité de l'affectation de la plénitude constituante du pouvoir de révision. Autrement dit, la floraison des limites matérielles à la révision, autrement qualifiées d'intangibilités constitutionnelles voire de clauses d'éternité a été soigneusement discutée. Était sous-jacente à cette discussion, la compétence auto-reconnue du juge constitutionnel pour contrôler au fond les lois parlementaires de révision. Ce d'autant plus que ce contrôle a conduit, parfois, à transformer les limites matérielles en intangibilités constitutionnelles, à l'instar de la consécration du *principe du consensus national* ou encore des *options fondamentales de la Conférence nationale* par la Cour constitutionnelle du Bénin. Il est dès lors compréhensible que certains aient pu opiner dans le sens de la mise en valeur de principes supraconstitutionnels ; même s'il faut, à rebours, admettre que cette supra-constitutionnalité postulée doit admettre des objections tenant à la complétude et à la cohérence de l'ordre juridique interne.

On peut y déceler une forme de chemin de croix de la révision ou, de façon plus neutre, une prétention légitime de toute Constitution à la durée ; d'où le concept d'endurance constitutionnelle. A la recherche du bon curseur, ou plutôt, dans la nécessité de laisser libre cours à des approches contextualisées en la matière, l'on s'est réduit à souligner l'ambivalence d'un tel *statu quo* constitutionnel entre bonne santé ou pathologie constitutionnelle.

Ce *statu quo* est néanmoins concurrencé par la mobilisation des ressources de l'interprétation par certains juges constitutionnels, soit en se substituant soit en concurrençant le pouvoir de révision. Ainsi a-t-on pu assister à des enrichissements jurisprudentiels de l'écrit constitutionnel, corroborant par la même la théorie des changements constitutionnels et d'un droit constitutionnel hors ou au-delà de la Constitution. De façon plus explicite, certaines juridictions (Cour constitutionnelle du Gabon dans sa décision du 30 avril 2018 ; décision de la Haute Cour constitutionnelle de Madagascar du 25 mai 2018, relative à la requête en déchéance du Président de la République) en sont venues à combler certaines lacunes du texte constitutionnel ; procédé assimilable à des révisions jurisprudentielles de la Constitution. Parfois décriés, ces *ultra vires* de certains juges constitutionnels ont l'avantage, *a minima*, de dénouer d'éventuels blocages institutionnels et, plus fondamentalement, de faire évoluer le domaine constitutionnel.

II. LE DOMAINE CONSTITUTIONNEL

Le domaine renvoie au contenu des Constitutions. Il s'agit donc de la Constitution matérielle, qui nous a été présentée en Afrique comme comportant des normes de trop et assimilable à un « mini-Code civil » voire à un Code constitutionnel. La Constitution contiendrait des normes bavardes, or en paraphrasant le Rapport public 1991 du Conseil d'État français, « quand la (Constitution) bavarde, le citoyen ne lui prête qu'une oreille distraite ». Cette « obésité » constitutionnelle est diversement appréciée car tout dépend des traditions juridiques auxquelles se rattachent les États, et donc des écoles de pensée constitutionnelle de ces derniers. En tout état de cause, revenant aux marqueurs du nouveau constitutionnalisme africain, il est aisé d'y identifier un noyau dur c'est-à-dire un domaine constitutionnel par essence (A), puis une normativité constitutionnelle par extension (B).

A. LE DOMAINE CONSTITUTIONNEL PRIMAIRE (PAR ESSENCE)

Ce domaine combine État de droit et démocratie, au point où il renvoie d'une part à l'État démocratique (1) et d'autre part à la démocratie constitutionnelle (2).

1. L'État démocratique

La souveraineté et l'État forment avec la Constitution les objets classiques du droit constitutionnel. On comprend d'autant plus pourquoi la relation ambivalente entre Constitution et démocratie a été explorée. De cette relation, il est possible d'extraire une dynamisation matérielle et organique de la démocratie par la Constitution. Ceci implique la promotion du libéralisme et du pluralisme politiques et donc, fondamentalement, le droit d'opposition démocratique. Ce dernier peut être combiné avec des organes de réalisation de la démocratie que sont les partis politiques et la société civile.

L'État démocratique fait allusion par ailleurs à la consécration convergente de la séparation des pouvoirs, avec en particulier l'existence d'un invariant constitutionnel autour de la puissance présidentielle l'assimilant d'ailleurs peu ou prou à une sorte de chefferie constitutionnelle voire à un présidentialisme capitolin ou jupitérien.

Autour de cette institution principielle, viennent se greffer d'autres, à commencer par l'institution parlementaire. A ce propos, on a pu observer le caractère dominant du bicamérisme dans nos espaces respectifs, même si la double expérience nigérienne en la matière semble révéler un particularisme ; en tant que le bicamérisme y serait paradoxal et auraient des desseins contrastés (avoués et non avoués). Ce particularisme a suscité un débat sur l'opportunité de la mise en place des secondes chambres en Afrique et, par ricochet, sur une appréhension plus endogène de ces dernières qui représenteraient alors soit les intérêts des territoires soit ceux relevant du substrat humain et surtout traditionnel de nos sociétés.

Ces questions institutionnelles peuvent sous-entendre des prises de position en termes de soutenabilité budgétaire voire mettre en valeur certaines zones d'ombre, à l'exemple de la consécration ambiguë du pouvoir judiciaire dans la nouvelle Constitution ivoirienne. Cette ambiguïté concerne principalement l'organisation et le fonctionnement de la Cour suprême ; cette dernière cohabitant avec deux autres juridictions suprêmes, en l'occurrence la Cour de cassation et le Conseil d'État. Un tel attelage juridictionnel peut susciter des réflexions sur la conception du pouvoir judiciaire ou juridictionnel en Afrique, ainsi que sur les configurations moniste et/ou dualiste des systèmes juridictionnels (maniant autonomie et hiérarchie, dimensions organique et fonctionnelle).

Ceci étant exposé, l'un des postulats qui a également fait sens est celui qui vise à considérer que la Constitution devient le cadre et la mesure de la démocratie. Et l'effectivité de la démocratie nécessiterait sans doute la mise en place d'institutions de protection de la Constitution.

2. La démocratie constitutionnelle

Comme on a pu le constater, il s'agit de l'une des formes les plus achevées de la démocratie. Elle implique tout d'abord une énonciation des droits fondamentaux, assimilable à une excroissance du volume de la Constitution sociale en Afrique. En effet, les différents catalogues ou chartes constitutionnelles des droits et devoirs du citoyen cohabitent avec les renvois opérés aux instruments universels et africains de protection des droits de l'homme ; le bloc constitutionnel référentiel devenant ainsi extensible à souhait par une sorte d'internationalisation généreuse des lois fondamentales africaines.

Il faut désormais compter avec un certain nombre d'objets ou d'obligations constitutionnels qui sont saisis par des instruments sous régionaux ou continentaux. Il en est notamment ainsi des principes de convergence constitutionnelle du Protocole de la CEDEAO de 2001 ou encore des objectifs et principes de la Charte africaine de la démocratie, des élections et de la gouvernance de 2007, dont la finalité première est de prévenir puis de combattre tout changement anticonstitutionnel de gouvernement. S'agissant en particulier du Protocole CEDEAO, la Cour de justice de cet espace se donne à voir davantage comme une Cour constitutionnelle supranationale plutôt qu'une juridiction communautaire. Tout ceci matérialise une interpénétration entre les ordres constitutionnels et internationaux voire régionaux, dévoilant soit une perturbation internationale de la hiérarchie des normes soit une « dépossession » discutée du pouvoir de révision.

Cette démocratie constitutionnelle se traduit par ailleurs par la mise en place d'institutions de protection de l'ordre constitutionnel ; la prime étant en l'espèce donnée à l'émergence couplée à l'autonomisation de la justice constitutionnelle en Afrique. Ces Conseils ou Cours se détachent volontiers des modèles (européen et américain) existants par le caractère massif des compétences reconnues à la plupart, faisant penser à l'émergence d'un modèle africain de justice constitutionnelle. En effet, en sus des contentieux constitutionnels classiques, il faut reconnaître que l'accès à certaines de ces juridictions est largement ouvert, en regard notamment de leur saisine directe par les citoyens (recours de type *amparo* constitutionnel). Le juge constitutionnel s'impose par conséquent comme l'un des meilleurs garants du respect des droits et libertés du citoyen, et le rouage essentiel de la consolidation de l'État de droit démocratique en Afrique.

Le jeu des acteurs institutionnels s'avère donc important dans la bonne tenue constitutionnelle des États. La nécessaire hygiène démocratique qui en résulte peut être confortée par des ingrédients à la matérialité constitutionnelle larvée.

B. LE DOMAINE CONSTITUTIONNEL DÉRIVÉ (OU PAR EXTENSION)

Il s'agit d'une matérialité constitutionnelle parfois d'affichage, d'où l'idée de prolongements para-constitutionnels (1) ; comme l'on peut souligner par ailleurs une matérialité sous forme de soutènement de l'édifice constitutionnel, renvoyant alors à la « Constitution » financière de l'État (2).

1. Les prolongements para-constitutionnels

Il peut s'agir d'abord de démembrements para-constitutionnels à travers les outils inhérents à la bonne gouvernance et à la régulation que constituent les autorités dites indépendantes. Le constat évident est celui de leur floraison voire de leur multiplication dans les nouvelles Constitutions africaines, actant par la même une sorte d'éparpillement de la personnalité publique constitutionnelle. Ces organes atypiques bénéficient de dénominations variées : autorités administratives indépendantes, autorités publiques indépendantes ou encore autorités constitutionnelles indépendantes. Leur constitutionnalisation a été discutée dans la mesure où leur présence semble vider partiellement de son sens le principe classique selon lequel le gouvernement dispose de l'administration, traduction constitutionnelle de la subordination du « pouvoir » administratif au pouvoir politique.

S'il est en outre admis que leur constitutionnalisation s'avère protectrice face aux velléités de majorités de circonstance, le plus important semble résider dans l'affermissement organique et fonctionnel de leur indépendance ainsi que la sanctuarisation de leur autonomie financière. Cela pourrait contribuer à améliorer leur efficacité qui se fonde, pour l'instant, sur des résultats variables d'une institution à l'autre. Cette nécessaire montée en efficacité est d'autant plus impérieuse que certaines de ces autorités constituent des rouages essentiels d'une société démocratique et de régulation du jeu démocratique. On pense notamment aux Hautes autorités de l'audiovisuel et de la communication ou encore aux Commissions électorales indépendantes.

Un autre prolongement para-constitutionnel tient au domaine électoral, considéré comme l'ensemble des règles qui s'appliquent au processus électoral. Or dans le cas du Sénégal, qui peut être étendu à d'autres expériences nationales, les règles électorales sont malmenées par les acteurs politiques et par le juge constitutionnel. Pour les premiers, on assiste à une logique de conservation du pouvoir et à une probabilité de discrimination dans la sélection des candidatures à l'élection présidentielle. Quant au second, il peine à encadrer les lois révisant ou prorogeant les mandats électifs, en y substituant d'ailleurs des prorogations jurisprudentielles des mandats des élus en marge de la Constitution. Autant dire qu'il s'agit d'un domaine crisogène, qui s'avère en outre instable dans la mesure où les législations et processus électoraux apparaissent très souvent orientés voire à tête chercheuse. Le caractère mouvant de la matière électorale pourrait laisser penser que l'Afrique aurait mal à son droit électoral et aux élections qui en résultent. Reste à savoir si cette fragilité normative et matérielle est transposable à la matière financière.

2. Les spécificités tenant à la « Constitution » financière de l'État

La matière financière est intimement liée à la donnée constitutionnelle, quoiqu'envisagée parfois par ricochet. Il suffit pour ce faire de rappeler deux points importants : la naissance du régime parlementaire à la faveur de la conquête parlementaire de la décision budgétaire d'une part, et le principe constitutionnel de consentement à l'impôt consacré à l'article 14 de la Déclaration française de 1789 voire le caractère central du principe d'égalité en matière fiscale. On comprend d'autant plus pourquoi les lois organiques relatives aux lois de finances sont assimilables, du point de vue matériel, à la « Constitution » financière de l'État ; renforcées, de façon significative en la matière, par des directives communautaires relatives aux lois de finances.

Deux spécificités et/ou incidences constitutionnelles de la matière financière ont pu être soulignées. Il s'agit d'abord du lien entre les finances publiques et le fonctionnement de l'État. En d'autres termes, les premières sont indispensables au fonctionnement de l'État. Cette considération est d'autant plus prégnante en situation d'urgence budgétaire, où il est fondamentalement question de pallier un péril imminent ou de répondre à une nécessité impérieuse d'intérêt national.

Le second pan de l'identité de la matière financière tient à l'impact du cycle budgétaire sur la distribution des compétences entre les deux principaux pouvoirs publics constitutionnels que sont le pouvoir exécutif et le pouvoir législatif. Ainsi en période normale, l'exécutif dispose du monopole du déclenchement du processus législatif ; ce dernier est cadenassé par des délais constitutionnels et le pouvoir d'initiative ou d'amendement du parlement s'en trouve limité. En période d'urgence budgétaire, il a été démontré que la prééminence présidentielle est évidente : les ordonnances présidentielles voire des décrets d'avance ayant pour effet de contourner à la fois le parlement et le gouvernement. Si, en effet, ces différentes spécificités sont consécutives à la complexité et au caractère technique de la matière financière, il n'en demeure pas moins que, sur certains aspects, un appel à l'exercice du pouvoir de révision est nécessaire en vue de renforcer les pouvoirs financiers du parlement.

CONCLUSION

En définitive, trois enseignements majeurs semblent pouvoir être tirés de ces trois journées du Séminaire scientifique de Niamey, lieu qui s'affirme désormais comme l'une des places fortes de la réflexion constitutionnelle en Afrique.

Le premier enseignement concerne les rapports qui ont été envisagés entre la doctrine et la Constitution, en tant qu'il faut savoir à présent dépasser la seule posture de faiseur de systèmes pour emprunter les chemins escarpés de l'innovation scientifique.

Le deuxième enseignement se rapporte à notre conception de la science du droit constitutionnel qui, de concert avec d'autres sciences sociales, se doit de privilégier le chantier des valeurs et des besoins constitutionnels de la société au détriment des débats redondants autour des institutions ; sans exclure le non moins nécessaire réalisme constitutionnel.

Enfin, il convient de concevoir autrement l'enseignement du droit constitutionnel vers une approche certes technique mais également et surtout contextualisée. Ces réorientations apparaissent salutaires au risque que, lors de notre prochaine, le sentiment demeure toujours que tout bouge et rien ne change dans l'univers du droit constitutionnel en Afrique.

Alain ONDOUA

Agrégé des Facultés de Droit

Professeur titulaire de Droit public – Université de Yaoundé 2 (Cameroun)

CÉRÉMONIE DE CLÔTURE

MOT DE CLÔTURE DU PRÉSIDENT DE L'ANDC

Madame et Messieurs les Présidents des institutions de la République ;

Messieurs les Membres du Gouvernement ;

Excellences, Messieurs les membres du corps diplomatique et représentants des organisations internationales ;

Monsieur le Doyen de la Faculté des Sciences Juridiques et Politiques de l'Université Abdou Moumouni de Niamey ;

Monsieur le Représentant de la Fondation Hanns Seidel pour l'Afrique de l'Ouest ;

Mesdames et Messieurs les Professeurs, les Doyens, Directeurs et chefs d'institutions de recherche ;

Mesdames et Messieurs les membres de la grande famille judiciaire ;

Distingués invités ;

Chers collègues ;

Chers étudiants ;

Chers amis des médias ;

Mesdames et Messieurs les participants,

L'ANDC a eu l'infime privilège de réunir, une fois encore, à Niamey, d'éminents spécialistes et chercheurs pour débattre sur « la constitution », thème de notre séminaire. Je voudrais vous en féliciter et vous remercier.

D'abord, permettez que mes premiers mots de félicitations et remerciements soient adressés à tous les éminents Professeurs, membres du comité scientifique, qui ont présidé et/ou modéré les travaux de nos différents panels. Chers Maitres, votre présence à nos côtés, parmi nous, dois-je dire, est le témoignage de l'intérêt tout particulier que vous portez à l'ANDC et aux actions qu'elle mène depuis trois (3) ans déjà, sur le droit constitutionnel, la consolidation et le renforcement de l'Etat de droit démocratique.

Cet intérêt traduit de façon toute aussi manifeste, votre foi aux principes constitutionnels et valeurs démocratiques, épine dorsale de la voie de développement socio-économique durable choisie par la quasi-totalité de nos Etats.

Ensuite, je voudrais, au nom du bureau de l'ANDC et en mon nom personnel, exprimer notre profonde gratitude à tous les Professeurs et collègues qui ont bien voulu accepter de livrer des communications. La qualité de celles-ci nous a donné l'occasion de faire des échanges de haut niveau, qui nous ont permis d'appréhender, entre autres, l'écriture, le contenu, les contours et les questions d'application de la constitution dans divers domaines de la vie tant politique que socio-économique et culturelle.

Aussi, voudrais-je remercier tous les participants, collègues, chercheurs, doctorants, étudiants, hommes et femmes des médias qui nous ont fait l'honneur de leur si précieuse présence à nos côtés. Cette présence montre votre attachement à la quête du savoir qui doit être la marque de fabrique de ceux et celles qui veulent que l'Afrique et le monde avancent dans la lumière. Or, pour gouverner « ***au moyen du droit et par le droit*** », les décideurs et les citoyens ont besoin d'avoir cette lumière de la science juridique qui leur permet d'emprunter les chemins escarpés de la politique.

Je voudrais également remercier les partenaires de l'ANDC et leur témoigner notre infinie gratitude. L'ANDC reste et demeure très sensible à l'important soutien matériel et financier que lui ont apporté la Fondation Hanns Seidel, le Gouvernement, l'Ambassade de France au Niger, l'Autorité de Régulation de la Communication électronique et de la poste (ARCEP), la Société des produits pétroliers du Niger (SONIDEP), la Caisse nationale de sécurité sociale (CNSS) et le Conseil national des utilisateurs de transport (CNUT). Si des appuis de ce genre ne font pas défaut à l'ANDC, l'Association entend encore vous inviter l'année prochaine en vous proposant de réfléchir sur « **l'élection présidentielle** ». J'espère vous voir nombreux à ce rendez-vous qui sera un colloque consacré aux 2èmes journées scientifiques de droit constitutionnel en Afrique.

Enfin, avant de mettre un terme à mon propos, permettez-moi de renouveler aux membres du comité d'organisation, au personnel de l'Hôtel Gawèye, aux membres de l'ANDC, véritables architectes de la bonne organisation pour la tenue de ce séminaire, mes remerciements et leur dire mes sentiments d'infinie gratitude et d'entière satisfaction.

Puisse Dieu ramener toutes et tous au sein de vos familles respectives, amen !

Je vous remercie de votre aimable attention.

Pr Oumarou NAREY
Agrégé des facultés de droit,
Professeur titulaire de droit public,
Université Abdou Moumouni de Niamey (Niger)

ALLOCUTION DE MONSIEUR LE REPRÉSENTANT RÉGIONAL DE LA FONDATION HANNS SEIDEL POUR L'AFRIQUE DE L'OUEST

Monsieur le Président de la Commission Electorale Nationale Indépendante du Niger,

Monsieur le Doyen de la Faculté des Sciences juridiques et politiques de l'Université Abdou Moumouni de Niamey repésentant le recteur de cette université,

Monsieur le Recteur de l'Université de Tahoua,

Monsieur le Président de l'Association Nigérienne de Droit Constitutionnel,

Mesdames les représentants du monde universitaire, chers étudiants, chers collègues,

Permettez-moi de féliciter, au nom de la Fondation Hanns Seidel et en mon nom propre, tous les intervenants du séminaire pour l'excellence de leurs communications et interventions dans les débats.

La qualité des exposés et les débats engagés qui les ont suivis fournissent la meilleure preuve que le droit constitutionnel en Afrique de l'Ouest est vivant et que le Niger, grâce à l'engagement compétent et résolu de l'ANDC, est devenu un centre, un pôle incontournable pour le monde scientifique qui consacre ses efforts en termes d'enseignement et de la recherche à la Constitution, instrument suprême de gouvernance en évolution permanente et perpétuelle.

Les échanges de très haut niveau facilités par ce beau cadre fourni par l'ANDC nous ont convaincus une fois de plus que le constitutionnalisme est en pleine évolution en Afrique de l'Ouest et centrale. Vous démontrez ainsi que l'Afrique franchit en peu de temps des étapes importantes dans le développement de l'Etat constitutionnel dans le monde, avec les particularités propres à ce continent et qui en constitue sa richesse.

Deux aspects que j'ai particulièrement remarqués et qui nous donnent beaucoup d'espoir pour l'évolution future, c'est l'approche interdisciplinaire que vous défendez et la large participation de la jeunesse scientifique, de nos étudiants combien intéressés, attentifs et engagés. En vous voyant dans cette salle pendant ces trois jours, je ne me fais pas de soucis pour l'avenir de la Constitution au Niger.

Au nom de la Fondation Hanns Seidel, je vous remercie encore une fois pour ces journées enrichissantes et encourageantes.

Merci à l'ANDC d'avoir associé la Fondation Hanns Seidel à ce séminaire de très haute qualité.

Merci à l'équipe de la Fondation Hanns Seidel au Niger sous la direction de mon collègue Ali Mounkaïla pour l'appui fourni à l'organisation de ces journées scientifiques.

Et au plaisir de nous retrouver l'année prochaine !

Sur ce, je souhaite à chacune et chacun de vous un bon retour dans vos foyers respectifs.

Merci de votre aimable attention.

Dr. Klaus GRÜTJEN
Représentant Afrique de l'Ouest
Fondation Hanns Seidel

ALLOCUTION DE CLÔTURE DE MONSIEUR LE DOYEN DE LA FACULTÉ DES SCIENCES JURIDIQUES ET POLITIQUES DE L'UNIVERSITÉ ABDOU MOUMOUNI DE NIAMEY

Mesdames et Messieurs les Présidents des institutions de la République ;

Messieurs les Membres du Gouvernement ;

Excellences, Messieurs les membres du corps diplomatique et représentants des organisations internationales ;

Monsieur le Président de l'ANDC

Monsieur le Représentant de la Fondation Hanns Seidel pour l'Afrique de l'Ouest ;

Mesdames et Messieurs les Professeurs, les Doyens, Directeurs et chefs d'institutions de recherche ;

Mesdames et Messieurs les membres de la grande famille judiciaire ;

Distingués invités ;

Chers collègues ;

Chers étudiants ;

Chers amis des médiats ;

Mesdames et Messieurs les participants,

Au terme de ces trois journées riches en échanges et en réflexions, je ne voudrais pas ajouter un discours trop long à la remarquable synthèse faite par le Professeur Alain ONDOUA, ni même aux pertinentes interventions qui ont rythmé votre séminaire.

Je voudrais juste rappeler qu'à l'occasion de la cérémonie d'ouverture de ce séminaire, je me félicitais de la tradition heureuse instaurée par l'ANDC. Aujourd'hui, je dois me réjouir de la qualité des travaux.

Mesdames, Messieurs,

Il faut d'emblée reconnaître que vous venez de réussir en commun l'organisation d'une rencontre de haut niveau scientifique. La richesse des contributions, leur complémentarité malgré leur grande diversité, a permis d'appréhender la problématique inépuisable suscitée par ce thème central qu'est « la constitution », dont le Professeur HOLO disait qu'elle est une notion fondamentale du droit constitutionnel dans sa double posture juridique et politique. Et vous l'avez tous compris, l'étude d'un tel thème est loin d'être une sinécure au-delà de son apparente simplicité en terme de formulation.

Déjà en 1956, Georges BURDEAU définit la constitution comme un texte en survivance pour montrer que le fonctionnement du pouvoir, ou du moins la réalité du pouvoir, s'exerce selon les règles qui ne se trouvent pas dans le texte constitutionnel, tandis que dans la Conférence de presse du 31 janvier 1964, Charles de GAULLE nous apprend « ***qu'une constitution, c'est un esprit, des institutions, une pratique*** ». Cette préoccupation très clairement systématisée n'a pas échappé à vos assises. En effet, la quintessence subséquente aux riches réflexions qui ont émaillé cette rencontre semble dépassionner l'approche parfois contrastée qui caractérise la perception de la constitution, entendue comme la norme devant désormais favoriser le vivre ensemble. Dans cette perspective, la constitution ne doit en aucun cas occulter les réalités socio-culturelles de l'environnement qu'elle est appelée à régir. C'est à ce prix-là que les pays africains trouveront le modèle le mieux adapté à leur environnement politique.

Mesdames, Messieurs,

Sans doute, ce thème a soulevé de nombreuses attentes, parce qu'il ne tarit jamais d'actualités les unes plus compliquées que les autres. Des échos qui me sont parvenus, il ressort que des débats très enrichissants ont eu lieu. De ces débats, il se dégage la nécessité d'une réflexion générale sur le processus d'écriture des constitutions par une prise en compte approfondi des réalités sociales et historiques africaines. Cette nécessité concerne également l'éducation des jeunes générations sur l'histoire politique et institutionnelle de l'Afrique ainsi que la prise en compte des paramètres de la cohabitation pacifique entre les composantes sociales des Etats.

A défaut d'avoir répondu à toutes les attentes, je demeure convaincu que les travaux de ce séminaire auront une résonnance très utile aussi bien au sein de la société dans son ensemble, de la communauté universitaire qu'auprès des citoyens, très souvent avides d'une meilleure compréhension de la chose constitutionnelle. Il reste à souhaiter que ces réflexions fécondent celles à venir et l'esprit de la jeunesse africaine.

Mesdames, Messieurs,

Je voudrais réitérer mes remerciements appuyés à l'ANDC qui a toujours associé à ses activités scientifiques les facultés de droit de l'Université Abdou Moumouni de Niamey et de l'Université de Tahoua.

Mes remerciements et félicitations s'adressent également à tous les participants de cette manifestation dont certains sont venus des contrées lointaines d'Afrique et d'Europe. Que chacune et chacun d'entre vous qui avez répondu à cette invitation trouve ici l'expression de ma reconnaissance.

A toutes et à tous, je souhaite un très bon retour dans vos familles respectives et j'espère revoir certains d'entre vous dans notre chaleureuse capitale qu'est Niamey, à l'occasion des deuxièmes journées scientifiques africaines de droit constitutionnel qui se pointent déjà à l'horizon.

En renouvelant mes remerciements à tous les participants à ce séminaire, je déclare clos les travaux et vous remercie de votre aimable attention.

Aboubacar MAIDOKA

Doyen de la Faculté des Sciences Juridiques et Politiques (FSJP)

Université Abdou Moumouni de Niamey

TABLE DES MATIÈRES

MERCREDI 24 OCTOBRE 2018

CÉRÉMONIE D'OUVERTURE DU SÉMINAIRE SCIENTIFIQUE

PANEL 1

PROCESSUS D'ÉCRITURE ET DE RÉVISION DES CONSTITUTIONS

JEUDI 25 OCTOBRE 2018

PANEL 1

LA DÉMOCRATIE ET LES INSTITUTIONS DANS LES CONSTITUTIONS

VENDREDI 26 OCTOBRE 2018

PANEL 1

CONSTITUTION, PRINCIPE D'UNE HIÉRARCHIE DES NORMES ET DROIT CONSTITUTIONNEL ÉLECTORAL

PANEL 2

LE RÔLE DE LA CONSTITUTION EN MATIÈRE FINANCIÈRE

PANEL 3

PRÉSENTATION DE LA SYNTHÈSE ET CLÔTURE DES TRAVAUX

CÉRÉMONIE DE CLÔTURE

Le Sénégal aux éditions L'Harmattan

Dernières parutions

L'ESTHÉTIQUE SOCIALE DES PULAAR
Socioanalyse d'un groupe ethnolinguistique
Sy Harouna
L'esthétique sociale pulaar est une mise en ordre éthique de la vie sociale. Elle est l'inventaire systématique de ce qu'il y a de beau et de laid dans le social relativement à ses valeurs, à ses normes, à ses règles et à ses codes qui commandent des postures, des relations, des rapports et des qualités appropriés. L'analyse des contradictions de la société pulaar du Fuuta Tooro a révélé des logiques et des stratégies fondées sur des rapports de castes et sur les représentations sociales que ces rapports produisent.
(31.00 euros, 304 p.)
ISBN : 978-2-343-11189-6, ISBN EBOOK : 978-2-14-002810-6

LE BAYNUNK GUNAAMOLO, UNE LANGUE DU SUD DU SÉNÉGAL
Analyse phonologique, morphologique et syntaxique
Diop Sokhna Bao - Préface de Denis Creissels
Le Sénégal est un pays multilingue avec des langues majoritaires et des langues minoritaires, de par le nombre de leurs locuteurs, mais également de par la quantité de travaux dont chacune dispose. Les langues majoritaires ont fait l'objet de nombreuses recherches, à la différences des langues minoritaires. Ce constat est à l'origine du choix porté sur la description de la variante gunaamolo du baynunk (parlé au sud du Sénégal, plus précisément à Niamone, dans la région de Ziguinchor) qui est une langue en danger très peu décrite. L'utilité et l'intérêt de ce travail résident dans la sauvegarde et la connaissance de cette langue et sa communauté. Elle peut servir aussi de référence à des recherches futures.
(Coll. Études africaines, 38.50 euros, 392 p.)
ISBN : 978-2-343-09614-8, ISBN EBOOK : 978-2-14-002913-4

DE L'HÉRITAGE ARABO-ISLAMIQUE SAINT-LOUISIEN
Une illustration par les œuvres d'Abbas Sall et d'Abdoulaye Fall Magatte
Fall Cheikh Tidiane - Préface de Samba Dieng et Postface de Mouhamed Habib Kébé
Cet ouvrage porte sur la réhabilitation du legs culturel arabo-islamique ouest-africain en général et saint-louisien en particulier. Revaloriser un pan du patrimoine culturel par l'entremise de l'imagination poétique locale de deux intellectuels demeure l'objectif principal de cette étude. Une partie descriptive constituée de la traduction d'une cinquantaine de poèmes suivie d'un volet analytique constitue la méthodologie de ce travail de recherche. La moisson tirée de ce travail préliminaire apporte quelques éclairages sur l'intérêt de la traduction de manuscrits arabes, notamment ceux produits par d'éminents ulémas du Sénégal, tels les deux poètes faisant l'objet de cette étude.
(Harmattan Sénégal, 35.00 euros, 340 p.)
ISBN : 978-2-343-11306-7, ISBN EBOOK : 978-2-14-003014-7

L'AGRICULTURE DU SÉNÉGAL SOUS LA COLONISATION
Diop Ismaïla
L'introduction de l'arachide au Sénégal au début du XXe siècle révolutionne le paysage agricole. La France décide alors de faire du Sénégal une colonie arachidière. Le Sénégal devient la troisième puissance arachidière du monde après les États-Unis et l'Inde. Cette monoculture extensive aboutit à un déficit vivrier chronique, une dégradation des sols, une dépendance vis-à-vis des importations de riz en provenance d'Asie. Pour y remédier, le rapport de la mission Roland Portères de 1952 recommande des mesures d'aménagement du territoire, de restauration des sols, de promotion de l'agriculture intégrée sérère.
(Harmattan Sénégal, 23.50 euros, 218 p.)
ISBN : 978-2-343-11129-2, ISBN EBOOK : 978-978-2-14-002836-6

CASAMANCE
À quand la paix ?
Bassène René Capain - Préface du père Nazaire Diatta
Malgré leur volonté et leur engagement affichés d'aller vers la fin du conflit armé en Casamance, la position des parties en guerre n'a jamais réellement évolué. L'État du Sénégal se dit prêt à négocier sur tous les points, sauf sur ceux relatifs à l'intégrité territoriale et l'unité nationale, alors que, de son côté, le MFDC soutient une position contraire en déclarant être disposé à ne négocier que sur la question se rapportant à l'indépendance totale de la Casamance. Cette situation montre que le conflit armé est encore loin de finir en Casamance.
(28.50 euros, 276 p.)
ISBN : 978-2-343-10426-3, ISBN EBOOK : 978-2-14-002593-8

PARCOURS D'UN JOURNALISTE AUTODIDACTE
Ndiaye Pape Ngagne - Préface de Mamoudou Ibra Kane
Pape Ngagne Ndiaye, par son style, est devenu un rendez-vous incontournable de l'espace audiovisuel sénégalais. L'émission « Faram Faccce » qu'il anime présentement sur TFM est très courue des hommes et femmes politiques pressés de se soumettre au feu roulant et nourri des questions du redoutable interviewer, unique dans son genre. Ce livre n'est pas seulement une autobiographie, mais aussi une réflexion thématique et une sélection rigoureuse de certains numéros de la célèbre émission qui se veut « un décryptage des questions majeures de l'actualité nationale ».
(37.00 euros, 360 p.) ISBN : 978-2-343-09916-3, ISBN EBOOK : 978-978-2-14-002822-9

DES FRANCENABE AUX MODOU-MODOU
L'émigration sénégalaise contemporaine
Fall Papa Demba - Préface du Professeur Abdoulaye Bara Diop
Principalement centré sur la France et ses anciennes colonies d'Afrique, le champ migratoire sénégalais s'est, de manière originale, progressivement étendu à des destinations naguère méconnues ou peu fréquentées (comme les États-Unis, l'Italie, l'Espagne, l'Afrique du Sud ou le Brésil). Peu à peu, les migrants sont devenus des acteurs incontournables du développement. La prise en compte de ces populations, et de leurs mouvements, devient donc nécessaire aux programmes et politiques de développement durable.
(Harmattan Sénégal, 40.00 euros, 559 p., Illustré en noir et blanc)
ISBN : 978-2-343-10796-7, ISBN EBOOK : 978-2-14-002539-6

« DOYEN » AMADY ALY DIENG, LE TRANSMETTEUR INTÉGRAL (1932-2015)
Économie biographique ou sémio-Histoire
Ngaïdé Abdarahmane
Amady Ali Dieng nous a quittés il y a un an. Pour lui rendre hommage et s'en rappeler les enseignements, l'auteur de cet ouvrage a décidé de compiler ses nombreux écrits ou interventions. Les quatorze textes qui composent cette anthologie sont représentatifs et significatifs de la personnalité, du style et des préoccupations d'Amady Ali Dieng. On y retrouve son style, son humour et son esprit critique.
(Harmattan Sénégal, 23.50 euros, 228 p., Illustré en noir et blanc)
ISBN : 978-2-343-10855-1, ISBN EBOOK : 978-2-14-002561-7

41 RULES TO BE HAPPY
Kane Babaly
Seeing that happiness is the goal towards which all men strive for, the author wrote this book to help the reader in treasuring the joyous of life and realizing his desires in entirety, to be fulfilled, to claw his way to the top and to assure him it will turn out well in the end. Moreover, this book intends to give the keys us to get the secret for reaching we want in this life. 41 rules to be happy is a little self help book which has 41 rules that are meant to allow every reader to live life in full potential.
(Harmattan Sénégal, 14.50 euros, 138 p.)
ISBN : 978-2-343-10904-6, ISBN EBOOK : 978-2-14-002583-9

SÉNÉGAL
Les limites du Plan Sénégal Émergent
Mansour Samb El Hadji
Cet ouvrage présente une analyse profonde des politiques publiques en décortiquant le Plan Sénégal Émergent (PSE) qui jusque-là n'a fait l'objet d'aucune analyse critique sérieuse. Le Sénégal est face à un défi, le défi de son émergence, un défi qu'il compte relever avec tous ses fils. Ce défi qui mobilise aujourd'hui tout le monde doit nous pousser à proposer de nouveaux chemins et à animer un débat nécessaire et incontournable dans tout processus d'émergence.
(Harmattan Sénégal, 27.00 euros, 276 p.)
ISBN : 978-2-343-09721-3, ISBN EBOOK : 978-2-14-002372-9

SÉNÉGAL
Dynamiques paysannes et souveraineté alimentaire
Le procès de production, la tenue foncère et la naissance d'un mouvement paysan
Diop Amadou Makhouredia - Préface d'Yves Guillermou ; Postface de Fodé Niang
Le présent ouvrage contribue à la compréhension des stratégies développées par la petite paysannerie et les dynamiques qui animent les exploitations agricoles familiales permettant la production de biens nécessaires à l'alimentation et l'entretien des familles. La capacité des paysans à prendre en main leurs propres préoccupations a été mise en évidence par l'émergence d'organisations, de groupements, d'associations et d'unions dans tout l'espace rural sénégalais.
(Harmattan Sénégal, 26.00 euros, 256 p.)
ISBN : 978-2-343-10852-0, ISBN EBOOK : 978-2-14-002457-3

HISTOIRE ET SOCIOLOGIE DES RELIGIONS AU SÉNÉGAL
Tamba Moustapha
Le Sénégal reste une exception dans le domaine religieux : 90 % de musulmans, 5 % de chrétiens et 5 % d'adeptes de l'animisme. C'est aussi le pays où les musulmans et les catholiques partagent le même cimetière, où les conjoints partagent des religions différentes, où les écoles privées catholiques comptent 60 à 70 % d'élèves de confession musulmane, etc. Ce phénomène n'est pas dû au hasard. L'histoire et la sociologie des religions permettent de l'expliquer amplement. Cet ouvrage souligne cette exception sénégalaise pour montrer qu'au moment où notre monde est en proie au fanatisme, à l'intolérance et au terrorisme religieux, le Sénégal propose un autre « modèle ».
(Coll. Études africaines, série Economie, 41.00 euros, 426 p.)
ISBN : 978-2-343-10424-9, ISBN EBOOK : 978-2-14-002506-8

FIGURES DU POLITIQUE ET DE L'INTELLECTUEL AU SÉNÉGAL
L.S. Senghor - M. Dia - A. Ly - CH. A. Diop A. Diouf & F. Mitterrand - J.R. De Benoist - A. Seck - TH. Fall - A. M. Samb - A.M. Samb JR - TH. Monod - H. Bocoum - G. R. Thilmans
Samb Djibril
Cet ouvrage réunit des personnalités politiques et/ou intellectuelles très diverses : Léopold Sédar Senghor, l'Immortel Noir ; Mamadou Dia, le brillant économiste ; François Mitterrand et Abdou Diouf, deux experts politiques, ou encore Théodore Monod, le savant probe. Ces figures sont autant de coryphées auxquels l'auteur a voulu rendre hommage, afin de rappeler que la terre africaine du Sénégal ne manque pas de princes de l'esprit ni de nourriture intellectuelle.
(26.00 euros, 266 p.)
ISBN : 978-2-343-10731-8, ISBN EBOOK : 978-2-14-002513-6

TÉLÉVISIONS AU SÉNÉGAL
Entre désert de contenu et sécheresse intellectuelle
Djimbira Cheikh Mouhamadou
« Il faut lire ce livre en considérant qu'il a été sciemment écrit dans l'intention de nuire à la société spectaculaire. Il n'a jamais rien d'outrancier. » Cette pensée de Guy Debord nous permet de comprendre à bien des égards, l'ouvrage de Cheikh Mouhamadou Djimbira qui est un plaidoyer pour la création de programmes audiovisuels de qualité.
(11.50 euros, 80 p.)
ISBN : 978-978-2-343-10790-5, ISBN EBOOK : 978-978-2-14-002528-0

UN SCOUT SÉNÉGALAIS
L'aventure citoyenne (deuxième édition)
Ndene Pascal - Préface de Jacques Moreillon
Lorsque nous parlons de l'adolescence, nous évoquons l'autonomie, la responsabilisation, la citoyenneté, le jeu, les relations avec les parents et avec les pairs. Toutes ces questions sont abordées dans ce livre qui montre avec humour le parcours éducatif d'un adolescent dans le scoutisme. Ce livre s'adresse à tous les jeunes, garçons et filles, aux parents et éducateurs de tout milieu social et culturel, ainsi qu'à tous les scouts et guides du monde.
(14.00 euros, 124 p.)
ISBN : 978-2-343-10965-7, ISBN EBOOK : 978-2-14-002526-6

LA PENSÉE DE CHEIKH AHMADOU BAMBA FACE AUX DÉFIS AFRICAINS
Sow Cheikh Mar
Cheikh Ahmadou Bamba Mbacké a su déterminer une nouvelle vision aux yeux de ses contemporains en formulant d'une façon très claire des idées novatrices capables de faire bouger le peuple. Cette conception de la société dans sa globalité a permis «à chaque individu de devenir un centre d'initiative, de création et de responsabilité à tous les niveaux : celui de l'économie, de la politique, de la culture ; une conception qui ne soit ni individualiste, ni totalitaire mais fondée sur les communautés de base».
(Harmattan Sénégal, 24.00 euros, 238 p.)
ISBN : 978-2-343-10021-0, ISBN EBOOK : 978-2-14-002284-5

LE MODERNISME EN ISLAM
Introduction à la pensée de Sayyid Amir Ali
Diagne Mbengue Ramatoulaye
« Les thèmes abordés par le Professeur Ramatoulaye Diagne dans sa lecture de la pensée d'Amir Ali ont tous un lien indéfectible avec le pluralisme et la paix. (...) Dans la lecture de son ouvrage, on arrive à comprendre que le modernisme d'Amir Ali est une sorte de renouveau dans la pensée islamique. C'est un mouvement d'intellection qui intègre, dans une cohérence architecturale, l'usage de la raison, l'esprit du soufisme pratique ghazalien et la finalité de la prière qui concilie l'ascèse de l'âme à la transformation positive des sociétés. » Abdoul Aziz Kebe, Ancien Chef du Département d'Arabe UCAD-DAKAR.
(Harmattan Sénégal, 15.00 euros, 144 p.)
ISBN : 978-2-343-09977-4, ISBN EBOOK : 978-2-14-002211-1

MA RENCONTRE AVEC ALLAH
De l'obscurité à la lumière
Mbengue Adama Ousmane
Cet ouvrage traite surtout de la question essentielle du Mahdi qui vient pour apporter les solutions idoines en s'appuyant sur la Sharia mouhammadiya et la Tariqah ahmadiya afin d'offrir à tout individu le meilleur profil dans la société idéale qu'il compte établir.
(Harmattan Sénégal, 14.50 euros, 134 p.)
ISBN : 978-2-343-10299-3, ISBN EBOOK : 978-2-14-002277-7

Structures éditoriales du groupe L'Harmattan

L'Harmattan Italie
Via degli Artisti, 15
10124 Torino
harmattan.italia@gmail.com

L'Harmattan Hongrie
Kossuth l. u. 14-16.
1053 Budapest
harmattan@harmattan.hu

L'Harmattan Sénégal
10 VDN en face Mermoz
BP 45034 Dakar-Fann
senharmattan@gmail.com

L'Harmattan Cameroun
TSINGA/FECAFOOT
BP 11486 Yaoundé
inkoukam@gmail.com

L'Harmattan Burkina Faso
Achille Somé – tengnule@hotmail.fr

L'Harmattan Guinée
Almamya, rue KA 028 OKB Agency
BP 3470 Conakry
harmattanguinee@yahoo.fr

L'Harmattan RDC
185, avenue Nyangwe
Commune de Lingwala – Kinshasa
matangilamusadila@yahoo.fr

L'Harmattan Congo
67, boulevard Denis-Sassou-N'Guesso
BP 2874 Brazzaville
harmattan.congo@yahoo.fr

L'Harmattan Mali
Sirakoro-Meguetana V31
Bamako
syllaka@yahoo.fr

L'Harmattan Togo
Djidjole – Lomé
Maison Amela
face EPP BATOME
ddamela@aol.com

L'Harmattan Côte d'Ivoire
Résidence Karl – Cité des Arts
Abidjan-Cocody
03 BP 1588 Abidjan
espace_harmattan.ci@hotmail.fr

L'Harmattan Algérie
22, rue Moulay-Mohamed
31000 Oran
info2@harmattan-algerie.com

L'Harmattan Maroc
5, rue Ferrane-Kouicha, Talaâ-Elkbira
Chrableyine, Fès-Médine
30000 Fès
harmattan.maroc@gmail.com

Nos librairies en France

Librairie internationale
16, rue des Écoles – 75005 Paris
librairie.internationale@harmattan.fr
01 40 46 79 11
www.librairieharmattan.com

Lib. sciences humaines & histoire
21, rue des Écoles – 75005 paris
librairie.sh@harmattan.fr
01 46 34 13 71
www.librairieharmattansh.com

Librairie l'Espace Harmattan
21 bis, rue des Écoles – 75005 paris
librairie.espace@harmattan.fr
01 43 29 49 42

Lib. Méditerranée & Moyen-Orient
7, rue des Carmes – 75005 Paris
librairie.mediterranee@harmattan.fr
01 43 29 71 15

Librairie Le Lucernaire
53, rue Notre-Dame-des-Champs – 75006 Paris
librairie@lucernaire.fr
01 42 22 67 13

www.ingramcontent.com/pod-product-compliance
Lightning Source LLC
LaVergne TN
LVHW011141061026
849535LV00003B/564
* 9 7 8 2 3 4 3 1 8 4 6 2 3 *